Egerding · Die Metaphorik der spätmittelalterlichen Mystik, Band 1

MICHAEL EGERDING

Die Metaphorik der spätmittelalterlichen Mystik

Band 1:

Systematische Untersuchung

Ferdinand Schöningh
Paderborn · München · Wien · Zürich

Die Deutsche Bibliothek – CIP-Einheitsaufnahme

Egerding, Michael:
Die Metaphorik der spätmittelalterlichen Mystik / Michael Egerding. – Paderborn;
München; Wien; Zürich: Schöningh
ISBN 3-506-72186-0

Bd. 1. Systematische Untersuchung. – 1997

Umschlaggestaltung: INNOVA GmbH, D-33178 Borchen

Gedruckt auf umweltfreundlichem, chlorfrei gebleichtem
und alterungsbeständigem Papier ⊚ ISO 9706

© 1997 Ferdinand Schöningh, Paderborn
(Verlag Ferdinand Schöningh GmbH, Jühenplatz 1, D-33098 Paderborn)

Alle Rechte vorbehalten. Dieses Werk sowie einzelne Teile desselben sind urheberrechtlich
geschützt. Jede Verwertung in anderen als den gesetzlich zugelassenen Fällen ist ohne vorherige
schriftliche Zustimmung des Verlages nicht zulässig.

Printed in Germany. Herstellung: Ferdinand Schöningh, Paderborn

ISBN 3-506-72186-0

FÜR ELISABETH

VORWORT

Im Mittelpunkt der in zwei Bänden erscheinenden Studie steht die Erfassung, Interpretation und Funktionsbeschreibung der Metaphorik in den maßgeblichen Texten der deutschsprachigen Mystik des 13. und 14. Jahrhunderts.

Mit dieser Aufgabenstellung wird Neuland betreten - nicht nur auf dem Gebiet der Mystik-, sondern auch im Bereich der Metaphernforschung: Zunächst mußte ein Modell entwickelt werden, mit dessen Hilfe eine geordnete Darstellung aller Metaphern möglich wird, die in den untersuchten Texten verwendet wurden. Erfaßt werden die Metaphern sowie die Größen und Sachverhalte, auf die eine Metapher jeweils bezogen ist. Die sich anschließende kontextuelle Beschreibung der Metaphorik läßt - für die Autoren, die untersucht werden - die Geschichte von Metaphern sowie den Gebrauch einer Metapher bei einem Autor deutlich werden: das variierende Umspielen und Experimentieren mit einer bestimmten Metapher in wechselnden Kontexten und Kombinationen mit anderen Metaphern. Von einer derart breit angelegten Erfassung und Beschreibung der Metaphorik - wie sie jetzt mit Band II vorliegt - ist es eher möglich, der Gefahr einer einseitigen, vorschnell systematisierenden Interpretationsperspektive zu begegnen.

Welche Relevanz die Untersuchung der Metaphorik für das Verstehen von Texten der deutschsprachigen Mystik hat, wird an Band I ersichtlich: In diesem Band wird der Versuch unternommen, die vielfältigen metaphorischen Aussagen zu typisieren und ihre Funktion in Bezug auf das zentrale Thema der untersuchten Texte - die in der unio mit Gott ihren Höhepunkt findende Gotteserfahrung des Menschen - zu analysieren und unter thematischen Gesichtspunkten (dem Aspekt der Transformation und Transposition des Menschen, der göttlichen Zuwendung sowie dem Aspekt der unio des Menschen mit Gott) zu interpretieren.

Die beiden vorliegenden Bände sind das Ergebnis langjähriger, intensiver Beschäftigung mit der deutschsprachigen Mystik. Danken möchte ich besonders meiner Frau, ohne die diese Studie nicht hätte geschrieben werden können.

Reutlingen, im Juni 1996   Michael Egerding

INHALTSVERZEICHNIS

EINLEITUNG: PROBLEMAUFRISS... 15

TEIL I: GRUNDLEGENDE ÜBERLEGUNGEN ZUM
VERHÄLTNIS VON MYSTISCHER ERFAHRUNG
UND SPRACHE.. 21

Kapitel 1: METAPHER UND METAPHERNINTERPRETATION................... 23
   1.1. Der Ansatz der Interaktionstheorie... 23
   1.2. Kritik und Präzisierung der Interaktionstheorie........................... 25
   1.3. Schwierigkeiten bei der Untersuchung von kreativem und
       konventionellem Metapherngebrauch.. 28
   1.4. Kriterien zur Identifizierung von Metaphern............................... 33
   1.5. Die Notwendigkeit einer Metaphernparaphrase........................... 35

Kapitel 2: SPRACHE UND MYSTISCHE ERFAHRUNG.............................. 37

Kapitel 3: DIE RELEVANZ METAPHORISCHER REDE FÜR DIE
MYSTISCHE ERFAHRUNG... 45

Kapitel 4: ZUR FRAGE EINER MYSTISCHEN METAPHORIK - KRITISCHER
ÜBERBLICK ÜBER DIE AKTUELLE FORSCHUNGS-
DISKUSSION... 49

Kapitel 5: ZUR TEXTAUSWAHL.. 57

TEIL II: DER MYSTISCHE PROZESS ALS METAPHORISCHE
BEWEGUNG 61

Kapitel 1: DIE TRANSFORMATION DES MENSCHEN............................... 65

   1. Einführung in die Problemstellung.. 65
   2. Mechthild von Magdeburg: Transformation im Kontext des
      Minnegeschehens... 66
      2.1. Reduktion der verbalen Metaphorik....................................... 66
      2.2. Mystische Metaphorik im heilsgeschichtlichen Kontext......... 68
   3. David von Augsburg: Christologische Akzentuierung der Bilder
      für die Transformation des Menschen... 71
   4. Bildmuster der Transformation bei Meister Eckhart...................... 73

4.1. Korrespondierende Metaphorik.. 73
4.2. Die Funktion der Metaphorik im Kontext der Transformation des Menschen... 75
    4.2.1. Das Strukturschema der analogia attributionis als Kombinationsregel für die Metaphorik... 75
    4.2.2. Metaphorische Korrespondenzen: Analogie als relatio..................... 77
    4.2.3. Abstraktion durch metaphorische Konkretisierung........................... 80
4.3. Ergebnis: Die Metaphorik der Transformation zwischen Univozität und Äquivozität - bewußter Kategorienfehler oder 'balancierende Analogie'?... 83

5. Johannes Tauler... 86
    5.1. Beobachtungen zum Realitätsbezug von Taulers Metaphorik der Transformation.. 86
    5.2. Die metaphorische Vernichtung der Referenz und die göttliche Neuschöpfung der Sprache als Transformationsgeschehen........................ 89

6. Heinrich Seuse... 91
    6.1. Reduktion der semantischen Offenheit.. 91
    6.2. Die christologische Fundierung der Metaphorik für die Transformation des Menschen... 92

7. Die christologische Konzentration der Metaphorik für den Transformationsprozeß bei Margaretha Ebner und Heinrich von Nördlingen.. 95

Kapitel 2: DIE TRANSPOSITION DES MENSCHEN.............................. 97

1. Einführung in die Problemstellung... 97
2. Die Reflexion der verschiedenen Raummodelle bei Mechthild von Magdeburg... 98
3. Die metaphorische Ausprägung der verschiedenen Modelle für die Annäherung des Menschen an Gott bei Meister Eckhart..................... 102
    3.1. Die Aufhebung jeglichen Weges durch die Rezeption der Bildlichkeit... 103
4. Die Transposition des Menschen bei den Autoren nach Meister Eckhart.. 109
    4.1. Die Transposition des Menschen im Kontext des horizontalen Modells...109
        4.1.1. Die Entproblematisierung der Transposition des Menschen............... 109
        4.1.2. Erneute Problematisierung..110
    4.2. Die Verwendung des Aufstiegs- und Abstiegsmodells bei den Autoren nach Meister Eckhart.. 112

Kapitel 3: GOTTES ZUWENDUNG ZUM MENSCHEN........................ 115

1. Der Charakter der Metaphorik für das göttliche Handeln am Menschen bei Mechthild von Magdeburg.. 115

1.1. Aggressiver Bildcharakter... 115
1.2. Organische Leitvorstellungen in der Bildlichkeit........................ 115
1.3. Die Dynamik des Menschen als Bildaspekt................................ 116
1.4. Gottes Überwindung der Differenz und die metaphorische Differenzierung der Differenz.. 117
1.5. Das *vliessende lieht der gotheit* als exemplarischer Fall der Metaphorik.. 119
2. Die menschliche Erfahrungsinkompetenz als zentraler Bildaspekt bei David von Augsburg.. 122
3. Meister Eckhart...124
   3.1. Metaphorische Modelle für das Handeln Gottes am Menschen............. 124
   3.2. Tendenzen der Metaphorik...126
   3.3. Anthropologische Konsequenzen der göttlichen Zuwendung als Thema der Bildlichkeit.. 129
   3.4. Die Bedeutung der Metaphorik für eine 'Logik des Spirituellen'............ 130
4. Taulers Metaphorik für die göttliche Zuwendung............................ 138
   4.1. Oszillierende Metaphorik für die Erfahrung der göttlichen Zuwendung..139
   4.2. Naturale Metaphorik.. 141
   4.3. Die Folgen der göttlichen Zuwendung als Thema der Bildlichkeit.........142
   4.4. Taulers Annäherung der Metaphorik für das göttliche Handeln an die Lebensrealität des Menschen...143
   4.5. Metapher und systematisches Erfahrungskonzept.............................144
5. Heinrich Seuse.. 148
   5.1. Metaphorische Konfigurationen für das göttliche Handeln am Menschen... 148
       5.1.1. Allgemeine Tendenzen...148
       5.1.2. Naturale Prozesse als metaphorische Deutemuster.................. 148
       5.1.3. Personale Vollzüge als Thema der Bildlichkeit..................... 150
   5.2. Seuses Funktionsbestimmung metaphorischen Sprechens im 'Büchlein der Ewigen Weisheit'... 151
   5.3. Die Person 'Seuse' als existentielle Metapher................................. 154
6. Die Relevanz der leiblichen Erfahrung Margaretha Ebners für die metaphorische Darstellung der göttlichen Zuwendung......................158
7. Margaretha Ebner als Konvergenzpunkt der von Heinrich von Nördlingen verwendeten Metaphorik für die göttliche Zuwendung.... 161

Kapitel 4: EINHEIT UND VIELHEIT... 165

1. Mechthild von Magdeburg.. 166
   1.1. Metaphern für die innertrinitarische Beziehung...............................166
   1.2. Bildmuster für die Beziehung Gott-Mensch.................................. 167
       1.2.1. Metaphern für die Entstehung des Kreatürlichen.....................167
       1.2.2. Metaphern für die unio..168

1.2.3. Bildtypen... 169
1.3. Die unio als Sinn des metaphorisch inszenierten Liebesgeschehens........ 171

2. Die metaphorische Inszenierung verschiedener Typen von Identität
   bei David von Augsburg.. 178
3. Meister Eckhart..179
   3.1. Die Spannung zwischen Einheit und Vielheit als Ursache für die
        Bildproduktion... 179
   3.2. Die metaphorische Aufhebung des kategorialen Denkens als Einübung
        in ein theonomes Sprechen vom Göttlichen....................... 185
4. Johannes Tauler... 190
   4.1. Die Akzentuierung der Differenz in der Metaphorik für die Trinität...... 190
   4.2. Der Weg in die Differenz als Weg in die unio - Der Aspekt der unio
        in der Leitmetaphorik des Versinkens................................192
5.0. Heinrich Seuse... 195
   5.1. Seuses Sicht der unio mit *bildgebender wise* und *guot underscheid*....... 195
   5.1.1. Bildmuster für die Einheit und Verschiedenheit der göttlichen
          Personen..196
   5.1.2. Bildvariationen zum Thema der unio .von Schöpfer und Geschöpf..... 197
   5.2. Die mangelnde Differenzierung in der unio-Metaphorik als Desiderat -
        Seuses Lösungsversuch..199
6. Die Aufhebung des Metaphorischen in Margaretha Ebners Bildern
   für die unio...207
7. Die Reduktion der unio-Thematik bei Heinrich von Nördlingen........ 209

Kapitel 5: ABSCHLIESSENDE ÜBERLEGUNGEN........................... 211

Die Struktur metaphorischer Aussagen in mystischen Texten und das
Problem einer mystischen Metaphorik..211

LITERATURVERZEICHNIS..233

PERSONENREGISTER...248

BAND II

TEIL III: UNTERSUCHUNG DER METAPHORIK IN TEXTEN
DER DEUTSCHSPRACHIGEN MYSTIK DES 13. UND
14. JAHRHUNDERTS

EINLEITUNG: PROBLEMAUFRISS

Als Grete Lüers 1926 ihre Arbeit "Die Sprache der Deutschen Mystik des Mittelalters im Werke der Mechthild von Magdeburg" veröffentlichte, bedeutete dies einen entscheidenden Schritt in der Erforschung der Metaphorik von Texten der volkssprachlichen Mystik des 13. und 14. Jahrhunderts im deutschsprachigen Raum. Denn durch ihre, viel zu bescheiden im Titel angekündigte Arbeit wurde es möglich, (a) Aufschluß zu gewinnen über die bei Mechthild von Magdeburg verwendeten Metaphern, (b) ihren Gebrauch in verschiedenen, unter den Gesichtspunkten von Gott, Seele und unio mystica geordneten Kontexten zu verfolgen sowie (c) die Verwendung einer Metapher bei den wichtigsten Vertretern der deutschsprachigen Mystik im 13. und 14. Jahrhundert nach Mechthild zu überblicken. Methodisch geht Grete Lüers bei ihrem alphabetisch nach Bildspendern angelegten Verzeichnis in der Weise vor, daß sie zunächst die Bedeutung der jeweiligen Metapher angibt und dann - geordnet nach den Themen Gott, Seele, unio mystica - den Gebrauch der jeweiligen Metapher bei den verschiedenen von ihr erfaßten Autoren der deutschsprachigen Mystik durch Zitation des unmittelbaren Kontextes der Metapher dokumentiert.

Unterzieht man die zur Beschreibung der Metaphorik gewählte Methode sowie die sprachtheoretischen Prämissen, von denen sich Grete Lüers in ihrer Studie leiten läßt, einer eingehenden Prüfung, ergeben sich folgende Kritikpunkte:

(1.) Das Interesse von Grete Lüers an der Metaphorik in Texten der deutschsprachigen Mystik beruht auf der Behauptung, daß die Sprache der Mystik "Bildsprache ist, notwendig sein muß auf Grund der spezifischen Eigenart mystischer Geistesstruktur."[1] Infolge dieser Gleichsetzung findet sich unter dem Titel ihres Buches "Die Sprache der Deutschen Mystik des Mittelalters im Werke der Mechthild von Magdeburg" ausschließlich eine Untersuchung der Metaphorik. Demgegenüber ist geltend zu machen, daß die Metaphorik - wie u.a. Josef Quint[2] aufgewiesen hat - nur ein Stilmerkmal mystischer Texte neben anderen wie Oxymoron, Paradox, Hyperbel, hyper-Bildungen und negativen Aussagen darstellt.

(2.) Die Begründung der herausragenden Bedeutung der Metaphorik für die Sprachwerdung der mystischen Erfahrung ist bei Grete Lüers in sich widersprüchlich. Einerseits führt sie aus, daß im Unterschied zur begrenzenden Festlegung einer direkten Benennung Gottes bei der bildlichen Ausdrucksweise vom Unendlichkeitsgehalt des innerlich Geschauten nichts verloren gehe. Denn die innere Unendlichkeit, d.h. für Grete Lüers die assoziative Vieldeutigkeit des Bildes[3] sowie des-

---

[1] Grete Lüers, Die Sprache der Deutschen Mystik des Mittelalters im Werke der Mechthild von Magdeburg. München 1926, Vorwort X.
[2] Josef Quint, Mystik und Sprache. Ihr Verhältnis zueinander, insbesondere in der spekulativen Mystik Meister Eckharts, in: Dt. Vjs.f.Lit.wiss. und Geistesgesch. 27 (1953), S.48-76.
[3] Grete Lüers, Die Sprache der Deutschen Mystik, aaO, S. 14.

sen - auf Röm 1,20 basierender - Symbolcharakter[1] und die Bestimmung des Bildes durch das Göttliche[2] erzeuge eine höchstmögliche Ähnlichkeit des menschlichen Wortes mit der göttlichen Wirklichkeit. Andererseits erweisen sich aus der Perspektive von Grete Lüers alle menschlichen Worte als inadäquat gegenüber dem Göttlichen, dessen bildlose Unendlichkeit alle Bilder hinfällig werden lasse. Als Begründung für diese These führt Grete Lüers an, daß die Unaussagbarkeit des Göttlichen und dementsprechend die Unzulänglichkeit jedes Bildes eine Bilderfülle hervorbringe. Indem dabei ein Bild das andere ablöst, hebe sich letztlich die Metaphorik selbst auf und erweise sich dadurch als untauglich, den göttlichen Inhalt der mystischen Erfahrung Gott entsprechend zur Sprache zu bringen.

(3.) Infolge der widersprüchlichen Charakterisierung der Metapher als eines adäquaten wie auch zutiefst inadäquaten sprachlichen Ausdrucks mystischer Erfahrung muß neu bedacht werden, welche Funktion der Metaphorik bei der Sprachwerdung mystischer Erfahrung zukommt. Dies setzt eine genauere Verhältnisbestimmung von Sprache und mystischer Erfahrung voraus. Dabei wird zu fragen sein, ob mystische Texte, wenn es stimmt, daß die mystische Erfahrung eine spezifische Struktur kennzeichnet, eine entsprechende Sprachstruktur aufweisen. In diesem Zusammenhang muß dann auch bedacht werden, welche besondere Leistung der Metapher sowie welcher Stellenwert der Metapher im Rahmen einer mystischen Sprache zukommt.

(4.) Die Aussage von Grete Lüers, daß das Metaphorische die spezifische Ausdrucksform des Mystikers wie auch jedes vom Unendlichen bestimmten Künstlers und Denkers[3] ist, erfordert eine genauere Begründung. Insbesondere muß in diesem Zusammenhang auch geklärt werden, ob und inwiefern sich eine mystische Metaphorik, von der Grete Lüers selbstverständlich spricht[4], abgrenzen läßt gegenüber poetischer, philosophischer, aber auch religiöser Metaphorik.

(5.) Grundsätzlich muß überlegt werden, welches Metaphernkonzept der Untersuchung der Metaphorik in Texten der deutschsprachigen Mystik sinnvoll zugrundegelegt werden kann. Wie notwendig die Erarbeitung eines solchen Metaphernkonzeptes ist, wird an folgenden Punkten deutlich, die kritisch in Bezug auf die Arbeit von Grete Lüers anzumerken sind[5]:

(a) Weil Grete Lüers es versäumt, den von ihr verwendeten Metaphernbegriff zu bestimmen, fehlen ihr Kriterien, die eine genauere Unterscheidung zwischen meta-

---

[1] Grete Lüers, Die Sprache der Deutschen Mystik, aaO, S. 11.
[2] Grete Lüers, Die Sprache der Deutschen Mystik, aaO, S. 13.
[3] Grete Lüers, Die Sprache der Deutschen Mystik, aaO, S. 12.
[4] Grete Lüers, Die Sprache der Deutschen Mystik, aaO, S. 13.
[5] Kritische Bemerkungen zur Arbeit von Grete Lüers finden sich vor allem bei Lothar Meyer (Studien zur geistlichen Bildersprache im Werke der Mechthild von Magdeburg. Diss. Göttingen 1951) sowie bei Horst Laubner (Studien zum geistlichen Sinngehalt des Adjektivs im Werk Mechthilds von Magdeburg. Göppingen 1975) und bei Paul Michel (Durch die bilde über die bilde. Zur Bildgestaltung bei Mechthild von Magdeburg, in: Kurt Ruh (Hg.), Abendländische Mystik im Mittelalter, aaO, S. 509-526).

phorischer und nicht-metaphorischer Rede möglich machen. Daraus erklärt sich, daß zentrale Metaphern nicht erfaßt sind und weitere genannt werden, die anderen Formen bildlichen Sprechens zuzuordnen sind. Insbesondere wurden vielfältige Differenzierungen einer Metapher durch verschiedenste Präfixe oder durch den Wechsel der Wortart nicht berücksichtigt.

(b) Der Sinn einer metaphorischen Aussage wird oft nicht verständlich, da Grete Lüers - von Ausnahmen abgesehen - die metaphorische Aussage nicht im Zusammenhang des Satzes zitiert. Zu Recht kritisiert Paul Michel: "Die Faktur der zitierten Stelle wird aus den abgedruckten Satzfetzen nicht klar. Es wäre aber wichtig zu erkennen, ob das Bild ausführlich entwickelt oder nur als Abbreviatur dargeboten wird, ob ihm eine Deutung beigegeben wird usw.".[1]

(c) Da versäumt wird, vollständig die verschiedenen Aussagekontexte zu erfassen, in denen die betreffende Metapher bei Mechthild und den anderen aufgeführten Autoren zu finden ist, kommt die Bedeutungsbreite einer Metapher nicht in den Blick (Grete Lüers beschränkt sich auf die mehr oder weniger zufällige Auswahl einer geringen Zahl von Belegstellen).

(d) Dadurch, daß Grete Lüers die syntagmatische Dimension einer Metapher völlig vernachlässigt und sich bei der Bedeutungsbestimmung einer metaphorischen Vorstellung auf das metaphorisch gebrauchte Wort beschränkt, bleibt die jeweils besondere Funktion eines metaphorisch gebrauchten Wortes in den verschiedenen Aussagezusammenhängen eines Werkes unberücksichtigt. Was die im Anschluß an die allgemeine Bestimmung der Bedeutung eines Bildspenders[2] aufgeführten Zitate betrifft, werden diese nicht einer näheren Interpretation im Hinblick auf den Sinn der betreffenden metaphorischen Aussage unterzogen; vielmehr dienen sie als Belegmaterial für die Verwendung der Metapher bei den verschiedenen Autoren der deutschsprachigen Mystik.

---

[1] Paul Michel, Durch die bilde über die bilde, aaO, S. 523, Anm. 1.
[2] In diesem Zusammenhang sei auf die Arbeit von Lothar Meyer verwiesen, der versucht, die Bedeutung einer Metapher von der metaphorischen Tradition her zu bestimmen. Entsprechend seiner begrenzten Fragestellung, "ob möglicherweise in den Predigten Bernhards von Clairvaux Anregungen für Mechthilds Bildersprache liegen" (Studien zur geistlichen Bildersprache, aaO, Vorwort IV), berücksichtigt Lothar Meyer neben Bernhard vor allem die Bibel, Dionysius Areopagita, Richard von St. Viktor und den Minnesang. Zwar gelingt es ihm, eine begrenzte Anzahl von Metaphern auf dem Hintergrund der Bildtradition hinsichtlich des intendierten Sachverhalts genauer zu bestimmen; jedoch wird die Frage vernachlässigt, welche Funktion für die Bedeutung einer Metapher dem unmittelbaren wie auch dem weiteren Kontext des Werkes zukommt, d.h. auch der von Mechthild entworfenen metaphorischen Welt, in der die betreffende Metapher eine bestimmte Position innehat. Ferner: Die Einordnung in die metaphorische Tradition kann erst beginnen, wenn "die genaue Meinung bei jeder Stelle im einzelnen" abgeklärt ist (Paul Michel, Durch die bilde über die bilde, aaO, S. 523, Anm. 1). Schließlich gerät bei Lothar Meyer auch die spezifische Funktion der Metapher aus dem Blick, die dieser bei der Bedeutungskonstituierung der mystischen Rede, speziell des Satzes, zukommt. Außerdem ist zu fragen, warum sich Lothar Meyer bei der Einordnung einer Metapher in die Bildtradition gerade auf Bernhard und Richard von St. Viktor beschränkt.

(e) Dieser Verzicht auf die Interpretation der Metapher in den verschiedenen Aussagezusammenhängen[1], in denen sie im Werk eines bestimmten Autors steht, führt dazu, daß die Festlegung einer Metapher auf bestimmte Sinnmöglichkeiten ihres semantischen Potentials durch den jeweiligen Kontext sowie der Zusammenhang mit anderen Aussagekontexten nicht erfaßt wird. Dadurch gerät nicht nur die semantische Breite einer Metapher aus dem Blick; auch die Funktion des Kontextes für die Sinnkonstituierung einer Metapher kann nicht deutlich werden.

Aufgrund dieser Anfragen ergibt sich für die vorliegende Studie folgende Vorgehensweise: Vor der eigentlichen Untersuchung der Metaphorik in Texten der volkssprachlichen Mystik des 13. und 14. Jahrhunderts im deutschsprachigen Raum (Teil III) ist in Teil I zu klären, welches Metaphernverständnis der weiteren Untersuchung als Arbeitshypothese zugrundegelegt werden kann. In diesem Zusammenhang ist auch zu bedenken, wie sich die Metapher von benachbarten Formen figürlichen Sprechens wie Vergleich, Metonymie und Allegorie abgrenzen läßt. Das Ziel einer derartigen Abgrenzung besteht darin, Kriterien zu gewinnen, die eine Entscheidung darüber erlauben, was bei der Metaphernuntersuchung zu behandeln ist und was unberücksichtigt bleiben muß. Nach der Klärung dieser Probleme soll die grundsätzliche, von Grete Lüers angesprochene Frage bedacht werden, welcher Stellenwert der Metaphorik in mystischen Texten zukommt. Dazu muß zunächst auf das Verhältnis von Sprache und mystischer Erfahrung eingegangen werden, damit dann die Relevanz der Metaphorik für die mystische Erfahrung geklärt werden kann. Abschließend wird die Frage zu bedenken sein, ob von einer spezifischen mystischen Metaphorik gesprochen werden kann.

In dem sich anschließenden Teil II geht es dann um die Frage, in welcher Weise die untersuchten Metaphern jeweils auf die unio bezogen sind und welche Funktion sie im einzelnen im Rahmen des mystischen Prozesses erfüllen.

In einem dritten Teil wird die Grundlage der vorliegenden Studie, die Interpretation aller metaphorischen Aussagen in den untersuchten Texten, in Form eines Metaphernverzeichnisses dem Leser zugänglich gemacht. Damit wird zum ersten Mal in der Mystikforschung ein umfassender Einblick in die metaphorische Welt der deutschsprachigen Mystik des 13. und 14. Jahrhunderts möglich. Das nach Bildspendern angeordnete Verzeichnis, das neben der Angabe der jeweiligen Be-

---

[1] Auch Ernst Dehnhardt führt in seiner Untersuchung der Metaphorik bei Meister Eckhart und Tauler nur sporadisch verschiedene Kontexte einer Metapher auf; die Zitation des Kontextes ist oft so unvollständig, daß der Vorstellungszusammenhang, der durch die metaphorische Aussage konstituiert wird, vom Leser nicht erfaßt werden kann. Die Methode der Bedeutungsbeschreibung einer Metapher erfolgt - wie bei Grete Lüers - vor der Präsentation der Belegzitate; infolge der vorgenommenen Abstraktion der Bedeutung einer Metapher (statt deren Explikation aufgrund der verschiedenen Aussagezusammenhänge, in denen die jeweilige Metapher verwendet wird,) geht die Konkretheit der metaphorischen Aussage und damit der durch die jeweilige Metapher errichtete Vorstellungskomplex verloren. Positiv gegenüber Grete Lüers bleibt jedoch als Verdienst von Ernst Dehnhardt festzuhalten, daß er weitaus mehr Metaphern (vor allem verbale Metaphern) erfaßt hat. Darüberhinaus ist bei Ernst Dehnhardt in gewissem Umfang auch die Differenzierung einer Metapher durch verschiedene Präfixe berücksichtigt.

legstellen eine Interpretation der aufgeführten metaphorischen Aussagen enthält, kann auf verschiedenste Weise ausgewertet werden.

Eine mögliche Auswertung stellt Teil II (Bd.1) dar. Durch Rückgriff auf Teil III wird in diesem Teil der zentralen Frage nach der Funktion der Metaphorik im mystischen Prozeß nachgegangen. Dazu wurde in einem ersten Arbeitsschritt eine Kategorisierung des gesamten Metaphernmaterials nach den zentralen Aspekten des mystischen Prozesses - Transformation und Transposition des Menschen, göttliche Zuwendung und unio - vorgenommen. Dabei fiel auf, daß sich bei jedem Autor ein Großteil der (unter einem bestimmten Aspekt des mystischen Prozesses kategorisierten) Metaphorik in Typen zusammenfassen läßt; dies stellte für die sich anschließende Funktionsbestimmung der betreffenden Metaphorik, die getrennt nach Autoren für jeden der genannten zentralen Aspekte des mystischen Prozesses durchgeführt wurde, wichtige Einsichten bereit. Sozusagen als Nebenprodukt der vorliegenden Studie war es möglich, nach dem Durchgang durch die gesamte Metaphorik in Kapitel 5 dieses zweiten Teils die verschiedenen Strukturierungsmöglichkeiten metaphorischer Aussagen in den untersuchten Texten genauer zu charakterisieren und auf die aktuelle Frage nach einer mystischen Metaphorik eine Antwort zu entwickeln.

Der Aufbau der Studie in drei Teile ergibt sich aus der methodischen Vorgehensweise: Nach den grundlegenden Überlegungen in Teil I wurde in einem ersten Schritt die gesamte Metaphorik des Textcorpus (vgl. Teil I, Kap. 5) erfaßt, nach Bildspendern geordnet und jeder Bildspender differenziert durch Auflistung aller Bildempfänger[1] (mit Stellenbeleg). Die sich anschließende Metapherninterpretation folgt der Ordnung, in der jeweils bei einem Autor die Bildempfänger unter einem Bildspender aufgelistet sind; sie nimmt mit genauem Stellenbeleg Bezug auf die hinter jedem Bildempfänger erscheinenden Stellennachweise (s. Teil III, Bd.2).

Weitere Stufen der Abstraktion stellen die Kategorisierung und Typisierung der Metaphorik in Teil II dar, die die Grundlage für die dann folgende Funktionsbestimmung der aufgeführten Metaphern bildet. Dadurch, daß mit Ordnungsnummern auf die relevanten Passagen in Teil III verwiesen wird, wird eine enge Verzahnung der verschiedenen Ebenen in der vorliegenden Studie erreicht, was ein hohes Maß an Kontrollierbarkeit aller Ausführungen gewährleistet[2]: auf der untersten Ebene in Teil III ist das gesamte Datenmaterial aufgeführt; die sich anschließende Interpretation abstrahiert davon, indem sie die verschiedenen Stellen systematisiert (zweite Ebene); in Teil II wird eine noch weitergehende Abstraktionsebene erreicht, wenn die Metaphorik unter einem bestimmten Aspekt kategorisiert, typisiert und - immer unter Bezugnahme auf die vorangehenden Ebenen der Untersuchung - in ihrer Funktion für den mystischen Prozeß genauer bestimmt wird.

---

[1] Zur Begrifflichkeit vgl. Teil I, Kap. 1.
[2] Vgl. dazu die Ausführungen von Wolfgang Richter, Exegese als Literaturwissenschaft, aaO, S.30-35.

TEIL I

GRUNDLEGENDE ÜBERLEGUNGEN ZUM VERHÄLTNIS VON MYSTISCHER ERFAHRUNG UND SPRACHE

Kapitel 1: METAPHER UND METAPHERNINTERPRETATION

1.1. Der Ansatz der Interaktionstheorie

Im folgenden kann es nicht darum gehen, einen Überblick über die gegenwärtige Metapherndiskussion zu geben. Vielmehr ist beabsichtigt, unter Berücksichtigung maßgeblicher Positionen in der neueren Metapherntheoriediskussion einen Metaphernbegriff zu entwickeln, der als Arbeitshypothese den weiteren Ausführungen zugrundeliegen soll.

Als Grundkonsens der neueren Metapherntheorie läßt sich festhalten, daß die Metapher nur als Ereignis der Rede existiert, da sie ausschließlich aufgrund der Wechselwirkung zwischen den verschiedenen Wörtern eines Satzes eine Bedeutung erhält, die nur in diesem Kontext existiert und diesen Kontext zu einem einmaligen macht. In der Formulierung Harald Weinrichs: Eine Metapher ist "ein Wort in einem konterdeterminierenden Kontext"[1] , das diesen - so die berechtigte Weiterführung von Franziska Wessel im Anschluß an Karlheinz Stierle - "wiederum (konter)determiniert."[2] Daraus ergibt sich, daß Metaphern nur erfaßt werden können, wenn die semantische Inkongruenz zwischen dem metaphorisch gebrauchten Wort und seinem Kontext, d.h. die in der Bedeutung dieses Wortes angelegte Determinationserwartung und die diese Erwartung enttäuschende tatsächliche Determination des Kontextes thematisiert wird. Harald Weinrich kommt daher zu folgendem Ergebnis: "Wer... eine Metapher von jeglichem Kontext... zu entblößen versucht, zerstört damit die Metapher. Eine Metapher ist... nie ein einfaches Wort, immer ein - wenn auch kleines - Stück Text.... Methodisch ergibt sich daraus, daß das Phänomen der Metapher in einer bloßen Wortsemantik... nicht adäquat in den Blick kommen kann."[3] Daß erst Wort und Kontext zusammen die Metapher machen[4], heißt, daß der metaphorische Sinn als Wirkung der gesamten Aussage erklärt werden muß. Der metaphorische Charakter einer Aussage resultiert nämlich daraus, daß in ihr verschiedene Worte so kombiniert sind, daß die betreffende Aussage nur durch eine metaphorische Interpretation einen Sinn erhält, jedoch wörtlich verstanden als logisch absurd erscheint. Denn auf der wörtlichen Ebene liegt ein Verstoß gegen die kombinatorischen Zulässigkeitsbedingungen[5] vor, die für das Zustandekommen einer sinnvollen Aussage konstitutiv sind. Dies läßt sich dahingehend präzisieren, daß bei der metaphorischen Aussage - so Eu-

---

[1] Harald Weinrich, Semantik der Metapher, in: Folia linguistica 1 (1967), S. 6.
[2] Franziska Wessel, Probleme der Metaphorik, aaO, S. 56. Karlheinz Stierle (Text als Handlung, aaO, S. 175) beschreibt das Zusammenwirken von Metapher und Kontext folgendermaßen: "Der Kontext interpretiert die Metapher, umgekehrt spezifiziert die erfaßte Metapher den Kontext."
[3] Harald Weinrich, Semantik der kühnen Metapher, in: Anselm Haverkamp (Hg.), Theorie der Metapher, aaO, S. 317-319.
[4] Harald Weinrich, Semantik der kühnen Metapher, in: Anselm Haverkamp (Hg.), Theorie der Metapher, aaO, S. 333-336.
[5] Paul Ricoeur, Die lebendige Metapher, aaO, S. 87.

genio Coseriu - gegen die lexikalische Solidarität verstoßen wird, d.h. gegen die semantische Determinationsregel, derzufolge syntagmatische Beziehungen dann sinnvoll sind, wenn die Menge des determinierten Lexems eine bestimmte Anzahl von Merkmalen des determinierenden Lexems enthält und dadurch determiniert wird: "Die Solidaritäten... sind syntagmatische Erscheinungen, die paradigmatisch bedingt sind; sie beruhen auf der Tatsache, daß eine Einheit, gleich welcher Ebene eines Paradigmas, in einem anderen Paradigma als unterscheidender Zug funktioniert. Z.B. >Baum<, eine Einheit des Paradigmas >Pflanze<, funktioniert als unterscheidender Zug im Paradigma der Verben wie >schneiden< u.ä., wodurch gerade eine Einheit >fällen< entsteht."[1] Die von Harald Weinrich gegebene Definition der Metapher als "Wort in einem konterdeterminierenden Kontext"[2] läßt sich von daher genauer beschreiben als Gegensatz zwischen dem Syntagmatischen und dem Paradigmatischen, d.h. als lexischer Widerspruch, der auf der Nichtsolidarität der syntagmatisch verbundenen Termini beruht. So ist z.B. *vliessen* durch das Klassem 'flüssig' bestimmt. Das Paradigma 'Flüssigkeit' fungiert als unterscheidender Zug im Paradigma der Verben wie *'vliessen'* u.ä. Alle Einheiten des Paradigmas 'Flüssigkeit' wie *bach*, *vluz*, *vluot*, *wazzer* können mit *vliessen* syntagmatisch verbunden werden. Zu einer Bedeutungskollision zwischen den verschiedenen Wörtern des vorliegenden Syntagmas kommt es, wenn das Paradigma 'Flüssigkeit' etwa durch das Paradigma 'menschliches Wesen' abgelöst wird. Ein Sinn läßt sich dieser Aussage allein dann abgewinnen, wenn sie es erlaubt und dem Rezipienten nahelegt, sie metaphorisch zu interpretieren. Wenn man beispielsweise formuliert: *"Der mensche vliuzet in got"*, so betrachtet man den Menschen im Bild einer Flüssigkeit, und die räumliche Fortbewegung des Menschen erhält Züge einer Fließbewegung. Zugleich wird Gott als Zielbereich der Fließbewegung durch das Klassem 'flüssig' so determiniert, daß auf ihn in allgemeiner, durch den Kontext nicht konkretisierten, Weise Merkmale projiziert werden, die dem Klassem 'flüssig' entsprechen. Die durch eine metaphorische Interpretation auf diese Weise erfolgende Sinngewinnung beschreiben Richards und Max Black mit der von ihnen entwickelten Interaktionstheorie als ein Geschehen, bei dem auf einen Bildempfänger (*der mensche*) als metaphorisches Element ein Bildspender[3] (*vliuzet*) bezogen wird; dabei entsteht eine Bedeutung, die das Resultat der Interaktion von Bildspender und Bildempfänger ist[4].

---

[1] Eugenio Coseriu, Lexikalische Solidaritäten, in: Poetica 1 (1967), S. 293-303, hier 297.
[2] Harald Weinrich, Semantik der Metapher, in: Folia linguistica 1 (1967), S. 6.
[3] Da jedes Ding/jeder Sachverhalt immer schon in unterschiedlichen Zusammenhängen steht, läßt sich nichts "außerhalb der Möglichkeit seiner Verbindung mit anderen denken" (Ludwig Wittgenstein, Tractatus logico-philosophicus, aaO, 20121). Sachgemäßer wäre daher von "Bildempfängerwelt" und "Bildspenderwelt" bzw. von "Bildempfängerkonzept" und "Bildspenderkonzept" zu sprechen.
[4] Ivor Armstrong Richards (The philosophy of rhetoric, aaO, S.96f) bezeichnet die beiden Hälften einer Metapher mit den Begriffen *tenor* und *vehicle*; Max Black, Die Metapher, in: Anselm Haverkamp (Hg.), Theorie der Metapher, aaO, S. 70, unterscheidet in der metaphorischen Aussage am Beispiel "Der Mensch ist ein Wolf" den Primärgegenstand 'Mensch' und den Sekundärgegenstand 'Wolf'. Zu weiteren Bezeichnungen vgl. die Synopse bei Paul Michel, Alieniloquium, aaO, S. 160.

1.2. Kritik und Präzisierung der Interaktionstheorie

Die Beschreibung der Bedeutungskonstituierung einer metaphorischen Aussage als Interaktion zwischen Bildspender und Bildempfänger führt - insbesondere wenn es sich um abstrakte Bildempfänger handelt - zu Schwierigkeiten. Denn während die Annahme einer Interaktion zwischen zwei bekannten Gegenständen/Sachverhalten wie z.B. "Der Mensch ist ein Wolf" auf den ersten Blick unproblematisch erscheint, ist eine derartige Annahme bei abstrakten Bildempfängern weit weniger evident; dies liegt darin begründet, daß sich Bildspender und Bildempfänger aufgrund ihres unterschiedlichen Grades an Konkretheit nicht in gleichem Maß gegenseitig bestimmen können: Je abstrakter und unbestimmter der Bildempfänger ist, desto weniger ist er geeignet, in Bezug auf den Bildspender die Rolle des Partners im Interaktionsgeschehen zu übernehmen. Was die Metaphern in mystischen Texten anbelangt, ist insbesondere zu fragen, wie eine Interaktion zwischen dem unbekannten, alles endliche Denken transzendierenden Göttlichen als Bildempfänger und einem beliebigen, aus der endlichen Wirklichkeit stammenden konkreten Bildspender zustandekommen kann.[1]

Generell ist gegenüber der Interaktionstheorie geltend zu machen, daß die beiden interagierenden Pole - Bildempfänger und Bildspender - nicht gleichberechtigt sind, sondern in einer asymmetrischen Relation zueinander stehen[2]. Wie dargelegt, ist dies zum einen im unterschiedlichen Grad an Konkretheit von Bildempfänger und Bildspender begründet, zum anderen in den verschiedenen Funktionen, die dem Bildempfänger und dem Bildspender in einer Aussage jeweils zukommen. Der Bildempfänger dient in einer metaphorischen Aussage als referentielles Denotat, indem er die außersprachlichen Dinge und Sachen[3] angibt, die der Bildspender in prädizierender Funktion durch die Attribution von Eigenschaften modifiziert. Wenn z.B. gesagt wird: "*Got ist ein brunne*", bildet *got* das referentielle Denotat, während *brunne* als prädizierendes Denotat fungiert. Im Unterschied zum Bildempfänger muß beim Bildspender, damit die auf der wörtlichen Ebene absurde Aussage einen Sinn erhält, gerade von seiner direkten Referentialität abgesehen werden. Dies heißt in Weiterführung der Ausführungen von Max Black, Harald Weinrich und Eugenio Coseriu: Die verschiedenen Positionen in einer metaphorischen Aussage können nicht einfach ausgetauscht werden; infolge unterschiedlicher Konkretheit, unterschiedlicher Funktion (Identifikation des Themas der metaphorischen Aussage - Modifikation des Themas durch Prädizierung von Eigenschaften) und des hergestellten bzw. aufgehobenen Referenzbezuges sind Bildempfänger und Bildspender nicht gleichwertig. Der Satz: "*Got ist ein brunne*" ist nicht identisch mit dem Satz "*Ein brunne ist got*".

Aber auch wenn Bildspender und Bildempfänger nicht gleichwertig sind, kann von der Relation zwischen Bildempfänger und Bildspender nicht abgesehen wer-

---
[1] Vgl. dazu Teil I, Kap. 4.
[2] Vgl. dazu Christian Strub, Kalkulierte Absurditäten, aaO, S. 172f.
[3] Die identifizierende Funktion basiert auf dem Axiom der Existenz, das John Searle, Speech Acts, Cambridge 1969, S. 77 folgendermaßen formuliert: "Whatever is referred to, must exist."

den. Denn nur in Verbindung mit einem Bildempfängerkonzept definiert sich ein Wort als Verletzung des Code der langue auf der paradigmatischen Ebene; der nur in der parole, d.h. in der Aktualisierung des Sprachsystems durch die Rede, zu erzeugende Konflikt mit dem System der langue realisiert sich, indem ein Wort in der parole widersprüchlich zu seiner im lexikalischen Code festgelegten Wortbedeutung in einen Redekontext integriert wird. Die Substitutionstheorie setzt in diesem Zusammenhang mit der Überlegung an, daß die paradigmatische Abweichung nicht willkürlich, sondern so beschaffen ist, daß trotz der Abweichung ein Sinn der gesamten Aussage herzustellen ist. Als Bedingung dafür sieht diese Theorie an, daß der metaphorisch gebrauchte Terminus aufgrund der Ähnlichkeitsrelation zu einem nichtmetaphorischen Terminus - unabhängig von jeglichem Kontext - durch diesen ausgetauscht werden kann. Eine Ähnlichkeit liegt dann vor, wenn beide Termini mindestens ein gemeinsames semantisches Merkmal miteinander verbindet.[1]

Kritisch ist gegenüber der Substitutionstheorie einzuwenden, daß sie ihr Interesse ausschließlich auf die Gemeinsamkeiten, nicht auf den zusätzlichen Informationswert richtet, den der ersetzende gegenüber dem ersetzten Terminus aufweist. Ferner ist zu bedenken, daß ein solches gemeinsames Merkmal nicht unabhängig vom Aussagekontext zu finden ist, in dem der metaphorische Terminus steht. D.h. die Substitutionstheorie kann den syntagmatischen Zusammenhang, in dem ein metaphorischer Terminus steht, im Grunde nicht ausblenden; sie kann garnicht anders, wenn sie die Beliebigkeit der Substitution verhindern will, als daß sie sich zur Vergleichstheorie wandelt; denn der gesuchte ähnliche Terminus läßt sich nur dadurch finden, daß man die metaphorische Aussage in einen Vergleich umformt; dessen tertium comparationis liefert dann den Terminus, durch den man den metaphorischen Terminus ersetzen kann.[2]

Aber auch eine durch die Vergleichstheorie modifizierte Substitutionstheorie kann sich nicht der Kritik entziehen. Denn gegen eine Position, die die Metapher als einen abgekürzten Vergleich versteht, ist einzuwenden, daß bei der Metapher - wie schon ausgeführt - zwischen Bildempfänger und Bildspender gerade ein asymmetrisches Verhältnis, beim Vergleich hingegen zwischen den beiden Vergleichsgliedern ein symmetrisches Verhältnis besteht. Dieser Schwierigkeit ist - so Christian Strub - nur dadurch zu begegnen, daß man die Metapher als einen topikalisierten Vergleich auffaßt[3], d.h. als eine Aussage, für die gerade die Unumkehrbarkeit der beiden Vergleichsglieder aufgrund ihrer unterschiedlichen Funktionen -

---

[1] Heinrich Plett, Textwissenschaft, aaO, S. 260. In der Diskussion zum Vortrag von Gerhard Kurz auf dem Wolfenbütteler Symposion "Formen und Funktionen der Allegorie" spricht Heinrich Plett mit Blick auf die moderne Linguistik von einem sehr diffusen Ähnlichkeitsbegriff; vgl. die Zusammenfassung seiner Ausführung im Diskussionsbericht, in: Walter Haug (Hg.), Formen und Funktionen der Allegorie, aaO, S. 168: "Ähnlichkeit könne sehr weit oder sehr eng gefaßt werden: Von der totalen Ähnlichkeit = Merkmalsgleichheit bis hin zur totalen Unähnlichkeit des Ironiepols."
[2] Vgl. dazu Aristoteles, Rhetorik III, 4, 1406b 23 zur metaphorischen Aussage: "Achill ist ein Löwe": "weil beide nämlich tapfer sind, nannte man den Achill in übertragenem Sinne einen Löwen."
[3] Christian Strub, Kalkulierte Absurditäten, aaO, S. 360.

Hauptgegenstand (Bildempfänger) und prädikatives Schema (Bildspender) der Aussage - konstitutiv ist.

Damit ist eine Neubestimmung der Funktion einer Metapher verbunden. Es geht nicht mehr um die Ersetzung eines verbum proprium durch einen metaphorischen Terminus zum Zweck der Verrätselung der Rede auf der Grundlage einer Eigenschaft, die beiden Termini gemeinsam ist. Vielmehr ist für die Funktionbestimmung der Metapher entscheidend, daß sie neuartige Ansichten des Vertrauten im sprachlichen Medium eröffnet. Den Ansatzpunkt für diese Neubestimmung liefert die Relation zwischen dem Bildempfänger- und Bildspenderkonzept. Sie läßt sich beschreiben als eine Verknüpfung des Heterogenen, die es erlaubt, einem Bildempfängerkonzept, das Sprecher und Rezipient bekannt ist, auf unpassende Weise von einem semantisch inkongruenten Bildspenderkonzept her neuartige Eigenschaften zu attribuieren. Als Bedingung für das Verstehen fungiert dabei nicht eine (beiden Vorstellungen gemeinsame) Sphäre der Ähnlichkeit, sondern ein Klima der Fremdheit zwischen Bildempfänger- und Bildspenderkonzept, das jedes konventionelle Verstehen in die Krise führt. Dem Konflikt zwischen beiden Konzepten ist nur dann ein Sinn abzugewinnen, wenn durch die Interaktion zwischen Bildempfänger- und Bildspenderkonzept[1] eine semantische Neuorganisation und Neustrukturierung beider Konzepte gelingt. Im Unterschied zur Substitutions(- und Vergleichs)theorie steht bei dieser Theorie jedoch am Ende nicht die völlige Ersetzung der Metapher, sondern ein Sinnverstehen der metaphorischen Aussage aufgrund von hergestellten Gemeinsamkeiten, ohne daß die radikale Differenz zwischen beiden Konzepten hinfällig würde.

Zusammenfassend läßt sich aufgrund der bisherigen Überlegungen festhalten: Bei einer metaphorischen Aussage ist der vertraute Kontext, in dem der Bildempfänger in ausschließlich wörtlich zu verstehenden Aussagezusammenhängen stehen kann, entfernt; im Austausch dazu wird ein neues, fremdartiges Bezugssystem für den Bildempfänger ins Spiel gebracht. Die Interaktion läßt sich dann genauerhin beschreiben als Arbeit am Fremden, die deshalb wichtig ist, weil sie neuartige Ansichten über das Vertraute verspricht; das Interaktionsgeschehen besteht sowohl in der Herstellung von Parallelen, der partiellen Reduktion der Andersartigkeit durch Abstrahierung vom Konkreten, der Überführung von semantischen Merkmalen des Bildspenders in analoge Merkmale des Bildempfängers als auch dem Scheitern an der bleibenden Fragwürdigkeit der hergestellten Gemeinsamkeiten und damit an der Spannung, die aus der nicht aufzulösenden Andersartigkeit bei der Konzepte resultiert. Da das Interesse des Rezipienten beim Hören/Lesen auf Sinn hin orientiert ist, wird er bemüht sein, aus den heterogenen Vorstellungen einen Sinn zu machen. Der Kontext unterstützt dieses Bemühen; er hat eine sinnstabilisierende Wirkung, die darin besteht, daß durch ihn in gewissem Maß eine Integration der vom metaphorischen Terminus ausgehenden Störung in den sytagmatischen Zusammenhang des Satzes möglich wird.

---

[1] Vgl. dazu Paul Ricoeur, Lebendige Metapher, aaO, S. 178: "Jede Substitution erfolgt innerhalb einer Sphäre der Ähnlichkeit. Die Wechselwirkung hingegen ist mit jeder beliebigen Art von Relation vereinbar... Die weiter gefaßte Idee einer Transaktion zwischen Kontexten kann auf die Bezugnahme zur Ähnlichkeit verzichten."

1.3. Schwierigkeiten bei der Unterscheidung von kreativen und konventionellem Metapherngebrauch

Ein offenes Problem bleibt bei der Anwendung der Interaktionstheorie die Frage, ob im konkreten Fall eine Aussage tatsächlich metaphorisch verstanden wird, oder ob nicht ein inzwischen konventionell gewordenes Verstehensmuster der betreffenden Aussage zugrundeliegt. Auch wenn mit Sicherheit nur schwierig festzustellen ist, ob ein Sprecher in einer bestimmten kommunikativen Situation eine Metapher als konventionelle Metapher gebraucht und ein Rezipient diese auch genauso konventionell versteht, lassen sich wichtige Einsichten in Bezug auf diese Frage gewinnen, wenn man den Blick von einer einzelnen metaphorischen Aussage auf das Gesamtwerk eines Autors weitet und den Metapherngebrauch insgesamt beobachtet. Ein wichtiges Ziel der vorliegenden Metaphernuntersuchung besteht daher darin, dies zu ermöglichen, indem versucht wird, für jeden Bildspender möglichst umfassend dessen Verwendung in verschiedenen Aussagekontexten zu beschreiben. Die dabei zutage tretenden Divergenzen zwischen den verschiedenen metaphorischen Aussagen mit gleichem Bildspender geben Aufschluß darüber, wie kreativ ein Autor jeweils bei der Metaphernproduktion ist und welcher Grad an Konventionalisierung bei bestimmten metaphorischen Vorstellungen in seinem Werk festzustellen ist. Interessant sind in diesem Zusammenhang die zahlreichen Hinweise in den untersuchten Texten, die die Möglichkeit eines konventionellen Metapherngebrauchs einschränken. Hierzu einige Beispiele:

- Durch Verstehenshilfen wie z.B. in dem Satz: "*Got ist ein wueste ein und einvaltic...*"[1] wird das Verstehen der metaphorischen Aussage in eine bestimmte Richtung gelenkt. Dies macht deutlich, daß der Autor nicht mit einem automatischen Verstehen auf Seiten seiner Rezipienten rechnet.

- Bestimmte Metaphern werden mit anderen, inhomogenen Metaphern im Rahmen einer metaphorischen Aussage verknüpft; auf diese Weise wird ein einliniges, aufgrund eines eventuell konventionellen Vorverständnisses[2] sich einstellendes Verstehen erschwert.

- Die morphologische Differenzierung - z.B. *giezen, (in)giezen, (uz)giezen, (durch)giezen* - zeigt ein Experimentieren mit den sprachlichen Möglichkeiten.

- Es läßt sich ein kreativer Umgang mit eindeutig konventionellen Bildvorstellungen bei den verschiedenen Autoren verfolgen und zwar durch eine Ausweitung

---

[1] Heiner Emonds, Metaphernkommunikation, aaO, S. 126 sieht in diesen Verstehenshilfen kommunikative Züge, durch die ein Sprecher die Rezipienten zum Verstehen der metaphorischen Äußerung führen will.
[2] Vgl. zu dieser Frage auch Paul Michel, Alieniloquium, aaO, S. 177, § 199. Dort wird als Kriterium der "extreme Bildbruch" genannt, der für Paul Michel darauf hindeutet, daß der Autor den Effekt der Spannung bewußt erzeugt.

des Bildempfängerbereichs[1] oder durch die Tendenz zur Ausweitung des Bildspenderbereichs[2].

Als Zwischenergebnis zum Problem der konventionalisierten Metapher läßt sich festhalten: Da metaphorische Rede nicht konstatiert, sondern um Anschaulichkeit bemüht ist, ohne zu einer eindeutigen Festlegung von Wirklichkeit zu kommen, ist der Prozeß der Interaktion zwischen Bildspender und Bildempfänger grundsätzlich unabschließbar; die metaphorische Aussage behält ihre Mehrdeutigkeit, d.h. - wie Friedrich Ohly treffend formuliert - Metaphern haben zum Unsagbaren "offene, aus noch stummer Erfahrung bereicherte Ränder"[3]. Dennoch kann diese Offenheit in einem mehr oder weniger wechselseitigen Determinationsprozeß von Wort und Kontext auf eine bestimmte Bedeutung hin konzentriert werden. Weit mehr, als von den Vertretern der Interaktionstheorie zugestanden wird, ist deshalb bezüglich der Frage, wie eine sinnvolle Aussage trotz der vorhandenen semantischen Inkongruenz innerhalb eines Satzes zustande kommt, sowohl das geistige Verhalten des Sprechers als auch das des Rezipienten zu bedenken: Die Interaktion zwischen dem Bildempfänger- und dem Bildspenderkonzept dauert so lange an, wie der Rezipient diese in seinem Bewußtsein interagieren läßt; d.h. er bestimmt durch seinen Umgang mit der Metapher, wie offen der Rand der betreffenden Metapher ist. Dabei kann er bei einer, durch wechselseitige Bezugnahme von Bildspender und Bildempfänger entstandenen Bedeutung stehenbleiben, aber auch - durch die metaphorische Bewegung selbst in eine geistige Bewegung gebracht - sich auf diesen gegenstandslosen Prozeß einlassen und die Interaktion in Bewegung halten. Ähnliches läßt sich auch beim metaphorisch Redenden feststellen: Er wird den Möglichkeiten metaphorischen Sprechens in dem Maße gerecht, wie er ein metaphorisch gebrauchtes Wort in der Gesamtheit seiner Äußerungen den unterschiedlichsten Sachverhalten zuordnet und mit jeder metaphorischen Aussage immer auch - bei aller Ähnlichkeit zu anderen metaphorischen Aussagen - etwas Neues zum Ausdruck bringt im Vergleich zu anderen Aussagezusammenhängen, in denen der gleiche Bildspender verwendet wird. Es bleibt jedoch dabei: Von den Texten her ist letztlich nicht zu entscheiden, ob eine konventionalisierte oder eine lebendige Metapher vorliegt; dies zeigt die Grenzen einer textsemantisch orientierten Metapherntheorie auf, wie sie von Richards, Black, Weinrich u.a. vertreten wird.

Bedenkt man darüberhinaus, daß die Metapher zur parole gehört, muß man die metaphorische Äußerung als ein kommunikatives Geschehen begreifen, das in einer bestimmten kommunikativen Situation zwischen verschiedenen Teilnehmern erfolgt, die ein gemeinsames Vorwissen, aber auch unterschiedliche Kenntnisse in Bezug auf die verwendeten Metaphern mitbringen können. Dies bedeutet: Je nachdem, ob Sprecher und Rezipient eine metaphorische Äußerung im Wissen um die Verwendung der gleichen Metapher in anderen Zusammenhängen gebrauchen und

---

[1] Z.B. bei der dem Hohenlied entnommenen Brautschaftsvorstellung oder bei der via purgativa des Dionysius Areopagita.
[2] So findet sich im Rahmen der Fließmetaphorik neben *vliezen* auch *vluz, stram, vluot, bach, usrunse*; der Bildkomplex *krankheit/gesundheit* wird ergänzt durch Bildvorstellungen, die in einem sachlichen Zusammenhang dazu stehen: *arzt, apotek, wunde, salbe, salben*.
[3] Friedrich Ohly, Schriften zur mittelalterlichen Bedeutungsforschung, aaO, S.129.

verstehen bzw. ob sie eine Metapher gebrauchen und verstehen, die längst in die langue mit einer feststehenden Bedeutung eingegangen ist, werden sie (bzw. nur der Sprecher oder nur der Rezipient) die betreffende metaphorische Äußerung als eine tendenziell mehr oder weniger kreative und damit konventionelle Metapher auffassen. Beispielsweise wird die durch die Interpretation des Hohenliedes entwickelte Metapher von der Kirche als Braut Gottes bei Origenes abgelöst von der Metapher der Seele als Braut Gottes[1]. Für Origenes bedeutet dies einen kreativen Umgang mit einer konventionalisierten Metapher. Ein Rezipient der Metapher des Origenes, der die Auslegungstradition des Hohenliedes kennt, in der 'Braut Gottes' Metapher für die Kirche ist, wird diese Metapher des Origenes in gleicher Weise als kreative Metapher auffassen. Ein Rezipient im Mittelalter, dem eventuell beide Traditionen unbekannt sind, wird bei beiden Metaphern eine kreative Metaphernverwendung konstatieren. Es könnte nun aber auch sein, daß ein Rezipient der beim Lesen von Mechthild von Magdeburgs Werk "Das fließende Licht der Gottheit" immer wieder auf die Vorstellung der Seele als Braut Gottes stößt, diese ursprünglich kreative Metapher aufgrund der wiederholten Verwendung zunehmend konventionell versteht; aufgrund der Differenzierung des Bildempfängerbereichs und der variierenden Kontexte bei den verschiedenen metaphorischen Aussagen wird er die Brautschaftsmetaphorik erneut jedoch wieder als kreative Metaphern ansehen müssen. Aus dem gleichen Grund wird aber auch ein Rezipient, der mit beiden Auslegungstraditionen des Hohenliedes vertraut ist, Mechthilds Brautmetaphorik als kreative Metaphern verstehen.

An diesem Beispiel wird deutlich: Die Grenzen zwischen kreativer und konventioneller Metaphernverwendung sind oft fließend[2]. Dies heißt für das Endstadium der Konventionalisierung, die lexikalisierte Metapher: ob und wann ein ursprünglich metaphorischer Terminus wörtlich oder - wie ursprünglich gemeint - metaphorisch verstanden wird, ist objektiv letztlich nicht nachweisbar. Dies gilt insbesondere für Zeiträume, die in keinem unmittelbaren Zusammenhang mehr mit der Welt des heutigen Rezipienten stehen. Wissenschaftliche Aussagen, in denen dennoch eine Festlegung von kommunikativen Bedingungen für Texte eines solchen Zeitraumes erfolgt, genügen nicht dem wissenschaftlichen Postulat der Kontrollierbarkeit. Dies heißt: Die Abhängigkeit - selbst ursprünglich ein metaphorischer Terminus - eines Textes von anderen Texten ist ein zu komplexer Sachverhalt, als daß sich in dieser Frage Eindeutigkeit erzielen ließe. Wissenschaftliche Beschäftigung, die an Traditionszusammenhängen interessiert ist, muß sich deshalb methodisch darauf beschränken, wenn eine gewisse Parallelität zwischen Aussagen in verschiedenen Traditionszusammenhängen ausgemacht wird, diese jeweils für sich zu beschreiben und dann miteinander zu vergleichen[3].

Die vorliegende Studie verzichtet daher auf eine Einordnung der untersuchten Metaphorik in bestimmte Traditionszusammenhänge; damit wird der Einsicht

---

[1] Friedrich Ohly, Hohelied-Studien. Grundzüge einer Geschichte der Hoheliedauslegung des Abendlandes bis um 1200. Wiesbaden 1958. Ulrich Köpf, Art.: 'Hoheslied', in: TRE 15 (1986), S. 499-513.
[2] Vgl. dazu Christian Strub, Kalkulierte Absurditäten, aaO, S. 403.
[3] Vgl. zu dieser Frage auch: Paul Michel, Durch die bilde über die bilde, aaO, S. 514 sowie Anm. 2, S.17.

Rechnung getragen, daß die Frage, von welcher Tradition bestimmte Metaphern bei einem Autor beinflußt sind, solange nicht feststellbar sein wird, wie eine exakte Untersuchung aller Bildvorstellungen in den verschiedenen Traditionen fehlt, die möglicherweise in einem Zusammenhang mit den zu untersuchenden Texten stehen. Grundsätzlich ist allerdings in diesem Zusammenhang zu fragen, ob die Berücksichtigung eines bestimmten Traditionszusammmenhanges, in dem die jeweilige Metapher stehen könnte, überhaupt etwas zum Verständnis der vielfältigen, äußerst differenzierten Einzelbilder bei den untersuchten Autoren beitragen kann oder ob nicht gerade dadurch eine vorschnelle Systematisierung und somit eine Reduktion der vielfach interessanten Einzelvorstellungen erreicht wird.

Denn selbst wenn es gelänge, nicht nur Parallelen, sondern direkte Einflüsse bestimmter Traditionen auf die untersuchten Texte nachzuweisen, würden in Bezug auf eine bestimmte metaphorische Aussage - wie Emonds überzeugend darlegt[1] - folgende Fragen offen bleiben:

- Ist Sprechern und Rezipienten bewußt, ob es sich bei der betreffenden Metapher um eine Neuschöpfung oder um eine Wiederverwendung handelt, und wie läßt sich dies erkennen?
- Wenn es sich um eine Wiederverwendung einer bestimmten Metapher handelt, stellt sich die Frage, ob die betreffende Metapher tatsächlich so verstanden wird, wie man sie bislang in der Tradition verstanden hat.
- Wird die betreffende Metapher konventionell verstanden, d.h. nach einem Verstehensmuster, das durch die große Breitenwirkung einer bestimmten Tradition allgemein vertraut ist, oder erhält sie - obwohl es sich um eine konventionalisierte Metapher handelt - aufgrund der Interaktion zwischen Bildempfänger, Bildspender und Kontext eine neue Bedeutung?

Derartige Fragen werden zum Problem, wenn man wie in der vorliegenden Untersuchung entscheiden muß, was zum Untersuchungsgegenstand gehört und was auszuscheiden ist. Schwierigkeiten entstehen darüberhinaus dadurch, daß die von einem heutigen Rezipienten festgestellten semantischen Anomalien in Texten des Mittelalters nicht in jedem Fall dem mittelalterlichen Bewußtsein entsprechen müssen; was einem Menschen des 20. Jahrhunderts, der von den Denkvoraussetzungen des begrifflichen Denkens geprägt ist (Subjekt-Objekt-Spaltung, kategoriale Differenzierung der als Objekt dem Subjekt gegenübergestellten Wirklichkeit etc.), bei einer Aussage als metaphorisch erscheint, kann unter Umständen in einer anderen Zeit in Folge eines anders strukturierten Denkens durchaus wörtlich verstanden worden sein. In diesem Zusammenhang ist insbesondere zu berücksichtigen - worauf Wilhelm Köller zu Recht aufmerksam macht -, daß viele der vom begrifflichen Denken konstatierten semantischen Anomalien durch das mythische Denken nicht als solche erfahren werden, weil sich beim mythischen Bewußtsein "die Grenzen zwischen der Welt des Belebten und des Unbelebten, des Ideellen und des Materiellen verwischen"[2]; die Spiritualisierung materieller Objekte oder umgekehrt die Materialisierung aller nicht konkreten Phänomene und Relationen sowie die Anthropomorphisierung nicht-menschlicher Vorgänge und Gegebenhei-

---

[1] Heiner Emonds, Metaphernkommunikation, aaO, S. 167.
[2] Wilhelm Köller, Semiotik und Metapher, aaO, S. 230.

ten wird dann nicht metaphorisch, sondern wörtlich verstanden. Für die Themenstellung der vorliegenden Studie ist dies insofern ein Problem, als das unbemerkte Weiterwirken mythischer Denkstrukturen im Mittelalter[1], insbesondere der Anthropomorphisierung, z.B. in festen phraseologischen Wendungen, verhindert, daß der metaphorische Charakter einer Aussage bewußt wird.

Die genannten Probleme spitzen sich noch mehr zu, wenn man die Überlegungen von Lakoff/Johnson berücksichtigt. Ihre Grundthese lautet: Das menschliche Denken, Reden und Handeln wird zu einem Großteil von Metaphern strukturiert[2], die so konventionell sind, daß ihr metaphorischer Charakter unbemerkt bleibt. Das heißt: Diese Metaphern sind - so die Behauptung von Lakoff/Johnson - so tief in dem konzeptionellen System verwurzelt, mit dem wir unsere Erfahrungen verarbeiten, daß wir tatsächlich "nach ihnen leben"[3]. Beispielsweise handelt es sich bei "Gott ist Vater" um eine derartige strukturierende Metapher, die religiöse Menschen in ihrem Leben bestimmt. Ein anderes Beispiel für die metaphorische Verarbeitung von Erfahrungen ist die Strukturierung mit Hilfe von räumlichen Metaphern. Lakoff/Johnson führen dazu aus: "We will call these *orientational metaphors*, since most of them have to do with spatial orientation: up - down, in - out, front - back, on - off, deep - shallow, central - peripheral ... Orientational metaphors give a concept a spatial orientation; for example, HAPPY IS UP.[4]

Für die vorliegende Untersuchung der Metaphorik bedeutet dies: Anthropomorphe Aussagen über Gott wie z.B. "Gott ist Vater, Sohn"; "Herz, Mund, Angesicht, Hand Gottes", sowie die für mittelalterliches Denken maßgeblichen Theologumena 'Bild Gottes' und 'Wort Gottes' werden nicht behandelt. Insofern es sich bei den räumlichen Bestimmungen oben/unten, Höhe/Tiefe, außen/innen im Sinn von Lakoff/Johnson um "orientational metaphors" handelt, die u.a. das konzeptuelle System strukturieren, das dem mittelalterlichen Weltbild zugrundeliegt, werden auch diese in der vorliegenden Studie nicht berücksichtigt - im Gegensatz zu konkreter Bildlichkeit, wie z.B. das Bild[5] des Berges, das für die Höhe und Unerreichbarkeit des Göttlichen steht. Ebenso wird auf die Unterscheidung äußerer/ innerer/ innerster Mensch nicht weiter eingegangen, da diese selbstverständlicher Bestandteil der Anthropologie ist, die in die untersuchten Texte Eingang gefunden hat.

Festzuhalten bleibt: Da alles, was wir über das damalige Weltbild wissen, auf einer Rekonstruktion vom heutigen Standpunkt aus basiert, läßt sich in vielen Fällen nicht eindeutig klären, ob eine Textstelle metaphorisch zu verstehen ist oder nicht. Den Ausführungen von Paul Michel zu diesem Problem ist voll und ganz zuzustimmen: "Es ist wichtig zu sehen, daß das Urteil über die Metaphorizität nicht bloß an den verwendeten Wörtern abgelesen werden kann, sondern auf einer Einübung in eine Welt beruht."[6] Im Wissen darum, daß diese Einübung immer nur eine fragmentarische Annäherung an die jeweils andere Welt sein kann, sollen im

---

[1] Vgl. dazu Wilhelm Köller, Semiotik und Metapher, aaO, S. 231.
[2] Vgl. Lakoff/Johnson, Metaphors We Live By, aaO, S. 158.
[3] Lakoff/Johnson, Metaphors We Live By, aaO, S. 55.
[4] Lakoff/Johnson, Metaphors We Live By, aaO, S. 14.
[5] Die Begriffe 'Bild', 'Bildlichkeit' fungieren in den weiteren Ausführungen als Sammelbegriff für alle Formen der übertragenen Rede.
[6] Paul Michel, Alieniloquium, aaO, S. 164f.

folgenden die Kriterien genannt werden, die für die Abgrenzung des Untersuchungsgegenstandes der vorliegenden Studie ausschlaggebend waren[1].

1.4. Kriterien zur Identifizierung von Metaphern

Als erstes Kriterium für den metaphorischen Charakter einer Aussage läßt sich formulieren: Eine prädizierende Denotation eines Hauptsubjekts (des Bildempfängers) durch einen Terminus (den Bildspender) steht in Widerspruch zum außersprachlichen Kontext der Aussage. Zwar kommt dem Bildempfänger eine direkte Referenz auf eine außersprachliche Wirklichkeit zu; durch die metaphorische Prädizierung wird die direkte Referenz der gesamten Aussage jedoch außer Kraft gesetzt.

Weitere Kriterien zur Identifizierung einer Metapher ergeben sich aus der Abgrenzung gegenüber anderen Formen figürlichen Sprechens.

(a) Die Allegorie unterscheidet sich von der Metapher durch ihre narrative und sequentielle Struktur; sie entfaltet sich in größeren Textzusammenhängen im Unterschied zur Metapher, die sich in der Regel auf den Satz beschränkt. Während es sich bei der Allegorie um einen Text handelt, der wörtlich und allegorisch zu verstehen ist, bei dem also zwei Diskurse, Vorder- und Hintersinn, nebeneinander existieren, kann der Sinn einer metaphorischen Aussage nur gefunden werden, wenn man die wörtliche Ebene verläßt und durch eine metaphorische Interpretation die logische Absurdität auf der wörtlichen Ebene der Aussage reduziert. Im Unterschied zur metaphorischen Aussage, für die die syntagmatische Kombination von nichtmetaphorischen mit metaphorisch zu verstehenden Termini charakteristisch ist, sind in der Allegorie die lexikalischen Kombinationsregeln erfüllt. Als zweites Kriterium für das Vorliegen einer Metapher läßt sich somit festhalten: Eine metaphorische Aussage ist auf der wörtlichen Ebene ein absurder Satz; in ihm wird gegen die lexikalischen Kombinationsregeln verstoßen.

(b) Anders als die Metapher sind Synekdoche und Metonymie[2] nach bestimmten Regeln zu ersetzen, da die Sache von Dingen her benannt wird, die zur eigentlich gemeinten Sache im Verhältnis der Kontiguität stehen. Ein synekdochisch oder metonymisch verwendetet Terminus, der die Absurdität auf der wörtlichen Ebene des Satzes begründet, kann, wenn der vorliegende Tropus identifiziert ist, unabhängig vom Kontext nach bestimmten Regeln (Ersetzung des Teils durch das Ganze, der Art durch die Gattung bei der Synekdoche; Ersetzung der Wirkung durch

---

[1] Auf eine Darstellung der bei jedem Einzelfall geführten Diskussion muß wegen der Fülle des Materials im Rahmen der vorliegenden Studie verzichtet werden. Die in Teil III aufgeführten Metaphern dokumentieren nur das Ergebnis dieser Diskussion. Dies heißt zugleich, daß jetzt - auf der Grundlage der getroffenen Auswahl - die Diskussion darüber beginnen kann, (a) was evtl. zu Unrecht aufgenommen wurde; (b) was beiseite gelassen wurde, obwohl es wichtig ist; (c) welche Grenzfälle und fließenden Übergänge zu anderen Formen figürlicher Rede hätten berücksichtigt werden müssen.
[2] Vgl. dazu Hartmut Kubczak, Metaphern und Metonymien, in: ZfdPh 105 (1986), S. 83-99, bes. 90-99.

die Ursache, des genannten Inhalts durch den Behälter, der Sache/Tätigkeit durch die Person bei der Metonymie) ersetzt werden. Im Gegensatz zur Metapher kommt dem Kontext bei der Beseitigung der Absurdität demnach keine konstitutive Bedeutung zu; der gesuchte Terminus kann bei der Metonymie und der Synekdoche kontextunabhängig gefunden werden[1]. Daraus ergibt sich als drittes Kriterium für die Metapher: Die logische Absurdität in einer metaphorischen Aussage ist nicht regelgeleitet zu beseitigen; der metaphorische Terminus bleibt unersetzbar; es bedarf der Interaktion zwischen dem metaphorisch verwendeten Terminus und seinem Kontext, damit die metaphorische Aussage einen Sinn erhält.

(c) Ein weiterer Unterschied der Metapher zu Synekdoche und Metonymie ergibt sich aus dem Verhältnis zum Vergleich. Während die Metapher in einen Vergleich umformbar ist (der sogenannte Quintilian-Test), geht dies bei den anderen Tropen nicht. Die Differenz der Metapher zum Vergleich resultiert aus der verschiedenen Struktur von beiden: Aufgrund der symmetrischen Struktur des Vergleichs sind die beiden Vergleichsglieder gegenseitig austauschbar. Für die Metapher ist demgegenüber - als viertes Kriterium - eine asymmetrische Struktur kennzeichnend: Der metaphorische Terminus hat ausschließlich prädikative Funktion; er kann darum - weder in der metaphorischen Aussage noch in einem entsprechend umgeformten Vergleichssatz - nie das eigentliche Subjekt der Metapher sein[2].

(d) Das Kriterium der Anschaulichkeit (fünftes Kriterium) ergibt sich aus der aristotelischen Bestimmung der Metapher als eines "Vor-Augen-führens"[3]. Indem die Metapher dazu auffordert, X als Y zu sehen, kommt ihr - wie Paul Ricoeur durch Rückgriff auf die produktive Einbildungskraft im Sinn von Kant herausstellt - die Rolle des Schemas zu, das Sprachliches und Quasi-Visuelles (Auditives, Taktiles, Riechbares), einen leeren Begriff und einen blinden Anschauungseindruck vereinigt. Die Konkretheit der Metapher resultiert demnach daraus, daß sie vom Rezipienten verlangt: "Sieh jetzt die Figur so!" "Stell Dir dies vor!" Es geht also bei der Metapher um das Sichtbarmachen von etwas Abstraktem, was zeigt, daß in der Metapher das 'malerische', sinnliche Vermögen der Sprache zum Tragen kommt[4].

(e) Sechstes Kriterium: Bedingt durch den oszillierenden Charakter der metaphorischen Aussage zwischen Identität von Gesagtem und Gemeintem und deren Differenz muß eine Verstehensbewegung in Gang kommen, die auf folgende Weise abläuft: "Die Prädikation trifft zu, sie trifft nicht zu, und sie soll doch zutreffen".[5] Ergebnis dieses Prozesses muß sein, daß eine auf der wörtlichen Ebene unsinnige Aussage metaphorisch verstanden einen Gewinn an Sinn bedeutet.

---

[1] Vgl. Christian Strub, Kalkulierte Absurditäten, aaO, S. 255.
[2] Vgl. Christian Strub, Kalkulierte Absurditäten, aaO, S. 359f.
[3] Aristoteles, Rhetorik III, 10, 1410b 33 u. III, 11, 1411b 24-25.
[4] Vgl. dazu Paul Ricoeur, Lebendige Metapher, aaO, Kap. 'Ein Plädoyer für die Ähnlichkeit', S. 181-192, bes. 190; Kap. 'Ikon und Bild', S. 192-208, bes. 205f (dort auch weitere Literatur).
[5] Gerhard Kurz, Metapher, Allegorie, Symbol, aaO, S. 23.

1.5. Die Notwendigkeit einer Metaphernparaphrase

Konstitutiv für das Verstehen einer Metapher ist nicht die Aufhebung der logischen Absurdität durch Ersetzung des semantisch anormal gebrauchten Terminus, sondern die Übersetzung der Metapher in eine sinnvolle Aussage. Indem der Rezipient eine Aussage metaphorisch versteht, reduziert er deren logische Absurdität und gewinnt der Aussage einen Sinn ab. Allerdings wird der Bruch der lexikalischen Kombinationsregel sozusagen nur notdürftig repariert, ohne ein reibungsloses Funktionieren der Aussage zu erreichen. Denn das metaphorische Verstehen stößt auf den hartnäckigen Widerstand der wörtlichen Aussageebene; zugleich ist die logische Absurdität so beschaffen, daß sie zu einer permanenten Suche über das bislang schon metaphorisch Verstandene hinaus motiviert. Dies bedeutet: Das von Searle als charakteristisch für eine metaphorische Äußerung beschriebene "Auseinanderklaffen von Äußerungsbedeutung und Satz- bzw. Wortbedeutung"[1], d.h. die Diskrepanz zwischen dem, was ein Sprecher sagt und was er meint, kann für das Verstehen nur in der Weise fruchtbar gemacht werden, daß durch die Kommentierung des Gesagten provisorisch eine Bedeutung der metaphorischen Äußerung erschlossen wird. Diese Erschließung besteht in der kommentierenden Paraphrase des Gesagten mit dem Ziel, eine für das Verstehen unbedingt notwendige Interpretation zu geben, die gegenüber dem komplexen, in seiner semantischen Ordnung jedoch fundamental gestörten Sinngebilde eine Vereinfachung darstellt, da sie Strukturähnlichkeiten zwischen dem Bildempfänger- und dem Bildspendersystem herstellt, ohne jedoch die radikale Unähnlichkeit zwischen beiden Systemen umwandeln und erklären zu können.

Da den in Teil III gebotenen Paraphrasen nur partiell eine Assimilierung von Bildspender- und Bildempfängersystem gelingen kann, ist die Paraphrase als ein nur vorläufiger, von der Metapher her jedoch zwingend geforderter Beitrag zum Verstehen anzusehen. Bei der Paraphrase geht es darum, unter Berücksichtigung aller vom Autor geschaffenen Verstehenshilfen[2] das Interaktionsnetz zu konstruieren, das einen speziellen Bildzusammenhang konstituiert und dadurch aus dem jeweiligen Kontext "einen aktuellen und einmaligen Kontext macht".[3] Der auf diese Weise erfolgende Prozeß des Erklärens bietet den einzigen Zugang zum Prozeß des Schaffens einer neuen Bedeutung im Vollzug der Rede (als deren kleinste Einheit der Satz fungiert).[4] Wie Paul Ricoeur darlegt, beruht die Konstruktion einer neuen Bedeutung "... auf Indizien, die im Text selbst enthalten sind. Diese Indizien dienen als eine Art Anhalt für eine spezifische Konstruktion..., sie schließen

---

[1] John Searle, Metapher, in: Ders., Ausdruck und Bedeutung. Untersuchungen zur Sprechakttheorie, aaO, S.98-138 (Frankfurt a.M.). Engl. Orig.: Metaphor, in: Ortony (ed.): Metaphor and Thought, Cambridge/London 1979, S. 92-123, hier: S. 98.
[2] Wilhelm Köller, Semiotik und Metapher, aaO, S. 83 spricht in diesem Zusammenhang von Kontextredundanzen und Informationsstrategien des Sprechers, die garantieren sollen, daß Metaphern sofort in dem gewünschten Sinn verstanden werden.
[3] Paul Ricoeur, Die Metapher und das Hauptproblem der Hermeneutik, in: Anselm Haverkamp (Hg.), Theorie der Metapher, aaO, S. 367.
[4] Paul Ricoeur, Die Metapher und das Hauptproblem der Hermeneutik, in: Anselm Haverkamp (Hg.), Theorie der Metapher, aaO, S. 366.

einige unpassende Konstruktionen aus und lassen andere zu, bei denen dieselben Wörter mehr Sinn ergeben."[1] Als die wahrscheinlichste Konstruktion gilt diejenige, die die meisten der im Text des jeweiligen Aussagezusammenhanges enthaltenen Bedeutungskomponenten berücksichtigt und die die höchste Übereinstimmung aller in der metaphorischen Aussag enthaltenen Aspekte erzielt. Dabei darf jedoch die Unvereinbarkeit des Bildempfänger- mit dem Bildspendersystem - der verbleibende, prinzipiell nicht erklärbare Rest einer metaphorischen Aussage - bei der Paraphrase nicht überspielt werden. In der vorliegenden Metaphernuntersuchung werden die metaphorischen Aussagen deshalb mit dem Hinweis kommentiert, daß es sich bei der betreffenden Aussage um ein (nicht weiter aufzulösendes) Bild, eine Parallele, eine Metapher handelt.

---

[1] Paul Ricoeur, Die Metapher und das Hauptproblem der Hermeneutik, in: Anselm Haverkamp (Hg.), Theorie der Metapher, aaO, S. 368.

KAPITEL 2: SPRACHE UND MYSTISCHE ERFAHRUNG

Will man den genauen Ort der Metaphorik innerhalb der mystischen Sprache bestimmen, ist es unabdingbar zu klären, welches Verhältnis zwischen der in mystischen Texten thematisierten cognitio Dei experimentalis[1] und der Sprache besteht. Resultiert die Metaphorik in mystischen Texten aus dem Kampf der Mystik gegen die begriffliche Sprache, wie Josef Quint meinte?[2] Oder ergibt sich ihre Funktion aus einem Verständnis von Sprache, das nicht von der sprachlichen Unzulänglichkeit, sondern von der Ermöglichung des mystischen Erfahrungsprozesses durch Sprache ausgeht?

Zunächst läßt sich an mystischen Texten allgemein die Beobachtung machen, daß das Sprechen über mystische Erfahrung gerade in dem Punkt versagt, worin man seine eigentliche Funktion vermuten würde: Mystisches Sprechen kann nicht mitteilen, wovon es eigentlich reden sollte. So stellt Meister Eckhart unter Berufung auf Dionysius Areopagita zur mystischen Erfahrung und der Möglichkeit ihrer sprachlichen Artikulation fest: "*Dâ von sprichet der liehte Dionysius, wâ er von gote schrîbet, dâ sprichet er: er ist über wesen, er ist über leben, er ist über lieht; er engibet im noch diz noch daz, und er meinet, daz er sî neizwaz, daz gar verre dar über sî. Der iht sihet oder vellet iht in dîn bekennen, daz enist got niht; dâ von niht, wan er noch diz noch daz enist.*" (DW III 223,3-6) Wenn Gott also - wie im vorliegenden Zitat - als 'nichts' bestimmt wird, fällt aus, was zur Struktur jeder direkten Erfahrung gehört: Was dem Menschen in räumlicher und zeitlicher Unmittelbarkeit begegnet, wird, nachdem es als Einzelnes identifizierend wahrgenommen worden ist, in einem Prozeß des Bestimmens unter Aspekten, die diese neue Erfahrung mit anderen teilt, in den allgemeinen Zusammenhang mit aller bisherigen Erfahrung eingeordnet. Im Fall der mystischen Erfahrung kommt jedoch die für die Struktur der Erfahrung konstitutive Interaktion zwischen Akt und Summe der Erfahrung insofern an ihre Grenze, als aufgrund der in mystischen Texten immer wieder herausgestellten Andersheit des Göttlichen dieses keine direkten Gemeinsamkeiten mit der Summe aller bisherigen endlichen Erfahrung aufweist. Damit wird es aber schwierig, den Inhalt der mystischen Erfahrung durch die Feststellung von Unterschieden und Gemeinsamkeiten zu sonstiger Erfahrung zu erfassen. Wenn das Göttliche und die Erfahrung der unio aber nicht wie andere Erfahrungsinhalte als 'etwas' bestimmt und dadurch von anderer Wirklichkeit unterschieden werden können, wird die Realität der direkten Erfahrung Gottes zum

---

[1] Im Rahmen der vorliegenden Arbeit kann nicht weiter auf das vielfach diskutierte Problem einer Definition des Begriffs 'Mystik' eingegangen werden; verwiesen sei insbesondere auf den Vortrag von Alois M. Haas auf dem Engelberger Symposion unter dem Titel: "Was ist Mystik?" (in: Kurt Ruh (Hg.), Abendländische Mystik, aaO, S. 319-341) und die sich daran anschließende Diskussion (aaO, S. 342-346).
Die der vorliegenden Untersuchung zugrundeliegende Auffassung versteht unter 'Mystik' eine Erfahrung, die den ganzen Menschen betrifft und deren Ergebnis die unio des Menschen mit dem Göttlichen bildet.

[2] Josef Quint, Mystik und Sprache. Ihr Verhältnis zueinander, insbesondere in der spekulativen Mystik Meister Eckharts, in: Dt. Vjs.f.Lit.wiss. und Geistesgesch. 27 (1953), S. 48-76.

Problem; der Mystiker muß um der Glaubwürdigkeit und Nachvollziehbarkeit seiner Behauptung willen darlegen, inwiefern in Anbetracht des mit menschlichen Kategorien nicht eindeutig zu bestimmenden Göttlichen dennoch eine direkte Erfahrung Gottes möglich ist und in welchem Verhältnis die Sprache sowie die durch sie erfolgende Charakterisierung des Widerfahrenen zu dieser Erfahrung steht. Wie ist - so ist zu fragen - der Inhalt der mystischen Erfahrung eindeutig identifizierbar und wie ist plausibel zu machen, daß er für die menschliche Erfahrung zu einem Inhalt zu werden vermag, der die menschliche Existenz betrifft, auch wenn er nicht Gegenstand der sinnlichen Erfahrung und des Denkens sein kann? Oder bleibt es bei der Position, die Heinrich Seuse folgendermaßen umreißt: "*Sol ich minnen, daz ich nie gesach, daz ich enweiss, waz es ist? Es ist besser ein handvol mit besizene denn ein husvol allein mit wartene.*"[1]

Da Gott nicht als Gegenstand in der vertrauten Erfahrungswirklichkeit des Menschen vorkommt, muß, damit die Erfahrung der unio des Menschen identifizierbar wird, auch angegeben werden, in welcher Relation die unio mit dem Göttlichen zum Menschen steht; d.h. es muß innerhalb der endlichen Lebenswirklichkeit des Menschen ein Bereich benannt werden, wo Gott direkt erfahren werden kann. Was bei Mechthild von Magdeburg die Seele im Dialog mit der personifizierten Minne generell im Hinblick auf die Gottesbeziehung feststellt, hat auch für die Erfahrung der unio und die Plausibilität der Behauptung einer derartigen Erfahrung Bedeutung: "*Wiste ich, wa er* (Gott) *were, so moehte ich mich noch bekeren.*" (II 23,23f)

Mit der Analogieformel des Lateranense IV (1215) stand den Autoren der deutschsprachigen Mystik ein Modell zur Verfügung, das durch seinen Grundsatz der Ähnlichkeit bei je größerer Unähnlichkeit ein Verstehen des letztlich Unverstehbaren ermöglicht. Denn durch die Anknüpfung an endliche Erfahrung bei gleichzeitigem Widerspruch zu ihr wird die unio mit dem Göttlichen zu einer bestimmten Erfahrung, um sofort wieder wegen der Andersartigkeit des erfahrenen Göttlichen im Vergleich zu allem Endlichen auf die größere Differenz zum Ähnlichen hin relativiert zu werden. Dies macht deutlich, daß es sich bei dieser Form des Verstehens nicht um eine endgültige Einordnung in den vertrauten Zusammenhang aller bisher gemachten Erfahrungen handelt, sondern nur um einen vorläufigen Entwurf, ein Zusammenbringen von Verschiedenem unter Vorbehalt, wodurch überhaupt eine bestimmte Erfahrung und ein Verstehen des Erfahrenen im Umweg über sein Anderes - die endliche Wirklichkeit - möglich wird. Während die Aussage einer Ähnlichkeit mit dem Göttlichen auf einer Sichtweise der Welt beruht, die im Endlichen die Präsenz des Göttlichen entdeckt, verwandelt sich bei der Erkenntnis der Differenz des Endlichen gegenüber dem Göttlichen die Welt zu einer Welt von Zeichen, die nur noch auf das Göttliche verweisen, ohne es selbst noch zu enthalten. Soll dagegen die Welt unter dem Aspekt der Präsenz des Göttlichen in ihr erfaßt werden, ist eine veränderte Perspektive gefordert. Es gilt, die Dinge nicht mehr zu erfassen, wie sie in sich sind, sondern - so Meister Eckhart - wie sie in Gott sind[2]. Da "*alle crêatûren enrüerent got niht nâch der geschaffenheit, (muoz) daz geschaffen ist, ...gebrochen sîn, sol daz guot her ûz komen.*" (DW

---
[1] Heinrich Seuse, Vita III 13, 6-8.
[2] Vgl. DW II 280,4f.

I 212,3-5) Nach Aussagen von Heinrich Seuse realisiert sich der geforderte Perspektivenwechsel in einer veränderten Einstellung gegenüber dem Erfahrungsprozeß: *"Du muost sinnelos werden, wilt du hin zuo komen, wan mit unbekennen wirt dú warheit bekant."* (BdW V 341,15) Dies heißt: Unter der Perspektive betrachtet, daß Gott der Urgrund, das ewige Sein alles Seienden ist, ist Gott alle Dinge; er ist von ihnen aber unterschieden unter dem Aspekt ihrer von Differenz und Vielheit gekennzeichneten Endlichkeit. Solange der Mensch aber nicht in der Lage ist, ausschließlich die göttliche Sicht der Dinge einzunehmen, unterliegt jegliche Bestimmung der mystischen Erfahrung - sowohl im Rahmen ihrer Verarbeitung als auch ihrer Mitteilung - einem Prozeß, der sowohl den Aspekt der Ähnlichkeit als auch den Aspekt der Unähnlichkeit mit dem System der endlichen Erfahrung umfaßt. Dies läßt sich beispielsweise an der Lokalisierung[1] der unio-Erfahrung zeigen: Die Einigungserfahrung kann als direkte, d.h. in raum-zeitlicher Nähe zum Erfahrenden sich ereignende Gotteserfahrung gedeutet werden, weil das Innere des Menschen und die dort situierten geistigen Vorgänge eine Affinität zu der behaupteten Einigungserfahrung besitzen. Diese Affinität ergibt sich daraus, daß mit dem Inneren im Endlichen ein Bereich angegeben werden kann, der wie Gott unsichtbar, unfaßbar und unbegrenzt ist. Meister Eckhart führt dazu aus: *"diu sêle (ist) unsprechelich und âne wort; dâ si sich nimet in irme eigenen grunde, dâ ist si unwortlich und unnennelich noch enkan dâ kein wort gehaben, wan dâ ist si über namen und über alliu wort."* (DW III 337,7-338,2) Allerdings verfolgt mystisches Sprechen, wenn es um die Identifizierung der direkten Erfahrung als Erfahrung der unio mit dem Göttlichen geht, bei der Lokalisierung dieser Erfahrung im Innern des Menschen immer auch die Intention, den gottentsprechenden Charakter und damit wiederum die Unähnlichkeit dieses Erfahrungsbereichs mit dem Irdischen herauszustellen. Der Ort ist daher prinzipiell immer ein Nicht- bzw. Un-Ort oder Über-Ort[2], was bedeutet, daß dem Inneren des Menschen eine Entgrenzung auf das Innere aller Dinge zuteil wird. In gleicher Weise gilt dies für den Erfahrungsprozeß: Er kennt als solcher keinen Weg, sondern er erfolgt unfaßbar - quasi im Umschlag, im Sprung bzw. im Durchbruch durch alles Differente in die Differenzlosigkeit. Demnach geht es vorrangig nicht um eine Verlagerung des menschlichen Interesses von außen nach innen, sondern in erster Linie um einen Wechsel von der Welt der Gesondertheit des endlich Seienden in den Wirklichkeitsbereich der Ungeschiedenheit und differenzlosen Allgemeinheit des ewigen Seins. Meister Eckhart führt dazu aus: *"Scheit abe, daz dû noch diz noch daz sîst noch diz noch daz habest, sô bist dû alliu dinc und hâst alliu dinc; und alsô: bist dû noch hie noch dâ, sô bist dû allenthalben."* (DW III 336,3-5)

Genau in diesem Übergang hat mystisches Sprechen seinen Ort; es erhält seinen besonderen Charakter dadurch, daß es - in Distanz zum Akt der Gotteserfahrung stehend - das Widerfahrene zu bewältigen sucht, aber infolge des Unvermögens, den lebendigen Vorgang der unio mit der Vielheit der Worte im zeitlichen Nach-

---

[1] Die Lokalisierbarkeit der Erfahrung ist neben der Möglichkeit zur Spezifizierung des Inhalts der mystischen Erfahrung das zweite Kriterium für den Realitätsgehalt der in mystischen Texten thematisierten Erfahrung.
[2] Vgl. dazu Meister Eckhart: *"Swer sprichet, daz got hie oder dâ si, dem engloubet niht."* (DW III 223,6f)

einander sprachlich zu fassen, von sich weg auf den aktuellen Vollzug der unio verweist. Dabei bewirken insbesondere Negation und Paradoxie, daß ein Verstehen der mystischen Kommunikation, das an begrifflicher Differenzierung orientiert ist, unmöglich wird. Denn indem diese jegliche Bestimmung Gottes ausschließen bzw. durch die Kombination des logisch nicht Kombinierbaren das Kontradiktionsprinzip außer Kraft setzen, kommt es zum Zusammenbruch der vernünftig geordneten Welt, in der ein Objekt von anderen unterschieden werden kann. Damit wird die Einsicht evoziert, daß mystisches Sprechen völlig gegenstandslos ist, insofern die göttliche Differenzlosigkeit das Thema seiner Mitteilung bildet. Insofern Gott als Referent des Sprechens aber von anderen Referenten nicht unterschieden werden kann, kommt er allein dadurch zur Sprache, daß Bestimmtes gesagt, aber Unbestimmbares gemeint ist. Wenn der Mystiker trotz des Unvermögens der Sprache die mystische Erfahrung zum Thema seiner Ausführungen macht, reagiert er auf eine widerfahrene Anrede Gottes in dem Vertrauen, daß seine Mitteilung anderen selbst zur Erfahrung werden kann. Dazu ist erforderlich, daß alles gewohnte, feststellende Denken durch eine andere Art des Sprechens unterbrochen wird und das Sprechen selbst zum Problem wird mit dem Ziel der Erkenntnis, daß nicht das Gesagte, sondern die im Versagen des konventionellen Sprechens ausgelöste Existenzbewegung, d.h. letztlich der Wechsel in den göttlichen Bereich, das Entscheidende ist. Die mystische Rede selbst hat also überführenden Charakter und ist damit in den mystischen Prozeß konstitutiv eingebunden; dies bringt vor allem Heinrich Seuse zum Ausdruck. Aufgrund seines besonderen Interesses für die vita mystica und die Sprache reflektiert Seuse intensiv die Beziehung zwischen Sprache/ mystischer Erfahrung und dem an einer direkten Erfahrung des Göttlichen interessierten Menschen. Folgende Aspekte sind dabei von besonderer Bedeutung:

Seuse weiß, daß die widerfahrene unio nur als ein Nichts bestimmt werden kann: "*Und dú einikeit heisset dar umb ein niht, wan der geist enkan enkein zitlich wise finden, waz es sie; mer der geist enpfindet wol, daz er wirt enthalten von einem andern, denn daz er selber ist. Dar umb ist daz, daz in da enhaltet, eigenlicher iht denn niht...*" (Vita 187,12-15).

Auch wenn die Diskrepanz zwischen der göttlichen Wirklichkeit und dem Sprechen darüber undenkbar groß ist, ist der Mensch dennoch darauf angewiesen, davon in konkreten Formen und Vorstellungsbildern zu sprechen, da nur auf diese Weise Gott und die unio mit ihm zum Gegenstand seines Denkens werden können: "*Ein frage: Waz ist aber daz verborgen inbaz dis vorgenanten nihtes, daz da in siner betütung nach diner meinunge alle geworden ihtikeite us schliezende ist? Es ist doch lutrú einvaltikeit; wie mag daz aller einvaltigest haben inbas ald usbas?*

Entwúrt: Alle die wile, so der mensche verstat ein einunge oder solich ding, daz man mit rede kan bewisen, so hat der mensch noch inbaz ze gaenne; daz niht mag inbaz in sich selber nite, mer nach dem, so wir verstan mugen, daz ist, so wir ane alle foermlichú lieht und bilde, die sin mugent, werden verstaende, daz doch einkein verstentnisse mit formen und bilden mag erlangen. Und hie von kan man nit gereden, wan ich ahten, daz sie geredet von eime dinge, daz man mit der rede kan bewisen; waz man nu hie von redet, so wirt doch daz niht nihtesnit bewiset, waz es ist, daz noch als vil lerer und buecher werin. Aber daz diz niht sie selb dú vernunft oder wesen oder niessen, daz ist och wol war nach dem, als man úns dar us reden mag; es ist aber nach warheit dez selben als verre und verrer, denn der einer finen berlen sprechi ein hakbank." (BdW 342,19-343,8; vgl. auch 329,6-8)

Bei der unio handelt es sich um keinen Sachverhalt, der direkt im Endlichen als Realität sichtbar würde und im Medium der Sprache adäquat vorgestellt werden könnte; auch wenn die Ähnlichkeit über die compassio mit Christus an jedem Punkt der Lebenswirklichkeit zu einer realen Möglichkeit der irdischen Existenz des Menschen zu werden vermag, sieht sich Seuse im Bewußtsein um den medialen Charakter seiner sprachlichen Darstellung, d.h. daß alles "mit bildgebender wise" erfolgt[1], mit der Differenz des Göttlichen gegenüber allem Irdischen konfrontiert. Die Konsequenzen, die von Seuse daraus gezogen werden, betreffen die Einstellung des Menschen zum Göttlichen; so äußert beispielsweise die göttliche Wahrheit im Büchlein der Wahrheit: *"Ich und du bekomen einander nit uf einem rise ald uf einem platze; du gast einen weg und ich ein andern. Dine fragen gand us menschlichen sinnen, und ich antwürt us den sinnen, die da sint über aller menschen gemerke. Du muost sinnelos werden, wilt du hin zuo komen, wan mit unbekennen wirt dú warheit bekant."* (BdW 341,12-16)

Demnach hängt es von der gewählten Perspektive des Menschen ab, was ihn interessiert und bewegt. Welche Erfahrungskompetenz diese neue Art des Sehens und Verstehens dem Menschen vermittelt, macht Seuse an der Figur des Jüngers deutlich, der sich im Dialog mit der Wahrheit befindet: *"Es geschah in den selben ziten ein vil grozú endrunge in ime. Er kam underwilent dar zuo, daz ... sin sinne also entgiengen nach eigener würklicher wise, daz im úberal in allen dingen núwan eins antwurte und allú ding in eime ane alle manigvaltikeit disses und jenes."* (BdW 341,17-23)

Für das mystische Sprechen folgt daraus, daß die Vielfalt der Worte auf das Eine hinführen muß; der Inhalt mystischen Sprechens muß von der anderen Art des Sehens bestimmt sein[2]; beim Verstehen ist die Vielfalt der Worte auf das Eine hin zu transzendieren: *"Daz da von gesprochen ist, daz ist nit ze verstenne nach blozser hellunge, als dú wort hellent nach gemeiner rede, es ist ze nemenne nach der entgangunge, da der mensch im selber nút ist bliben und sich in daz eine hat vergangen und eins ist worden..."*. (BdW 344,10-13)

Zusammenfassend läßt sich feststellen: Auch wenn jegliches menschliche Sprechen aufgrund der Differenzstruktur alles Endlichen vor der unio als dem intendierten Ziel der mystischen Rede versagen muß, besteht für jegliches Sprechen über die gemachte mystische Erfahrung zugleich die Notwendigkeit, trotz aller Unzulänglichkeit der Sprache dennoch die unio-Erfahrung zu thematisieren. Die Autoren der untersuchten Texte verfolgen daher die Intention, die Aspekte, die der Natur oder Heilsgeschichte zur Beschreibung der mystischen Erfahrung entnommen sind, auf den Prozeß der Einigung zu beziehen. Für die Struktur mystischer Texte ergibt sich daraus die Konsequenz, daß das Prinzip der unähnlichen Ähnlichkeit in ihnen die Gestalt einer Bewegung von der Welt der Unterschiedenheit zur Unterschiedslosigkeit annimmt. Indem in Antithese zur endlichen Vielheit in den Texten auf je verschiedene Weise der Aspekt der Einheit des Göttlichen geltend gemacht wird, gerät auch das Sprechen des Mystikers in die Bewegung der

---

[1] Seuse, Vita, Prolog 3,3.
[2] Vgl. Seuse BdW 341,12-15.

Reflexion; es wird in seinem differenzbestimmten Charakter erkannt und als vorläufig entlarvt gegenüber der vom Menschen im Sprung von der Differenz in die göttliche Differenzlosigkeit zu realisierenden unio. Selbst wenn das Erfahrene mit dem Sprechen über diese Erfahrung zusammenfallen würde - d.h. eine Einheit von Wort und Sache existierte -, käme es immer noch auf den Adressaten an, die unio in einer Bewegung der ganzen Existenz für sich Wirklichkeit werden zu lassen. Meister Eckhart zeigt dies anhand der Christologie auf: "*Daz êwic wort ist daz mittel und daz bilde selbe, daz dâ ist âne mittel und âne bilde, ûf daz diu sêle in dem êwigen worte got begrîfet und bekennet âne mittel und âne bilde.*" (DW III 168,9-11) Allerdings ist die mystische Erfahrung nur möglich, wenn die Seele - wie Meister Eckhart feststellt - von jeglichem vermittelnden Bild frei ist: "*als vil wir dem bilde glîch sîn, in dem bilde alliu bilde ûzgevlozzen und gelâzen sint*" (DW III 197,6f). Dies bedeutet: Die von Seuse geforderte andere Art des Sehens in Bezug auf das Göttliche, durch die es möglich wird, in allem ausschließlich das Eine zu erkennen[1] und in dieser Erkenntnis mit ihm geeint zu sein, ist nicht nur Bedingung für die direkte Erfahrung des Göttlichen, sondern auch für das Verstehen des in mystischer Rede Intendierten; dabei geht es nicht nur um die Einheit von Wort und Gott, die im ewigen Wort Jesus Christus immer schon realisiert ist; vielmehr ist, damit das mystische Sprechen sein Ziel erreicht, die gottentsprechende Einstellung des Angeredeten ebenso wichtig. Somit umfaßt die unio mit dem Göttlichen den Redenden, die Rede, den göttlichen Inhalt der Rede und den Angeredeten. Sprecher und Hörer müssen sich im Zustand der *entgangunge*[2] nicht mehr bei sich selber, sondern in der unio mit Gott befinden.

Da der Mystiker aber nicht bei der Verarbeitung und Mitteilung seiner Erfahrung aus dieser göttlichen Position heraus spricht, stößt er zwangsläufig - wie schon dargestellt - an die Grenzen der sprachlichen Möglichkeiten; sein Sprechen wird ihm fragwürdig. Er muß zwar zugestehen, daß ohne die in der Sprache aufbewahrten Deutemuster weder eine Bestimmung des Widerfahrenen noch eine Mitteilung davon erfolgen kann. Bedenken kommen ihm jedoch, wie in den Ausführungen zu Heinrich Seuse deutlich wurde, wenn es um die sprachlichen Möglichkeiten zum adäquaten Erfassen des Widerfahrenen geht und infolgedessen auch um deren Eignung für die authentische Mitteilung der Einung mit dem Göttlichen. In welcher Hinsicht ist sein Reden - so muß sich der Mystiker fragen - zwischen Unterschied und Unterschiedslosigkeit mit Gott sinnvoll, wenn es durch das Prinzip der unähnlichen Ähnlichkeit unaufhörlich der Relativierung unterworfen ist, wenn es sich demnach nicht auf eine genau zu benennende und zu bestimmende Wirklichkeit bezieht und wenn es infolgedessen auch nicht als Instrument zur Information über eine eindeutig erkennbare Realität fungiert? Es bleibt nur die Möglichkeit, daß das mystische Sprechen die Sprache selbst zum Referenten macht und so zum Medium der sinnbildenden Auseinandersetzung wird. Da sich das sinnbildende Subjekt in der Situation des Sprechens über die erfahrene unio in Distanz zu ihr befindet und infolgedessen nicht unmittelbar mit dem umgeht, was in einen Zusammenhang mit aller bisherigen Erfahrung gebracht werden soll, kommt dem sprachlichen Medium somit die Aufgabe zu, mögliche Zusammenhänge zu erpro-

---

[1] Vgl. Seuse BdW 341,17-23.
[2] Vgl. Seuse BdW 344,12.

ben, innerhalb derer die aktuelle Erfahrung der unio mit Gott in ihrem Sinn begriffen werden kann. Dabei steht dieser Sinn nicht als verfügbarer bereit, sondern muß erst im erprobenden Begreifen und Konstituieren eines bestimmten Zusammenhangs von Begriffen, Vorstellungen und Wahrnehmungen im Medium der Sprache prozeßhaft gebildet werden.[1] Dabei stößt der Mystiker immer wieder an die Grenze allen Begreifens, da dem widerfahrenen bzw. noch zu erfahrenden Göttlichen wegen eines fehlenden entsprechenden Sinnzusammenhangs kein definitiver Sinn abzugewinnen ist, so daß die Begegnung mit dem Göttlichen bis zum Wechsel der Situation des Begreifens (von der Zeit zur Ewigkeit) nur vorläufig, aspekthaft begriffen wird und der Sinnbildungsprozeß nicht zur Ruhe kommt. Mechthild von Magdeburg formuliert dies folgendermaßen: "*So muos dú sele vúrbas varn in den dritten himmel, da wirt ir gegeben das ware lieht.... Nu ist si erwachet in dem liehte der offener minne. In disem lieht sihet si sich al umbe, wie der si, der sich iro wiset, und was das si, das man ir zuo sprichet. So siht si werlich und bekennet, wie got ist allú ding in allen dingen.*" (II 19,59f.62-65) Da die in der Welt der sprachlichen Zeichen vollzogenen Sinnbildungsprozesse aufgrund der Tatsache, daß das Göttliche als das Überseiende von jedem Endlich-Seienden wie auch von der Totalität des Endlichen prinzipiell unterschieden ist, nie an ihr Ziel kommen, bedeutet dies für die Zeichenbildung - insofern Sinnbildung nicht nur ein Erproben des Begreifens, sondern auch der Zeichenbildung impliziert -, daß diese in laufend neuen Kombinationen mit häufig wechselnden sprachlichen Elementen, Verfahren und Kontexten vollzogen wird. In einem derartigen Sprechen kann das Gemeinte, unabhängig davon, wie verfestigt der jeweilige sprachliche Ausdruck ist, nie auf eine bestimmte Deutung festgelegt werden. Vielmehr verliert die Sprache infolge der ungegenständlichen und unbestimmbaren göttlichen Wirklichkeit ihren konventionellen Abbildcharakter und übernimmt stattdessen eine Vor-Bild-Funktion für die Strukturierung unseres Begreifens. Das heißt: Das menschliche Sprechen holt antizipierend die unfaßbare, unsichtbare göttliche Wirklichkeit in die vertraute Ordnung des Denkens und Sprechens hinein und läßt sie auf diese Weise sichtbar werden. Dies geschieht, indem Gott, die unio mit ihm, sowie der mystische Prozeß den Charakter eines Quasi-Gegenstandes erhalten; doch durch das Aufdecken der Gegenstandslosigkeit der ausgesagten Gegenständlichkeit führt die Differenz des Gemeinten zum Gesagten sofort wieder deren Aufhebung herbei. Indem sich auf diese Weise im sprachlichen Prozeß ununterbrochen die Verwandlung des Gesagten und der im Sagen präsenten konventionellen Welt auf die gemeinte Wirklichkeit hin vollzieht, erfährt der Adressat der Rede - wie bereits aufgewiesen wurde - auch an sich selbst eine Verwandlung: Aufgrund des im sprachlichen Mediums ablaufenden Geschehens wird ihm bewußt, daß die göttliche Wirklichkeit jeglicher menschlichen Bestimmung entzogen ist und solange verborgen bleibt, wie der Mensch auf die Welt des Vorfindbaren festgelegt ist. Erst wenn er sich mit seiner Existenz dem mystischen Prozeß unterwirft und anfängt, Gott als das Andere alles Bestimmten zu suchen, ist er offen für das unfaßbare Ereignis der Begegnung mit dem Göttlichen. Solange somit der Adressat mystischer Rede den sprachlichen Prozeß des Mystikers mitverfolgt, ist er wie dieser an Gott interessiert und fühlt sich ihm verbunden. Als an der mystischen Rede Interessierter vollzieht

---

[1] Johannes Anderegg, Sprache und Verwandlung, aaO, S. 50f.

er wie der Sprecher den prinzipiell nicht festgelegten Sprung von einer Bestimmung Gottes zur nächsten usw. bis hin zum Sprung aus dem Medium der Sprache hinaus. Dies geschieht, indem der im Hinblick auf Gott und die Begegnung mit ihm motivierte Mensch im Wissen darum, daß Gott nicht definierbar ist, an allem Festgelegten und Begrenzten vorübergeht und alles in diese nicht endenwollende Bewegung einbezieht. Mystisches Sprechen ist demnach von seinem Grund und Ziel her bestimmt, nämlich der unsichtbaren göttlichen Wirklichkeit und der Einheit mit ihr. Es geschieht in Distanz zur unio und intendiert doch zugleich die Befähigung des Adressaten zur Erfahrung der unio; mystisches Reden will infolgedessen ein den Menschen disponierendes Sprechen sein, das in eine Gott entsprechende Erfahrungssituation überführt. Diese Intention wird dadurch realisiert, daß die Tatsache des Redens von etwas, was nicht mitgeteilt werden kann, - wie die Tatsache des Lebens - die Frage nach dem 'Warum' wachhält und zu einer Antwortbewegung führt, die zwischen der Gewißheit des Bestimmtseins durch das Widerfahrene und dessen Unbestimmbarkeit oszilliert. Mystisches Reden hat demnach - wie Johannes Tauler zu Recht deutlich macht[1] - nicht ein Interesse an der Bestimmung des Göttlichen zur Voraussetzung, sondern dient zu dessen Erfahrung im Vollzug des Lebens. Mystisches Sprechen findet darin sein Ziel, und von daher ist seine besondere Struktur begründet. Ergebnis dieses Prozesses ist die Aufhebung der Differenz von Reden und Schweigen, und damit die unio von Wort und Wirklichkeit, Redendem und Rede; das Reden ist Schweigen, weil jede Differenz, die das endliche Sprechen ausmacht, hinfällig geworden ist; es ist eigentliches Sprechen, insofern in diesem Sprechen das Sein mitgeteilt wird.

---

[1] *"Hinnan ab ist besser ze bevindende wan ze sprechende. Und es ist nit lustlich von diser materien ze redende noch ze hoerende, aller meist do die wort in getragen sint, und och von der ungelicheit wegen, wan es alles ungesprochen verre und froemde ist und in uns ungeborn ist; wan es ist über engelsch verstentnisse."* (299,18-22; vgl. 316,24f; 421,30f)

Kapitel 3: DIE RELEVANZ METAPHORISCHER REDE FÜR DIE MYSTISCHE ERFAHRUNG

Das Problem, wie von Gott und der unio mit ihm so gesprochen werden kann, daß das Göttliche mit den in der Sprache gebotenen Vorstellungen der endlichen Welt ausgesagt wird, ohne darauf reduziert zu werden, erfährt von der Metapher her eine Lösung, die Gott und die Möglichkeiten menschlicher Sprache in gleicher Weise berücksichtigt. Denn metaphorische Rede erlaubt - wie im folgenden zu zeigen sein wird - dem Autor mystischer Texte eine Kategorisierung der mystischen Gotteserfahrung unter Vorbehalt. Dies geschieht, indem die generell unbestimmbare unio-Erfahrung mit Gegenständen, Vorgängen oder deren allgemeinen Merkmalen korreliert wird, die sinnlich wahrnehmbar und begrifflich eindeutig 'als etwas' bestimmt sind. Insofern es sich aber bei der auf diese Weise hergestellten Entsprechung zwischen der unsichtbaren göttlichen Wirklichkeit und Elementen der sinnlich wahrnehmbaren Welt um eine Verknüpfung zweier disparater Bereiche handelt, entsteht eine semantische Inkongruenz, der nur dadurch ein Sinn abzugewinnen ist, daß der Rezipient im Augenblick des Begreifens den Sinn des semantisch inkongruenten Wortes durch einen Sprung von der wörtlichen zur metaphorischen Bedeutung verändert. Dies wird unter der Voraussetzung vollzogen, daß die denotative Bedeutung der metaphorischen Aussage suspendiert wird, was für die mystische Erfahrung bedeutet, daß ihre Einordnung in das System der endlichen Erfahrung zu Irritationen führt. Denn obwohl Gott und die unio mit ihm wie ein Objekt neben anderen Objekten in der Erfahrungswelt des Menschen ausgesagt werden, besagt die metaphorische Aussage zugleich, daß Gott und die Einheit mit ihm eigentlich keine - genau bestimmbare - Nähe zu anderen Gegenständen aufweisen. Insofern die Metapher auf diese Weise den Aspekt der Ähnlichkeit wie auch den Aspekt der Unähnlichkeit in sich vereinigt, vermag sie in mystischer Rede als Stelle zu fungieren, wo das ganz Andere in das von endlicher Erfahrung bestimmte Sprechen einbricht, indem durch die Verletzung der Bedingungen wörtlicher Rede eine andere als die konventionelle Welt zur Sprache kommt.

Diese neue Welt wird zum Ereignis der metaphorischen Rede, insofern sich in ihr die Aufhebung der direkten Referenz der Sprache auf die gegenständliche Welt vollzieht; dies bewirkt eine Entgrenzung, die dazu führt, daß das Endliche in anderer Hinsicht als gewöhnlich betrachtet wird. So ist, um ein Beispiel zu nennen, in mystischen Texten der Abgrund vom Bereich der Natur in den Bereich Gottes und des Menschen verlagert; die göttliche Sonne scheint in das Innere des Menschen; Licht ist nicht von Dunkelheit zeitlich getrennt, sondern kann mit dieser identisch sein. Prinzipiell ist die ganze endliche Wirklichkeit auf diese Weise einem Entdifferenzierungsprozeß unterzogen. Demnach wird die Erfahrung des Göttlichen nicht dadurch gedeutet, daß sie einen festen Platz innerhalb aller sonstigen Erfahrung endlicher Wirklichkeit erhält; vielmehr wird in der metaphorischen Rede stellvertretend für das Nicht-Deutbare durch eine Unterbrechung der in raum-zeitlicher Hinsicht differenzierten Ordnung der Lebenswelt ein Bereich eröffnet und solange offengehalten, bis das Absolute zum Vorschein kommt, indem es sich in der ihm eigenen Weise mitteilt. Eine derartige Stellvertretung des Unendlichen verlangt zum einen, daß - wie Heinrich Seuse bemerkt - Vorstellungen vom Göttlichen und der unio des Menschen mit Gott gebildet werden. Denn nur solange sich der Mensch Vorstellungen von einer Wirklichkeit machen kann, hat diese eine Bedeutung für ihn. Zum anderen gehört zur Stellvertretung, daß der Bereich Gottes in der Wirklichkeit nicht definitiv mit etwas anderem als Gott besetzt wird. Daraus ergibt sich die Notwendigkeit, daß mit dem Gesagten neben der Ähnlichkeit immer auch die Differenz zum Gemeinten zur Sprache gebracht wird, wie dies in metaphorischer Rede geschieht. Für Heinrich Seuse heißt dies, trotz der Unbegreifbarkeit des Göttlichen ein Verstehen zu ermöglichen, ohne dabei den vorläufigen Charakter der von der menschlichen Einbildungskraft produzierten Bilder zu unterschlagen. Um dies deutlich zu machen, spricht Seuse von "*inbildunge, dú daz an bliket nach der wise, als es in der kreature ist in getragen...*" (BdW 331,7f). Das Ergebnis seiner Überlegungen zu diesem Problem stellt Seuse folgendermaßen dar: "*Er sprach: wie kan man bildlos gebilden unde wiselos bewisen, daz über alle sinne und über menschlich vernunft ist? Wan waz man glichnust dem git, so ist es noh tusentvalt ungelicher, denn es glich sie. Aber doch, daz man bild mit bilden us tribe, so wil ich dir hie biltlich zoegen mit glichnusgebender rede, als verr es denn múglich ist, von den selben bildlosen sinnen, wie es in der warheit ze nemen ist, und lang red mit kurzen worten beschliessen.*" (Vita 191,6-12)

Auch wenn in metaphorischer Rede zur Wahrung der Unbegreiflichkeit des Göttlichen und seiner Erfahrbarkeit jede Sichtweise durch eine nachfolgende relativiert, ergänzt, bzw. aufgehoben wird - oder mit den Worten Seuses formuliert, es darum geht, "*bild mit bilden uztriben*" -, ist metaphorisches Reden nicht sinnlos. Denn im Durchgang durch die verschiedenen, vom Autor mystischer Texte entworfenen Hinsichten auf Gott wird der Adressat der Rede offen für die mystische Erfahrung Gottes, die als Wahrnehmung des ganz Anderen zugleich eine ganz andere Art von Rezeptivität bedeutet. Die Offenheit stellt sich dadurch ein, daß mit jeder neuen Hinsicht alte Blickrichtungen überholt werden, so daß der Blick des Menschen schließlich alle durch konventionelle Wahrnehmungsmuster bedingten Einschränkungen hinter sich läßt; der Mensch wird infolgedessen frei von den alten Erfahrungsinhalten und offen für das nicht faßbare Neue des Göttlichen. Diese Offenheit ist eine Grundvoraussetzung dafür, daß der Rezipient die im Rekurs auf die sinnlich wahrnehmbare Wirklichkeit gewonnene Darstellung der mystischen Erfahrung nicht als begriffliche Fixierung feststellbarer Wirklichkeit, sondern als einen provisorischen, von ihm permanent zu revidierenden Entwurf zum Verstehen des unio-Geschehens begreift. Da die Wahrheit der Aussage nicht mehr gemessen werden kann an der Übereinstimmung zu dem, was tatsächlich der Fall ist, liegt es ausschließlich am Einverständnis des Rezipienten[1], ob er in den vom Sprecher entfalteten Bildern einen Sinn zu entdecken und selbst in Bezug auf die ausgesagte mystische Erfahrung seine eigenen Erfahrungen zu machen vermag.

Wenn aber die Wahrheit des Gesagten vom Angeredeten nicht mehr unabhängig vom Gesprochenen an der außersprachlichen Realität überprüft werden kann, bedeutet dies, daß der Rezipient von sich aus die metaphorische Rede hinsichtlich

---

[1] Vgl. dazu Hans Weder (Hg.), Die Sprache der Bilder. Gleichnis und Metapher in Literatur und Theologie. Gütersloh 1989.

ihrer Akzeptanz als Möglichkeit zum Verstehen Gottes beurteilen muß. Mit 'Verstehen' ist in diesem Zusammenhang eine Rezeptionshaltung gemeint, bei der es um die Frage geht, ob in der metaphorischen Aussage so von Gott bzw. der mystischen Gotteserfahrung gesprochen wird, daß dies für den Rezipienten von Bedeutung ist. Dazu ist erforderlich, daß der Rezipient an sich das realisiert, was generell den mystischen Prozeß kennzeichnet: *"Diu sêle, diu got vinden sol, diu muoz überhüpfen und überspringen alle crêatûren."* (DW III 163,4f)

Für die Metaphorik ergibt sich daraus: Die Bildentwicklung, durch die eine Positionsverlagerung des Rezipienten von der Welt der Gesondertheit in einen Bereich der Unterschiedslosigkeit und damit eine vorobjektive bzw. in eine der objektiven Welt transzendente Wirklichkeit evoziert wird, bildet (wie der mystische Prozeß insgesamt) die Voraussetzung dafür, daß der Sinn der metaphorischen Darstellung der unio-Erfahrung gefunden werden kann. Entscheidend ist, daß der im Durchgang durch die Bildlichkeit beim Rezipienten ausgelöste Entdifferenzierungsprozeß sich auch auf die Struktur der jeweiligen metaphorischen Aussage selbst richtet, was zur Folge hat, daß sich für den Rezipienten die Relation zwischen dem Ähnlichkeits- und Unähnlichkeitsaspekt der betreffenden metaphorischen Aussage ändert.

Kapitel 4: ZUR FRAGE EINER MYSTISCHEN METAPHORIK - KRITISCHER ÜBERBLICK ÜBER DIE AKTUELLE FORSCHUNGSDISKUSSION

Als Ergebnis der bisherigen Ausführungen läßt sich im Gegensatz zu der von Josef Quint[1] 1953 vorgetragenen und bis heute in der Mystikforschung verbreiteten These von der Feindschaft zwischen Sprache und mystischer Erfahrung am Beispiel der Metapher behaupten: Die Metapher zeigt Eigenschaften, die sie für die Sprachwerdung der mystischen Erfahrung in besonderem Maß als geeignet erscheinen lassen. Denn dadurch, daß bei der metaphorischen Aussage ein semantisch inkongruentes Wort quersteht zur denotativen Bedeutung aller übrigen Wörter im Satz, verweist sie von der begrifflich fixierten endlichen Welt auf eine von der Sprache direkt nicht mehr zu bezeichnende Wirklichkeit. Insofern durch jede metaphorische Aussage eine Transposition von der vertrauten Welt in einen noch nicht bestimmten, vielleicht nie bestimmbaren Bereich der Wirklichkeit evoziert wird, vollzieht sie im Medium der Sprache ansatzweise, was beim mystischen Prozeß vom intendierten Ziel her seine besondere Gestalt erhält: den Menschen im Zurücklassen der endlichen Wirklichkeit auf die unio mit Gott hin zu bewegen.

Aufgrund dieser Affinität von Metaphorik und mystischer Erfahrung ist es naheliegend, wie Alois M. Haas eine Bestimmung des mystischen Sprechens von der Metaphorik her vorzunehmen. Ausgehend von der bei Nikolaus von Cues für Gott sich findenden Metapher des Kreises, dessen Umkreis nirgendwo und dessen Zentrum überall ist, sieht Alois M. Haas im mystischen Sprechen eine Selbstübersteigung der Alltagssprache, das dadurch zu einer "nach oben aufgebrochenen sprachlichen Landschaft" werde[2]; neben diesem qualitativen Überstieg über die Alltagssprache sei für mystisches Sprechen im christlichen Kontext aber genauso charakteristisch, daß in der Sprache das (göttliche) Wort entgegenkomme "in Knechtsgestalt, d.h. wieder als menschlich unzulängliches Wort."[3] Den Metaphern kommt - so Alois M. Haas - in mystischen Texten aufgrund ihres Sprengcharakters die Funktion zu, die Transzendenz in die Immanenz hereinzuholen, indem durch sie die Anschauung bis an den Punkt geführt wird, wo der Mensch die Anschauung und letztlich auch sich selbst aufgeben muß. Die auf diese Weise zutage tretende Ohnmacht der Sprache bezieht Alois M. Haas dialektisch auf die mystische Erfahrung, indem er die Ohnmacht der Sprache als Reflex der Übermacht der Erfahrung versteht. Er kommt zu dem Ergebnis: "Wie keine andere Sprachform treibt die mystische die Sprache an ihre letzten Möglichkeiten: gerade die schärfste Absenz des Zu-Sagenden im Gesagten wendet sich hier zur höchst denkbaren Präsenz von Erfahrung in der Sprache."[4] Somit wird die Sprache für Alois M. Haas zum Medium, in dem und gegen das sich die Gotteserfahrung dadurch als ein

---

[1] Josef Quint, Mystik und Sprache, aaO, S. 48-76.
[2] Barbara Küper, Diskussionsbericht zur Vorlage von Walter Haug, in: Kurt Ruh (Hg.), Abendländische Mystik, aaO, S. 532.
[3] Barbara Küper, Diskussionsbericht zur Vorlage von Walter Haug, in: Kurt Ruh (Hg.), Abendländische Mystik, aaO, S. 532.
[4] Alois M. Haas, Sermo mysticus, aaO, S. 29.

Übersprachliches bezeugt, daß sie - wie an der Metaphorik gezeigt werden kann - "deren letzte Ressourcen aktiviert. Die Ohnmacht der Sprache wird so als ihre Macht und ihre Macht als Ohnmacht aufgewiesen."[1] Damit wird ersichtlich: Alois M. Haas siedelt Motiv und Ziel des mystischen Sprechens jenseits der Sprache in einem Vorfeld an, in dem das Eigentliche geschieht und die mystische Sprache zu ihrem Wesen kommt. Parallel zur Christologie gedacht, inkarniert sich das Wesen des mystischen Sprechens in der konkreten Sprache in spezifische modi loquendi, die gerade in ihrer Gebrochenheit als "Sprachformen einer bestimmten Ohnmacht" paradox den Grund des Sprechens aufscheinen lassen.

Diese Betrachtungsweise des mystischen Sprechens im christologischen Kontext ist auf Kritik gestoßen. Kurt Ruh merkt dazu an: "Daß die christologische Gebrochenheit, als Paradox gefaßt, zum Prinzip erhoben wird, trifft die Mitte christlicher Spiritualität. Da hätte ich nur die Frage, ob diese Mitte auch die Mitte der mystischen Erfahrung ist."[2] Wie Alois M. Haas geht auch Kurt Ruh nicht von der Faktizität der Sprache mystischer Texte, sondern von einem metasprachlichen Modell aus, um die Sprache der Mystik verstehen zu können.[3] Im Unterschied zu Alois M. Haas steht allerdings in seinem Modell nicht das christologische Paradoxon der Ohnmacht, in der sich die Macht Gottes erweist, im Mittelpunkt, sondern die unio. Von daher leitet Kurt Ruh das Identitätsprinzip als Ziel und Sinn mystischer Rede ab[4]. Insofern dieses Prinzip allein in einer Metasprache jenseits aller Bilder und Begriffe realisiert ist, steht mystische Rede dazu immer in Spannung; sie ist Rede, die aus der kategorialen Vielheit zur unio strebt. Mit den Worten von Kurt Ruh formuliert: "Mystische Rede ist im 'Übergang' aus dem Vielen der Worte zum Unum der Erkenntnis, der Erfahrung vom Unwesentlichen der Menschensprache zum Wesenhaften der 'himmlischen Sprache'. Ihr prozessuales Element (...) ist dieser transitus."[5] Für die Metaphorik in mystischen Texten heißt dies: Wie die gesamte Sprache der Mystik ist diese auf dem Weg zum Eigentlichen; "die mystische Metapher bringt nämlich nicht Abstrakt-Geistiges ins Bild, um es zu erhellen, sondern um in ihr das Eigentliche zu evozieren. 'Wüste' meint die Gottheit, nicht um diese mit den Begriffen des Weiten, Unendlichen, Leeren zu 'beschreiben', sondern um solche Prädikationen des Einen auf einen einzigen Begriff, bzw. ein Bild zu reduzieren."[6]

Während also bei Kurt Ruh die Metaphorik als Beispiel für den transitus der Sprache auf die unio hin genommen wird, hält Walter Haug die Anwendung des Metaphernbegriffs auf mystische Texte für problematisch: "Im mystischen Bereich liege..." - so sein Diskussionsbeitrag im Rahmen des Engelberger Kolloquiums - "eine Struktur vor, die unserem Metaphernbegriff radikal widerspreche, indem in den Dingen selbst - oder, um bei der Lichtmetapher zu bleiben, im Licht selbst -

---

[1] Alois M. Haas, Sermo mysticus, aaO, S. 32.
[2] Kurt Ruh, Überlegungen und Beobachtungen zur Sprache der Mystik, aaO, S. 35.
[3] Kurt Ruh, Überlegungen und Beobachtungen zur Sprache der Mystik, aaO, S. 37: "Diese Sprache der Mystik zu verstehen, bedarf es nun gerade der Steuerung durch das metasprachliche Modell. Es müßte bei allen Aussagen über die Sprache der Mystik gegenwärtig sein."
[4] Kurt Ruh, Überlegungen und Beobachtungen zur Sprache der Mystik, aaO, S. 35.
[5] Kurt Ruh, Überlegungen und Beobachtungen zur Sprache der Mystik, aaO, S. 36.
[6] Kurt Ruh, Überlegungen und Beobachtungen zur Sprache der Mystik, aaO, S. 37.

das Göttliche präsent, wenn auch im höherem Maße nicht präsent sei."[1] Diese These basiert auf mehreren Voraussetzungen:

Wie Kurt Ruh wählt Walter Haug einen metasprachlichen Ansatz, in dessen Zentrum das göttliche Sprechen, d.h. für Walter Haug die Identität von Sprache und Sein, steht. Mystisches Sprechen ist auf diese Einheit bezogen, insofern es auf das Sprechen Gottes antwortet mit allem, was Wort Gottes ist; d.h. in der Gott, Welt und Ich einbeziehenden Kommunikationsbewegung thematisiert mystisches Sprechen das Wort Gottes, das die gesamte Schöpfung umfaßt, jedoch im Unterschied zum göttlichen Sprechen mit dem Gefälle zur Differenz hin. Denn das Wort Gottes ist im Endlich-Seienden nur "in Ähnlichkeit bei je größerer Unähnlichkeit" präsent - so die berühmte Analogiedefinition des Lateranense IV (1215), an die Walter Haug anknüpft: "Für das menschliche Verstehen und Antworten ist die Welt, insofern sie Sein hat, Präsenz Gottes und, insofern sie Sprache ist, Ausdruck der Transzendenz Gottes. Man kann dies zugespitzt auch folgendermaßen formulieren: das Endlich-Seiende ist seinem Sein nach ewig, seiner Endlichkeit nach aber Zeichen des Ewigen. Jedenfalls: je stärker man den Aspekt der Ähnlichkeit betont, um so mehr führt dies zu einem Anschauen Gottes in der Welt; je stärker man die Differenz betont, um so mehr erscheint die Welt als ein Arsenal von Zeichen für eine transzendente Wirklichkeit."[2] Daraus ergibt sich: Sprache wird insofern zum Ort des mystischen Vollzugs, als alle über die Sprache gebotenen Vorstellungen der Welt, die zunächst den Aspekt der Ähnlichkeit mit Gott vermitteln, einem Prozeß unterliegen, der in die radikale Unähnlichkeit umbricht. Dies bedeutet, daß ein Sprechen, das das göttliche Eins-Sein von Sein und Sprache intendiert, letztlich die Welt und sich selbst aufheben muß.

Durch die Tendenz der Selbstaufhebung der Sprache und der in ihr gebotenen Vorstellungen der Welt werden alle bestimmten Positionen frei verfügbar; mystisches Sprechen bildet eine ars combinatoria aus, für die die Austauschbarkeit der verschiedenen semantischen Systeme charakteristisch ist. Insofern die verschiedenen Systeme jedoch parallel strukturiert und auf derselben Ebene angesiedelt sind, liege - so Walter Haug - kein metaphorisches Verhältnis vor. Haug zeigt dies anhand der Lichtmetapher: "Wenn man die Aussage 'Gott ist Licht' metaphorisch versteht, so heißt das, daß bestimmte Qualitäten Gottes im Bild des Lichtes anschaulich gemacht werden können: die Zuwendung in Helligkeit und Offenheit, das Leben-Spendende, die Wärme, die Zuversicht, die Vertreibung des Dunklen, Gefährlichen, Bedrohlichen usw. Die ontologische Erfahrung Gottes im Licht dagegen eröffnet keinen solchen Horizont von göttlichen Qualitäten. Sie zielt vielmehr auf die Differenz zwischen dem endlich Lichthaften und dem ewig Lichthaften."[3]

Genauerhin unterscheidet Walter Haug beim mystischen Sprechen zwischen identifizierenden und metaphorischen Aussagen. Während die Metapher Konkretes anstelle von Abstraktem biete - z.B. im Bild des Lichtes bestimmte Qualitäten Gottes veranschauliche -, werde in der identifizierenden Aussage ("Gott ist Licht")

---

[1] Barbara Küper, Diskussionsbericht, in: Kurt Ruh (Hg.), Abendländische Mystik im Mittelalter, aaO, S. 529.
[2] Walter Haug, Grundlegung, aaO, S. 495f.
[3] Walter Haug, Grundlegung, aaO, S. 498f.

unter Wegfall der metaphorischen Distanz affirmativ von Gott gesprochen. Allerdings sei wesentlich daran, daß - so Walter Haug in der Diskussion zu seinem Engelberger Vortrag - "mit dieser 'affirmativen Sprache' immer zugleich ihr eigenes Ungenügen ausgesagt werde, daß die Bewegung über sie hinaus weitergetrieben werde in der Erwartung des Entgegenkommenden."[1] Aufgrund dieser Spannung, die dadurch entsteht, daß die identifizierende Aussage zugleich gilt und in höherem Maße nicht gilt, kann man auch von einer ontologischen Metapher sprechen. Walter Haug definiert sie auf folgende Weise: "Seiendes bzw. als seiend Gemeintes ist Theophanie, es <u>ist</u> und <u>bedeutet</u> zugleich, oder prägnant ästhetisch formuliert: es ist ontologische Metapher."[2]

Aus dem Ansatz von Walter Haug, die Bewegung der mystischen Erfahrung im Kontext der Struktur der unähnlichen Ähnlichkeit zu beschreiben[3], zieht Klaus Grubmüller die Konsequenz, für die konkrete Beschreibung der mystischen Sprache anstelle der Metaphorik Identifizierungen wie "Gott ist ein Würmlein" heranzuziehen, die nur durch eine die Metaphorik überschreitende Seinsidentität möglich seien[4].

Der in Auseinandersetzung mit der Position von Josef Quint zur Verhältnisbestimmung von Sprache und mystischer Erfahrung gewonnene Neuansatz von Walter Haug ist seinerseits jedoch nicht ohne Kritik geblieben. Susanne Köbele nennt in ihrer Dissertation "Bilder der unbegriffenen Wahrheit. Zur Struktur mystischer Rede im Spannungsfeld von Latein und Volkssprache" folgende Kritikpunkte:

- Die Reduktion der metaphorischen Funktion auf Veranschaulichung und Analogisierung sowie - daraus resultierend - die Opposition 'Seinsaussage' versus 'Metapher'. Während für Walter Haug das ontologische Modell der unähnlichen Ähnlichkeit dem Metaphernmodell radikal widerspricht, schließt Susanne Köbele in ihrer Metaphernkonzeption, für die die Einheit von Relation und Identifikation konstitutiv ist, die Struktur der unähnlichen Ähnlichkeit durchaus ein.

- Das Problem der Verallgemeinerung der metaphorischen Interpretationsperspektive von Walter Haug: Susanne Köbele stellt in Frage, ob der überwiegend auf das Problemgefüge einer metaphorischen Deutung der Lichtmetaphysik bezogene Ansatz von Walter Haug für das breite Spektrum von Metaphern in mystischen Texten konkret anwendbar ist.[5]

- Ein weiterer Kritikpunkt betrifft die These von Walter Haug, das mystische Sprechen ziele auf die Differenz. Susanne Köbele möchte stattdessen die metaphorische Relation als Identitätsverhältnis verstehen; die Mystik bringe eine eigene Bildsprache hervor, in der die Intention auf die Einheit wirksam werde[6]. Susanne

---

[1] Barbara Küper, Diskussionsbericht zur Vorlage von Walter Haug, in: Kurt Ruh (Hg.), Abendländische Mystik, aaO, S. 533.
[2] Walter Haug, Transzendenz und Utopie, aaO, S. 521.
[3] Vgl. Walter Haug, Grundlegung, aaO, S.499: "Das also ist der Sinn der Verschränkung von ontologischer Spekulation und konkretester Anschauung: das Anschauen wird in das Denkmodell der unähnlichen Ähnlichkeit hineingezogen, und dieses wird über die Anschauung in eine subjektiv vollziehbare Erfahrung der Wirklichkeit verwandelt."
[4] Barbara Küper, Diskussionsbericht zur Vorlage von Walter Haug, in: Kurt Ruh (Hg.), Abendländische Mystik, aaO, S. 533.
[5] Vgl. Susanne Köbele, Bilder der unbegriffenen Wahrheit, aaO, S. 65.
[6] Susanne Köbele, Bilder der unbegriffenen Wahrheit, aaO, S. 67.

Köbele sieht in dem von Hans Blumenberg in die Metapherndiskussion eingebrachten Konzept einer Sprengmetaphorik die Möglichkeit, diese Intention genauer zu verfolgen; denn indem die Sprengmetapher bis zum Umschlagpunkt in das Unmögliche führe, an dem sie sich selber aufhebe, erweise sie sich als paradoxe Denk- und Darstellungsform, "die das Unmögliche hervortreten läßt und *innerhalb des Vermittlungs- und Trennungsphänomens, das Sprache ist, in die Einheit führt.*"[1] Mit diesen Überlegungen gelingt es Susanne Köbele, einerseits durch eine erweiterte Metapherndefinition wichtige Aspekte des Ansatzes von Walter Haug in ihr Konzept einer mystischen Bildsprache zu integrieren; andererseits finden sich, was die Bedeutung der Sprengmetaphorik und die Relevanz der unio für das mystische Sprechen betrifft, Gemeinsamkeiten mit den Ausführungen von Alois M. Haas und Kurt Ruh.

Läßt man noch einmal die einzelnen Thesen und Argumentationen der Positionen von Alois M. Haas, Kurt Ruh, Walter Haug und Susanne Köbele Revue passieren, tun sich folgende Einsichten, Einwände und Probleme auf, auf die im Rahmen der vorliegenden Untersuchung genauer eingegangen werden muß:

(1.) Es ist zu klären, was das von Susanne Köbele in Anlehnung an Hans Blumenberg verwendete Konzept einer Sprengmetaphorik[2] tatsächlich für die Beschreibung mystischer Texte leistet. Dabei stellt sich die Frage, ob nicht letztlich jeder Metapher von einem bestimmten Standpunkt aus eine sprengende Wirkung zugesprochen werden muß.

(2.) In diesem Zusammenhang ist weiterhin zu klären, ob und inwiefern der Aspekt der unio für die sprengende Wirkung einer Metapher in mystischen Texten relevant sein kann. Genauerhin ist zu fragen, was - um mit Hans Blumenberg zu sprechen[3] - das "Sprengmittel" der betreffenden Metaphorik ist und was im einzelnen in einer metaphorischen Aussage dazu beiträgt, daß die Anschauung zum Umschlagpunkt in das nicht mehr Anschaubare geführt wird.

(3.) Bezüglich des von Klaus Grubmüller gemachten Vorschlags, mystische Sprache aufgrund von Identifizierungen beschreiben zu wollen, bleibt insofern ein Ungenügen, als Klaus Grubmüller nicht einsichtig erklärt, warum es sich bei Formulierungen wie "Gott ist ein Würmlein" um eine 'identifikatorische' und nicht um eine metaphorische Aussage handeln soll. In diesem Kontext müßte auch geklärt werden, in welcher Beziehung die verschiedenen Formen von 'identifikatorischen' Bildaussagen - z.B. "Gott ist Einheit", "Gott ist Licht", "Gott ist ein Würmlein" - zueinander stehen und ob nicht die Unterschiede zwischen den verschiedenen Aussagen so groß sind, daß eine differenziertere Kategorisierung nötig wird. Welche

---

[1] Susanne Köbele, Bilder der unbegriffenen Wahrheit, aaO, S. 68.
[2] Vgl. dazu Hans Blumenberg, Paradigmen, aaO, S. 132f: "Was wir *'Sprengmetaphorik'* nennen wollen, ...zieht die Anschauung in einen Prozeß hinein, in dem sie zunächst zu folgen vermag..., um aber an einem bestimmten Punkt... aufgeben - und das wird verstanden als 'sich aufgeben' - zu müssen."
[3] Hans Blumenberg, Paradigmen, aaO, S. 133.

Unterschiede bestehen - so ist zu fragen - zwischen abstrakter/metaphysischer und konkreter (Bild-) aussage?

(4.) Das aus dem Analogiemodell resultierende ontologische System hat zur Konsequenz, daß das geschaffene Seiende nur zusammen mit dem göttlichen Ursein denkbar ist, an dem es - jedes kreatürliche Seiende in verschiedenen Graden - partizipiert[1]. Demnach sind alle Dinge und Sachverhalte eng aufeinander bezogen, da sie auf ähnliche Weise am göttlichen Sein Anteil haben. Alles ist - so Walter Köller - "in ein enges Beziehungsgeflecht eingebettet, wo das eine auf das andere verweist und sich der kategoriale Unterschied zwischen dem Spirituellen und dem Materiellen verwischt."[2] Dementsprechend können die semantischen Systeme parallel strukturiert sein; insofern sie dadurch auf der selben Ebene liegen, bedeute die gegenseitige Vertretung und Kombination - so die Folgerung von Walter Haug[3] - kein metaphorisches Verhältnis. Demgegenüber ist jedoch einzuwenden, daß unabhängig vom ontologischen System ein Verstoß gegen die lexikalischen Kombinationsregeln vorliegt und der Rezipient infolgedessen bei derartigen Aussagen eine semantische Inkongruenz feststellt - ein Sachverhalt, der für das Vorliegen einer metaphorischen Aussage spricht. In diesem Zusammenhang muß somit geklärt werden, ob und inwiefern Aussagen wie "Gott ist Licht", "Gott ist Wüste" sowie "das Licht der Tugend" tatsächlich beim Rezipienten zu einem unterschiedlichen Verständnis führen. Geht es bei der Aussage "Gott ist Licht" ausschließlich nur um eine ontologische Erfahrung?

(5.) In allen referierten Forschungsbeiträgen zur mystischen Sprache bildet die Weg-Ziel-Struktur das Erklärungsmodell für das Verhältnis von Sprache und mystischer Erfahrung (Alois M. Haas), von uneigentlichem menschlichen Sprechen und der unio als Ziel und Sinn der mystischen Rede (Kurt Ruh) bzw. von mystischem Sprechen und Sprechen Gottes (Walter Haug). Kurt Ruh spricht explizit von 'ascensus', 'transitus' bzw. 'Übergang'; Walter Haug vom 'Weg' in das Eins-Sein[4], vom 'anschauenden Überschreiten dessen, was sich objektiv darstellt'[5] usw. Entscheidend für die Modellvorstellung ist bei allen referierten Autoren, daß die Sprache den unter dem Aspekt der Ähnlichkeit entworfenen mystischen Prozeß umbricht in die radikale Unähnlichkeit, indem die Sprache sich und die Gegenständlichkeit, auf die sie sich bezieht, zurückläßt[6]. Das zentrale Problem, das sich in diesem Zusammenhang ergibt, bezieht sich auf den besonderen Charakter der Weg-Ziel-Struktur, der daraus resultiert, daß der mit der sprachlichen Darstellung eingeschlagene Weg zur unio-Erfahrung - wie an der Metaphorik in den untersuchten Texten zu verfolgen ist - gerade sein Ziel nicht erreicht, weil er an der immer größeren Differenz des Göttlichen gegenüber allem menschlichen Sprechen scheitern muß. Aufgrund des im vorangehenden Kapitels entwickelten Metaphern-

---

[1] Vgl. Hans Rombach, Substanz, aaO, S. 59 u. 61.
[2] Walter Köller, Semiotik und Metapher, aaO, S. 238.
[3] Walter Haug, Grundlegung, aaO, S. 499.
[4] Walter Haug, Grundlegung, aaO, S. 496.
[5] Walter Haug, Grundlegung, aaO, S. 498.
[6] Vgl. Walter Haug, Grundlegung, aaO, S. 496.

begriffs, der sowohl den Aspekt der Ähnlichkeit als auch den der Differenz umfaßt[1], stellt sich in Bezug auf die referierten Forschungsansätze die Frage, welche Funktion der über die Metaphorik hergestellten Ähnlichkeitsrelation zwischen dem Irdischen und Göttlichen in Bezug auf die unio-Erfahrung zukommen kann, wenn sie durch die Differenz radikal in Frage gestellt wird. Bietet ein Weg, der letztlich scheitern muß, mehr als nur die Erfahrung seiner Vergeblichkeit? Andererseits: Ist das Scheitern aller Bildlichkeit nur negativ zu verstehen, oder zeigt sich positiv im Zerbrechen des konventionellen Sprachsystems die Wirkung von etwas, was bislang verborgen war?

Für die im folgenden Teil vorzunehmende Auswertung der Metaphernuntersuchung (Teil III) ergeben sich aus den dargelegten Überlegungen folgende Leitfragen:

(1.) In welcher Relation steht die in der Metaphernuntersuchung beschriebene Vielfalt metaphorischer Aussagen zum Aspekt der unio?

(2.) Wodurch werden die Metaphern in den untersuchten Texten der deutschsprachigen Mystik zu mystischen Metaphern?

(3.) Wie wird über die vielfältige Metaphorik der Aspekt der unio so thematisiert, daß es zur Bewegung auf die unio hin kommt?

(4.) Welcher Stellenwert kommt dabei neben der Thematik und Kombinatorik der verschiedenen Bilder speziell dem Charakter der metaphorischen Aussage zu: Welche Bedeutung hat das Verhältnis von Kontext und Bildvorstellung sowie die Bildentwicklung? Auf welche Weise wird in der Anschaulichkeit der verschiedenen Bildvorstellungen jeweils die Einsicht in das schlechthin Unanschaubare der göttlichen unio evoziert?

(5.) Läßt sich von der untersuchten Metaphorik her Aufschluß darüber gewinnen, ob die Sprache mit ihrem Scheitern ihre Funktion im Rahmen des mystischen Prozesses verliert, oder ob ihre Funktion gerade das Scheitern verlangt?

(6.) Schließlich ist zu fragen: Wie ist eine Rezeption denkbar, die - um bei dem von Kurt Ruh gebotenen Beispiel zu bleiben - unter "Wüste" als Metapher Gottes nicht bei den Aspekten des Weiten, Unendlichen, Leeren stehenbleibt, sondern bei der es gelingt, "solche Prädikationen des Einen auf einen einzigen Begriff, bzw. ein Bild zu reduzieren"[2]?

---

[1] Vgl. dazu auch die prägnante Formulierung von Gerhard Kurz, Metapher, Allegorie, Symbol, aaO, S. 23: "... eine Gleichheit wird behauptet, zugleich aber auch ihre Nichtgeltung. Im Unterschied zur nichtmetaphorischen Prädikation ist es für die Metapher wesentlich, daß semantische Inkongruenzen nicht getilgt werden, sondern gegenwärtig bleiben."
[2] Kurt Ruh, Sprache, aaO, S. 37.

Kapitel 5: ZUR TEXTAUSWAHL

Was die Textauswahl anbelangt, verlangt die Fülle des Materials mannigfache Beschränkungen. Untersucht wurden ausschließlich Texte der deutschsprachigen Mystik, deren Entstehungszeit zwischen 1250 und 1370 liegt. Diese Beschränkung ist zum einen darin begründet, daß in diesem Zeitraum die bedeutendsten Werke der deutschsprachigen Mystik durch die Dominikaner Meister Eckhart (1260-1327/28), Johannes Tauler (1300-1361) und Heinrich Seuse (1295/96-1366) verfaßt worden sind. Zum anderen lassen sich für diese Zeit vielfältige Beziehungen zwischen den behandelten Autoren mystischer Texte nachweisen, die vor 1250 nicht bestanden und nach 1370 nicht mehr weiterbestehen. So führen zum 'Fließenden Licht der Gottheit' Mechthilds von Magdeburg, deren Werk an den Anfang der vorliegenden Untersuchung gestellt wurde, selbst keine Traditionslinien, die auf den Typus ihres Werkes einen prägenden Einfluß ausgeübt hätten; es steht - wie Christa Ortmann mit Recht konstatiert[1] - "merkwürdig isoliert in der literarischen Landschaft des 13. Jahrhunderts." Daß es als volkssprachiger Text - und nicht nur in der lateinischen Übersetzung des 'Lux Divinitatis' - zugänglich ist, obwohl das mittelniederdeutsche Original verlorengegangen ist, ist der oberdeutsch-alemannischen Fassung zu verdanken, die 1343-1345 im Kreis der Basler Gottesfreunde unter Leitung des Weltpriesters Heinrich von Nördlingen (geb. Anfang des 14. Jahrhunderts - gest. nach 1356) angefertigt wurde. Heinrich von Nördlingen war es auch, der 1345 das Werk Mechthilds der Medinger Dominikanerin Margaretha Ebner (1291-1351) zukommen ließ. Margaretha, auf Anregung Heinrichs seit 1344 selbst mit der Niederschrift ihrer inneren Erfahrungen befaßt, erhielt durch die Lektüre von Mechthilds Buch wie auch der an sie gerichteten Briefe Heinrichs, in denen dieser seine Sicht von Margarethas Erfahrungen als mystische Erfahrungen entwickelt, die Möglichkeit, Deutemuster für ihr eigenes geistliches Leben zu finden[2]. Weitere Anregungen bezieht sie aus Seuses Horologium Sapientiae, das Heinrich aus Taulers Besitz leihweise dem Prior von Kaisheim zur Verfügung stellt, der eine Abschrift für den Medinger Konvent Margarethas anfertigt[3].

Neben Mechthild von Magdeburg und Heinrich Seuse ist es jedoch vor allem Johannes Tauler, der Margaretha Ebner, Heinrich von Nördlingen sowie den Kreis der Gottesfreunde maßgeblich beeinflußt hat. Heinrich von Nördlingen berichtet Margaretha in mehreren Briefen von ihm[4].

Was Johannes Tauler und Heinrich Seuse betrifft, zeigen sich diese in dem Anliegen einig, Meister Eckhart in ihren Schriften zu verteidigen. Tauler tut dies nur in einigen wenigen Bemerkungen, die sich in seinen Predigten finden. Heinrich Seuse verteidigt Eckhart in seinem Buch der Wahrheit.

---

[1] Christa Ortmann, Das Buch der Minne, in: Gerhard Hahn/Hedda Ragotzky (Hgg.), Grundlagen des Verstehens der mittelalterlichen Literatur, aaO, S.158.
[2] Vgl. Heinrichs Brief an Margaretha Ebner vom 15.8.1346.
[3] Vgl. Heinrichs Brief vom 21.9.1339.
[4] Vgl. dazu z.B. die Briefe mit folgender Datierung: Fastenzeit 1339; 21.6.1339; vor Herbsteintritt 1339; 21.9.1339.

Der Intention, den Umfang des Textkorpus so zu bemessen, daß das ausgewählte Material repräsentativ für die deutschsprachige Mystik ist, wurde entsprochen, indem unter Berücksichtigung der verschiedenen intertextuellen Zusammenhänge wie auch der persönlichen Beziehungen der Autoren zueinander folgende Texte der vorliegenden Untersuchung zugrundegelegt wurden: Den Anfang bildet 'Das fließende Licht der Gottheit' von Mechthild von Magdeburg[1]. Zum Textkorpus gehören ferner die im dritten Viertel des 13. Jahrhunderts verfaßten deutschsprachigen Texte des David von Augsburg[2], die als Beispiel für die franziskanische Mystik stehen sollen. Den weitaus größten Anteil am Textkorpus bildet die dominikanische Mystik; zum einen werden die von Josef Quint edierten deutschen Werke Meister Eckharts[3], die von Ferdinand Vetter herausgegebenen Werke Johannes Taulers[4] und die von Karl Bihlmeyer besorgte Ausgabe der Werke Heinrich Seuses[5] untersucht; daneben werden aus der Vitenliteratur des 14. Jahrhunderts die 'Offenbarungen' der Margaretha Ebner zur Untersuchung herangezogen. Den Abschluß bilden die Briefe des Weltpriesters Heinrich von Nördlingen an Margaretha Ebner[6].

Die mit dieser Festlegung des Textcorpus verbundenen Probleme sollen nicht verschwiegen werden.

Für David von Augsburg[7] und Johannes Tauler fehlt eine Textausgabe, bei der die gesamte handschriftliche Überlieferung erfaßt und kritisch gesichtet ist. Besonders wirkt sich dies bei den von Ferdinand Vetter herausgegebenen Predigten Taulers aus. Vetter wählt als Leithandschrift für seine Ausgabe den 1359 noch zu Lebzeiten Taulers entstandenen Engelberger Codex 124; da dieser jedoch die Predigten Taulers nur fragmentarisch überliefert, ergänzt Vetter seine Ausgabe durch Rückgriff auf die (1870 verbrannten, in einer Nachschrift von Karl Schmidt erhaltenen) drei Straßburger Handschriften A 89, A 88 und A 91. Schließlich entnimmt er der Freiburger Handschrift Nr. 41, deren abweichende Lesarten Vetter durchgängig im Variantenapparat berücksichtigt, einen Text, den er als Predigt 81 in seiner Ausgabe abdruckt. Somit zeigt sich: Vetters Ausgabe basiert auf zwei, genau genommen auf drei Überlieferungstraditionen, die zu einem Textkorpus zusammenmontiert sind. Dabei fällt auf, daß Vetter - obwohl er speziell zur Freiburger Handschrift F 41 ausführt, diese Handschrift enthalte "weiteres Vergleichsmaterial und neuen Stoff ... (und sei) mindestens ebenso alt wie die Engelberger (E)

---

[1] Mechthild von Magdeburg, "Das fließende Licht der Gottheit". Nach der Einsiedler Handschrift in kritischem Vergleich mit der gesamten Überlieferung herausgegeben von Hans Neumann, Band I: Text, besorgt von Gisela Vollmann-Profe, München 1990.
[2] Franz Pfeiffer (Hg.), Deutsche Mystiker des 14. Jahrhunderts, Band 1, Leipzig 1845.
[3] Meister Eckhart, Deutsche Werke. Hrsg. und übersetzt von Josef Quint, Stuttgart 1936-1976, Bände I, II, III, V.
[4] Die Predigten Taulers. Hrsg. von Ferdinand Vetter, Berlin 1910.
[5] Heinrich Seuse, Deutsche Schriften. Hrsg. von Karl Bihlmeyer, Stuttgart 1907.
[6] Philipp Strauch (Hg.), Margaretha Ebner und Heinrich von Nördlingen. Ein Beitrag zur Geschichte der deutschen Mystik, Freiburg i.Br./Tübingen 1882.
[7] Einen Überblick zur handschriftlichen Überlieferung der deutschen Schriften Davids gibt Kurt Ruh in seinem Artikel 'David von Augsburg', in: VL 2², Sp. 52-55. Dort finden sich auch Hinweise zu den Handschriften, die in der Edition von Pfeiffer nicht berücksichtigt sind (vgl. aaO, Sp. 53f, hier: (b) und (c)).

... aber von E und den Straßburger Hss. in bezug auf Bestand und Reihenfolge der Stücke gänzlich verschieden..."¹ - die von ihm herangezogenen Handschriften nicht kollationiert und auch nicht die Frage einer Filiation der verschiedenen Handschriften bzw. die sich aus der zeitlichen Nähe von E und F 41 für eine Edition der Taulerpredigten ergebenden Folgen bedenkt. Wie sehr er sich selber des provisorischen Charakters seiner 1910 erschienenen Ausgabe bewußt war, läßt sich seinem Hinweis auf die Wiener Handschriften entnehmen, die Corin 1924/29 ediert hat: "Die weitere Arbeit wird noch etwa die Wiener Hss. 2739 und 2744 aus dem 14. Jahrhundert ... beizuziehen haben. Auch die Drucke ... dürften noch weitere Ausbeute liefern."² Doch selbst wenn eine solche historisch-kritische Edition vorläge - was jedoch aufgrund der Vielzahl der vorhandenen Handschriften von Taulerpredigten³ für die nahe Zukunft unwahrscheinlich erscheint - , stellt sich die grundsätzliche Frage, ob auf diese Weise tatsächlich die Herstellung des originalen oder zumindest eines dem Original nahekommenden Textes erreicht werden könnte. Georg Steer stellt dazu fest: "Das 'Nibelungenlied', der 'Schwabenspiegel', die 'Predigten' Taulers sind Texte mit offener Überlieferung, wie viele andere Texte auch. Auf abschriftlichem und redigierendem Wege werden sie verändert. Ihre ursprüngliche Entstehungsform verwischt sich, aber auch die von Fassungen, Archetypen und Hyparchetypen. Wenn aber auch die Genealogie der Handschriften und Redigierungen nicht mehr mit Sicherheit erschlossen werden kann, erscheint es unmöglich, mit textkritischen Techniken Autortexte oder Redaktortexte zu rekonstruieren."⁴ Die Folgerungen, die man aus dieser Feststellung zu ziehen hat, sind weitreichend: Das einzig Sichere, was vorliegt, sind die verschiedenen Handschriften, die jeweils an einer bestimmten Stelle im Prozeß der Überlieferung von Taulers Predigten zu situieren sind. Für die wissenschaftliche Beschäftigung mit den Predigten Taulers bedeutet dies: Die Fixierung auf einen orginalen, alle verfügbaren Handschriften berücksichtigenden Text der Taulerpredigten muß aufgegeben werden; aus dem unumgänglichen Verzicht resultiert, daß die Forschung den Text an jeder Stelle seiner historischen Ausformung zum Gegenstand ihres Interesses machen kann⁵.

Als weiteres Problem war bei der Festlegung des Textcorpus die Frage der Echtheit einiger Texte zu bedenken, die in die jeweilige Edition der Werke eines der

---

[1] Ferdinand Vetter, aaO, IV
[2] Ferdinand Vetter, aaO, VIf.
[3] Georg Steer spricht unter Hinweis auf die Dissertation von Johannes Mayer (Die oberdeutschen Klosterfassungen der Predigten Johannes Taulers, Diss. Eichstätt 1990) von "an die 200 Handschriften" (Georg Steer, Textkritik und Textgeschichte,aaO, S. 107).
[4] Georg Steer, Textkritik und Textgeschichte, aaO, S. 118.
[5] Vgl. Georg Steer, Textkritik und Textgeschichte, aaO, S. 119: "Eine Literaturgeschichte, die auch nur den primitivsten Imperativen der geschichtlichen Forschung gehorcht, wird literarische Texte nicht erst in der elitären Abgehobenheit einer wissenschaftlichen Edition, als Denkmal, zur Kenntnis nehmen, sondern in ihren historischen Urzuständen, in den Handschriften. Wer einen erweiterten Literaturbegriff akzeptiert, wird nicht nur Rechtstexte und Predigten zur Literatur rechnen, sondern jede Art von erhaltenen handschriftlichen Zeugnissen von Literatur, die Handschriften n und Q des 'Nibelungenliedes' wie auch die textaufschwellende sekundäre Bearbeitung der Taulerpredigten, die Luther im Augsburger Taulerdruck als echten Tauler gelesen hat."

behandelten Autoren aufgenommen worden sind. So reichen etwa die Forschungsurteile in der Bestimmung einzelner Schriften bei David von Augsburg von "echt", "zweifelhaft" bis hin zu "unecht"[1]. Insofern David nur in wenigen Schriften direkt als Autor bezeugt ist, beschritt die Forschung den Weg, über Parallelen zu den explizit David zugeschriebenen Schriften sowie anhand von Stileigentümlichkeiten Davids zu einem Urteil in der Echtheitsfrage zu gelangen[2]. Kurt Ruh kommt in Weiterführung der Ergebnisse von Francis Mary Schwab zu dem Ergebnis, daß alle bei Pfeiffer I abgedruckten Traktate als echt oder zumindest als davidisch zu bezeichnen sind mit Ausnahme des Traktats "Die vier Fittige geistlicher Betrachtung", an dessen Echtheit Kurt Ruh insbesondere wegen seiner isolierten Überlieferung starke Zweifel hegt[3].

Auch bei Meister Eckhart kann die Frage nach der Echtheit seiner Deutschen Schriften keineswegs als gelöst betrachtet werden. Insofern Eckharts Predigten grundsätzlich als Streugut überliefert sind, ist - so die Forderung von Kurt Ruh - für jede der 150 Eckhart zugeschriebenen Predigten ein besonderer Echtheitsnachweis zu führen. Seiner Meinung nach könnten zwei Drittel dieser Predigten eine solche Echtheitsprobe bestehen[4]. Josef Quint trägt bei der Herausgabe des Deutschen Werkes von Meister Eckhart dem Problem der Echtheit dadurch Rechnung, daß er die von ihm edierten 86 Eckhartpredigten in DW I-III nach absteigenden Echtheitskriterien anordnet. Problematisch ist auch der in DW V edierte Traktat *'von abegescheidenheit'*; Kurt Ruh mißt diesem Traktat nur eine "eingeschränkte Authentizität" zu[5].

Fragen hinsichtlich der Echtheit stellen sich auch bei Johannes Tauler und Heinrich Seuse. Bei Johannes Tauler betrifft dies den bei Ferdinand Vetter als Predigt 1 abgedruckten Text[6]. Bezüglich der von Karl Bihlmeyer in seine Seuse-Ausgabe aufgenommenen Predigten II und III sprechen Alois M. Haas und Kurt Ruh von einer nur "zweifelhaften Echtheit"[7].

Solange jedoch die Urteile bezüglich der Echtheit eines Textes nicht eindeutig ausfallen, ist es m.E. nicht zu rechtfertigen, diese Texte von der Untersuchung auszuschließen. Im Gegenteil: Die untersuchte Metaphorik erlaubt es, Texte von unterschiedlichem Echtheitsgrad miteinander zu vergleichen. So läßt sich etwa - was die Echtheit des bei Vetter als Tauler- Predigt 1 abgedruckten Textes anbelangt - im Gebrauch der Geburtsmetaphorik eine auffällige Konzentration in diesem Text beobachten, was für die Echtheitsdiskussion dieser Predigt und die Frage einer möglichen Abhängigkeit von Meister Eckhart nicht ohne Belang ist[8].

---

[1] Vgl. Francis Mary Schwab, David of Augsburg's 'Paternoster' and the Authenticity of His German Works, aaO, S. 3-5.
[2] Vgl. dazu Francis Mary Schwab, aaO, S. 138-172 Evidence of Style, und S. 183-211 Appendix II: References to Stylistic Elements in David of Augsburg's Works.
[3] Der Traktat findet sich nur in der Berliner Handschrift mgq 125 aus dem späten 14. Jahrhundert; vgl. Kurt Ruh, Art. 'David von Augsburg', in: VL 2^2, Sp. 54.
[4] Kurt Ruh, Art. 'Eckhart' in VL 2^2, Sp. 331.
[5] Kurt Ruh, Meister Eckhart, aaO, S. 165.
[6] Louise Gnädinger, Johannes Tauler, aaO, S. 140, Anm. 44.
[7] Alois M. Haas/ Kurt Ruh, Art. 'Seuse, Heinrich', in VL 8^2, Sp. 1115.
[8] Vgl. Teil II, Kapitel 4, 4.0.

TEIL II

DER MYSTISCHE PROZESS ALS METAPHORISCHE BEWEGUNG

VORBEMERKUNG

Leitender Gesichtspunkt der folgenden Überlegungen ist die Frage, in welcher Weise die Metaphern jeweils auf das zentrale Thema der untersuchten Texte, die unio des Menschen mit Gott, bezogen sind; d.h. es wird zu fragen sein, welche Identitäts- und welche Differenzaspekte die verschiedenen Metaphern hinsichtlich der unio aufweisen und wie sich in ihrem Gebrauch der von jedem der behandelten Autoren anders entworfene Prozeß von der Differenz zur unio mit Gott widerspiegelt. Da sich dieser Prozeß in den untersuchten Texten nicht als kontinuierlicher Weg darstellt, sondern als eine verwirrende Kombination zahlreicher, oft widersprüchlicher Sichtweisen, erschien es ratsam, die vielfältigen Anschauungen auf die invarianten Konstanten zu reduzieren, die der stark variierenden Metaphorik zugrundeliegen. Mit den Untersuchungsaspekten 'Transformation und Transposition des Menschen', 'Gottes Zuwendung zum Menschen' sowie 'Identität und Differenz' sind zentrale Elemente benannt, die sich aus der äußerst differenzierten Metaphorik als grundlegende Gemeinsamkeiten gewinnen lassen. Indem man mit diesen Aspekten die Metaphernvielfalt kategorisiert, läßt sich nicht nur erkennen, welche Metaphern als variierende Aktualisierung und Perspektivierung eines immer gleichbleibenden Sachverhalts beim jeweiligen Autor fungieren; insbesondere wird auch ein genauerer Vergleich der verschiedenen Autoren möglich. Die auf diese Weise gewonnenen Beobachtungen zur Bildentfaltung[1] bieten eine Fülle von Aspekten, deren Interpretation weitreichende Einsichten in verschiedene Funktionen metaphorischen Sprechens sowie dessen genauere Situierung im Rahmen des mystischen Prozesses ermöglichen. Daß es sich dabei nur um einen allerersten Versuch einer zusammenhängenden Deutung der Metaphorik in Texten der deutschsprachigen Mystik handeln kann, braucht in Anbetracht der Reichhaltigkeit des in Teil III beschriebenen Bildmaterials nicht eigens betont zu werden.

---

[1] In den folgenden Ausführungen wird auf Teil III (Band 2) Bezug genommen; die Angabe des jeweiligen Bildspenders bzw. der Leitmetapher des betreffenden Metaphernartikels mit der genauen Ordnungsnummer verweist dabei auf die Passagen in Teil III, die den Ausgangspunkt für die Beobachtungen und Überlegungen an der entsprechenden Stelle in Teil II bilden.

Kapitel 1: DIE TRANSFORMATION DES MENSCHEN

1. Einführung in die Problemstellung

Für die von den Mystikern behauptete Erfahrung, daß der Mensch die Distanz zum Göttlichen zu überwinden vermag, werden mittels verschiedener Metaphern unterschiedliche Möglichkeiten entworfen, die die Realisierung dieser Veränderung zum Thema haben. Sie sollen im folgenden in ihren Grundlinien skizziert werden.

Wird das Überschreiten der Grenze zwischen Geschöpf und Schöpfer als Bewegung von Gott her verstanden, der dem Menschen in Gnade entgegenkommt, muß der Mensch dafür Sorge tragen, daß er offen für Gott ist (s. *klaeren*). D.h. er muß alles, was seine Aufnahmefähigkeit für Gott verringert, beseitigen. Da die kreatürliche Verfassung des Menschen ein Hindernis für jegliche direkte Erfahrung Gottes in der Sicht der Mystiker darstellt, kann diese Erfahrung nur zustandekommen, wenn es dem Menschen gelingt, sich von allem Kreatürlichen zu trennen (s. *abescheiden*). Daß es bei diesem Prozeß nicht um eine völlige Vernichtung des menschlichen Erfahrungssubjekts geht, sondern um eine Wiederherstellung seiner ursprünglichen Verfassung und seines authentischen Menschseins, das durch die kreatürlichen Existenzbedingungen sowie durch die Sünde verfälscht und sich selbst entfremdet ist, wird mit den Metaphern *lûter/lutern, rein/reinigen* sowie *waschen* und *sûbern* hervorgehoben. Die diesen Metaphern zugrundeliegende Sichtweise beinhaltet, daß der Mensch als ganzer sich wandeln muß, indem er die Beeinträchtigung der ursprünglichen Qualität seines Menschseins vernichtet.

Ein anderes Konzept der menschlichen Veränderung kommt in den Metaphern *blôz/bloezen, enkleiden* und *entdecken* zur Sprache. Bei diesen Metaphern steht der Unterschied zwischen äußerer und innerer Wirklichkeit, zwischen einem außen- und innenorientierten Menschen sowie dem äußeren uneigentlichen und dem inneren eigentlichen Menschsein im Mittelpunkt. Zentral für dieses Konzept menschlicher Veränderung ist die Notwendigkeit der Umorientierung von außen nach innen - ein Prozeß, in dessen Verlauf der Mensch eine neue Identität erhält, indem er sich von seiner kreatürlichen Verfassung trennt, die sein eigentliches Menschsein wie ein Hülle umgibt. Die Aufgabe der kreatürlichen Eigenschaften führt jedoch nicht zu einem Defizit; vielmehr bedeutet sie als Reduktion auf das Eigentliche für den Menschen einen Gewinn an Sein. Denn dem Menschen ist es gelungen, alles *diz-und daz*- Seiende, das den von vielfältigen Unterschieden gekennzeichneten geschöpflichen Bereich kennzeichnet, zu beseitigen (s. *(en)bloezen, enkleiden*) und zum Bereich des Seins in sich vorzustoßen. Dieser Bereich ist der Ort, an dem sich Gott als *same* oder *bilde* befindet bzw. durch seine immerwährende Gottesgeburt präsent macht. Da aber kreatürliche Vorstellungsbilder die göttliche Gegenwart verdecken, unterbleibt die Manifestation Gottes in der Seele solange, wie diese nicht entfernt sind (s. *endecken*).

Es wird also deutlich, daß über die Metaphern von den Autoren der untersuchten Texte verschiedene Möglichkeiten ins Spiel gebracht werden, die dazu beitragen können, die Differenz des Menschen zu Gott zu überwinden. Damit ist jedoch noch nicht geklärt, welche Funktion im Rahmen eines bestimmten mystischen

Konzepts genauerhin die Umwandlung der menschlichen Verfassung für die Erfahrung der unio als dem intendierten Ziel des mystischen Prozesses zu erfüllen hat. Wer ist Subjekt dieser Prozesse, deren Metaphorizität gerade darauf verweist, daß es sich dabei um keine eindeutigen Möglichkeiten handelt, über die der Mensch verfügt? Wie wird von den untersuchten Autoren jeweils der Spielraum ausgefüllt, der sich aus der Unbestimmtheit der metaphorisch zur Sprache gebrachten Prozesse ergibt?

Wie im einzelnen noch zu zeigen sein wird, kreisen die verschiedenen metaphorischen Aussagen letztlich um das Problem, wie sich Natur und Gnade zueinander verhalten: Verändert sich der Mensch, weil ihm immer schon Gott entgegengekommen ist oder kommt Gott dem Menschen entgegen, weil er sich verändert hat? Daß dieses Verhältnis nicht einseitig auflösbar ist, zeigt sich daran, daß die untersuchten Autoren in immer neuen Entwürfen die Veränderung des Menschen als Zusammenspiel von Gott und Mensch darstellen und zusammenbringen, was nicht in ein System zu bringen ist. Der Effekt, der dadurch erreicht wird, ist die Einsicht in die Unmöglichkeit, den Prozeß der menschlichen Transformation genau festzulegen: sowohl die metaphorisch mit unterschiedlicher Akzentsetzung veranschaulichte kreatürliche Wirklichkeit (*vlecken, pfuol, wolke, nebel, stinkendes wasser, gevengnis, kerker*), wie auch der in der Seele, im *grunt* des Menschen, *in got* bzw. im göttlichen *grunt/abgrunt* u.a. lokalisierte Raum des Geschehens, das erzielte Ergebnis und die beteiligten Subjekte (*mensche, got, engel, vünkelîn, krefte der sêle, vernünfticheit* etc.) variieren so stark, daß eine genaue Bestimmung der metaphorisch ausgesagten Prozesse unmöglich wird. Zudem wird die Beobachtung dadurch erschwert, daß die Metaphern, die eine Veränderung des Menschen intendieren, nicht in eine sukzessive Reihenfolge zu bringen sind. Es geht nicht um ein Geschehen, das in verschiedenen, aufeinander bezogenen Handlungsphasen realisiert wird, sondern um einen - durch die Verwendung zahlreicher Metaphern in verschiedene Aspekte ausdifferenzierten - Vollzug, der als solcher den Bruch mit der bisherigen und den Wechsel in eine neue Verfassung des Menschen bedeutet. Jeglicher Versuch, die Beziehung der verwendeten Metaphern über die jeweilige semantische Differenz in eine logische Ordnung zu bringen, muß scheitern. Denn bereits hier läßt sich erkennen, was generelle Geltung besitzt: mystischen Texten fehlt eine konsequente Programmatik, von der her es möglich würde, genau zu bestimmen, welche Position die Metapher jeweils in der von einem Autor entworfenen metaphorischen Welt einnimmt. Dennoch lassen sich bei den einzelnen Autoren Akzentsetzungen erkennen, die im folgenden dargestellt werden sollen.

2. Mechthild von Magdeburg: Transformation im Kontext des Minnegeschehens

2.1. Reduktion der verbalen Metaphorik

Daß der Mensch während der irdischen Lebenszeit grundsätzlich die Nähe Gottes erfahren kann, zeigt Mechthild mittels Metaphern auf, die für eine personal realisierte Nähe zu Christus stehen: Die *reinen juncfrowen* zeitlich vor und nach der

Gottesmutter (s. *rein* 1.5.-1.8.), die *reinen* und *lutern megde* (s. *rein* 1.5.-1.8.; *luter* 1.1.) und die Seele als *reine brut* Christi (s. *rein* 1.5.-1.8.; *clar* 1.7.) fungieren als Identifikationsfiguren für die Rezipienten von Mechthilds Buch. Der entscheidende Sprung in eine neue Verfassung kommt jedoch, worauf Mechthild mit der korrespondierenden Metaphorik *klarheit gotz - clare sele* (s. *clar* 1.1.; 1.7.; 1.8.; 3.1.-3.4.) verweist, nur zustande, wenn der Mensch Gott ähnlich zu sein vermag. Dabei spricht Mechthild dem Menschen allerdings nur eine begrenzte Fähigkeit zu, sich durch eigene Anstrengung zu verändern; Metaphern, die das menschliche Bemühen um die Überwindung der Differenz zu Gott bzw. die Beseitigung der Hindernisse für die Gottesbegegnung thematisieren, fehlen weitgehend: So ist z.B. die für Eckhart in diesem Zusammenhang zentrale Metapher *abescheiden* nicht belegt. Die Metaphern *lutern, bloezen, endecken, klaeren, reinigen* stehen bei Mechthild allesamt für ein Geschehen, das Gott zum Urheber hat und auf den Menschen als Objekt gerichtet ist: Der Mensch verändert sich, weil Gott ihn verändert. Dennoch sieht Mechthild den Menschen nicht ausschließlich als Objekt des göttlichen Handelns, sondern spricht ihm auch die begrenzte Möglichkeit zu, von sich aus seine Verfassung auf Gott hin zu verändern. Mehrere Möglichkeiten werden von ihr aufgewiesen: Der Mensch kann den bestimmenden Einfluß des Irdischen verringern, indem er in der imitatio der Gottesmutter zur "reinen minnenden juncfrowe" oder zur *reinen brut* wird (s.*rein* 1.5.-1.8.); auch kann er durch ein tugendhaftes Leben insbesondere durch Demut (s.*clar* 1.11.-1.13.) göttliche Qualitäten in seiner Verfassung bestimmend werden lassen und dadurch das Irdische auf Gott hin transzendieren: "*je hoeher ich stige, je klarer ich schine.*" (III 1,19f; s.*clar* 1.1.-1.6.) So viel sich der Mensch jedoch anstrengt, letztlich vermag er von sich aus das Göttliche nicht zu erreichen; denn Gott kommt eine "*klarheit ane masse in unreichhaftú hoehi...*" zu (s. *clar* 3.1.-3.3.). So bleibt Mechthild nur übrig, an zahlreichen Stellen ihres Werkes mit Adjektiv- und Substantivmetaphern den Status und die Disposition darzustellen, die der Mensch aufweisen muß, um die Liebesbeziehung zu Gott zu realisieren, indem sie zugleich die Frage vernachlässigt, ob und wie der Mensch diese überhaupt realisieren kann. Zugleich rückt sie diese Bedingungen wiederum jedoch in die Nähe des Realisierbaren, insofern sie den mit verschiedenen Metaphern entworfenen veränderten Status des Menschen auf ein bestimmtes tugendhaftes Verhalten wie Keuschheit (s. *luter* 1.5.-1.6.) und Sündenreinheit (s. *rein* 1.1.-1.4.) beschränkt. Des weiteren weckt sie - was die Aneignung von Tugenden (s.*kleiden* 1.2.-1.7.; *kleit* 2.1.-2.2.) als auch das Entfernen des Irdischen (s.*enkleiden* 3.1.) betrifft - mit der Kleidmetaphorik die Bildassoziation eines Vorgangs, der im Unterschied zu *lutern* und *klaeren* den Menschen nur äußerlich betrifft und vom Menschen selbst ohne Schwierigkeiten vollzogen werden kann. Zusammenfassend läßt sich also feststellen:

Trotz ihrer Konzessionen an den Menschen und seine Leistungsfähigkeit sieht Mechthild den Wechsel des Menschen in eine neue Verfassung im letzten im göttlichen Handeln begründet. Der Mensch ist zwar in der Lage, sich auf Gott hin durch eine gewisse Neutralisierung des auf ihn einwirkenden irdischen Einflusses zu verändern; völlig zu erreichen vermag er die göttliche Nähe jedoch nur, wenn Gott von sich aus den Menschen zu sich nimmt und so bestimmt, daß alles Irdische am Menschen bedeutungslos wird. Vereint mit Gott ist der Mensch dann ganz transparent für Gott und weist göttliche Qualität auf: "*Eya zúch mich, herre, uf zuo dir, so wirde ich rein und klar. Last du mich in mir selber, so blibe ich in vinsternisse und in sweri.*" (V 17,9-11; vgl. *clar* 1.1.-1.6.). Somit bleibt dem Menschen eigentlich nichts anderes übrig, als sich demütig im bewußten Bejahen der eigenen Unähnlichkeit zu Gott und Unfähigkeit zur Erfahrung des Göttlichen Gott zu überlassen (s.*kleiden* 1.2.-1.7.).

2.2. Mystische Metaphorik im heilsgeschichtlichen Kontext

Es fällt auf, daß im Mittelpunkt des von Mechthild gewählten Bildausschnittes die Wiedergewinnung der Transparenz des Menschen für die unmittelbare Beziehung zu Gott und damit die Wiederherstellung der ursprünglichen Theozentrik steht, wofür Adam und Eva im Paradies sowie die *juncfrowen*, *megde* und *brúte* als Typus fungieren (s.*reinigen* 2.9.). Wichtig ist dabei, daß Mechthild mit ihrer Metaphorik der menschlichen Transformation vorrangig die Beziehung ins Bild bringt, nicht so sehr - im Sinne einer Wesensmystik - den Prozeß der Verschmelzung von Gott und Mensch, d.h. die Aufhebung der menschlichen Existenz. Dies wird an der von ihr verwendeten Metaphorik u.a. daran ersichtlich, daß Aussagen, die die Transzendenz des Irdischen verlangen, in ihren existentiellen Konsequenzen für den Menschen im Rahmen der Bildlichkeit nicht weiter reflektiert werden (s.*clar* 1.1.-1.6.). Die einzige Ausnahme dazu bildet Mechthilds Thanatologie[1], in der zur Sprache kommt, daß der Mensch als Folge seiner Gottesminne eine neue Identität erhält: "*Und las mir ie disen willen, das ich sterben muesse von minne in der minne.*" (VII 21, 46f) Und in I 22,10-12 heißt es: "*In der groesten klarheit ist si beide tot und lebende. Ie si langer tot ist, ie si vroelicher lebt.*" Trotz dieser Transformation des Menschen ist nicht zu verkennen, daß der Aspekt der wesensmäßigen Gleichheit und Einheit mit Gott bei Mechthild weitgehend ausgespart bleibt. Somit trägt das Minnesterben den Charakter einer besonders intensiven Form der Minnebeziehung, hebt als solche aber nicht den Geschehenscharakter der Minnebeziehung zu Gott auf. Da Mechthild infolgedessen kein Interesse für eine substantielle Gleichheit von Gott und Mensch aufbringt, verzichtet sie auch auf eine konsequent durchgeführte metaphorische Korrespondenz von Gott und Mensch[2]. Der Mensch

---

[1] Vgl. dazu Alois M. Haas, Sermo mysticus, aaO, S. 446-449. Die spirituelle Verwandtschaft, die Alois M. Haas gerade auch im Bereich der Thanatologie zwischen Mechthild und Marguerite Porete aufweisen möchte, muß dahingehend eingeschränkt werden, daß Mechthilds Thanatologie nicht Bestandteil eines asketischen und mystischen Programms ist, wie es Alois M. Haas (aaO, S.449) für Marguerite, die anderen Beginenmystikerinnen sowie für Meister Eckhart reklamiert.

[2] Dies ist um so bemerkenswerter, als Mechthild durchaus den Gedanken einer wesensmäßigen Verwandlung des Menschen kennt und durch die sprachliche Neubildung von *natúren* in der Bedeutung 'eine Natur werden', 'vereinigen' eigens akzentuiert: *Fraw sele, ir sint so sere genatúrt in mich, das zwúschent úch und mir nihtes nit mag sin.*" (I 44,82f); vgl. dazu Kurt Ruh, Geschichte der Mystik, Bd. II, aaO, S. 267f. Zum Gedanken der Transformation des Liebenden im Geliebten, der mit verschiedener Akzentsetzung von Hadewijch, Marguerite Porete und Mechthild von Magdeburg aus der ihnen gemeinsamen

kann zwar (aufgrund eigener Anstrengung, hauptsächlich aber infolge des göttlichen Handelns) an göttlichen Eigenschaften partizipieren; Mechthild vermeidet es jedoch, eine alles umfassende Gleichheit von Gott und Mensch über die Metaphorik herzustellen. Die Bedeutung, die Mechthild der über die Metaphern thematisierten Veränderung des Menschen zumißt, bleibt ambivalent: Einerseits führt sie zur Eröffnung einer intensiven Beziehung zwischen Gott und Mensch, andererseits ist sie die Konsequenz aus einer erfahrenen Nähe des Göttlichen und entspricht dem zur unio hin fortgeschrittenen Liebesgeschehen: *"Herre, nu bin ich ein nakent sele und du in dir selben ein wolgezieret got. Unser zweiger gemeinschaft ist das ewige lip ane tot. So geschihet da ein selig stilli nach ir beider willen. Er gibet sich ir und si git sich ime."* (I 44,88-91)

Besondere Bedeutung kommt in diesem Zusammenhang der Beobachtung zu, daß Mechthild über die verschiedenen Metaphern den Blick mehr auf das Ergebnis bzw. den gottentsprechenden Zustand als auf den Verlauf der Transformation lenkt: Der Schwerpunkt der für die menschliche Veränderung verwendeten Metaphern liegt eindeutig auf Adjektivmetaphern, die die erreichte neue bzw. - unabhängig von jeglichem Veränderungsprozeß - die selbstverständlich gegebene, gottentsprechende Disposition und Qualität der menschlichen Existenz charakterisieren. Verbale Metaphern, die den vom Menschen zu bewirkenden Prozeß der Transformation in den Blick bringen könnten, fallen - wie dargestellt - fast völlig aus. Somit kann festgestellt werden: Mechthilds Interesse bezieht sich weniger auf die Realisierung als auf die Realität der Transformation. Da die für die Darstellung dieser Realität von Mechthild metaphorisch entworfenen Sichtweisen wegen ihrer weitgehenden inhaltlichen Unbestimmtheit nur eine geringe semantische Spannung zum Aussagekontext aufweisen, unterbleibt die Einsicht in das, was die Besonderheit der erreichten neuen Disposition ausmacht und worin diese sich vom gewöhnlichen Menschsein unterscheidet. Präziser formuliert: Mechthild stellt mit ihren Metaphern weniger den Prozeß der Verwandlung des Menschen als die Erfahrungen dar, die jeder Mensch - so Mechthild in grenzloser Ausweitung der Heilsgeschichte - als heilsgeschichtliche Figur, d.h. in der speziell von Mechthild verwendeten Konzeption des Heilsgeschehens als Minnepartner Gottes[1], im Rahmen der Gottesbeziehung machen kann: Da in der Bildlichkeit kaum thematisiert wird, wie der Mensch zu dieser Weise der Existenz kommt, bleibt fraglich, was die heilsgeschichtliche Existenz von einer rein irdisch orientierten Existenz trennt.

Eine stärkere Konturierung im Kontext dieses Problemkreises erhält die Bildlichkeit allein dadurch, daß Mechthild die neue Disposition des Menschen an einigen Textstellen in eine typologische Beziehung zu Figuren der Heilsgeschichte bringt: Adam und Eva, die *brut* des Hohenliedes sowie die Gottesmutter Maria ge-

---

Grundthematik der Gottesminne entwickelt wird, vgl. Kurt Ruh, Beginenmystik, aaO, S. 237-249, hier S. 244-247.

[1] Vgl. zu dieser Konzeption Kurt Ruh, Geschichte der Mystik, Bd. II, aaO, S. 280: "Was die Sache betrifft, so versteht Mechthild die Schöpfungs- und Heilstaten Gottes als ein Minnegeschehen." Zum gleichen Ergebnis kommt Christa Ortmann, Das Buch der Minne, aaO, S. 175.

ben für Mechthild den Horizont ab[1], in dem die *reinen juncfrowen*, die *lutern megde* sowie die *reinen brúte* zu sehen sind.

Für den von Mechthild in ihrem Buch zur Sprache gebrachten mystischen Prozeß bedeutet dies: Im Medium der Sprache kommt der Prozeß der Verwandlung des Menschen in eine gottgleiche Verfassung nicht zur Darstellung; anders als Eckhart zeigt Mechthild kein Interesse an der Restitution der exemplarischen Existenz jenseits von Raum und Zeit - die Metapher *bloz* fehlt bezeichnenderweise; mit *luter/lutern* ist - im Unterschied zu Meister Eckhart- kein Prozeß gemeint, der auf die Distanz von allem Raum-Zeitlichen abzielt. Vielmehr geht es zum einen um den vom Menschen nicht machbaren Eintritt in die Heilsgeschichte[2] mit dem Ergebnis, daß der Mensch selbst zu einer Figur dieser von der Erfahrung der Nähe Gottes bestimmten Geschichte wird. Zum anderen stellt Mechthild insbesondere im Zusammenhang mit dem Hohenlied die Seele als *brut* dar, die immer schon in einer laufend sich transformierenden Beziehung zum Göttlichen lebt. Die Metaphorik der Transformation hat bei Mechthild hier ihren Ort: Im Bildzentrum stehen veränderte und zu verändernde geistige Qualitäten, Einstellungen und Rollen des Menschen im Rahmen der Gottesbeziehung, nicht die Transformation im Sinn eines unbedingt vom Menschen durch eigene Leistung zu erwerbenden gottentsprechenden ontologischen Status für die Erfahrung des Göttlichen. Aus diesem von Mechthild entwickelten heilsgeschichtlichen Konzept resultiert auch das Ineinander von Natur und Gnade sowie die Dominanz der Metaphern *clar/claeren* und *rein/reinigen*. Denn diese Metaphern thematisieren die für jede Figur der Heilsgeschichte typische Empfänglichkeit, die erforderlich ist, um Adressat der göttlichen Liebeszuwendung zu sein[3]. Prinzipiell besteht damit kein Unterschied

---

[1] Zu beachten ist dabei jedoch, daß die Heilsgeschichte als Interpretationshorizont gerade in dem Punkt versagt, wo eine Deutung den an sich problematischen Übergang des Menschen zur heilsgeschichtlichen Existenz entproblematisieren könnte. Da Mechthild weitgehend fraglos diese heilsgeschichtliche Existenz einfach voraussetzt oder der Veränderung des Menschen daraufhin durch eine einlinige Bildlichkeit ihre Komplexität nimmt, macht sie das von ihr fraglos Dargestellte gerade fragwürdig.

[2] In der Verschränkung der Heilsgeschichte mit dem Vorstellungsmodell der höfischen Minne gestaltet Mechthild - so das Ergebnis der Metaphernuntersuchung - die Situationen, aus denen heraus die Beziehung zu Gott eröffnet und in unterschiedlicher Weise entfaltet wird. Diese für die Situierung der Transformationsmetaphorik Mechthilds wichtige Erkenntnis bestätigt, was Walter Haug allgemein zum mystischen Gespräch bei Mechthild schreibt (Das Gespräch, aaO, S. 270): "Das mystische Gespräch setzt sich von... weitgehend diskursiven Dialogformen dadurch ab, daß hier nicht über Gott und die Heilsgeschichte geredet, sondern das Gespräch mit Gott aus der Heilsgeschichte heraus eröffnet wird."

[3] Daß der Erwerb dieser Empfänglichkeit weitgehend aus der Bildlichkeit ausgeblendet bleibt, bestätigt von der Metaphorik her Mechthilds Grundposition, daß der Prozeß der Transformation, überhaupt jeder Weg zu Gott, nicht vermittelbar ist, so daß letztlich nur der Sprung, der jähe Wechsel in den aktuellen Vollzug der Gottesbeziehung bzw. - von der göttlichen Perspektive aus beschrieben - die direkte Konfrontation des Menschen mit dem Göttlichen bleibt. Vgl. zu diesem Aspekt die Ausführungen von Walter Haug, Religiöse Erfahrung, aaO, S. 99f. Die Funktion der Metaphorik kann in diesem Zusammenhang daher auch nicht darin bestehen, eine Ordnung für die Gottesbeziehung des Menschen zu entwerfen; ein Verständnis ihrer Funktion läßt sich nur dann gewinnen, wenn man die aufgezeig-

zwischen den verschiedenen typologischen Figuren der Heilsgeschichte und dem Menschen, der in einer über die Metaphern veranschaulichten Weise in Beziehung zu Gott lebt. Indem Mechthild die Metaphorik der Transformation weitgehend in ihrem Bezug auf das göttliche Eine unbestimmt läßt oder ganz allgemein in den Kontext der Heilsgeschichte stellt, wird zunächst nicht erkennbar, worin der mystische Charakter dieser Metaphern besteht. Mystischer Charakter - entsprechend der in dieser Arbeit gegebenen Definition - kommt der Metaphorik der Transformation allein dadurch zu, daß Mechthild die auf alle Menschen ausgeweitete heilsgeschichtliche Erfahrung als Liebesgeschehen zwischen Gott und der Seele interpretiert, das seine Erfüllung in der unio findet[1].

3. Davids christologische Akzentuierung der Bilder für die Transformation des Menschen

David von Augsburg sieht wie Mechthild von Magdeburg kaum Möglichkeiten, daß der Mensch von sich aus die Grenze zum Göttlichen transzendieren kann. Daß der Mensch in die göttliche *clarheit* kommt, ist ausschließlich in der göttlichen Minne begründet (s. *clarheit* 3.1.-3.3.) und nur einigen wenigen Menschen vorbehalten[2]. Daneben geht David aber auch davon aus, daß der Mensch durch sein eigenes Handeln in der Nachfolge Jesu die Chance erhält, Christus, der in seiner Menschheit jederzeit erfahren werden kann, zu einem von David nicht näher bestimmten Zeitpunkt, im Himmel zu erkennen (s. *clar* 1.1.-1.2.). Insofern jedoch jegliches menschliche Handeln nie ganz *luter* ist, ist es für David notwendig, daß Jesus den Versuch des Menschen unterstützt, sich in der Nachfolge durch *lutern* dem Tugendvorbild, das Jesus ist, anzugleichen[3]. Trotz der begrenzten Möglich-

---

ten Ambivalenzen, Leerstellen und Brüche in der Bildlichkeit in ihrer systemsprengenden Wirkung beachtet.
[1] Die besprochenen Metaphern thematisieren die Verwandlung des Menschen durch die Gottesbeziehung bzw. die gegenüber einer rein irdisch orientierten Lebensweise verwandelte Existenz des Menschen im Rahmen der Gottesbeziehung. Dies bedeutet eine andere Qualität von Leben, wie Mechthild mit dem metaphorischen Paradox des *lebendig sterben* (I 2, vgl. I 22) zum Ausdruck bringt. In keinem Fall ist die unio das Ergebnis der Transformation; sie ist nur eine besonders intensive Form der Minnebeziehung, die sich permanent - wie an der variierenden Bildlichkeit verfolgt werden kann - transformiert. Mechthilds Paradox vom 'lebendigen Sterben' meint die neue Identität und Lebensqualität des Menschen, und nicht - wie Alois M. Haas (Sermo mysticus, aaO, S. 447) meint - die unio mystica als paradoxen "Vorgang, der dialektisch Leben und Tod in sich vereint."
[2] David nennt Paulus (vgl. 2 Kor 12,2), Johannes den Täufer (Mt 3,16) und Johannes in der Schau der geheimen Offenbarung; auch Maria spricht er die Fähigkeit zu, die göttliche *clarheit* auf Erden zu schauen. Prinzipiell hat jeder Mensch seiner Meinung nach die - allerdings seltene - Möglichkeit, für einen kurzen Augenblick zur sechsten Stufe entrückt zu werden. Die unmittelbare Schau Gottes "von Angesicht zu Angesicht" (1 Kor 13,12) vermag der sterbliche Leib jedoch nicht zu ertragen. Vgl. dazu auch Kurt Ruh, Geschichte der abendländischen Mystik, Bd. II, aaO, S.536.
[3] Von der untersuchten Metaphorik bestätigt sich, was Kurt Ruh ausführt (Geschichte der abendländischen Mystik, Bd. II, aaO, S.529): "Die Menschwerdung des Gottessohnes ist für

keiten des menschlichen Handelns ist dieses dennoch in Hinblick auf eine Veränderung der menschlichen Verfassung für David nicht bedeutungslos: Leiden beseitigt die Sünde (s.*luterkeit* 3.1.); durch *ungemach* wird die Seele reiner (s.*rein* 1.12.-1.13.). Grundsätzlich bleibt es jedoch dabei: Der Mensch ist eine bedürftige und auf Gottes Hilfe angewiesene Kreatur. Entscheidende Bedeutung kommt daher dem göttlichen Handeln zu - vor allem der Inkarnation Jesu Christi -, das darauf gerichtet ist, die Verwandlung des Menschen in Gott zu ermöglichen. Was die vom Menschen durch eigenes Tun realisierbare eingeschränkte Veränderung betrifft, führt diese dazu, daß Gott den Menschen erleuchtet (s. *rainigen* 4.4.), so daß er mehr als vorher von der göttlichen Wirklichkeit bestimmt ist (s. *luterkeit* 3.1.). Die unio selbst bleibt jedoch - bezogen auf die irdische Existenz des Menschen - an den meisten Stellen von Davids Werk eine im irdischen Leben nicht erreichbare Utopie, die nur im literarischen Medium am Beispiel Jesu Christi präsent wird (s. *luterkeit* 3.4.-3.8.). Allerdings entwickelt David in den "*siben stapheln des gebetes*" einen in verschiedenen Etappen verlaufenden Weg, der den Menschen auf der letzten Stufe in die unio mit Gott führt. Indem aber nur die Beschreibung der unterschiedlichen Stufen, nicht jedoch der Übergang von einer zur nächsten Stufe thematisiert wird, bleibt die Möglichkeit der Realisierung für den Menschen unter den Bedingungen seines konkreten Lebens fraglich. Die dargestellen Etappen und ihr Ziel, die unio, sind für den Menschen nur insofern von Bedeutung, als er sich in seinem Leben darum bemüht, dieses Ziel zu erreichen. David bringt die dabei zutagetretende Spannung zwischen dem göttlichen Ziel und den eingeschränkten menschlichen Realisierungsmöglichkeiten ins Bild, indem er die verschiedenen Metaphern (*luterkeit, clarheit, reinikeit*) für Gott uneingeschränkt, für den Menschen nur partiell gelten läßt: Der göttlichen *clarheit* steht eine begrenzte *klaerliche* Erleuchtung des Menschen gegenüber (s. *clar* 1.1.-1.2.); durch *ungemach* wird der Mensch *reiner* (s. *rein* 1.12.-1.13.), wohingegen Gott die *reinheit* schlechthin ist; der göttlichen *luterkeit* gleicht sich der Mensch graduell an, wenn er sich *lutert*, ohne jedoch den göttlichen Zustand je von sich aus erreichen zu können (s. *lúterkeit* 3.4.-3.8.; *luter* 1.1.-1.6.; *klarheit* 3.1.-3.3.).

Gegenüber Mechthild fällt auf, daß David nicht so sehr die Beseitigung der Sünden, sondern viel unbestimmter die Relativierung von nicht weiter in der Bildlichkeit konkretisierten Beeinträchtigungen thematisiert, die die Differenz des Menschen zu Gott markieren. Diese Sichtweise wird insbesondere über die Metaphorik des *lutern* und der *luterkeit* evoziert. Positive Bedeutung gewinnt im Rahmen dieser Bildlichkeit Jesus Christus, der aus der Sicht Davids als Tugendvorbild die Veränderung des Menschen auf Gott hin zu beeinflussen vermag - ein Aspekt, der sich auch bei Margaretha Ebner und Heinrich von Nördlingen findet[1].

David der grundlegende theologische Ansatz, nicht Passion und Kreuz. Ihm entsprechend ist das Leben Christi die Richtschnur, nach der der Mensch zu gehen hat."
[1] Vgl. Kapitel 1, 7.

4. Bildmuster der Transformation bei Meister Eckhart

4.1. Korrespondierende Metaphorik

Charakteristisches Merkmal der Metaphorik, die Eckhart im Rahmen der Darstellung des Transformationsgeschehens entfaltet, sind die korrespondierenden Bezüge zwischen Gott und Mensch, die über die Metaphorik hergestellt werden. Von diesem korrespondierenden Verfahren ist die metaphorische Thematisierung der Differenz des Menschen zu Gott in der Weise betroffen, daß sie über die Variation der gleichen Metaphorik für Gott und Mensch zur Sprache gebracht wird. Wie im folgenden deutlich werden soll, zeigt diese Differenz die Struktur der unähnlichen Ähnlichkeit insofern, als Eckhart einerseits den gleichen Bildaspekt für Gott und Mensch verwendet und andererseits der Differenz dadurch Geltung verschafft, daß er auf Seiten des Menschen die Metaphorik im Vergleich mit der jeweils für Gott gebrauchten Metapher charakteristisch abwandelt: So wird z.B. der Unterschied zum Göttlichen durch den Wechsel von substantivischer/adjektivischer zu verbaler Metaphorik, oder durch den Wechsel in der Aktionsart, im Tempus sowie durch die - im Vergleich zu Gott - vollzogene Reduktion des Bildempfängerbereichs auf bestimmte geistige Bereiche des Menschen markiert. Daraus ergibt sich: Eckhart situiert den Menschen zwischen Zustand und Bewegung, zwischen einer im Menschen andauernd gegebenen Ähnlichkeit einerseits wie auch einer durch den Prozeß der Transformation zu überwindenden Unähnlichkeit zu Gott andererseits: So kommt dem Menschen, um Beispiele für die Ähnlichkeit mit Gott zu nennen, nicht nur im *vünkelîn* der Seele, sondern auch in seiner allgemeinen Menschennatur eine *blôzheit* wie Gott zu (s.*blôzheit* 2.1.), und er ist in seinem Geist und in der *vernünfticheit* genauso von allem Kreatürlichen *abegescheiden* wie Gott; oder - um ein anderes Bild zu nennen - der Mensch besitzt ohne Unterschied zur göttlichen *klârheit* die *klârheit der sêle*, in der Gott geboren wird. Zugleich bedeutet dies jedoch für Eckhart auch, daß der Mensch in seiner konkreten raum-zeitlichen Situation so sehr von Gott unterschieden ist, daß er sich von allem Kreatürlichen trennen muß, um die unio mit Gott zu erlangen. Der menschlichen Tätigkeit, deren besondere Bedeutung Eckhart durch die im Vergleich mit Mechhild und David zu konstatierende Dominanz der verbalen Metaphorik akzentuiert, weist Eckhart in diesem Problemzusammenhang folgende Funktionen zu: (a) allgemein die Differenz des Menschen zum Göttlichen zum Verschwinden zu bringen, (b) speziell die Angleichung an das im Menschen andauernd vorhandene göttliche Sein zu erreichen oder (c) die Offenheit für die Erfahrung des Göttlichen wiederherzustellen (s.*klaeren, reinigen*). Demnach wird die - meist in konditionalen Aussagezusammenhängen formulierte - Forderung nach Aufhebung der Differenz zu Gott dadurch erfüllt, daß der Mensch, wie Eckhart durch die Korrespondenz von Verb- und Substantivmetapher darstellt, prozeßhaft realisiert, was Gott immer schon ist: D.h. er erlangt die *abegescheidenheit* oder *lûterkeit* Gottes - um ein weiteres Bild zu nennen -, wenn er in Bezug auf alles Endlich-Seiende ein *lûter niht* und eins wird wie Gott, der in der Höhe über allem Kreatürlichen *lûter* ist, oder - im Kontext horizontaler Raumvorstellung - als *wüeste* in Distanz zu allem Mannigfaltigen *lûter* ist (s.*lûter* 1.1.-1.5.). Speziell unter dem Aspekt der Spannung betrachtet, die zwischen Ähnlichkeit und Unähnlichkeit mit Gott im Menschen selbst herrscht, heißt dies: Der Mensch muß, wenn er die unio mit Gott erlangen will, die Diastase in sich selbst zwischen den kreatürlichen Bedingungen seiner Existenz und dem göttlichen Sein in sich überwinden und somit mit sich selbst und dem göttlichen Bild in sich identisch werden. In einem anderen Bildzusammenhang lenkt Eckhart die Aufmerksamkeit darauf, daß die im Menschen zu vollziehende Transformation immer auch eine Transformation des Göttlichen bedeutet; denn der Mensch stößt nur dann zum göttlichen Sein vor, wenn er es von allen kreatürlichen Überlagerungen sowohl in sich wie auch an sich befreit, d.h. wenn sich seine Tätigkeit direkt auf Gott richtet (s.*abescheln, abescheiden* 1.1.; *kleiden* 1.3.; 2.1.) oder auf sein eigenes Inneres, in dem das Göttliche unter allem Kreatürlichen verborgen liegt (s.*blôz* 4.1.-4.4.).

Eine andere Beobachtung läuft der Interiorisierung der göttlichen Transzendenz zuwider: Über die Metapher *lûter* macht Eckhart deutlich, daß sich die Angleichung des Menschen an Gott gerade nicht nur im menschlichen Inneren vollzieht, sondern der Mensch über eine Vielfalt von anderen Ansatzpunkten verfügt, wie Eckhart durch eine sehr breite Differenzierung des Bildempfängerbereichs unterstreicht (s.*lûter* 1.26-1.40.). Diese vielfältige Differenzierung - sogar innerhalb eines Bildspenders - führt dem Hörer der Predigten Eckharts vor Augen, daß es keine bestimmten Weisen der Annäherung an Gott gibt, sondern daß vielmehr unterschiedslos die verschiedensten Bereiche der irdischen Wirklichkeit darin übereinkommen, Vollzugsmöglichkeit für die Angleichung an Gott zu sein. Eckhart geht dabei so weit, daß sogar die gesamte sinnliche Wirklichkeit Läuterungsfunktion für die Seele haben kann (s.*lûtern* 4.5.), wohingegen er doch an anderer Stelle gerade das *abescheiden* von der irdischen Wirklichkeit fordert. Beim Hörer führt ein Sich-Einlassen auf diese differenzierte Bildlichkeit zur Einsicht, daß er an jedem beliebigen Punkt der Wirklichkeit zu seiner ursprünglichen, authentischen Verfassung zurückzufinden vermag, wobei sich ihm schon im Vollzug selbst - wie Eckhart in seinen Ausführungen zur *lûter minne* des Menschen darstellt - die Möglichkeit bietet, mit dem göttlichen Vollzug identisch zu werden. Damit läßt sich anhand der Metapher *lûter/lûtern* ein für Eckhart zentraler Aspekt aufzeigen, der bislang zu wenig in der Eckhartforschung Beachtung gefunden hat: Nicht erst das Ergebnis des menschlichen Tuns, d.h. der erreichte Zustand, sondern bereits der Vollzug selbst kann göttliche Qualität besitzen: Die *minne* zu Gott, die *lûter*, *blôz* und *abegescheiden* ist, ist der Hl. Geist und damit göttlich (s.*lûter* 1.27.; 1.47.)[1]. Demnach verändert der Mensch durch sein Verhalten nicht nur bestimmte Eigenschaften seines Menschseins, sondern hebt dieses selbst auf, indem er seinen ursprünglichen Status - nämlich die Einheit mit Gott - durch die Entfernung alles Äußerlichen, Uneigentlichen und Akzidentellen - wie Eckhart mit der Kleidmetaphorik (s.*blôz* 1.6.; 2.5.) suggeriert - wiederherstellt.

---

[1] Vgl. II 41,4-43,1: *"minne diu ist alsô lûter, alsô blôz, alsô abegescheiden in ir selber, daz die besten meister sprechent, daz diu minne, mit der wir minnen, ist der heilige geist. Etliche wâren, die wolten ez widersprechen. Daz ist iemer wâr: alle die bewegede, dâ wir beweget werden ze minne, dâ beweget uns niht anders wan der heilige geist. Minne in dem lûtersten, in dem abegescheidensten, in ir selber enist niht anders dan got."*

Neben dem Paradox, daß im Menschen immer schon Realität ist, was er durch eine Veränderung seiner selbst zu realisieren hat, wenn er die Grenze zum Göttlichen überwinden will, findet sich bei Eckhart eine dritte Möglicheit, die die menschliche Aktivität allein darauf beschränkt, die Voraussetzungen für den Empfang des Göttlichen zu schaffen. Bei dieser dritten Möglichkeit geht es also nicht mehr um ein menschliches Bemühen, die Grenze zum Göttlichen durch ein Transzendieren der kreatürlichen Verfassung zu durchstoßen, sondern nur noch um die Offenheit für das Göttliche, das auf den Menschen zukommt (s.*abescheiden* 1.1.; *blôz* 1.5.20-23). Diese vorbereitende Aktivität des Menschen steht insbesondere bei der Metapher *klâr/klârheit* und *rein/reinheit* im Mittelpunkt. Die als *clar* charakterisierte Transparenz der Seele hat zur Folge, daß der Mensch die göttliche Wahrheit deutlich erfassen kann sowie daß Gott ungehindert auf die Seele einzuwirken vermag (s.*klâr* 1.3.-1.4.) und dort präsent wird (s. *klâr* 3.3.-3.4.). Über die Metapher *rein/reinheit* vermittelt Eckhart vor allem aber die Einsicht, daß letztlich allem Tun des Menschen, das auf die Überwindung der Unähnlichkeit mit Gott abzielt - sei es die vorhandene und zugleich immer herzustellende Ähnlichkeit mit Gott oder auch nur die bloße Öffnung auf Gott hin -, an einer radikalen Unähnlichkeit des Menschen mit Gott scheitern muß: "*Aber unser reinicheit ist gegen gotes lûterkeit als ein unreinicheit .*" (III 42,8f) Damit ist der über eine vielfältige Metaphorik entwickelte Entwurf der menschlichen Angleichung an Gott an sein Ende gelangt.

4.2. Die Funktion der Metaphorik im Kontext der Transformation des Menschen

4.2.1. Das Strukturschema der analogia attributionis als Kombinationsregel für die Metaphorik

Charakteristisch für Eckharts Position ist, daß Gott im Sinne einer analogia attributionis[1] dem Menschen andauernd sein Sein verleiht, so daß der Mensch in jedem seiner Vollzüge an diesem göttlichen Sein auf allgemeine Weise, d.h. in einer nicht vom hic et nunc bestimmten Beziehung, partizipiert. Dies bedeutet auch, daß das Göttliche allen Geschöpfen - insofern es ihnen andauernd verliehen wird - unterschiedslos zukommt. In Raum und Zeit erscheint es aber nur in unterschiedlichen, individuellen Realisierungsformen, die in ihrer je konkreten Individualität eine andere Essenz als Gott haben[2]. Mit dem Prozeß der Transformation kommt ein Geschehen in den Blick, bei dem es um die Beziehung des individuell Seienden zum allgemeinen Sein geht. Da das göttliche Sein nicht als bleibender Status dem Menschen zu eigen ist, sondern nur, indem seine Mitteilung ständig geschieht, handelt es sich bei der Bezugnahme des Menschen auf das Sein im Rahmen der Analogiekonzeption Eckharts um das Verhältnis zu einem dynamischen

---

[1] In Anbetracht der wiederholten Darstellung von Eckharts Analogiekonzeption - verwiesen sei auf die Beiträge von J. Koch, Dietmar Mieth, Karl Albert, Kurt Ruh und Otto Langer - sollen nur einige grundlegenden Aspekte in Erinnerung gerufen werden, soweit dies für die weiteren Ausführungen von Belang ist.
[2] Vgl. Dietmar Mieth, Die Einheit, aaO, S.137.

Geschehen[1]. Die für die Realisierung dieses Verhältnisses von Eckhart gebrauchten Metaphern erhalten ihren spezifischen Sinn aus der jeweiligen heilsgeschichtlichen Interpretation des göttlichen Handelns: Wird das göttliche Handeln als creatio continua verstanden, kommt auf dem Hintergrund dieser Vorstellung den Metaphern *lûter/lutern*, *blôz/bloezen*, *enkleiden*, *endeken* sowie der Spiegelmetaphorik der Sinn zu, die ursprüngliche Ungeschiedenheit des Menschen mit Gott zu thematisieren. Demgegenüber haben die Metaphern *abescheiden/abescheidunge* sowie Eckharts Thanatologie ihren eigentlichen Ort im christologischen Kontext: Der Kenosis Christi entspricht der Mensch, wenn er mit seiner Existenz die Kenosis derart realisiert, daß er seine Kreatürlichkeit ganz zurückläßt und zunichte wird, um an der Grenze seiner individuellen Existenz die Erhöhung zum Sohn Gottes zu erfahren. Davon zu unterscheiden sind die Metaphern *juncvrouwe*, *reinheit/reinigen* und *clar/klarheit*; diesen Metaphern liegt - so ein weiteres Ergebnis der vorliegenden Untersuchung - das Geschehen der Inkarnation zugrunde, das als incarnatio continua jeden Menschen völlig bestimmen kann, wenn er eine der Gottesmutter entsprechende Empfänglichkeit besitzt.

Was den Gebrauch der verschiedenen Metaphern anbelangt, läßt sich beobachten, daß sie zwar - wie bereits ausgeführt wurde - im Kontext einer bestimmten heilsgeschichtlichen Erfahrung stehen, jedoch von Eckhart derart miteinander kombiniert werden oder füreinander so eintreten, daß der jeweilige heilsgeschichtliche Bezug für den Rezipienten nicht mehr erkennbar ist. Die Kombinationsregel, die dieser Synthese einer heterogenen Metaphorik zugrundeliegt, läßt sich aus Eckharts Verhältnisbestimmung von Zeit und Ewigkeit im Rahmen seiner Analogiekonzeption herleiten: Was in der Zeit unterschiedenes Geschehen ist, ist in Ewigkeit nur ein einziges Werk Gottes[2]; die ununterscheidbare Gleichzeitigkeit aller göttlichen Vollzüge ist Ursprung aller Zeit, die von ihrem ewigen Ursprung durch ihre differenzierende Wirkung unterschieden ist. Daraus folgt für die Metaphorik die Regel: Die heterogenen Metaphern können deshalb miteinander kombiniert werden, weil sie auf einem einheitlichen göttlichen Geschehen basieren, das - als geschichtliches Ereignis jeweils anders konkretisiert - vom Standpunkt der Ewigkeit aus betrachtet immer die gleiche Empfänglichkeit[3] auf Seiten des Menschen voraussetzt.

---

[1] Alois M. Haas (Sermo mysticus, aaO, S.225) formuliert diesen Sachverhalt folgendermaßen: "... Gott, der intellectus purus, verlangt Verähnlichung, verlangt *abegescheidenheit* von allen geschöpflichen Bildern. Das aber bedeutet Dynamik auf einen Zustand hin, der sich wieder durch Dynamik definiert...".

[2] Dietmar Mieth (Die Einheit, aaO, S.134) führt dazu aus: "Wenn nun die Heilstaten Gottes zugleich ewig sind, insofern sie von Gott sind, und zeitlich, insofern sie nicht Gott sind, dann liegt die ganze Spannung dieser Theologie in dieser durch das Wort 'insofern' (inquantum) charakterisierten Aspektverschiebung."

[3] Diesen Sachverhalt expliziert Eckhart systematisch in seiner Genesisauslegung In Gen II n. 23, n. 25, LW I, S. 493-495f. Josef Koch (Zur Analogielehre Meister Eckharts, aaO, S. 293f) bemerkt dazu: "... es fehlt in der niederen Welt jede Disposition für die Aufnahme dieser Form. Darum kann die Wirkung oder der Eindruck eines solchen aktiven Prinzips auf das passive nur ständig empfangen werden, so daß er immer im Werden und das Werden sein Sein ist. Das aktive Prinzip teilt also dem passiven wirklich Vollkommenheit mit,

4.2.2. Metaphorische Korrespondenzen: Analogie als Relatio

Die Offenheit für die in Schöpfung, Inkarnation und Erlösung erfahrene göttliche Zuwendung wird zum Problem, wenn das heilsgeschichtliche Geschehen im abstrakten Strukturschema der attributiven Analogie zu einem Vorgang wird, bei dem jenseits von Raum und Zeit das ens absolutum sein Sein dem ens individuale mitteilt. Die Realisierung der dafür erforderlichen Offenheit des Menschen ist demzufolge deshalb ein Problem, weil sie vom konkreten Einzelmenschen in Raum und Zeit nur dann zu erreichen ist, wenn er die Bedingungen seiner individuellen Existenz, d.h. gerade Raum, Zeit, Vielheit und Körperlichkeit, hinter sich läßt.

Dieser Zielsetzung entsprechend konturiert Eckhart mit Hilfe der in 4.2.1. genannten Metaphern einen Prozeß, in dem die geforderte Offenheit sowohl durch die Restitution der menschlichen Ursprünglichkeit in Gott wie auch durch die Antizipation des Eschaton, den transitus vom Tod der individuellen Existenz zum Leben in Gott, erlangt wird. Da dies jedoch unter den realen menschlichen Existenzbedingungen unmöglich ist, stellt sich für den Rezipienten der Predigten Eckharts die Frage, ob und wie der von Eckhart inszenierte Prozeß der Distanzierung von allem Kreatürlichen für ihn zu realisieren ist. Unter den Bedingungen von Raum und Zeit bleiben die metaphorisch zur Sprache gebrachten Vorgänge jedenfalls ohne direkte Referenz; könnten sie realisiert werden, würde die Verhältnisbestimmung von Gott und Mensch auf der Grundlage der Analogie hinfällig[1]. Denn dann käme das eine göttliche Sein Schöpfer und Geschöpf nicht mehr - was konstitutiv für jede Form der Analogie ist - auf wesentlich andere Weise zu[2], sondern der Mensch würde als Ergebnis der Transformation wie Gott das Sein selber und damit Gottes Sohn.

Eckhart trägt diesem Problem dadurch Rechnung, daß er sich darauf beschränkt, die Bedingungen für die Transformation des Menschen von der konkreten Existenz zum allgemeinen Sein als Postulat oder in einem konditionalen Satzgefüge zur Sprache zu bringen. Auf diese Weise enthält er sich einerseits einer Stellungnahme zum Wirklichkeitsbezug seiner Aussagen, andererseits weist er aber darauf hin, daß er für die Wahrheit seiner Rede mit seiner ganzen Person einstehe[3]. Und schließlich behauptet er sogar, daß der Mensch in einem Bereich

---

aber sie ist von der Art ständigen Empfangens, so daß das passive Prinzip von jenem trinkt und doch ständig nach ihm dürstet."

[1] Vgl. dazu Eckhart, In Sap. n. 64, LW II, S. 392: "Est enim super hominem, sed etiam super omnem creaturam, divinum 'soli deo' forma conformari et transformari in ipsum, secundum ipsum et ab ipso..." - "Denn dem alleinigen Gott (vgl. 1 Tim 1,17) gleichgestaltet und in ihn, nach ihm und von ihm verwandelt zu werden (conformari et transformari), das übersteigt (nicht nur) den Menschen, sondern auch die ganze Schöpfung und ist göttlich."

[2] "Gott verhält sich auf andere Weise zum Sein als irgendein Geschöpf. Denn er _ist_ sein Sein, was keinem Geschöpf zukommt." Thomas von Aquin, De pot q.7a.7.

[3] Vgl. dazu Eckharts Bekenntnis in Predigt 2 (DW I 41,5-7): "*Möhtet ir gemerken mit mînem herzen, ir verstüendet wol, waz ich spriche, wan ez ist wâr und diu wârheit sprichet ez selbe.*" In der gleichen Predigt führt Eckhart einige Zeilen weiter aus: "*Daz ich iu geseit hân, daz ist wâr; des setze ich iu die wârheit ze einem geziugen und mîne sêle einem pfan-*

seines Menschseins, der Raum und Zeit transzendiert, immer schon transformiert ist. Dem Menschen kommt also - wie schon bezüglich der Metaphern *abescheiden/ abegescheidenheit* ausgeführt wurde - immer bereits als Realität zu, was er zu realisieren hat, ohne daß er darüber jedoch in seiner Erkenntnis verfügen könnte. Die daraus resultierende Spannung zwischen der Gewißheit des Predigers und - infolge der Metaphorik - der Fraglichkeit des Transformationsprozesses hinsichtlich einer möglichen Realisierbarkeit, verleiht den Predigten Eckharts den Charakter einer inzitativen Rede, infolge derer der Rezipient sich selbst auf die Suche nach dem Gemeinten macht und die verschiedenen - vom Prediger über die Metaphorik vorgestellten - Einstellungen zum Kreatürlichen bzw. einen neuen Umgang mit ihm erprobt. Aus der Einsicht, daß letztlich die gottentsprechende Einstellung und das für Gott transparente Verhalten vom Menschen nicht bestimmt werden kann, weil Gott sich jeder Bestimmung entzieht, ergibt sich ein unabschließbarer Prozeß der Suche[1], in der sich die *relatio* des Menschen zu Gott verwirklicht, die Heribert Fischer folgendermaßen umschreibt: "Der Begriff der Relation besagt zweierlei: das *esse ad* und das *nihil ponere*. Sie besitzt ihr Sein, und ihr Sein besteht im Sein zu etwas hin; als solche setzt sie nichts Positives im Träger, ihr ganzes Sein besteht darin, von einem und zu einem andern zu sein. Das der Relation eigene Sein ist: Nicht-eigen-Sein; für sie ist Sein: nicht für sich Sein, sondern Sein des andern, zum andern hin für das andere. Diese eigentümliche, schwebende, hin und her wandernde, strahlende und zurückstrahlende, hin und her geworfene, empfangende und zurückgebende Weise des Seins findet ihren sprachlichen Ausdruck auch in den Predigten. Alle Kreaturen haben kein Sein, ihr Sein schwebt an der Gegenwärtigkeit Gottes. Was Gott gibt, das ist immer in einem Werden, dieses Werden ist je neu und frisch und allzumal in einem ewigen Jetzt. Gott gibt sich der Seele ständig neu in einem Werden, es ist alles neu und frisch wie in einem unablässigen Werden. Die Seele hat es gewagt, zunichte zu werden, und kann auch von sich selbst nicht zu sich selbst gelangen, insofern ist sie aus sich herausgegangen, ehe daß sich Gott unter sie gestellt hat."[2]

Für das Verständnis der für den Prozeß der Transformation verwendeten Metaphorik bedeutet dies auch einen Perspektivenwechsel[3]: Ganz von sich weg auf Gott

---

de." (DW I 44,6f) In Predigt 52 (DW II 506,1-3) formuliert er, was sich als Konsequenz derartiger Rede für seine Zuhörer ergibt: *"Wer dise rede niht enverstât, der enbekümer sîn herze niht dâ mite. Wan als lange der mensche niht glîch enist dirre wârheit, als lange ensol er dise rede niht verstân; wan diz ist ein unbedahtiu wârheit, diu dâ komen ist ûz dem herzen gotes âne mittel."*

[1] Vgl. dazu auch Dietmar Mieth (Die Einheit, aaO, S. 131): "Die existentielle Suche nach Gott muß... an der Kreatur und in der Kreatur geschehen, aber in der Freiheit von jeder kreatürlichen Verfestigung an eine bestimmte Weise."

[2] Heribert Fischer, Grundgedanken, aaO, S. 40f.

[3] Diesen Perspektivenwechsel zu evozieren, ist eine der wichtigsten Funktionen, die der Sprache im mystischen Prozeß zukommt. Auch wenn sie sich dabei im letzten selbst aufhebt, besteht ihr Sinn gerade darin, im Prozeß der Selbstaufhebung den Rezipienten auf die neue Perspektive hin zu bewegen. Wenn Tiziana Suárez-Nani (Philosophie- und theologiehistorische Interpretation, aaO, S. 55) schreibt: "... man muß die Abgeschiedenheit üben, durch die die Seele zum Ort Gottes wird. Sie erlaubt tatsächlich die Transformation der menschlichen Subjektivität, so daß Gott ihr wahres Subjekt wird...", ist m.E. zu wenig her-

hin orientiert, entscheidet der Mensch nicht mehr aufgrund seines irdisch geprägten Vorverständnisses über den Sinn der Transformationsmetaphorik; vielmehr versucht er von Gott her, die von ihr gebotenen Sinnmöglichkeiten zu entdecken und zu verstehen, was es heißt, sich auf Gott hin zu verwandeln, indem man sich *lûtert, abescheidet*[1], *stirbet* etc.: D.h. nicht der Mensch bestimmt die Art und Weise der Öffnung auf Gott hin, sondern allein von Gott her läßt sich ein Verständnis dessen gewinnen, was Offenheit für Gott bedeutet. Eckhart macht darauf aufmerksam, indem er - wie dargelegt - eine weitgehende Korrespondenz zwischen der Metaphorik für Gott und dem menschlichen Prozeß der Transformation herstellt[2]:

---

ausgestellt, daß für die Metaphorik der Transformation - wie sich aus der Metaphernuntersuchung ergibt - die Spannung zwischen Realität und Realisierung, d.h. *abegescheidenheit* als Zustand des Menschen und *abescheiden* als vom Menschen zu verwirklichende Aufgabe, konstitutiv ist. Die Realisierung ist daher nicht conditio sine qua non, Gott zu empfangen (wie Tiziana Suárez-Nani meint, aaO, S.65f); vielmehr empfängt der Mensch Göttliches immer schon, unabhängig von seinem esse hoc et hoc. Was jedoch die Realisierung anbelangt, ist zu fragen, welche Referenz dem metaphorisch artikulierten Geschehen des *abescheiden* zukommt: Wie ist die - von Tiziana Suárez-Nani geforderte - Haltung der "gänzliche(n) Befreiung von allen Geschöpfen" (aaO, S. 55) dem Menschen unter kreatürlichen Existenzbedingungen möglich? Aus der Sicht von Tiziana Suárez-Nani bedeutet dies eine "Verwandlung dessen, der auf seine eigene Subjektivität verzichtet und Gott zu seinem eigenen Subjekt macht... Es ist eine Verwandlung der Subjektivität zum Sein desjenigen, der dem ens hoc et hoc entsagt hat ('tot ist')..." (aaO, S. 61). In dieser Äußerung von Suárez-Nani bleibt gerade ausgespart, was dem Hörer der Predigten Eckharts problematisch erscheint; denn Suárez-Nani zeigt zwar das Ziel der Transformation auf, beschreibt jedoch nicht, wie der Mensch diese realisieren kann, was in den Predigten Eckharts durchaus thematisiert wird. Genau an diesem Punkt setzt nun die Bedeutung der Metaphorik Eckhart für den vom Menschen zu realisierenden mystischen Prozeß ein: Indem der Prediger mittels verschiedener Metaphern, die einander ergänzen, aber sich auch widersprechen, den Prozeß der Transformation zur Sprache bringt, bringt er den Hörer auf einen 'Weg', der zunehmend zur Abstraktion von der kreatürlichen Wirklichkeit führt. Solange der Mensch Raum und Zeit nicht verlassen hat und infolgedessen auch nicht in die Sphäre des mit *abegescheidenheit* Gemeinten eingedrungen ist, bleibt nichts anderes übrig, als in Raum und Zeit durch eine andauernde Transformation des Bildes den Zustand der Abgeschiedenheit lebendig zu halten, sein Vergehen zu verhindern und in der Transformation der Bilder die Transformation des Menschen zur Abgeschiedenheit in Gang zu bringen. Zur genauen Funktionsbestimmung der variierenden Metaphorik in diesem Prozeß, s. Kapitel 1, 4.2.1; ferner: Zum bewegenden Sprechen von Gott in Bildern anstelle eines feststellenden Denken und Sprechens, vgl. Kapitel 4, 3.2.

[1] Um ein Beispiel zu geben: *abescheiden* meint zunächst eine Distanzierung von allem Kreatürlichen. Die *abegescheidenheit gotes* steht für die Distanz und den Unterschied Gottes zu allem Kreatürlichen. Als solche steht *abegescheidenheit* auch in Opposition zu aller irdischen Vielheit und meint damit die göttliche Einheit. Auf Seiten des Menschen intendiert *abescheiden* in diesem Kontext die Einswerdung des Menschen mit Gott. Da die göttliche Einheit aber jeden Unterschied ausschließt, ist mit *abegescheidenheit* auch die göttliche Ununterschiedenheit gemeint, d.h. *abegescheidenheit* steht für die Distanzlosigkeit Gottes zu allem Kreatürlichen, *abescheiden* zielt einen Prozeß an, bei dem der Mensch *ungescheiden* zu allem Kreatürlichen wird (vgl. z.B. DW I 340,2f).

[2] Der an der Metaphorik zu beobachtende Perspektivenwechsel ist für Eckharts Denkansatz zentral, was auch Josef Koch (Zur Analogielehre Meister Eckharts, aaO, S.288) im Zusammenhang mit einem Vergleich von Thomas von Aquin und Meister Eckhart feststellt.

Die *lûterkeit gotes* ist das Ziel des *liutern*, durch das der Mensch in seine Ursprünglichkeit zurückgeführt wird; die göttliche *abegescheidenheit* erfordert das *abescheiden* des Menschen, d.h. die Distanz von allen kreatürlichen Unterschieden und damit die Einswerdung des Menschen; die *blôzheit, reinheit* und *clarheit gotes* ist Ziel menschlicher Bemühung, was über - dem göttlichen Ziel entsprechende - Verbmetaphern thematisiert wird.

Für die Analogiekonzeption Eckharts folgt daraus: Es gilt zu erkennen, daß bei der attributiven Analogie das Verhältnis von Gott und Geschöpf auf das Geschehen von Seinsmitteilung und Seinsempfang unter dem Aspekt der totalen Abhängigkeit des Geschöpfes festgelegt wird. Wie anhand der Transformationsmetaphern aufgezeigt werden kann, geht es Eckhart im Deutschen Werk generell aber gerade nicht um eine Definition der Beziehung Gott-Mensch; vielmehr bemüht er sich darum, indem er die unterschiedlichsten Situationen und Konstellationen von Gott und Mensch thematisiert, jede Fixierung aufzubrechen und eine lebendige Beziehung zwischen Gott und Mensch zu inszenieren, die seine Hörer immer wieder neu zur Gottsuche anregen soll.

4.2.3. Abstraktion durch metaphorische Konkretisierung

Betrachtet man die untersuchten Metaphern daraufhin, welche Funktion ihnen beim Prozeß der Annäherung des Menschen an Gott zukommt, scheint der erste Befund zunächst nicht vereinbar zu sein mit der von Eckhart formulierten Forderung der Abstraktion von allem Konkreten, als einer für die Realisierung der Offenheit für den Seinsempfang notwendigen Voraussetzung[1]. Denn indem Eckhart diese Forderung nach Destruktion der individuellen, von *eigenschaft* bestimmten menschlichen Existenz zugunsten der allgemeinen Menschennatur in der Weise vorträgt, daß er den Prozeß der menschlichen Entkonkretisierung mittels zahlreicher Bilder konkretisiert, treibt er den Hörer seiner Predigten erst recht in den Unterschied hinein. Für den Hörer, der die vielfältigen Bilder für die Transformation des Menschen mit der Unterschiedslosigkeit und der - durch Abstraktion von allem ens hoc et hoc zu gewinnenden - Allgemeinheit des göttlichen Seins konfrontiert sieht, kann dies nur heißen: Die Verallgemeinerung der menschlichen Existenz und der sprachliche Prozeß der Konkretisierung müssen zusammengedacht

---

Zum Unterschied zwischen Thomas von Aquin und Eckhart merkt er an: Thomas geht "überall von dem uns in der Erfahrung zugänglichen Seienden, Einen usw. aus und versucht, von da aus das Wesen Gottes näher zu bestimmen. Er philosophiert 'von unten' her. Er leugnet natürlich nicht, daß die reinen Vollkommenheiten Gott *per prius* zukommen. Wir können ihn aber nur in der Weise benennen, wie wir ihn erkennen, d.h. von den Geschöpfen her. Eckhart philosophiert demgegenüber als echter Neuplatoniker 'von oben' d.h. von Gott her. Die transzendentalen Vollkommenheit werden nicht etwa analysiert, um mit ihrer Hilfe Gottes Wesen näher zu bestimmen, denn diese Vollkommenheiten sind nicht nur in Gott, sondern sind Gott selbst."

[1] Vgl. Alois M. Haas (Sermo mysticus, aaO, S. 225): "Nicht zwanglos ergibt sich die Rückkehr (zu Gott), sondern über den Weg einer eigentlichen Bildauslese, denn Gott, der intellectus purus, verlangt Verähnlichung, verlangt *abgescheidenheit* von allen geschöpflichen Bildern."

werden. Man könnte sogar sagen: Die Konkretisierung durch Bilder bildet ein zentrales Element im Rahmen des Prozesses, der das Allgemeinwerden des Menschen zum Ergebnis hat, - allerdings nur dann, wenn die Differenz, die zwischen den verschiedenen Bildern herrscht, übersehen wird zugunsten der Entdeckung des immer gleichen Geschehens in dessen Konkretion durch unterschiedliche Bilder. Indem sich nun der Rezipient von Eckharts Predigten auf die - mittels Metaphern vermittelte - Vielzahl von Ansichten (in unserem Fall der Transformation des Menschen) einläßt, macht er im Rahmen dieses sprachlichen Prozesses die Erfahrung der Abstraktion; denn indem sich in der Vielzahl der Bilder die Erinnerung an dasselbe immer erneut wiederholt, stellt sich in den jeweils wechselnden Metaphern[1] ein Bleiben der Wahrnehmung, etwas Allgemeines im Besonderen ein. Zu dieser Einsicht verhilft nach Meinung Eckharts der intellectus, dem er die Fähigkeit zuspricht, von Raum und Zeit zu abstrahieren und das göttliche Sein zu erkennen[2]. Die Abstraktion kommt jedoch nur dann zustande, wenn der intellectus in seiner Beschäftigung mit den sprachlichen Bildern permanent in Bewegung bleibt; die bleibende Transzendenz Gottes gegenüber Raum und Zeit verlangt nämlich eine kontinuierliche Prozessualität der Bildentwicklung und ein ständiges Transzendieren des Rezipienten von Bild zu Bild als Konsequenz der Öffnung auf das Göttliche hin[3]. Dies liegt darin begründet, daß Gott sich selbst quasi in einem ständigen transitus mitteilt[4] und ihm daher in Raum und Zeit kein fester Status zu-

---

[1] Vgl. Artikel 'Abstraktion' in: Josef De Vries, Grundbegriffe der Scholastik, aaO, S.1.
[2] *"Ein kraft ist in der sêle, daz ist vernünfticheit. Von êrste, sô diu gotes gewar wirt und gesmecket, sô hât si vünf eigenschefte an ir. Daz êrste ist, daz si abescheidet von hie und von nû."* (III 169,1-3)
[3] Die Metaphorik der Transformation hat demnach nicht nur die Funktion der Darstellung des an sich schwer faßbaren Vorgangs der menschlichen Verwandlung auf Gott hin; sie ist vor allem Bestandteil dieser Abstraktionsbewegung, indem sie bewirkt, was in ihr zur Sprache gebracht wird. Das sprachliche Medium wird somit zum maßgeblichen Bereich, in dem realisiert werden kann, was - wie erst kürzlich Tiziana Suárez-Nani festgestellt hat - als zentrale Intention von Eckharts Lehre der Abgeschiedenheit herausgestellt werden muß. Suárez-Nani führt dazu aus: "Gott ist durch denjenigen geehrt, der ganz aus sich herausgetreten ist und sich so von allem losgemacht hat, daß Gott zu ihm kommen muß." (Philosophie- und theologiehistorische Interpretation, aaO, S. 56) Dieser Prozeß des "Heraustretens" wird - wie aufgrund der Untersuchung der Transformationsmetaphorik dargestellt wurde - beim Rezipienten der Predigten Eckharts dadurch provoziert, daß er sich, indem er sich auf die Bildfolge und die Mehrdeutigkeit einer metaphorischen Aussage einläßt, von allem bestimmten Inhalt der Worte im sprachlichen Prozeß losmacht. Metaphorisches Sprechen von der Transformation ist somit kein feststellendes Sprechen, sondern ein Sprechen, das den Adressaten auf Gott hin bewegt und dadurch transformiert.
[4] In Gen. II n.25 (LW I 495,7-496,2): "Et plena est Scriptura de similibus, docens ubique laudem et honorem neminem sibi attribuere, sed soli deo. Passivum enim... clamat et testatur in omni et ex omni sui perfectione et bono suimet egestatem et miseriam, activi vero sui superioris praedicat divitias et misericordiam. Docet enim naturaliter se id, quod habet, habere non ex se nec ut inhaerens in se, sed mendicasse et accepisse mutuo et continue accipere, quasi in transitu, ut passionem, non ut passibilem qualitatem, a suo activo superiori, et sic non esse suum, sed esse ab altero et in altero, cui est 'omnis honor et gloria', quia illius est." - "Überhaupt ist die Schrift voll von solchen Worten. Sie lehrt überall, daß niemand sich selbst, sondern 'allein Gott' Lob und Ehre spende. Denn wie aus dem Gesagten hervorgeht, beklagt und bezeugt das Erleidende in jeder und auf Grund jeder seiner Vollkommen-

kommt. Die Bilder für Gott und dementsprechend auch die Bilder für die Angleichung an Gott fungieren nur als Transformation in Raum und Zeit von etwas, was in Raum und Zeit keine Dauer besitzt, weil es alles Kreatürliche andauernd transzendiert; sie stellen demnach die kreatürliche Verarbeitung von etwas dar, was sich gegenüber allem Kreatürlichen als bleibend kontingent erweist. Das im sprachlichen Medium über die Metaphorik zur Erscheinung Kommende ist daher wesentlich kreatürlich und unterscheidet sich - wie Eckhart mit einem Zitat eines "heidnischen Meisters" hervorhebt - wesentlich vom Göttlichen: *"Har umb spricht ein heidens meister: Swas wir verstant oder sprechent von der ersten sachen, das sin wir me selber, dan es die erste sache si, wan si ist uber allis sprechen und verstan."* (III 441,2-4) Somit vollzieht der Mensch, indem er dem sprachlichen Prozeß folgt, parallel zum göttlichen transitus in den Bereich der Kreaturen - mit seiner Aufhebung aller Bildunterschiede die unterschiedslose Bewegung der Ewigkeit vorwegnehmend - den transitus von einem Bild zum andern bzw. - in vertikaler Verstehensrichtung - von einer Sinnschicht der Metapher zur nächsten, um letztlich zur Einsicht zu kommen, daß die im Medium der Sprache gebotenen Bilder auf höchst provisorische Weise den Menschen in Beziehung zu Gott setzen. Dies bedeutet zugleich die Erkenntnis, daß die Transformation im eigentlichen Sinn nur gelingen kann, wenn der transitus von der Sprache zur individuellen Existenz und von der Existenz zum allgemeinen Menschsein in Gott vollzogen wird[1]. D.h. (a) *"die gleychnuß alle muessent zerbrechenn"* (DW II 473,5); (b) *"Waere mîn sêle sinnic und waere edel und lûter, swaz sie erkente, daz waere ein."* (II 559,4-560,1) (c) wenn die im Medium der Sprache und im Medium der menschlichen Existenz zwischen Zeit und Ewigkeit (DW I 405,1-3) geschehende Abstraktion zur völligen Unterschiedslosigkeit führt, wird Gott bildlos erkannt, *"ane mittel und ane glichnis. Sol aber ich also got bekennen ane mittel, so muos vil bi ich er werden und er ich werden. Me sprich ich: Got muos vil bi ich werden und ich vil bi got, alse gar ein, das dis 'er' und dis 'ich' Ein 'ist' werdent und sint und in dér istikeit ewiklich éin werk wirkent; wande vil nüzze sint dis 'er' und dis 'ich', dc ist got und die sel. Ein einig 'hie' oder ein einig 'nú', so mochte dis 'ich' mit dem 'er' niemer gewirken noch ein gewerden."* (DW III 447,3-8).

---

heiten und alles Guten, das es an sich hat, laut seiner eigenen bitterer Armut und Erbärmlichkeit, verkündet jedoch (zugleich) preisend des ihm übergeordneten Wirkenden Reichtum und Erbarmen. Denn es lehrt durch seine Natur, daß es das, was es hat, nicht aus sich und nicht als etwas in ihm Haftendes zu eigen, sondern erbettelt und leihweise empfangen hat und ununterbrochen, gleichsam im Vorübergehen, als ein Erleiden, nicht als eine im Erleiden erworbene dauernde Beschaffenheit von dem ihm übergeordneten Wirkenden empfängt. So ist es also nicht sein eigen, sondern ist von dem andern und in dem andern, dem 'alle Ehre und Ruhm' gebührt, weil es sein eigen ist."

[1] Damit ist - dies sei noch einmal hervorgehoben - nicht ein schrittweises Vordringen vom Einzelseienden zum Göttlichen gemeint, sondern eine Erfahrung, die aus einem anderen, völlig unkonventionellen Umgang mit dem Endlichen resultiert. Die Funktion der Metaphorik besteht dabei darin, den göttlichen Inhalt in der menschlichen Erfahrung dadurch bestimmend werden zu lassen, daß sie diesen gerade nicht bestimmt. Mit Eckharts - frei nach Augustinus formulierten - Worten gesagt: *"Sant Augustînus sprichet: swer âne allerlei gedenke, allerleie lîphafticheit und bilde inne bekennet, daz kein ûzerlich sehen îngetragen enhât, der weiz, daz ez wâr ist."* (DW V 60,19-21)

4.3. Ergebnis: Die Metaphorik der Transformation zwischen Univozität und Äquivozität - bewußter Kategorienfehler oder 'balancierende Analogie'?

Die Paradoxie, daß der Mensch immer bereits ist, was er erst noch durch seine Transformation realisieren muß, ist geeignet, den Geltungsbereich der Eckhartschen Analogielehre genauer abzustecken. Nach dieser Lehre werden 'Sein' und 'Seiend' von Gott und den Geschöpfen nicht im gleichen Sinn (univok), aber auch nicht als verschieden (äquivok), sondern analog ausgesagt, weil das endlich Seiende sein Sein und seine Vollkommenheit ab alio, von Gott her, empfängt. Dem gleichen göttlichen Sein kommen also verschiedene Modi zu - je nachdem, ob es sich um das göttliche esse in Gott oder das esse hoc et hoc handelt. Dies heißt: Dem endlich Seienden ist genauso wie Gott das Sein zu eigen, aber - da es dem Geschöpf von Gott andauernd verliehen wird - auf eine wesentlich andere Weise, so daß die von Gott und Mensch gemachten Aussagen zwischen Univozität und Äquivozität anzusiedeln sind. Daß jedoch der Mensch nicht ausschließlich auf sein esse hoc et hoc festgelegt werden kann, führt Eckhart mit Metaphern vor Augen, die sowohl den Prozeß der Öffnung als auch den Zustand radikalen Offenseins in Hinblick auf den Menschen darstellen. Über die Metaphorik wird damit ein Thema ins Spiel gebracht, dessen Entfaltung im sprachlichen Prozeß den Rezipienten in eine Position zur Welt versetzt, die im Ergebnis äußerste Differenz zum Geschöpflichen und Identität mit Gott bedeutet. Der Mehrwert des Menschen besteht darin, daß er das nicht determinierte Göttliche in sich insbesondere durch die abstrahierende Tätigkeit seiner Vernunft erreichen kann, - allerdings nur so, daß alle differenzierende Tätigkeit der menschlichen Vernunft abgelöst wird von einem Vollzug, der zur göttlichen Indifferenz führt, indem er den Menschen mit seiner Vernunft indifferent werden läßt. Für die Analogie zwischen Gott und Mensch bei Eckhart bedeutet dies: Ihr kommt nicht der gleiche Charakter zu wie der Univozität und Äquivozität, die beide auf einer definierten Referenz basieren. Vielmehr muß die Analogie als Bewegung verstanden werden, die, indem sie laufend neu von wechselnden Ansatzpunkten aus die Seele in ihrer Beziehung zu Gott entsprechend einem Verhältnis zwischen endlich Seiendem der alltäglichen Erfahrung bestimmt, jede Festlegung aufhebt und als Bewegung der permanenten Zerstörung vom Extrem der völligen Differenz und Äquivozität (das endlich Seiende als *lûter niht*, Gott als Sein ist zugleich ein *niht*) zum anderen Extrem der Identität und Univozität des Menschen mit Gott umkippt. Solange jedoch die Bewegung andauert, kann keine sprachliche Äußerung als eigentlich definitiv zutreffende Aussage interpretiert werden[1]; es herrscht Unterschied und damit die Analogie zwi-

---

[1] Dies setzt eine Rezipientenhaltung voraus, bei der Eckhart nicht auf eine einzelne Aussage festgelegt wird. Die in den Predigten zu verfolgende Denk- und Sprachbewegung ist mit dem Ende einer Predigt nicht abgeschlossen, sondern setzt jeweils neu und anders an, im Wissen darum, daß eine Eindeutigkeit der theologischen Rede nicht zu erreichen ist. Von daher lassen sich die Korrekturen erklären, die Eckhart selbst an zurückliegenden eigenen Äußerungen vornimmt. Als Beispiel sei genannt: "*Ich hân underwîlen gesprochen, ez si ein kraft in dem geiste, diu sî aleine vrî. Underwîlen hân ich gesprochen, ez sî ein huote des geistes; underwîlen hân ich gesprochen, ez sî ein lieht des geistes; underwîlen hân ich*

schen den verschiedenartig ausfallenden Bestimmungen des Verhältnisses von Gott und Mensch sowie im äußersten Fall, an der Grenze der Sprache, noch die Differenz zwischen Sprache und Sein, die erst im Bruch mit der geschöpflichen Seinsweise in einer idealen Kommunikation aufgehoben wird. In dieser Situation sind die Unterschiede zwischen Sprecher und Hörer, Sprache und Wirklichkeit völlig beseitigt. Insofern Eckharts Rede somit die Auflösung aller festen Positionen und Relationen von Gott und Mensch betreibt, wird sie zum Vorschein der göttlichen Bewegung, für die charakteristisch ist, daß sie jeden Unterschied zwischen den trinitarischen Personen sofort wieder in die Unterschiedslosigkeit überführt. Eckharts Rede ist in diesem Sinn dann analoge Rede mit gewissermaßen verkehrtem Vorzeichen, da die Bilder und Begriffe ihr Maß nicht mehr in unangemessener Weise von kreatürlichen Verhältnissen nehmen, sondern eigentlich von Gott her die aus dem kreatürlichen Bereich gewonnenen Vorstellungen in Bezug auf den Menschen und sein Verhältnis zu Gott bestimmen[1].

Von daher läßt sich auch das Mißverständnis von Eckharts Aussagen, nämlich der Vorwurf des Pantheismus, erklären: Wenn nicht mehr zwischen Gott und Mensch unterschieden werden kann und die Indifferenz die einzige Weise der Transzendenz ist, fallen Transzendenz und Immanenz ineinander. Mehr oder we-

---

gesprochen, ez sî ein vünkelîn. Ich spriche aber nû: ez enist weder diz noch daz... Dar umbe nenne ich ez nû in einer edelerr wîse dan ich ez ie genante..." (DW I 39,1-6).
Von daher scheint es mir auch an der für Eckharts charakteristischen Predigtweise vorbeizugehen, wenn man versucht, Eckhart auf bestimmte Predigtäußerungen festzulegen - eine Vorgehensweise, die sich speziell in der Anklageschrift gegen Eckhart findet -, weshalb man m.E. auch nicht - wie dies z.B. Tiziana Suárez Nani versucht (Philosophie- und theologiehistorische Interpretation, aaO, S. 64,70,73 u.a.) - Eckhart von seiner Rechfertigungsschrift her verstehen kann. Vielmehr muß bei der Interpretation von Eckharts Predigten die Offenheit der Predigtsituation, die ein prozeßhaftes Denken und Sprechen ermöglicht, dadurch gewahrt werden, daß jede Fixierung seiner Äußerungen vermieden wird; denn diese wollen - wie verschiedentlich aufgezeigt wurde - nicht feststellen, sondern bewegen. Von daher wird methodisch letztlich auch nur ein solcher Ansatz den Predigten Eckharts gerecht, der alle Predigten und Texte Eckharts berücksichtigt. Dem wurde in der vorliegenden Untersuchung dadurch zu entsprechen versucht, daß als Textkorpus für die Metaphernuntersuchung die von Josef Quint herausgegebenen Deutschen Predigten Eckharts zugrundegelegt und die jeweiligen Metaphern in allen Kontexten untersucht wurden. Die Eingrenzung auf das Deutsche Werk wurde aufgrund des Umfangs des zu untersuchenden Textkorpus notwendig.

[1] Damit wendet Eckhart sein ontologische Postulat, daß der Mensch ausschließlich in Bezug auf Gott von Gott her als *bîwort* (s. DW I, 154,8; 155,3; 157,2) zu leben habe, auf den sprachlichen Vollzug an. Vgl. zum Ganzen Josef Koch (Zur Analogielehre Meister Eckharts, aaO, S. 301). Er bemerkt dort zu Eckharts Auslegung von Jer 23,5 in Sermo LI (LW IV, S.432ff): "Der größte Teil dieses Entwurfs ist dem Wörtchen *ecce* gewidmet. Man kann es vor- oder rückwärts lesen, es bleibt dasselbe; es ist auch nicht von einem andern Wort ableitbar, wie das Adverb *iuste* von *iustus*, sondern es ist in seinem ganzen Wesen nach 'Bezug-auf-etwas', d.h. ganz und gar von sich weg auf ein anderes hin. 'Derartig ist der totale Bezug, durch den die Seele ihr Sein empfängt, daß sie nämlich ist, Seele ist und unsterblich ist.' (n.517,S.432) Die ethisch-religiöse Forderung ist die, daß der Fromme nur ein solches 'Beiwort' sein darf, d.h. daß er auf nichts außer oder neben Gott schauen darf, auch nicht auf Gott, wie er ihn in seiner Seele besitzt, sondern wie er in sich selbst ist, so daß sein ganzes Sein Sein zu Gott, ein Hangen an Gott ist (a.a.O., S.433f.)."

niger - je nach Standpunkt, den Eckhart während seiner Predigten einnimmt - werden Unterschiede zwischen Gott und Mensch akzentuiert oder nivelliert[1]. Eine Möglichkeit des Verstehens besteht darin, Eckharts Ausführungen als begrifflich definierende Aussagen über das Verhältnis von Gott und Mensch kategorial zu interpretieren. Eckhart wird letztlich dann zum Häretiker[2]. Eine andere Möglichkeit der Interpretation besteht darin, Eckharts Analogielehre als Schlüssel zur Interpretation zu nehmen. Dieser Weg ist in beeindruckender Weise insbesondere von Dietmar Mieth beschritten worden. Die Forschung ist ihm darin weitgehend gefolgt. Aufgrund seines Interpretationsansatzes wird z.B. das *vünkelîn* als dynamischer Verhältnisbegriff verstanden. Im Sinne einer balancierenden Analogie[3] spricht Mieth von einer balancierenden Identität des Menschen, die kein fester Punkt, sondern nach den Worten von Dietmar Mieth "die Intensität eines Geschehens (bedeutet). Diese Intensität des Geschehens gipfelt im sogenannten 'Seelengrund'. Der Seelengrund, das Seelenfünklein, die Seelenspitze, das Licht in der Seele, die Kraft in der Seele usw. - Eckhart benutzt mehrere Metaphern - ist keine anthropologische Qualität im heutigen Sinne, sondern die Struktur des Geschehens selbst, insofern sich dieses Geschehen im Menschen vollzieht und er daran Anteil hat."[4] Dazu ist zu bemerken, daß Mieth die Analogiekonzeption gewahrt sieht, indem er bei seiner Interpretation einen Kategorienwechsel vornimmt: Die überwiegend unter die aristotelische Kategorie des Ortes subsumierbaren Metaphern transponiert er in die Kategorie der Beziehung bzw. der Tätigkeit. M.E. ist Eckharts Intention radikaler: Der vergebliche Versuch, den Menschen in seinem Unterschied zu Gott festzulegen, bildet keine zwischen Geschöpflichkeit und Ungeschöpflichkeit balancierende Analogie aus - wie Mieth es sieht -, sondern führt zu einer Bewegung, die sich letztlich gegen jedes kategorial differenzierende Denken und Sprechen des Menschen richtet. Stattdessen initiiert Eckhart ein Verstehen von Gott her, indem er metaphorisch spricht und anstelle begrifflicher Kategorien bewußt mit den Metaphern einen Kategorienfehler begeht: "*Natûre machet den man*

---

[1] Es ist das entscheidende Verdienst von Burkhart Mojsisch, auf die zentrale Bedeutung der Univozität für das Denken Eckharts aufmerksam gemacht zu haben. Sie jedoch im Verhältnis zur Analogie höher zu bewerten, geht m.E. am Charakter der Relation vorbei, in deren Vollzug letztlich alle menschlichen Kategorien und Konzepte zurückbleiben müssen. Zur Auseinandersetzung mit Mojsisch vgl. Otto Langer, in: ZfdA 96 (1985), S. 70-80.

[2] Tiziana Suárez-Nani, die die theoretischen Gründe darlegt, die zur Verurteilung der in der Bulle 'In agro dominico' genannten Äußerungen Eckharts geführt haben, wie sie im *Votum theologicum avenioniense* expliziert sind, charakterisiert die Position des Verstehens, die sich gegen Eckhart richtet, folgendermaßen (Philosophie- und theologiehistorische Interpretation, aaO, S. 38): "Die Theologen von Avignon, die im Namen der Kirche sprachen, argumentieren ganz offensichtlich auch auf der Grundlage einer Vorstellung, die Gott den Kategorien der materiellen Welt unterordnet."

[3] In seiner Dissertation führt Dietmar Mieth zum Problem der Analogie aus (Die Einheit, aaO, S.139): es "bleibt zu fragen, ob bzw. inwieweit Eckhart durch seine Analogielehre und ihre Konsequenzen dem Monismus verfällt. Die Kreatur schwebt ja bei ihm dauernd zwischen Sein und Nichts, je nachdem, in welche Richtung man sie akzentuiert, tritt die monistische Tendenz zum univoken Sein auf. Nun ist aber dieser schwebende Charakter bei Eckhart nirgends aufgehoben, sondern er ist es gerade, der seine Ontologie bestimmt und im Gleichgewicht hält. Des Monismus kann man also Eckhart nicht beschuldigen."

[4] Dietmar Mieth, Kontemplation und Gottesgeburt, aaO, S.222.

von dem kinde und daz huon von dem eie, aber got machet den man vor dem kinde und daz huon vor dem eie. Natûre machet daz holz ze dem êrsten warm und hitzic, und dar nâch sô machet si daz wesen des viures; aber got gibet ze dem êrsten daz wesen aller crêatûre und dar nâch in der zît und doch sunder zît und sunder allez daz, daz dar zuo gehoeret." (V 118,6-11) Wie dies zu verstehen ist, ist erst in einer idealen Kommunikation möglich, die wegen der Aufhebung aller Unterschiede im eigentlichen Sinn Kommunikationslosigkeit ist. Für das dann Gesprochene bedeutet dies, daß die göttliche Seinsmitteilung wegen der alles bestimmenden Indifferenz nur unthematisch, d.h. ohne ein bestimmtes Geschehen zu meinen, gesprochen wird. Indem Eckhart metaphorisch die Seinsmitteilung Gottes sowie die gottentsprechende Disposition des Menschen als Geschehen und zugleich als Zustand zur Sprache bringt, antizipiert er mit der Mehrdeutigkeit seines Sprechens die göttliche Sprache der Indifferenz, die anders als die Metaphorik des 'Als-ob' ein Sprechen des 'Sowohl-als-auch' bedeutet.

5. Johannes Tauler

5.1. Beobachtungen zum Realitätsbezug von Taulers Metaphorik der Transformation

Taulers Blickpunkt, von dem her er die Transformation des Menschen darzustellen versucht, ist von der Perspektive Eckharts deutlich unterschieden. Während Eckhart - so Taulers Charakterisierung in Predigt 15 "Clarifica me" - *uss der ewikeit* sprach, was infolge eines an der wahrnehmbaren Welt orientierten Verstehens zu Fehldeutungen führen mußte, ist es bei Tauler gerade die von Raum und Zeit bestimmte kreatürliche Existenz des Menschen, die für die über die Metaphorik entfaltete Transformation von zentraler Bedeutung ist. Kennzeichnend für Taulers Standpunkt sind die Ausführungen, die sich an seine - oft zitierte - Charakterisierung von Meister Eckhart anschließen: *"Usser diseme lert úch und seit úch ein minnenclich meister, und des enverstont ir nút; er sprach uss der ewikeit, und ir vernement es noch der zit... Ein hoch meister der sprach von diseme sinne sunder wise und sunder wege, das begeisten vil lúte mit dem ussern sinne und werdent vergiftige menschen, und herumbe ist es hundert werbe besser daz man mit wisen und mit wegen darzuo kumme.- Nu mag man frogen weles die wisen und die wege sint di do gehoerent zuo der lutersten und der hoehesten und vollekomensten worheit. Nu het unser herre Jhesus Cristus sant Johans in drie wisen gezogen, do zúhet er ouch noch alle die menschen mitte die zuo der nehesten worheit kummen soellent."* (69,26-28. 29-37) Der zentrale Gedanke, den Tauler hier verfolgt, ist also, daß die Aufhebung aller Wege und Weisen der menschlichen Annäherung an Gott - wie sie von Eckhart gepredigt wurde - die Gefahr in sich birgt, jegliche Differenz zwischen Gott und Mensch zugunsten eines unmittelbaren Verhältnisses zwischen beiden zu übersehen. Tauler hält es daher für wichtig, die kreatürliche Perspektive des Menschen zu berücksichtigen, die infolge ihres differenzierenden Charakters auf konkrete Vorstellungen von Wegen und Weisen der Annäherung an Gott angewiesen ist. Allerdings werden konkrete Vorstellungen dann zum Problem, wenn sie wörtlich verstanden werden. So bemerkt Tauler beispielsweise zur

Transformation des Menschen in Gott: "*Vil minre ist daz zuo begriffende und nachzuogonde wie der geist verwurt in goettelicher einikeit, do er sich also verlúret das enkeine vernunft darbi kan kummen obe ie creature wart. Dis nemment tumbe affehte lúte fleischlichen und sprechent, sú súllent gewandelt werden in goeteliche nature, und das ist zuomole boese valsche ketzerige. Von der allerhoehster innigester nehster einunge mit Gotte so ist noch goeteliche nature und sin wesen hoch und hoch über alle hoehi, daz get in ein goeteliche abgrunde das nimmer keine creature und ouch keine enwurt... Es ist ein grundelos ding; des lont uwer klaffen und uwer uzlegen und uwer disputieren hievon sin; es ist in disem verklertem geiste indewendig in dem grunde verborgen in Gotte.*" (121,23-30.35-122,1)[1] Somit wird deutlich, wie wichtig Tauler bei aller notwendigen Konkretisierung die Differenz zwischen Gott und Mensch ist, die seiner Meinung nach so groß ist, daß jegliches menschliches Denken und Reden von Gott letztlich gegenstandslos werden muß. Dieses Interesse Taulers an der Differenz zwischen Gott und Mensch schlägt sich auch in der von ihm für den Transformationsprozeß verwendeten Bildlichkeit nieder:

Im Unterschied zu Eckhart, der den Transformationsprozeß als einen einfach zu vollziehenden Wechsel von Zeit zu Ewigkeit vorstellt, akzentuiert Tauler in seiner Metaphorik zunehmend den Zeitfaktor, der das Transformationsgeschehen bestimmt: Aus seiner Sicht ist die menschliche Natur unter den gegebenen menschlichen Lebensbedingungen nicht problemlos auf Gott hin zu verändern, sondern nur in einem vielfältigen, zeitlich ausgedehnten und oft zu wiederholenden Sterbeprozeß, was Tauler insbesondere im Rahmen seiner Thanatologie zur Sprache bringt: "*Nu wissent, e daz vollebroht werde dovon wir hie gesprochen hant, do muos uf die nature manig swinde dot vallen ussewendig und innewendig. Dem tode antwurtet ewig leben. Kinder, dis wil nút eins tages, eins jores zuogon, nút entverrent úch, es nimmet zit und harzuo gehoert simpelheit und luterkeit und gelossenheit.*" (71,19-23; s.*sterben* 4.2.-4.3.; *tot* 6.4.).

Die Annäherung der Transformation an die konkrete, raum-zeitlich bestimmte Existenz des Menschen führt bei Tauler im Vergleich zu Eckhart zu einer inhaltlichen Beschränkung der Transformationsmetaphorik: Die den Metaphern zugrundeliegende Intentionalität bezieht sich auf die Realisierung von menschlicher Bereitschaft und Offenheit für die göttliche Zuwendung. Zentrales Bild für diesen Aspekt der Transformation ist die Ackerallegorie und - in Anspielung an Röm 6,8 -

---

[1] Vgl. auch 175,25-176,5: "*wan sol ein ieklich ding gewerden des es nút enist, so muos es des entwerden das es ist. Hie get in etlicher wise under beide lib und sele in disem tieffen mere, und verlierent ir natúrliche werk und uebunge nach iren eigenen kreften in natúrlicher wise und hant in dem versinkende in disem grundelosem mere weder wort noch wise... Dem menschen sint enpfallen wort und wise. Das ist ein sache. Die ander sache ist das der mensche in disem also velt in sin grundelos nút und wirt also ze mole klein und also gar nút das er allem dem enpfelt das er von Gotte ie oder ie enpfieng, und wirft das al ze mole luterlichen wider in Got, des es och ist, als er es nie gewünne, und wirt mit allem dem nút und also blos als das nút en ist und nie nút engewan, und al do versinkt das geschaffen nút in das ungeschaffen nút: das ist nit was man verstan oder geworten mag.*"

die Opposition von Tod und Leben[1] ("*dem tode antwurtet ewig leben*" (71,21); s.*tot* 5.1.-5.4.). Wichtig ist in diesem Zusammenhang auch die Beobachtung, daß Tauler in seinen metaphorischen Aussagen jegliche ontologische Konsequenz ausklammert. Anstelle von Eckharts Interesse an einer Angleichung des Menschen an das göttliche Sein favorisiert Tauler das bernhardische Modell[2], in Liebe zu Gott die Übereinstimmung mit dem göttlichen Willen zu suchen. Wie insbesondere den verschiedenen Kontexten der Metapher *abescheidenheit* zu entnehmen ist, wird diese Übereinstimmung mit dem Willen Gottes dann erreicht, wenn der Mensch seine innere Freiheit gegenüber allem Kreatürlichen wahrt und eine Übereinstimmung mit dem göttlichen Willen sucht. An keiner Stelle der Taulerschen Predigten wird jedoch - im Unterschied zu Meister Eckhart - ein Prozeß thematisiert, der die Aufhebung der individuellen Existenz in ein allgemeines göttliches Sein als Ziel der Transformation anvisiert. Zentral für Johannes Tauler ist vielmehr die Realisierung einer bestimmten Einstellung zur Wirklichkeit. Die Metaphorik hat in diesem Zusammenhang die Funktion, die Verbindung zu einzelnen Figuren der Heilsgeschichte herzustellen, die bereits konkret repräsentieren, was Tauler über die verschiedenen Metaphern als Ziel der Transformation des Menschen vorstellt: In der Orientierung an der Gottesmutter (s.*rein* 1.1.; *abescheidenheit* 2.2., *luter* 1.34.), an Adam (s.*luter* 3.1.-3.2.) oder durch die Meditation der Ewigkeit Jesu Christi (s.*abescheiden* 2.2.) oder auch durch die Nachfolge Jesu (s.*luter* 1.24.-1.25.) soll dem Menschen alles Kreatürliche bedeutungslos werden[3] und die ausschließliche Hinwendung auf Gott erfolgen, die die Voraussetzung für die Erfahrung der göttlichen Nähe und des göttlichen Lebens ist. Diese Nähe sieht Tauler einerseits dann zustandekommen, wenn Gott dem von allen kreatürlichen Hindernissen befreiten Menschen bis in dessen *grunt* entgegenkommt; andererseits hat der Mensch auch die Möglichkeit, Gott von sich aus dort zu finden, indem er alle vom Irdischen bestimmten Einstellungen (s.*entkleiden* 3.1.) aus seinem *grunt* entfernt, wo Gott immer schon anwesend ist (s.*bedecken* 2.1.-2.2.).

---

[1] Der *aker* muß von *unkrut* gesäubert sein, damit die göttliche Sonne hineinleuchten kann; alles rein Irdische muß vernichtet werden, d.h. den geistlichen Tod sterben.

[2] Vgl. zur Beziehung Tauler - Bernhard von Clairvaux Louise Gnädinger, Johannes Tauler, aaO, bes. S.400-403.

[3] Diese Intention realisiert Tauler neben den genannten Metaphern auch - in Anknüpfung an Tod und Auferstehung Jesu Christi - über seine Thanatologie. Hervorzuheben ist, daß in der untersuchten Metaphorik häufig der Zusammenhang von Tod und Leben hergestellt wird; Christus ist nicht nur - wie Alois M. Haas zurecht feststellt - "in seinem Leiden und Tod Vorbild für Tauler..." (Alois M. Haas, Sermo mysticus, aaO, S. 465), sondern vor allem in der für ihn charakteristischen Verbindung von Tod und Leben. Somit bedeutet die auf die unio hin orientierte menschliche Existenz nichts anderes als eine Wiederholung von Christi Tod und Auferstehung (vgl. die Untersuchung von Taulers Thanatologie in Teil III).

5.2. Die metaphorische Vernichtung der Referenz und die göttliche Neuschöpfung der Sprache als Transformationsgeschehen

Aufgrund der Häufung von disparaten Metaphern und Begriffen[1] wird dem Rezipienten von Taulers Predigten der Transformationsprozeß als ein Geschehen vorgestellt, das derart komplex und in sich divergent ist, daß es letztlich seiner Verfügung und damit einem Nachvollzug entzogen bleibt. Daran ändert auch die Kleidmetaphorik prinzipiell nichts, die die Möglichkeit eines einfachen Wechsels von einer ichbezogenen zu einer gottbezogenen Verfassung nahezulegen scheint (s.*entkleiden* 3.1.). Seine äußerste Zuspitzung erfährt dieses Problem für den Rezipienten wegen der These Taulers, daß der Mensch den mit der Metapher *abegescheidenheit* anschaulich gemachten Zustand deshalb nicht realisieren kann, weil jeder Versuch einer Realisierung am *widerboigen* der menschlichen Natur auf sich selbst scheitern muß. Dem Rezipienten der Predigten Taulers bleibt nun nichts anderes übrig, wenn er sich dennoch auf den von Tauler metaphorisch vorgestellten Transformationsprozeß einlassen will, als sich auf dem Weg zum Göttlichen in Anbetracht des ungewissen Vollzugs und des unabsehbaren Ausgangs der Transformation auf einen problematischen, weil unbestimmbaren Umgang mit sich selbst einzustellen[2]. Auf diesem Weg muß der Mensch nicht - wie dies Eckhart mittels der Metaphern *blôz* und *lûter* zum Ausdruck bringt - die kreatürliche Verfassung überwinden, um mit Gott und dem göttlichen Sein gleichwerden zu können: Vielmehr hat das *blôz*- und *lûter*-Werden bei Tauler gerade die Annahme der kreatürlichen Verfassung zum Ziel; d.h. der Mensch soll die kreatürliche Existenz in ihrer Unähnlichkeit zu Gott erkennen und sich in der Einsicht in seine völlige Angewiesenheit auf Gott grenzenlos für die göttliche Zuwendung öffnen. Dies macht Tauler plausibel, indem er mittels der gleichen Metaphorik sowohl den radikalen Unterschied von Gott und Mensch als auch den Zusammenhang hervorhebt, der für die Beziehung von Gott und Mensch zentral ist. Dies bedeutet: Der Mensch muß Gott so entsprechen, daß er die göttliche Seinsmitteilung empfangen kann: Er muß ein *luter nút* werden, um das *luter wesen Gotz* in sich aufnehmen zu können (s.*luter* 1.26.-1.27.). Eine wesentliche Voraussetzung dafür ist, daß der Mensch aufgrund einer nicht kreatürlich fixierten Erkenntniseinstellung (s.*luter* 1.30-1.33) seinen radikalen Unterschied zu Gott erkennt: "*Ie dis ungeliche ie klerlicher und bloeslicher und offenlicher bekant wurt, ie nohorre und innerlicher die gleicheit geboren und drinne ervolget wurt.*" (117,4-6) Die in Anbetracht des göttlichen Seins gewonnene Einsicht in die Nichtigkeit alles Kreatürlichen hat nach Taulers Auffassung jedoch erst dann ihre äußerste Radikalität erreicht, wenn der

---

[1] Als Beispiel sei die Kombination von *luterkeit, abegescheidenheit, blosheit, friheit, einikeit, swigen, demuetekeit* (s.*luter* 3.1.-3.2.) in einem einzigen Aussagezusammenhang genannt.

[2] Dieser Aspekt kommt in der jüngst erschienenen Monographie von Louise Gnädinger, Johannes Tauler, m.E. zu kurz. Vgl. dazu vor allem Kapitel 6: "Die Bewegung der Einkehr, Um- und Rückkehr" (aa0, S.136-147), insbesondere S. 137: "Die Predigt selbst erweist sich als Kairos, als Zeitpunkt der Entscheidung, in dem die Zuhörerschaft eingeladen und aufgefordert wird, die Gelegenheit des Einstiegs zu ergreifen, den richtigen Weg einzuschlagen und an ihn in allen Etappen festzuhalten, um ihn auch zu Ende zu gehen."

Mensch überhaupt keinen Unterschied zu Gott mehr erkennt, weil ihm nämlich einerseits der kreatürliche Status als solcher bedeutungslos geworden ist und ihm andererseits jegliche Bestimmung Gottes mit kreatürlichen Begriffen als unangemessen erscheint. Dies bedeutet für Tauler: Der Mensch muß *stan uf sinem lutern blossen nút,* um das *ungeschaffen nút* Gottes empfangen zu können (s.*blos* 1.9-1.10.). Schließlich kommt mit allem kreatürlichen Sprechen auch die Metaphorik an ihr Ende, wenn der *geluterte* menschliche Geist "*in ein sunderlich gelutert unsprechlich gotmeinen*" zur Einheit mit Gott gelangt (117,19f).

Somit muß aus der Sicht Taulers auch die menschliche Sprache einem Prozeß der Transformation unterzogen werden: Nur wenn den Wörtern der Sprache als Referenz keine eigene Wirklichkeit mehr zukommt, sind sie - in Differenz zu jedem bestimmten Inhalt stehend - offen für einen kreativen Umgang mit ihnen und damit für die Möglichkeit, eine neue Wirklichkeit zur Sprache zu bringen. Ein solches Transformieren mit Sprache und von Sprache ermöglicht insbesondere die Metapher, da sie es erlaubt, den Überstieg in die Differenz zu jeder bestimmten Referenz zu initiieren. Wenn Tauler also metaphorisch von Gott spricht, so entspricht er damit der Einsicht, daß die menschliche Sprache direkt nichts vom Göttlichen mitzuteilen vermag, weil dieses nur dann erfahren werden kann, wenn alle menschlichen Möglichkeiten zu individueller Selbstbestimmung und somit auch die Sprache in ihrer wirklichkeitsbestimmenden Funktion zunichte geworden sind. Dies wird erst möglich, wenn alle in der Sprache aufbewahrten Erfahrungskonventionen aufgehoben sind und sich die Sprache und mit ihr der Mensch so weit verwandelt haben, daß sich die Anfangssituation der Schöpfung wiederholt, d.h. daß Gott spricht und der mystischen Rede in Differenz zu allem bestimmten Inhalt ihre unthematische, weil göttliche Referenz beibringt. *Gesundert* von aller direkten Referenz kommt der Metaphorik die Aufgabe zu, den Menschen, indem sie den Prozeß der Transformation thematisiert, so zu verwandeln, daß er das Versagen allen Sagens, allen endlichen Zeigens und Verweisens auf das Göttliche realisiert und infolgedessen bereit ist, sich darauf einzustellen, daß das Göttliche von ihm nur dann erfahren werden kann, wenn es sich ihm zu erfahren gibt. Insofern Gott dies jedoch immer schon in der Heilsgeschichte zwischen Schöpfung und Erlösung getan hat, besitzt das menschliche Denken und Sprechen einen minimalen Anknüpfungspunkt; minimal deshalb, weil er sich in Differenz zu aller endlichen Erfahrung, d.h. als *ungeschaffen nút* dem Menschen, der ein *geschaffen nút* ist, zu erfahren gegeben hat. Zur Wiederholung dieser vergangenen Erfahrung kann es jedoch allein dann kommen, wenn die über die Metaphorik vollzogene Verwandlung der Sprache und des Menschen so weit gediehen ist, daß Gott die sprachlichen Denk- und Erfahrungsschemata des Menschen *unsprechenlich* neu schafft, indem er sich sagt und dadurch eine nicht mehr zu differenzierende Identität von Wort und Wirklichkeit, Rezipient und Sprecher sowie von Erfahrung und Erfahrungswirklichkeit erzeugt.

6. Heinrich Seuse

6.1. Reduktion der semantischen Offenheit

Für Seuses Metapherngebrauch im Kontext der menschlichen Transformation ist kennzeichnend, daß er die von Eckhart verwendeten Metaphern deutet bzw. umdeutet, indem er deren radikale Offenheit auf den *war underscheit* zwischen Gott und Mensch einschränkt. Aus diesem Grunde warnt er z.B. vor dem Mißverständnis der Gedanken Eckharts dahingehend, daß sich der Mensch von sich aus der *blozen* Einheit Gottes angleichen könne[1]. Da der Mensch in jedem Fall seine Unterschiede behält, kann das Ergebnis der menschlichen Aktivität im mystischen Prozeß aus seiner Sicht deshalb nicht in der Angleichung an Gott bestehen (s.*bloz* 1.13.-1.14.; *rainkeit* 2.2.-2.4.; *luter* 1.1.-1.2.); denn die vom Menschen für die Einheit mit Gott angenommene Unterschiedslosigkeit[2] ist *"nút nach wesunge, mer nach nemunge únser halb..."* (343,19). Auch wenn Seuse anführt, daß die Seele mit *lutrem schowen* zur unio gelangt (s.*luter* 1.10.-1.14.), muß der Mensch doch - wie Seuse selbst - in der Beschäftigung mit dieser Möglichkeit zur Einsicht kommen, daß er aufgrund seiner unaufhebbaren kreatürlichen Beschaffenheit nie ganz zur Erkenntnis des *luter einvaltig wesen* Gottes gelangt (s.*luter* 1.1.-1.2.). Somit erklärt sich, daß sich zwar bei Seuse viele der Metaphern wiederfinden, die auch Meister Eckhart für die Darstellung des Transformationsprozesses verwendet; doch werden sie von Seuse in veränderten Aussagekontexten so situiert, daß ihr jeweiliger Bedeutungsschwerpunkt entsprechend seines Differenzkonzeptes verändert wird. Dies soll an einigen Beispielen verdeutlicht werden: Bei der weit weniger als bei Eckhart herangezogenen Metapher des *abescheiden* und der *abegescheidenheit* steht bei Seuse die Unterbrechung der sinnlichen Erfahrung und aller Fixierung auf die kreatürliche Lebenswelt im Mittelpunkt (s.*abgescheidenheit* 2.1.-2.3.; *abgescheiden* 3.1.-3.6.). Auch wenn Seuse die Metapher *bloz* - ähnlich wie Eckhart - in der Bedeutung von 'Freisein von allem Geschaffenen, um der bildlosen *gotheit* begegnen zu können' verwendet (s.*blozheit* 2.1.-2.4.), schränkt er doch die Metapher bemerkenswert in ihrer semantischen Offenheit ein, indem er den als *bloz* metaphorisch thematisierten Zustand auf ein kurzzeitiges Bewußtseinsphänomen reduziert: die Unterbrechung der Tätigkeit des menschlichen Geistes, solange die Entrückung andauert (s.*enbloezen* 4.1.-4.2.). Damit begrenzt Seuse den Prozeß der Transformation im Unterschied zu Eckhart, der die Transzendenz von Raum und Zeit postuliert, auf einen kurzen Augenblick in der Zeit,

---

[1] Zu Seuses Position vgl. Alois M. Haas, Selbsterkenntnis, aaO, S.165: "Das Ich wird daher in der Versenkung nicht *ze male vernihtet*, sondern... es ist nur das aktuelle Selbstbewußtsein, das in der mystischen Unio zeitweilig aufgehoben wird; das geschöpfliche Ich bleibt, was es ist, trotz des gnadenhaften Transistoriums, dessen es gewürdigt wird."

[2] Unter Verweis auf 341,1ff präzisiert Alois M. Haas diese Unterschiedslosigkeit folgendermaßen: "Voraussetzung dafür, die in Gott herrschende Einheit alles Geschaffenen wahrzunehmen, ist schlechterdings die Fähigkeit, zwei Contraria, zwei einander widersprüchliche Dinge, in eins zu setzen, sie bewußtseinsmäßig zu identifizieren." (Alois M. Haas, Selbsterkenntnis, aaO, S.181)

wobei die Erfahrung des Apostels Paulus, wie sie in 2 Kor 12,2-4 beschrieben wird, Seuse als Modell dient. Bezüglich der Unterbrechung der zeitlichen Abfolge, die insbesondere über die Metaphern *blosser abzug* (s.*abzug* 4.1.-4.2.), *inblik* (s.*abgeschaiden* 3.1.) oder *inschlag* ins Bild gebracht wird, steht für Seuse außer Zweifel, daß der Mensch nicht andauernd in einer solchen Distanz zu allem Kreatürlichen verharren kann (s.*bloz* 1.7.-1.9.). Deshalb empfiehlt er als Mittelweg zwischen der *abgescheidenr blosheit* und der *schedlich kurzwil* als realistische Möglichkeit des christlichen Lebens die Lektüre seines Briefbüchleins (s.*abgeschaiden* 3.4.-3.6.).

6.2. Die christologische Fundierung der Metaphorik für die Transformation des Menschen

Neu gegenüber Eckhart ist ferner auch die christologische Fundierung der Metaphorik, die Seuse unter Bezugnahme auf 2 Kor 3,16-4,12 vornimmt[1]. Den Ausgangspunkt seiner Überlegungen, die dem 10. Brief des "Kleinen Briefbüchleins" zu entnehmen sind, bildet die Einsicht, daß der Mensch infolge der Beeinträchtigung durch seinen Leib anstelle einer direkten Gotteserfahrung andauernd konkreter Vorstellungen bedarf, um durch deren Vermittlung mit Gott in Kontakt stehen zu können. Hinsichtlich dieser Funktion spricht er Jesus Christus eine alles überragende Bedeutung zu, dessen *bilde* alle anderen *bilde* übertrifft, da in seiner Person Gott und Mensch vereint sind und somit Bild und Abgebildetes zusammenfallen. Seuse formuliert: "*Wan aber dú sele von dez sweren libes krankheit dem lutern guot in entbiltlicher wise nit mag blosseklich alle zit an gehäften, so muesse si etwas biltlichs haben, daz si wider in leite. Und daz beste dar zuo, daz ich verstan, daz ist daz minneklich bilde Jesu Cristi; wan da hat man got und menschen, da hat man den, der alle heiligen hat geheiliget, da vindet man leben, daz ist der hoehst lon und obrester nuzz.*" (391,1-7) Deshalb trifft auf Jesus Christus nicht zu, was für alle anderen geschöpflichen Bilder nach Seuses Auffassung gilt: "*Wie kan man bildlos gebilden unde wiselos bewisen, daz über alle sinne und über menschlich vernunft ist? Wan waz man glichnust dem git, so ist es noh tusentvalt ungelicher, denn es glich sie.*" (191,6-9) Im Unterschied zu allen anderen Bildern kann der Mensch somit das *bilde* Jesus Christus nicht weiter transzendieren, indem er *bilde* mit *bilden ustribet* (191,6). Dies bedeutet auch, daß für Seuse aufgrund der christologischen Zentrierung seiner Aussagen die Transformation des Menschen in das göttliche Sein, das nach Eckharts Auffassung als Gottes *bilde* im *grunt der sele* präsent ist, nicht in Frage kommt. Vielmehr vertritt er in Übereinstimmung mit 2 Kor 3,18: "Nos vero... in eandem imaginem transformamur..." die Position, daß Jesus Christus "*der erste und eingeborne sun ist nach der übertreffenden annemunge in die selbsheit der goetlichen persone, und aber die andern in die innemunge überfoermiger einikeit des selben bildes.*" (339,10-13)

---

[1] Bemerkungen zu Seuses Konzeption des Verhältnisses von Christologie und Anthropologie finden sich u.a. bei Alois M. Haas, Selbsterkenntnis, aaO, S.167-171; 179 und bei Loris Sturlese, Heinrich Seuse, aaO, XLI f. Auf die Relevanz der Metaphorik für diese Konzeption wird bei beiden Autoren nicht eingegangen.

Die Metaphern, die den Prozeß der Transformation betreffen, weisen deshalb eine größere Nähe zu Vollzügen auf, die - wie im vorangehenden Kapitel aufgezeigt wurde - der Mensch in seiner konkreten raum-zeitlichen Situation individuell realisieren kann; dies ist darin begründet, daß sich der Mensch in der Sicht Seuses nicht dem *esse abstractum* angleichen muß, sondern an Jesus Christus als dem *esse concretum*. Demnach liegt bei Seuse im Unterschied zu Meister Eckhart die vom Menschen durch Verwandlung zu erreichende Andersheit nicht außerhalb seiner individuellen menschlichen Situation, sondern begegnet geschichtlich auf menschliche Weise in Jesus Christus. Der Wechsel von der eigenen Existenz in die göttliche unio läßt sich somit - neben den bereits genannten Möglichkeiten - in der Beziehung zu Jesus Christus in der Weise realisieren, daß sich der Mensch ihm zunehmend angleicht[1]. Entsprechend Seuses Grundsatz des *"entbildet werden von der creatur, gebildet werden mit cristo und überbildet in der gotheit"* (168,9f) bedeutet dies: Im Unterschied zu allen anderen Bildern, bei denen der Rezipient mit seiner Aufmerksamkeit sowohl im Bild ist, als sich auch durch die Abstraktion von deren geschöpflichen Gehalt darüberhinaus bewegt, tritt der Rezipient beim *bilde Jesu* aus dem Medium der Sprache, um sich mit seiner ganzen Existenz im lebendigen Umgang mit den gebotenen Vorstellungen von Leben und Leiden Jesu darauf einzulassen. So stellt Seuse z.B. das über die Sterbemetapher ins Bild gebrachte geistliche Sterben als ein Geschehen dar, in dessen Verlauf - nachdem sich der Mensch dem Schicksal Jesu angeglichen hat - der Übergang von der Zeit zur Ewigkeit vollzogen wird und es infolgedessen zur Erfahrung des Göttlichen kommt (s.*sterben* 4.2.; 4.5-4.6); dementsprechend kann Seuse auch formulieren, daß der Mensch *"in einem lebenden sterbenne"* gerade die Erfahrung des göttlichen Trostes macht (s.439,22-440,1). Die Orientierung an Jesus Christus geht sogar so weit, daß Seuse - wie einer anderen Textstelle zu entnehmen ist - mit Hinweis auf Jesus Christus, der sich gehorsam *in trunkner bitterkeit* hingegeben hat, der Erfahrung Gottes die Erfahrungslosigkeit vorzieht (s.465,15f; s.*truchenheit* 4.1.; 5.1). Ferner wird im christologischen Kontext das bei Seuse ausgestaltete Bild des geistlichen Ritters und der Ritterschaft zu einem Bild der Leidensnachfolge Jesu, das von daher seine inhaltliche Füllung erhält.

Allgemein läßt sich festhalten: allen christologisch zentrierten Bildern Seuses liegt die Vorstellung zugrunde, daß sich durch eine Wiederholung von Leiden und Sterben Jesu die Angleichung an ihn vollzieht und im weiteren Verlauf der Identifikation auch der Übergang in die Göttlichkeit Jesu Christi erfolgt: *"Und so er in daz selb bilde wirt gebildet, so wirt er denne als von gotes geist in die goetlichen guenlichi dez himelschen herren überbildet von klarheit ze klarheit, von klarheit siner zarten menschheit zuo der klarheit siner gotheit."* (391,7-10) Die Metapher *enbloezen* markiert bei diesem Prozeß der sich entwickelnden Identität die Stelle, wo der Mensch, um ganz der Göttlichkeit Jesu Christi begegnen zu können, alles Irdisch-Leibliche von ihm wegnimmt (s. *enbloezen* 4.1.-4.2), oder umgekehrt formuliert: Wenn alle kreatürliche Obsession beim Menschen aufgehoben ist, kann er

---

[1] Dabei kommt es (vorübergehend) zum Subjektwechsel, d.h. - wie Markus Enders (Das mystische Wissen bei Heinrich Seuse, aaO, S.321) richtig bemerkt - "daß Gott selbst (in Christus) zum Wollenden im Menschen,... zum letzten Bestimmungsgrund des menschlichen Handelns und Sichverhaltens wird."

sich ganz auf das *bilde* Jesus Christus einlassen und gelangt *"von klarheit siner zarten menscheit ze der klarheit siner ewigen gotheit"* (476,19-21; s.*bloz* 1.10.-12; *luter* 1.10.-1.14). Dieses Geschehen setzt aber voraus, daß der Mensch seine Individualität von Christus her neu bestimmen läßt, indem er in *abegescheidenheit* die *"vonker von der welt lusten und von súntlichen gebresten"* (192,16f) sowie die *entgangenheit sin selbes* (168,16) realisiert mit dem Ergebnis, daß er *ein mensch ist worden in Cristo* (168,18).

Die Metaphorik hat in diesem Problemkontext die Funktion, jede Form von Festlegung bezüglich des intendierten Transformationsprozesses zu verhindern. Wie an zahlreichen Textstellen deutlich wird, geht es Seuse gerade nicht um einen vorgegebenen, genau geregelten Prozeß der Veränderung[1]; die besondere Leistung der Metaphorizität seiner Aussagen zur menschlichen Veränderung besteht vielmehr gerade darin, daß der Rezipient auf der Suche nach dem eigentlich gemeinten Sinn der metaphorischen Aussage zu dem wird, was die metaphorische Aussage intendiert hat. Seuse bringt diese bemerkenswerte Verbindung von sprachlicher Darstellung und Lebenswirklichkeit des Rezipienten im Rahmen von Ausführungen zur Sprache, in denen die Frage beantwortet wird, wie man auf dem Weg zu Gott *anvahender mensche* werden könne: Anhand seiner eigenen Erfahrungen stellt Seuse in der Vita dar, wie er zunächst der Meinung gewesen sei, daß die für einen *anvahenden mensche* unabdingbare *abegescheidenheit* wörtlich zu verstehen und in Form eines Rückzugs aus der Welt ins Kloster zu realisieren sei (s.59,29-31; s.*abegescheidenheit* 2.1.-2.3.; 3.8.). Doch nach mehr als zehn Jahren Klosterleben wird er von Gott einen *hohen weg* geführt und lernt die wörtlich interpretierte *abegescheidenheit* metaphorisch zu verstehen - ein Bewußtseinsprozeß, der für Seuse ein *hoch vernúnftige(r) weg* ist, auf dem die Seele ein *luter, vernúnftiger gotfoermiger geist* werden soll (379,1f; s.*luter* 1.4.-1.7.). Damit wird für den Rezipienten von Seuses Predigten der Sinn des mit *abgescheidenheit* gemeinten Sachverhalts in seiner Komplexität deutlich. Infolgedessen wird er angeregt, sich selbst auf die Suche zu machen nach den mit *abegescheidenheit* gemeinten Konsequenzen, für sein eigenes Leben. Auf diese Weise wird er selbst zum *anvahenden mensche*, d.h. zu einem Menschen, der sich in Distanz zur Alltäglichkeit begibt und damit in seinem Inneren das realisiert, was Seuse mit *heimlichen kluse eins abgescheidenen lebens* auch gemeint hat (296,27; vgl. *abgeschaiden* 3.4.-3.6.).

Zusammenfassend läßt sich feststellen: Am Metapherngebrauch Seuses für die Transformation des Menschen in Gott wird deutlich, wie Seuse nach Möglichkeiten sucht, anstelle der ihm verwehrten radikalen Offenheit der Eckhartschen Metaphorik auf die unio hin, den geistlichen Prozeß metaphorisch so zu inszenieren, daß er unter Wahrung der geschöpflichen Lebensbedingungen von Raum und Zeit der veränderten Zielsetzung gerecht wird. Deshalb darf man nicht einfach nur bei der durchaus berechtigten Feststellung einer Reduktion in Seuses Metaphorik ste-

---

[1] Hingewiesen sei in diesem Zusammenhang auf die Vielfalt der individuellen Realisierungsmöglichkeiten der menschlichen Veränderung: *"... wan eins lofet mit grosser strenkheit, eins ilet mit luter abgescheidenheit, eins flúget mit hoher schoewelichkeit, ieder mensch, als er denne gezogen ist."* (388,14-16)

henbleiben¹, sondern muß vielmehr zugleich das Experimentieren Seuses mit bisher nicht eröffneten Sinnmöglichkeiten der Metaporik berücksichtigen: Nicht mehr Angleichung an das göttliche Sein, sondern compassio; nicht mehr die Verallgemeinerung der individuellen Existenz, sondern eine Begegnung des konkreten Menschen in Raum und Zeit mit Gott steht im Mittelpunkt von Seuses Interesse.

7. Die christologische Konzentration der Metaphorik für den Transformationsprozess bei Margaretha Ebner und Heirich von Nördlingen

Margaretha verleiht Jesus Christus für die anvisierte menschliche Veränderung eine zentrale Bedeutung. Dies zeigt sich darin, daß sie Christus bittet, dem Menschen, der sich dem Leiden Jesu und den Sakramenten zuwendet, die Distanz von der Welt zu ermöglichen (s.*abescheiden*). Auch mißt sie der Biographie Jesu orientierende Funktion zu (s.*clar* 1.2.): Die sündenlose Menschheit Jesu vermag den Menschen von allen Beeinträchtigungen seines Wesens und seiner Schuld zu befreien (s.*luter*) - eine Fähigkeit, die Margaretha auch der Reinheit der Gottesmutter zuspricht (s.*rein* 1.3.). Jesus Christus kommt somit aus der Sicht Margarethas eine doppelte Funktion zu: Zum einen soll er dem Menschen helfen, seine Einstellung zur Welt zu verändern; zum anderen ist die veränderte Einstellung und Verfassung des Menschen Bedingung dafür, daß Jesus empfangen werden kann. Jesus Christus ist somit Mittel und Ziel der Veränderung.

Wie Margaretha Ebner begründet auch Heinrich von Nördlingen die menschliche Transformation christologisch. Bezüglich der Person Margarethas ist er davon überzeugt, daß Jesus Christus bei ihr alle entfremdenden Bestimmungen ihres Wesens vernichtet hat (s.*kleren*). Typisch für ihn ist, daß er neben Jesus Christus und dem Hl. Geist auch Margaretha in Bezug auf andere entfremdet lebende Menschen eine befreiende Wirkung zumißt (s.*reinigen*). Auch für sich selbst sieht Heinrich Margaretha als Vorbild der Nachfolge an (s. Brief Nr. 17 an Margaretha; 197,4-15)².

---

¹ So erst kürzlich wieder: Susanne Köbele, Bilder der unbegriffenen Wahrheit, aaO, S.195f.
² Margot Schmidt (Das Ries, aaO, S.477) bemerkt zur Stelle treffend: "Sie allein besaß für ihn die echte Gottesliebe, an ihrem Beispiel las er die wahre Nachfolge Christi ab. In der Begegnung mit ihr und aus ihren Aufzeichnungen erkannte er Gott und sein Wirken im Menschen."

Kapitel 2: DIE TRANSPOSITION DES MENSCHEN

1. Einführung in die Problemstellung

Neben dem im vorangehenden Kapitel vorgestellten Konzept der Transformation des Menschen findet sich in den untersuchten Texten ein zweites Konzept, das die Beziehung Gott-Mensch im Rahmen von räumlichen Vorstellungen beschreibt: Will sich der Mensch Gott annähern, muß er sich vom irdischen Bereich in einer als Ortsveränderung vorgestellten geistigen Bewegung entfernen, die vom Bereich Gottes her ihre Richtung und ihr Ziel erhält. Für die in der vorliegenden Untersuchung behandelten Autoren ergeben sich dabei folgende Probleme:

- Wie kann die Annäherung an Gott erfolgen in Anbetracht der Tatsache, daß Gott nicht eindeutig lokalisierbar ist?

- Welcher Charakter kommt der Distanz des Göttlichen zum irdischen Bereich zu? Sieht man diese als eine absolute Distanz, kann der Mensch die Grenze zum Göttlichen als Mensch nicht überwinden. Geht man von einer relativen Distanz aus, droht die Gefahr, daß Gottes Andersheit nivelliert wird und der Wechsel vom irdischen zum göttlichen Bereich als ein vom Menschen machbarer Weg erscheint, der die Zuwendung Gottes in Gnade überflüssig werden läßt.

- Darüberhinaus stellt sich die Frage, ob und wie der Zusammenhang von Gottes unendlicher Entfernung zum Kreatürlichen und seiner gleichzeitig in der kreatürlichen Wirklichkeit erfahrbaren Nähe vorstellbar gemacht werden kann. In diesem Problemkontext wird auch zu untersuchen sein, welchen Stellenwert der jeweilige Autor sowohl dem Weg des Menschen zu Gott als auch dem Weg Gottes zum Menschen zumißt. Zu fragen ist daher wiederum, welche Funktion den über räumliche Vorgänge metaphorisch veranschaulichten geistigen Bewegungen des Menschen im Rahmen des Prozesses von der Differenz zur Identität mit Gott zukommt und in welcher Beziehung die göttliche Aktivität dazu steht und vor allem was es bedeutet, daß das Geschehen metaphorisch zur Sprache gebracht wird.

Aufgrund der in Teil III durchgeführten Untersuchung der Metaphorik lassen sich bezüglich der genannten Fragen folgende erste Beobachtungen nennen:

- Über die Metaphern *ufgan, übergan, klimen, ufklimen, stigen, springen, uffaren, vliegen, ziehen, ufziehen, ufzucken* wird die Annäherung des Menschen an die Transzendenz Gottes auf der Grundlage des räumliche Schemas von unten/oben als Aufstiegsbewegung entworfen.

- Daneben findet sich - vermittelt über die Metaphern *ingan, infliessen, inziehen* - die Vorstellung, daß aufgrund der in das menschliche Innere verlagerten Transzendenz Gottes Gott durch eine Bewegung des Menschen in sein Inneres zu erreichen ist. Weitgehend richtungsindifferent verläuft im Unterschied dazu das - über Metaphern wie *treten/übertreten, übervarn* gestaltete - Geschehen, bei dem es, bedingt durch die intendierte unio, in der horizontalen Dimension[1] um den Wechsel vom Bereich der Geschiedenheit in den der Ungeschiedenheit der göttlichen Wirklichkeit geht.

- Neben dem Aufstiegsmodell und dem horizontalen Modell findet sich in den untersuchten Texten das Abstiegsmodell, das bei den einzelnen Autoren auf unterschiedliche Weise durch Metaphern wie z.B. *vallen, sinken, nidergan, uzgiessen* konstituiert wird.

- Aufschluß über die jeweilige Sichtweise des einzelnen Autors läßt sich gewinnen, wenn man die besondere Weise der Kombination der drei Modelle sowie das Verhältnis von menschlicher und göttlicher Aktivität beim Prozeß der Transposition des Menschen genauer untersucht.

2. Die Reflexion der verschiedenen Raummodelle bei Mechthild von Magdeburg

Was die Verwendung des horizontalen Modells bei Mechthild von Magdeburg anbelangt, fällt auf, daß der Wechsel des Menschen in den göttlichen Bereich mittels dieses Modells den Charakter eines selbstverständlichen natürlichen Geschehens erhält, indem sehr allgemeine Bewegungsweisen als Metaphern für den gemeinten Vollzug eingesetzt werden: Der Mensch *gat* in Gott (s.*gan* 1.1.-1.3.), bzw. er und alle Dinge kehren wieder in ihren Ursprung zurück, indem sie in Gott *(in)-vliessen* (s.*vliessen* 1.12.-1.17. und 12.1.- 12.2.). Das Modell gewinnt an Komplexität, wenn Mechthild die Motivation nennt, die der Mensch für seine Bewegung zu Gott hat; dabei können neben den Tugenden allgemein (s.*gan* 1.1.-1.3.) und der Minne im besonderen (s.*ziehen* 1.6.- 1.11; 1.1.- 1.2.) auch Gott, der den Menschen zu sich zieht, als Ursache der menschlichen Transposition erscheinen (s.*ziehen* 1.1.-1.2.). Die Metapher *ziehen* markiert in diesem Zusammenhang die Stelle im Modell, wo der Umschlag von menschlicher Motivation zu göttlichem Handeln erfolgen kann. Dabei fällt auf, daß aufgrund der großen Bedeutungsbreite der Metapher *ziehen* das horizontale Modell aufgebrochen und dahingehend erweitert werden kann, daß beim Rezipienten die Vorstellung einer nach oben verlaufenden Bewegung evoziert wird. Diese Tendenz wird eindeutig, wenn der Eingriff Gottes in die menschliche Situation als Entrückung des Menschen verstanden wird (s.*ziehen* 1.1.-1.2.; 1.5.), so daß sich dann endgültig der Übergang vom horizontalen in das Aufstiegsmodell vollzieht.

Während die im horizontalen Modell bei Mechthild anschaulich gemachten Vollzüge vielfach richtungsindifferent sind, steht der Richtungsaspekt im Aufstiegsmodell, das über die Verbmetaphern *vliegen, klimen, stigen* konstituiert wird, im Vordergrund. Bei diesen Metaphern geht es vor allem um die räumliche Veranschaulichung der existentiellen Konsequenzen, die sich aus der Gottesminne des

---

[1] Gegenüber der bisherigen Mystikforschung, die bislang diesem Modell keine Beachtung geschenkt hat, muß hervorgehoben werden, daß horizontale Bewegungsabläufe in den untersuchten Texten äußerst häufig festzustellen sind.

Menschen, aber auch allgemein aus einem tugendhaften Leben ergeben: Der Mensch distanziert sich von der vergänglichen Wirklichkeit (s.*vliegen* 1.1.-1.2.; 4.1.), wird mit zunehmender Annäherung an Gott Gott ähnlich (s.*klimen* 3.1.) und in Gott durch Gnade, d.h. durch *"klimen sunder arbeit"*, mit ihm eins (s.*klimen* 1.1.-1.2.). In der logischen Konsequenz des Aufstiegsmodells liegt es, daß die freiwillige Distanzierung der Seele von Gott sowie die durch die Leibgebundenheit der Seele oder durch untugendhaftes Verhalten (s.*sinken* 8.1.-8.3.) ausgelöste Rückkehr zur Erde als Abwärtsbewegung dargestellt wird (s.*val* 2.4.-2.6.; 5.1.; *sinken* 1.1.-1.2.).

Was die Bedeutung von Aufwärts- wie Abwärtsbewegung anbelangt, kommt beiden in Bezug auf den Menschen ein ambivalenter Charakter zu: Die in Minne zu Gott erfolgende Aufwärtsbewegung kann zum Hochmut werden[1]; der Übergang ist fließend, was Mechthild dadurch verdeutlicht, daß sie wie die aus Liebe erfolgende Annäherung an Gott auch den Hochmut im Aufstiegsmodell als *ufstigunge* zur Sprache bringt (s.*ufstigunge* 8.1.); daher muß der Aufstieg - Gott zur Ehre - wieder in eine Abwärtsbewegung umschlagen: *"Aber die sinkende diemuetekeit, die nit ist undersnitten mit hohem muote in der geistlicheit..."* (V 4,7f; vgl. *sinken* 1.2.; 2.1.). Die Abwärtsbewegung kann aber auch in der Faszination begründet sein, die die sündige Welt auf den Menschen ausübt; ebenso kann die Demut beim Menschen eine Abwärtsbewegung bewirken: Dieses Konzept der *sinkenden diemuetikeit* sieht Mechthild sogar neben der Gottesminne und den anderen Tugenden als wesentliche Voraussetzung dafür an, daß der Mensch vollkommene Tugendhaftigkeit und Heiligkeit, d.h. Gottgleichheit erlangen kann. Das Konzept wird dadurch realisiert, daß sich der Mensch in Demut, nachdem er aufgrund seiner ausschließlichen Gottesliebe in die Nähe Gottes gelangt ist, bis in den untersten Teil der Wirklichkeit begibt. Dort erfährt er in der größten Entfernung von Gott dessen Nähe (s.*sinken* 1.3.). Damit ist das Aufstiegsmodell aus den Angeln gehoben: Denn nicht nur in der größten Nähe, sondern auch in der größten Entfernung von Gott vermag die Seele Gott zu erfahren.

Einen wichtigen Grund dafür, daß die Aufstiegs- durch eine Abstiegsbewegung abgelöst werden muß, sieht Mechthild in der Gefahr, daß die Gottesliebe in Selbstliebe umschlagen kann mit der Folge, daß der Mensch letztlich bei sich selbst bleibt und somit das Göttliche niemals erreicht. Dies ist der Grund dafür, daß sich die Seele nach lange andauernder Erfahrung von Gottes Nähe von Gott entfernen möchte: *"Do dis wunder und dirre trost hette gewert aht jar, do wolte mich got alze sere troesten über miner sele edelkeit." "Eya nein, lieber herre, hoehe mich nit so sere"*, sus sprach dú unwirdige sele, *"es ist mir alze guot in dem nidersten teile, da wil ich iemer vil gerne sin durch dine ere."* (IV 12,34-37) Schließlich weist Mechthild mit ihrer Korrektur des Aufstiegsmodells darauf hin, daß auf die Nähe zu Gott sogar mit Notwendigkeit die Distanz folgen muß (s.*sinken* 1.1.-1.2.). Diese Distanz kann der Mensch in Demut noch vertiefen, wobei er zur Einsicht gelangt, daß für Gott und die Begegnung mit ihm die Opposition von Nähe und Ferne kei-

---

[1] Vgl. zu diesem augustinischen Motiv Anders Nygren S.370: Nach Augustin ruft "der Aufstieg der Seele zur höheren Welt... leicht ein Gefühl von Selbstgenügsamkeit und Übermut hervor..."; Conf VII, XX, 26: "Wo gab es dort jene Liebe, die aufbaut auf den Grund der Demut, der da ist Jesus Christus?"

ne Gültigkeit besitzt: Die Erfahrung Gottes ist nicht an eine bestimmte Position in der Wirklichkeit gebunden, sondern von jedem Punkt der Wirklichkeit aus - gerade auch aus der größtmöglichen Entfernung - möglich. Die Demut ist in diesem Zusammenhang die Haltung, in der der Mensch im Unterschied zur Gottesminne jegliche - auf die Realisierung einer Nähe zu Gott gerichtete - Aktivität aufgibt und absichtslos das findet, was er nicht intendiert hatte: *"si jaget si <die sele> uf in den himmel und zúhet si in das abgrúnde wider."* (V 4,49f; vgl. *ziehen* 1.7.).

Aus den bisherigen Ausführungen wird ersichtlich: Die über verschiedene Metaphern realisierte räumliche Konzeption der Gottesbegegnung sperrt sich gegen eine eindeutige Zuordnung Mechthilds zur Aufstiegs- oder Abstiegsmystik. Es ist richtig, wenn Alois M. Haas schreibt, daß "das Assoziationsfeld des Fallens, Sinkens und Fließens... Mechthilds Mystik von aller bisher bekannten Aufstiegsmystik und -metaphorik..." entfernt[1]; die Zuspitzung dieses Sachverhalts in der Feststellung, "jeder Aufstieg endet bei Mechthild in einem Abstieg"[2], muß jedoch in verschiedener Hinsicht relativiert und differenziert werden: Abgesehen von der - in Beziehung zur sonstigen Erfahrung des Menschen am wenigsten unterschiedenen - horizontalen Begegnungsmöglichkeit Gottes, die in der Alternative Aufstiegs- Abstiegsmystik völlig vernachlässigt wird, gibt es Ausführungen Mechthilds, die ausschließlich den Aspekt des Aufstiegs entwickeln (s.*vliegen*). Ferner muß berücksichtigt werden, daß der Abstiegsbewegung ein unterschiedlicher Charakter zukommt: Zum einem entspricht sie dem transitorischen Charakter der über die Aufstiegsbewegung realisierten unio; der Abstieg markiert dabei die zeitliche Grenze des Menschlichen zum Göttlichen; Abstieg bedeutet demnach Wechsel von der göttlichen in die menschliche Ordnung. Zum anderen ist der Abstieg Ausdruck für die sündige Existenz des Menschen, die auch noch in der extremen Gegenposition zur Sünde ihre Wirksamkeit entfaltet, indem sie die Abkehr des Menschen von Gott bewirkt. Schließlich ist die Abstiegsbewegung Bild für die demütige Einstellung des Menschen, der gerade dadurch zur Erfahrung Gottes gelangt.

Somit trägt sowohl der Aufstieg infolge der in ihm enthaltenen Möglichkeiten der Gotteserfahrung und des Hochmuts als auch der Abstieg als Ausdruck von Sünde oder Demut einen ambivalenten Charakter. Der Akzent liegt weder einseitig auf dem Aufstieg noch auf einem Abstieg, auch wenn nicht übersehen werden darf, daß die Thematisierung der Rückkehr des Menschen von Gott und dessen zugleich erfolgende erneute Annäherung an Gott im Bild der Abwärtsbewegung ein charakteristisches Merkmal von Mechthilds Werk bildet. Dies ist umso mehr im Rahmen der vorliegenden Arbeit hervorzuheben, als die Neuheit dieses Aspekts nicht so sehr in der Thematisierung der Demut liegt, sondern in deren metaphorischer Inszenierung im Kontext der Gotteserfahrung. Das Thema selbst - die Fundierung der Gottesminne in der Demut - findet sich nämlich bereits bei Augustinus, der sich damit vom Platonismus abhebt. Kritisch wendet er gegen seine platonische Lektüre ein: "Ubi enim erat aedificans caritas a fundamento humilitatis, quod est Christus Iesus?"[3]

---

[1] Alois M. Haas, Sermo mysticus, aaO, S.115.
[2] Alois M. Haas, Sermo mysticus, aaO, S.117.
[3] Augustinus: Confessiones VII 20,26.

Die originäre Leistung Mechthilds ist demnach nicht in der Tatsache zu suchen, daß sie im Konzept der *sinkenden minne* oder der *sinkenden diemueticheit* (s.*sinken* 2.1.-2.3.) der Kenosis programmatische Bedeutung verleiht[1]; vielmehr muß beachtet werden, daß sie die Einheit ihres mystischen Diskurses riskiert, indem sie die verschiedenen Erfahrungsmodelle für das Göttliche - neuplatonisches Aufstiegsmodell, christliches Kenosismodell und das horizontale Modell der alltäglichen Erfahrung - ungeachtet ihrer Heterogenität in ihrem Buch koexistieren läßt. Somit liegt ihrem Werk kein einheitliches Konzept der Gotteserfahrung zugrunde, sondern die Einsicht, daß alle Versuche einer Konzeptualisierung der Erfahrung des Göttlichen letztlich nur die Erfahrung der Grenze vermitteln können, die zwischen der lebendigen göttlichen Wirklichkeit und deren systematischer Erfassung durch den Menschen besteht. Mechthild trägt der Diskontinuität Gottes zur irdischen Wirklichkeit dadurch Rechnung, daß sie die vertikal und horizontal unterschiedenen Modelle nebeneinanderstellt, die Ambivalenz von Aufstieg und Abstieg betont, sowie Bilder entwickelt, in denen für die Annäherung des Menschen an Gott einerseit nur der Aufstieg oder nur als eine Weise der Nachfolge Jesu der Abstieg in Form des Descensus ad inferos und andererseits der zeitliche Zusammenhang von Aufstieg vor der Gottesbegegnung und Abstieg nach der Gottesbegegnung (d.h. eigentlich wieder vor einer erneuten Gottesbegegnung) thematisiert wird. Auf diese Weise schreitet sie den ganzen menschlichen Erfahrungsraum vertikal und horizontal ab, durchläuft die Zeit und bekundet damit zum einen, daß sie die Erfahrung des Göttlichen an jedem Punkt der Wirklichkeit und zu jeder Zeit für möglich wie auch für unmöglich hält. Zum anderen dokumentiert sie ihre Überzeugung, daß die räumliche und zeitliche Ordnung keine verläßlichen Schemata für die Erfahrung des Göttlichen abgeben können, indem sie der Andersheit Gottes[2] mit der Variation der verschiedenen Modelle entspricht. Insofern deren

---

[1] Gegen Walter Haug, Religiöse Erfahrung, aaO, S. 98. Walter Haug beachtet nicht das Nebeneinander von Aufstiegs-, Abstiegs- und horizontalem Modell und scheint Mechthilds Aussagen, bei denen deutlich wird, wie Mechthild mit den verschiedenen Modellen experimentiert (s.o.), völlig zu ignorieren. Eine derart vereinfachende Perspektive kann zwangsläufig Mechthilds Intention nicht gerecht werden: Wie man bereits durch die Untersuchung einer geringen Anzahl von Metaphern erkennen kann, ist für Mechthild die Erfahrung wichtig, daß vom Menschen in Bezug auf Gott nichts machbar ist: Jeder Weg trägt ambivalenten Charakter; er muß in sein Gegenteil, die Differenz zu Gott, umschlagen und umgekehrt: Der vom Menschen bewußt gewählte Verzicht auf eine Gotteserfahrung wird gerade zur Erfahrung des Göttlichen usw. Dies heißt: Es geht nicht nur um den "Abstieg in die Entfremdung" als "Negation des Weges..."(Walter Haug, Religiöse Erfahrung, aaO, S.99), sondern um alle vom Menschen gestalteten Weisen der Gottesbeziehung, die an der Andersheit des Göttlichen sowie an der Inadäquatheit des Menschen Gott gegenüber scheitern müssen.
[2] Das Nebeneinander der verschiedenen Modelle der Gotteserfahrung bei Mechthild zeigt, wie fragwürdig die These von Walter Haug (Literatur und Leben im Mittelalter, aaO, S.22) ist, mit der Analogieformel des Lateranense IV - für Haug Ausdruck einer Ontologie, die die Differenz betone - komme es zu einem "dezidierten Bruch zwischen den beiden Sphären" (des Irdischen und des Göttlichen) und ziehe eine neue Form des Gotteserfahrung nach sich: "Der traditionellen Aufstiegsmystik tritt eine Abstiegsmystik gegenüber; der Weg zur Transzendenz führt über die radikale Gottferne. Dadurch, daß man die Transzendenz des Göttlichen forciert..., entsteht ein Gegeneffekt: die Welt wird auf sich selbst zurückgeworfen." (Walter Haug, Von der Idealität des arthurischen Festes, aaO, S.169). Genau das Ge-

Disparatheit jeglicher synthetisierenden Aktivität des Menschen widersteht, lassen sich die verschiedenen Modelle allein von Gott her regeln und in ihrem systematischen Zusammenhang begreifen[1]. Der Mensch muß deshalb einsehen, daß er nur in Distanz zur Position Gottes von seiner Erfahrung Gottes in der Weise zu sprechen vermag, daß bei ihm in verschiedene Blickwinkel und Schemata der Erfahrung auseinanderfällt, was jenseits der Sprache in Gott geeinigt ist.

3. Die metaphorische Ausprägung der verschiedenen Modelle für die Annäherung des Menschen an Gott bei Meister Eckhart

Wie bei Mechthild von Magdeburg findet sich auch bei Meister Eckhart die Tendenz, den Wechsel vom menschlichen in den göttlichen Bereich im Rahmen des horizontalen Modells über die Metaphern *gan* und *vliessen* als einen analog zu selbstverständlichen menschlichen Vollzügen gestalteten Vorgang darzustellen: Der Mensch/die Vernunft *gat* in Gott (s.*gan* 1.1.; 11.5.) bzw. die Seele *vliuzet* in ihren göttlichen Ursprung (s.*vliessen* 1.20; 12.1.; 12.4.). Daß die Annäherung an Gott potentiell immer auf die unio hin tendiert, wird vor allem am Gebrauch der Verbmetapher *ziehen* deutlich: Zunächst steht sie für die - überwiegend von göttlicher Aktivität bewirkte - richtungslose Annäherung des Menschen an Gott (s.*ziehen* 1.1.-1.2.). Seinen Endpunkt erreicht das Geschehen aber erst, wenn die Seele mit göttlicher Hilfe tief in das Innere Gottes eingedrungen ist (s.*ziehen* 1.3.).

Ihre für Eckhart typische Ausformung erhält die im Rahmen dieses Modells entwickelte Bildlichkeit durch die ontologische Perspektive, die in folgenden Vorstellungen auszumachen ist: Der Mensch muß alles Geschaffene *durgân*, um in den unendlichen Grund zu kommen (s.*gân* 4.1.). Ferner: Die Nähe zu Gott stellt sich ein, wenn sich der Mensch in Distanz zur Welt und zu sich selbst begibt (s.*gân* 2.1.-2.3.); er folgt darin Jesus nach, wird ihm gleich und eins mit ihm (s.*gân* 19.1.-19.2.). Mit der Einsicht, daß die Differenz von Gott und Mensch nicht einfach übersprungen werden kann, ist der Punkt erreicht, wo Eckhart die Notwendigkeit zur Ausdifferenzierung der Bildlichkeit sieht: Wie aus der Untersuchung der Metaphorik in Teil III zu entnehmen ist, bringt Eckhart den Prozeß der Distanzierung sowohl im horizontalen Modell (s.*übergân*; vgl. *gân* 13.1.-13.2.), als auch im Aufstiegs- und im Abstiegsmodell ins Bild (s. *übergân* 13.1.-13.2.; s.*entvallen* 5.6.; s.*entsinken* 5.1.). In diesem Zusammenhang ist von Bedeutung, daß die als Abwärtsbewegung dargestellte Distanzierung dann eine gegenüber

---

genteil ist für Mechthild richtig: Die Differenz, die der Mensch immer wieder in seiner Beziehung zum Göttlichen erfährt, gehört zum Inhalt der Gotteserfahrung. Sie resultiert aus der Andersheit Gottes und zeigt die Freiheit Gottes, dem Menschen zu begegnen, wann und wie er, Gott, will. Eine Differenz ergibt sich daher allein aus dem Unterschied zu sonstiger Erfahrung des Menschen, bei der der Mensch über den Inhalt der Erfahrung leichter verfügen und diesen berechnen kann. Eine Differenz tut sich jedoch nicht im Verhältnis von Gott und Mensch auf, insofern jede Differenz, ja sogar - wie in IV 12 deutlich wird - jeder Versuch des Menschen zur Differenz, von Gott immer schon überwunden ist.

[1] Dies muß gegenüber Klaus Grubmüller (Sprechen und Schreiben, aaO, S.347) geltend gemacht werden, der davon ausgeht, daß der Text seine Einheit im Rezipienten findet.

Mechthild negative Umwertung erfährt, wenn sie als Bewegung von Gott weg verläuft, was dadurch zustandekommt, daß der Hl. Geist den Menschen verläßt (s.*nidersinken*; vgl. *sinken* 7.1.) bzw. der Mensch sich zur Sünde hin orientiert (s.*abevallen*; vgl. *val* 4.4.-4.6.; 2.8.-2.12.).

Eine andere Funktion erhält die Abwärtsbewegung, wenn sich der Mensch bereits in der Nähe Gottes befindet: Eckhart spricht in diesem Zusammenhang davon, daß die menschliche Erkenntnis auf das lautere Sein Gottes fällt (s. *val* 2.1.-2.6.); oder daß der menschliche Geist, der sich über alles Irdische erhoben hat, in das Innere der göttlichen Wirklichkeit versinkt (s.*sinken* 5.1.; 8.1.). Somit findet die Abwärtsbewegung ihren eigentlich positiven Sinn nicht in der Welt - wie etwa bei Mechthild als Realisierung der Demut -, sondern in der Wirklichkeit Gottes. Mit der in Gott lokalisierten Abwärtsbewegung verweist Eckhart darauf, daß auch in der erreichten Nähe die Distanz zu Gott noch solange vorhanden ist, wie der Mensch nicht als Gegenüber in Gott verschwindet.

Kennzeichnend für das Aufstiegsmodell bei Eckhart ist der Raum, den er dem göttlichen Handeln verleiht. Der Seele wird zwar zugestanden, daß sie sich in ihrem obersten Teil mit ihrer einfaltigen Kraft, durch die Gott erkannt wird, identifizieren kann (s.*ziehen* 1.2.) und sich durch Tugendübungen zu einem Leben ohne Gegensätze erheben kann (s.*klimen* 2.2.). Alle Vollzüge jedoch, die auf eine direkte Begegnung mit dem in der Höhe lokalisierten Göttlichen gerichtet sind, sieht Eckhart dagegen durch Gott, den Hl. Geist oder allgemein die Gnade bedingt (s.*klimen* 1.1.-1.2.: 2.1.-2.6.). Allein das Gebet bezeichnet Eckhart als *ein vernünftic ûfklimen in got* (I 318,12f). Ansonsten gerät der Mensch, der sich in seinem Existenzvollzug direkt auf Gott hin orientiert, durch eigene Tätigkeit, seinen *ûfklimmenden geist*, nur in den Bereich der Gnade, wo er so verändert wird, daß er in den Bereich des Sohnes kommt (s.*klimen* 1.3.); bzw. die menschliche Aktivität ist Folge der göttlichen Gnadenmitteilung (s.*klimen* 1.1.-1.2. u. 2.1.-2.2.; ähnlich *ûfziehen*; vgl. *ziehen* 11.1.-11.4.).

3.1. Die Aufhebung jeglichen Weges durch die Rezeption der Bildlichkeit

Zieht man in Erwägung, daß Eckhart im Rahmen des horizontalen Modells mit der Wegmetapher einerseits die Vielfalt der Möglichkeiten zur Sprache bringt, die der Mensch hat, um zu Gott zu kommen, andererseits aber auch betont, daß jeder Weg zu Gott nur als *"wec âne wec"* vorstellbar ist, d.h. Gott *"in der wîse ane wîse"* gesucht werden muß (s.*wec* 1.3.-1.4.), stellt sich die Frage, welche Funktion den von ihm vorgestellten Modellen für die Annäherung des Menschen an Gott nun tatsächlich zukommt.

Mit Alois M. Haas läßt sich zunächst feststellen: "Die Vergottung, die bewirkt, daß der Mensch von Gnaden werden kann, was Gott von Natur ist, ist an Wege und Verfahren und Weisen nicht gebunden, darf nicht an Methoden gekettet sein. Eckharts Mystik ist also weder an eine bestimmte Erfahrungs- und Wegstruktur gebunden."[1] Dies heißt: Wenn jeder Weg ausfällt, geht es nur noch um das Ziel,

---

[1] Alois M. Haas, Sermo mysticus, aaO, S.171.

den Umschlag oder den Sprung in den göttlichen Bereich[1]. Andererseits muß Alois M. Haas auch konzedieren, daß das Sich-lösen von Raum und Zeit und das Gleichwerden des Menschen mit Gott letztlich doch nur prozeßhaft verlaufend gedacht werden kann[2].

Walter Haug löst die bei Alois M. Haas aufgewiesene Spannung zwischen Weg und Weglosigkeit dadurch, daß er jeden Weg und jede Bewegung bereits in dem Augenblick von Eckhart aufgehoben sieht, in dem er ihn entwirft, so daß alles auf den Umbruch in die Differenz hinausläuft[3]. Als Grund dafür sieht Walter Haug an, daß Eckhart der Ähnlichkeit gegenüber der Differenz keine Bedeutung zumesse, so daß bei ihm Geschichte, Ethik und personale Begegnung nach dem Modell des Hohenliedes als Systeme ausfallen. Insofern aber jedes dieser Systeme in irgendeiner Weise an die Voraussetzung eines positiven Weges gebunden seien, erkläre dies, daß mit jedem dieser Systeme auch jede Form eines positiven Weges hinfällig würde. Demgegenüber ist zu bedenken, daß die im Rahmen der drei Modelle von Eckhart entworfenen Bewegungen und Wege zu Gott nicht in gleicher Weise destruiert werden, wie sie komponiert worden sind. Wie der Untersuchung der Metaphern zu entnehmen ist, über die Eckhart die jeweilige Modellvorstellung realisiert, wird in den seltensten Fällen die metaphorische Aussage mit einer anderen Aussage im Kontext so kombiniert, daß sie dadurch aufgehoben würde. Wenn man dennoch das metaphorisch als Prozeß zur Sprache gebrachte Geschehen als dialektische Bewegung von Position und Negation, Setzung und deren Aufhebung beschreibt[4], läßt sich dies allein damit begründen, daß es von der metaphorischen

---

[1] Vgl. Alois M. Haas, Sermo mysticus, aaO, S. 170.

[2] Vgl. Alois M. Haas, Sermo mysticus, aaO, S.203, 226. Zum granum sinapis bemerkt er: "Der Mensch hat - ohne Vertrauen in die eigene Leistung.... des puntez berk (IV,1) zu ersteigen, d.h. er muß den Weg in die Wüste der Gottheit begehen, indem er sich ihr angleicht und sich selber aufgibt." (aaO, S.325)

[3] Walter Haug, Zur Grundlage einer Theorie des mystischen Sprechens, aaO, S.505.

[4] Vgl. dazu die sich an den Engelberger Vortrag von Walter Haug anschließende Diskussion zwischen Theo Kobusch und Walter Haug zum Begriff des Dialektischen, in: Abendländische Mystik, aaO, S.532f. Walter Haug bemerkt dort einschränkend zum Begriff 'Dialektik', daß beim mystischen Prozeß "an die Stelle der Synthese, die sich im dialektischen Modell aus den Oppositionspaaren ergebe, in der mystischen Sprache etwas anderes, Radikaleres trete." Für die von Eckhart auf dem Hintergrund der drei Modelle entwickelten metaphorischen Aussagen sollte die Äußerung von Walter Haug m.E. in folgender Weise modifiziert werden:
(1.) Die Untersuchung der metaphorischen Kontexte zeigt, daß Eckhart bei der Darstellung der Transposition des Menschen keine metaphorischen Antithesen verwendet. Die Opposition ist vielmehr im Gemeinten enthalten.
(2.) Daraus resultiert, daß nur eine der Metaphorik entsprechende Rezeption die dialektische Bewegung in Gang bringen kann.
(3.) Diese Bewegung, das Hin und Her zwischen dem Zutreffen und Nicht-Zutreffen der betreffenden Aussage dauert solange an, bis es mit der Aufhebung der Sprache zum qualitativen Sprung des Rezipienten aus dieser Bewegung heraus ganz in das Gemeinte hinein kommt. Für die Metaphern der Transposition heißt dies: Die Spannung zwischen wörtlicher und metaphorischer Bedeutung kann nur dadurch überwunden werden, daß sie zum Zeichen einer - alle konventionellen Prozesse sprengenden - "Bewegung" werden, indem sie den Rezipienten in eine derartige "Bewegung" versetzen. Da der Mensch dieser Bewegung letztlich nur zu folgen vermag in der Preisgabe seines Subjektseins, wird von diesem Punkt an

Struktur der betreffenden Aussage her unabdingbar ist, die Darstellung zugleich wieder der Dekomposition zu unterziehen. Dieser Vorgang ist aber auf einer anderen Ebene zu realisieren und muß einer anderen Instanz zugeschrieben werden als derjenigen, durch die die metaphorische Komposition der Transposition des Menschen zu Gott hin erfolgt: Die metaphorisch in Anlehnung an räumliche Prozesse evozierten Vorstellungen können nur in dem Maße verstanden werden, wie ihr metaphorischer Charakter vom Rezipienten erkannt und infolgedessen von ihm die Negation jeder eindeutig feststehenden Bedeutung des Gesagten vollzogen wird. Damit stellt sich aber erneut die Frage nach der Funktion der verschiedenen Modelle sowie die Frage, was und wie denn eigentlich aufgehoben wird, wenn Eckhart vom Weg und Prozeß des Menschen zu Gott spricht.

Im folgenden soll daher versucht werden zu klären, welche Wirkung Eckhart beim Rezipienten zu erzielen vermag, wenn er metaphorisch von der Transposition des Menschen spricht.

Indem Eckhart über die drei Modelle der Transposition (wie auch der Transformation des Menschen[1]) verschiedene Weisen der menschlichen Annäherung an Gott thematisiert, macht er darauf aufmerksam, daß keine absolute Differenz zwischen Gott und allem Kreatürlichen besteht. Jede von Eckhart zur Sprache gebrachte Bewegung des Menschen läßt sich im Kontext eines der drei Modelle verstehen, die jeweils auf andere Weise einen Zusammenhang von Gott und Mensch konstruieren. Eine Störung im Nachvollzug des Gemeinten stellt sich beim Rezipienten erst dann ein, wenn Elemente eines Modells mit Elementen eines anderen Modells aufeinanderprallen[2]: Dies kann z.B. innerhalb einer Predigt sein, oder in der Folge mehrerer Predigten bzw. im überschaubaren Abstand verschiedener Textsegmente; oder aber eine solche Störung stellt sich im Bewußtsein des Rezipienten deshalb ein, weil er aus anderen Predigten ein bestimmtes Vorverständnis gewonnen hat, das der aktuell rezipierten Aussage Eckharts entgegensteht. Keine dieser Störungen hebt jedoch das Modell direkt auf, insofern sie es nicht falsifiziert, sondern führt lediglich zu einem erhöhten Problembewußtsein in Bezug auf die Annäherung des Menschen an Gott und infolgedessen zu einer Spannung beim Rezipienten, die der Auflösung bedarf. Somit ist auf dieser Stufe des Verstehens allenfalls ein Konflikt, nicht jedoch schon eine grundsätzliche Krise des Modells festzustellen. Denn für den Rezipienten erweist sich die Bildlichkeit eines bestimmten Modells dadurch, daß sie andauernd mit Bildern aus anderen Modellen konfrontiert oder kombiniert wird, zuerst einfach als undeutlich und gerät erst aufgrund seiner präzis vorgehenden synthetisierenden Aktivität in Konflikt mit Bildaspekten aus anderen Modellen.

Dieser für alle der untersuchten Autoren mehr oder weniger zutreffende Sachverhalt - die im räumlichen Schema als vertikaler oder horizontaler Prozeß darge-

---

der Begriff "Dialektik" (verstanden als Bewegung, die sich immer an einem Subjekt vollzieht) für den in Frage stehenden Prozeß hinfällig.
[1] Vgl. Teil II, Kapitel 1.
[2] Vgl. z.B. Predigt 83, wo das horizontale Modell (realisiert durch die Metapher *zervliessen*) mit dem Abstiegsmodell (vertreten durch die Metapher *entsinken*) kombiniert wird: "*Dû solt alzemal entzinken dîner dînisheit und solt zer fliesen in sîne sînesheit...*" (III 443,5f).

stellte Überwindung der Differenz zu Gott - erhält die für Eckhart typische Ausformung dadurch, daß im Mittelpunkt seiner Bildlichkeit eine Bewegung steht, die den Menschen in Form der Distanzierung von Raum und Zeit und damit letztlich von sich selbst aus der endlichen Wirklichkeit herausführt. Indem Eckhart somit die endliche Situation und Verfassung des Menschen als etwas bestimmt, das er bei seiner Annäherung an Gott hinter sich zu lassen hat, markiert er eindeutig den Punkt, wo der Mensch in seinem Bemühen, die Differenz zu Gott zum Verschwinden zu bringen, an seine Grenze kommt und Eckharts Predigten - unvergleichlich radikaler als die anderen behandelten Autoren - in das existentiell nicht mehr Nachvollziehbare übergehen. Eckhart akzentuiert diese Grenzerfahrung des Menschen im Rahmen des Aufstiegsmodells durch den Subjektwechsel von Mensch zu Gott: Der Mensch begibt sich in den Bereich der Gnade, wo Gott ihn zu sich holt. Schließlich markiert Eckhart diese Grenze auch durch seinen Metapherngebrauch, indem er mit *grunt, gruntlôser grunt, abgrund, tempel, vünkelîn, wüeste* etc. im Rahmen einer metaphorisch dargestellten Bewegung Zielbereiche angibt, die selbst wiederum metaphorischen Charakter tragen und infolgedessen nicht eindeutig zu identifizieren sind. Dies hat zur Folge, daß für den Rezipienten jegliche Eindeutigkeit, was Richtung und Ziel der menschlichen Bewegung auf Gott hin anbelangt, verlorengeht und somit - da die Bewegung keinen Fortschritt mehr kennt - letztlich jegliche Wegstruktur hinfällig wird.

Derart an die Grenze seiner sprachlichen, denkerischen und existentiellen Möglichkeiten geführt, muß sich nun der Rezipient der Eckhartschen Predigten entscheiden, wie er sich zu den metaphorischen Aussage verhält und welche Bedeutung er der Bildlichkeit zumißt, die in radikaler Differenz zu konventioneller Erfahrung steht. Eine Möglichkeit könnte sein, daß er sich in Distanz zu jeglicher metaphorischer Aussage begibt, weil ihn ihr unwirklicher Charakter, d.h. ihre Differenz zur aktuellen Gegenwart stört. Oder aber er macht sich den metaphorischen Charakter der Aussage bewußt und versucht, in der Metaphorik das eigentlich Gemeinte zu entdecken, was zur Folge hat, daß der Rezipient in einen unentscheidbaren Prozeß des Hin-und Her zwischen Zutreffen und Nicht-Zutreffen der von ihm in das Bild hineingeschauten Meinung gerät, ohne je an ein Ende zu gelangen. In dieser Weise auf die entwickelten Vorstellungen von Weg und räumlichem Prozeß zu Gott hin bezogen, lebt der Rezipient in dem Maße in der Bildlichkeit, wie er von der Bildlichkeit fasziniert ist[1]. Die entwickelten Vorstellungen der Annäherung an Gott zeigen darin eine schöpferische Kraft, daß der Rezipient durch die Beschäftigung mit den vorgestellten Modellen der Annäherung des Menschen an Gott einen radikalen Wandel seiner Einstellung erfährt[2]; dieser Wandel besteht darin, daß alles Reale in Raum und Zeit, indem sich der Rezipient ganz in

---

[1] Vgl. die Beschreibung dieses Vorgangs durch Wolfgang Iser, Literarische Anthropologie, aaO, S.339.
[2] Damit bestätigt sich von der Beschreibung des Verstehens metaphorischer Aussagen her, was Alois M. Haas (Geistliches Mittelalter, aaO, S.263) allgemein für den Verfasser von mystischen Predigten als zentrale Intention bestimmt: "Der Verfasser einer mystischen Predigt... möchte beim Rezipienten hier und jetzt eine Gesinnungsänderung bewirken und ihn heranführen an die Grenze, jenseits deren Gott als die entscheidende Wirklichkeit sichtbar wird. Der Prozeß des Transzendierens, den der Prediger... beim Zuhörer einleiten möchte, ist derselbe, über den er nicht hinaus ist, an dem er aber persönlich engagiert ist."

die Bildlichkeit begibt, außer Kraft gesetzt wird und die metaphorisch entworfenen Sichten der Transposition des Menschen auf Gott hin, die nicht in Raum und Zeit, sondern nur über Raum und Zeit hinweg zu realisieren sind, ihre Mächtigkeit beim Rezipienten entfalten. Wenn der Rezipient in dieser Weise mit der Bildlichkeit konfrontiert wird und im Hin und Her zwischen den verschiedenen Möglichkeiten des Verstehens den Konflikt von Realität und Irrealität erfährt - d.h. das Nichts des Bildes im Verhältnis zur Welt und das Nichts der Welt im Verhältnis zum Bild - ist der Punkt erreicht, von dem aus ein Verstehen des eigentlich Gemeinten möglich wird. Dazu ist jedoch erforderlich, daß der Rezipient im zeitlichen Jetzt des Bildaufffassens durch die Negation aller Negation sowohl die ihn umgebende Lebenswirklichkeit als auch die bildlich inszenierte Transposition hinter sich läßt. D.h. nicht durch die Umsetzung des sprachlich Dargestellen in entsprechende Handlungsvollzüge, sondern infolge der Beschäftigung mit der sprachlichen Darstellung wird der Rezipient auf einen geistigen Weg gebracht, der ihn verändert. Darin zeigt sich die performative Kraft der Metaphorik für die Transposition: Sie bewirkt, was sie sagt - allerdings anders, als sie es sagt.

Aus den bisherigen Ausführungen wird deutlich: Die schöpferische Phantasie Eckharts, durch die die Differenz zwischen Gott und Mensch in der Sprache überwunden wird, verlangt eine ebenso schöpferische Rezeption, da die wirklichkeitsstiftende Kraft der verschiedenen Modelle der Annäherung an Gott davon abhängt, was der Rezipient aus ihnen macht. Zunächst bietet Eckhart seinen Rezipienten die Möglichkeit, in den Prozeß des *abescheiden* einzutreten, indem er mit den von ihm entwickelten Modellen der Transposition etwas anderes als die in der Wahrnehmungswirklichkeit sich vollziehenden Existenzvollzüge zur Erscheinung bringt. Der Effekt, der dadurch erreicht wird, deckt sich mit der Analyse, die Edmund Husserl allgemein zum Bildbewußtsein anstellt: "Wer hineinschaut, schaut nicht hinaus, wer das Sujet im Bilde sucht und sieht, der kann, während er dies tut, nicht zugleich es auswärts sehen und suchen."[1] Der Rezipient kann jedoch nur im Bild bleiben, wenn er sich damit einverstanden fühlt. Dieses Einverständnis verlangt - je nach Realitätsbewußtsein und Realitätsfixiertheit - einen Prozeß, der von der Entdeckung der Metaphorizität des Gesagten bis hin zur Einsicht verläuft, daß der gemeinte Sinn der Metaphorik nur dann zu gewinnen ist, wenn man vom konkreten Gehalt der Bildlichkeit - d.h. dem mittels der Metaphorik aufgezeigten Weg des Menschen zu Gott - abstrahiert, was zur Folge hat, daß jeder konkrete Weg und räumliche Prozeß und damit auch die Weg- und Prozeßstruktur als solche fraglich wird. Im Bewußtsein, daß der Prediger somit also nicht zur Sprache bringt, <u>wie</u> der Mensch zu Gott gelangen kann, sondern <u>daß</u> er zu Gott kommt, kann sich der Rezipient dann unter Vernachlässigung der konkreten Konturen der Annäherung des Menschen an Gott erneut auf die Bildlichkeit einlassen und ihrem Sinn nachgehen. Somit entsteht im Dreischritt von affirmatio eines konkreten Weges, dessen negatio sowie in der Krise von Sagen und Schweigen durch die negatio negationis unter Einschluß von affirmatio und negatio die Gewißheit, daß der Mensch Raum und Zeit auf Gott hin transzendieren kann, auch wenn sich die konkret entworfenen Möglichkeiten dieses Transzendierens als bedeutungslos bei der Realisierung erweisen. Dies heißt jedoch nicht, daß die Modelle der Transposition

---
[1] Edmund Husserl, Bild und Bildbewußtsein, aaO, S.53.

als solche bedeutungslos sind, sondern sie fundieren, insofern sie augenblickshaft, für die Dauer der Predigt, die Erfahrung des Transzendierens initiieren, in der Selbsterfahrung des Rezipienten die Gewißheit der Annäherung an Gott. Gegenüber der bisherigen Eckhartforschung ist demzufolge geltend zu machen:

(1.) Eckhart entwickelt in der Gewißheit, daß keine absolute Differenz zwischen Gott und Mensch herrscht, die Metaphorik des Weges bzw. räumlicher Prozesse der Annäherung an Gott. Aufgrund des sprachlichen Mechanismus von Setzung einer konkreten Weise der Annäherung an Gott und deren Negation wird ein sprachlicher Zusammenhang zwischen dem Gesagten und dem qualitativ ganz Anderen, nur noch ungenau vom Menschen zu Meinenden, konstruiert. Dieser sprachliche Zusammenhang sagt das Göttliche an, indem es gerade nicht gesagt wird: Eckhart erzeugt im Wissen darum, daß jeder konkrete Vorschlag der Annäherung des Menschen an Gott bereits im Ansatz verfehlt ist, Vorstellungen, die stellvertretend für das nicht Vorstellbare und Sagbare seiner Gewißheit Ausdruck verleihen; der Rezipient wird durch die Metaphorik bewegt, indem er sich von der uneigentlichen (metaphorischen) Darstellung der Transposition zur Suche nach der eigentlich gemeinten, qualitativ radikal anderen Art der Bewegung auf Gott hin bewegen läßt[1].

(2.) Die verwendete räumliche Metaphorik ist nicht in Relation zu Vorgängen zu verstehen, die eine raum-zeitliche Ausdehnung für ihren Ablauf verlangen; vielmehr geht es darum, in welche Beziehung der Rezipient durch sie zur Welt und zu Gott als dem Ziel aller Prozesse gebracht wird. Wenn Wege und räumliche Vorgänge des Menschen auf Gott hin dargestellt werden, verfolgt Eckhart damit nur die Absicht, daß der Rezipient einen Weg mit sich macht, um zu erkennen, daß es zu Gott keinen Weg gibt[2]. Dieser Bewußtseinsprozeß führt von der affirmatio zur negatio und endet in der negatio negationis des metaphorisch Gesagten.

(3.) Die daraus resultierende Bejahung des Weges zu Gott ohne konkrete Gestalt eines Weges bzw. räumlichen Prozesses - Eckharts bekannte Formulierung der Annäherung an Gott als *"wec âne wec"* - eröffnet infolge der Schwierigkeit des Verstehens den Raum für eine Metaphernproduktion, der die Idee zugrundeliegt, bei der Annäherung des Menschen an Gott den Raum- und Zeitaspekt weitgehend aus der Bildlichkeit zu entfernen; dies geschieht, indem jeder räumliche Prozeß auf ein punktuelles Geschehen, den Umbruch vom irdischen in den göttlichen Be-

---

[1] Dies erklärt, warum Eckhart mit seinen Metaphern bestimmte Weisen der Gottfindung vor Augen führt, obwohl für ihn gilt, was Alois M. Haas (Sermo mysticus, aaO, S.172) konstatiert: "Die Gottfindung hat dabei 'weiselos' vor sich zu gehen; denn Gott ist selber das 'Nichts', die Wüste, d.h. die Verneinung aller Kategorien, die ihn positiv behalten möchten."

[2] Von daher sind die Ausführungen von Alois M. Haas bezüglich der Wegstruktur bei Eckhart zu problematisieren; Haas führt dazu aus (Sermo mysticus, aaO, S.174): "Das Ganze als 'Weg' aufzufasssen, ist jedoch nicht gestattet; es handelt sich vielmehr um einen Kreislauf, der an irgendeinem Punkt aufzurollen ist und immer in die Mitte Gottes führt...". Indem nun Alois M. Haas 'Weg' durch ein anderes räumliches Modell ('Kreislauf') ersetzt, erweckt er den Eindruck, daß es doch einen Weg zu Gott gibt, der eben nur anders ist.

reich, reduziert wird: Beim *durchbrechen* alles Kreatürlichen und *durchbrechen in got* (s.*durchbrechen* 3.1.-3.6.), beim *treten/übertreten* alles Mannigfaltigen (s.*treten* 1.1.-1.2.; *übertreten* 3.1.-3.3.), beim *überhüpfen* und *überspringen* der Kreaturen (s.*überspringen* 11.1.), oder beim *slagen* des Menschen vom *geschaffen ihte* zum *nihtes nihte* Gottes (s.*slagen* 1.1.) bzw. *widerslagen* (8.2.) in das "*bilde Jesu Christi*" ist die Überwindung der Differenz zu Gott auf ein augenblickshaftes, punktuelles Geschehen des Wechsels in den göttlichen Bereich verkürzt. Allerdings wäre es falsch, anzunehmen, die Wegmetaphorik und Metaphorik der räumlichen Bewegung könnten von derartigen Metaphern her verstanden werden. Vielmehr muß auch die Metaphorik des Punktes der gleichen Verstehensbewegung unterzogen werden, die in Bezug auf die Wegmetaphorik dargestellt wurde.

4. Die Transposition des Menschen bei den Autoren nach Meister Eckhart

4.1. Die Transposition des Menschen im Kontext des horizontalen Modells

4.1.1. Die Entproblematisierung der Transposition des Menschen

Was die Ausformung des horizontalen Modells der Annäherung des Menschen an Gott bei den Autoren nach Meister Eckhart anbelangt, deren Werk in der vorliegenden Arbeit untersucht wurde, läßt sich zunächst feststellen, daß das horizontale Modell von allen behandelten Autoren über eine vielfältige Bildlichkeit konkretisiert wird. Zum einen dient es dazu, die notwendige Distanzierung des Menschen von allem Kreatürlichen[1] zur Sprache zu bringen; allerdings fällt auf, daß sich Tauler, Seuse, Heinrich und Margaretha von Meister Eckhart dadurch unterscheiden, daß sie der Distanzierung von allem Kreatürlichen nur ein geringes Interesse entgegenbringen. Daneben fungiert bei ihnen die horizontale Bewegung als unproblematisches, der gewohnten menschlichen Fortbewegung angenähertes Anschauungsmodell für die Rückkehr des Menschen in Gott[2], wobei Tauler und Seuse dem horizontalen Modell eine christologische Akzentsetzung verleihen: Das *us- und wider infliessen* des Ewigen Wortes dient ihnen als Muster für den Existenzvollzug des Menschen[3]. Tauler weiß wie Seuse, daß Jesus Christus derjenige ist, der den Menschen dazu motiviert, sich auf Gott hin zu orientieren: Wie ein Magnetstein zieht Jesus alle Herzen zu sich[4], was jedoch voraussetzt, daß sich der Mensch gelassen hat.

Seuse führt sein jahrelanges Suchen und Jagen in Unruhe auf das *gezogensein* durch die Ewige Weisheit zurück, die den Menschen durch *suez* und *sur* auf den Weg der göttlichen Wahrheit bringt (s.*ziehen* 1.3.-1.9.). Des weiteren bringt auch

---

[1] Vgl. Tauler, Seuse und Heinrich von Nördlingen zu *usgan/usganc*; Ähnliches läßt sich im Kontext dieser Metapher bereits bei David von Augsburg feststellen.
[2] Vgl. David *vliessen* 1.17.; Tauler *übervart; invliessen* 12.1.-12.2.; Seuse *vliessen* 12.1.-12.3.; 13.1.; 27.1-27.3; Heinrich *fliessen* 1.1.-1.5.; 27.1.-27.3.;
[3] Vgl. Seuse *vliessen* 12.1.-12.3.; 27.1.-27.3.
[4] Vgl. Tauler *ziehen* 1.3.

Leiden sowie Jesus als Geliebter der Seele den Menschen in Bewegung (s.*ziehen* 1.10.-1.14.). Margaretha Ebner sieht ihr Verlangen nach dem Leib Christi motiviert in dessen Leiden (s.*ziehen* 1.2.). Die Annäherung an Gott erfolgt für sie, indem der Mensch in einer Situation großen Leidens bzw. durch die Güte Gottes (s.*ziehen* 1.1.-1.5.) in das Leiden Jesu Christi versetzt wird und dabei die Position Christi dabei einnimmt (s.*ziehen* 1.1.).

Für Heinrich von Nördlingen haben Predigt und Zeichen Jesu die Funktion, den Menschen in die Gleichheit mit Gott zu bringen (*ziehen* 1.4.).

Von zentraler Bedeutung für die Bestimmung des Unterschiedes der genannten Autoren zu Meister Eckhart ist die Beobachtung, daß diese über die Wegmetapher vielfältige tugendhafte Verhaltensweisen in der irdischen Zeit thematisieren, aufgrund derer sich der Mensch Gott annähert. Damit steht nicht die Überwindung von Raum und Zeit, sondern die tugendhafte Bewährung des Menschen in Raum und Zeit im Mittelpunkt. Die Wegmetapher meint demnach bei den Autoren nach Eckhart einen raum- zeitlichen Prozeß, der die Grenzen der irdischen Wirklichkeit nicht transzendiert.

Das Verlassen der endlichen Wirklichkeit wird bei den genannten Autoren im Rahmen des horizontalen Modells über solche Metaphern thematisiert, die dem Geschehen Konturen eines punktuellen Vorgangs verleihen. Die ontologische Problematik wird dabei im jeweiligen Bildzusammenhang weitgehend entschärft, indem das dargestellte Geschehen nur als Bereichswechsel erscheint, der ohne existentielle Konsequenzen für den Menschen verläuft. Bei Tauler finden sich in diesem Zusammenhang die Metaphern *überslag, überswank, springen, übertretten* und *erswingen*; Seuse spricht vom *inschlag in got*, vom *erswingen* und vom *swank*. Die Metaphorik des *durpruch* erfährt bei Seuse gegenüber Eckhart eine charakteristische Veränderung: Der punktuelle Wechsel in Gott ereignet sich ausschließlich in der Leidensnachfolge Jesu[1], d.h. punktuelles Ereignis und Weg sind zusammengezwungen; die Differenz zu Gott ist mit der compassio prinzipiell bereits aufgehoben, auch wenn der Mensch noch nicht das Stadium der unio mit Gott erreicht hat (s.*durpruch* 4.1.): "*Der junger: Von der kreaturen gewordenlichem usbruche habe ich die warheit wol verstanden. Ich horti nu gerne von dem durchbruche, wie der mensch durch Cristum sol wider in komen und sin selikeit erlangen.*"

4.1.2. Erneute Problematisierung

Wenn auch bei den Autoren nach Eckhart weitgehend eine Auflösung der komplexen Struktur der Bildlichkeit zu beobachten ist, mittels derer die Transposition des Menschen als horizontal verlaufender Prozeß thematisiert wird, finden sich doch auch bei diesen Autoren Tendenzen, die analog zu typischen Vorstellungen in der Alltagswelt gestaltete Annäherung des Menschen an Gott zu problematisieren.

---

[1] Die im Kontext der Durchbruchsmetapher an einer anderen Textstelle entwickelte - am räumlichen Verlauf orientierte - Vorstellung vom *entsinken des sinen* steht dazu nicht in Widerspruch, da dieser Aspekt der Formulierung entspricht: "*entbildet werden von der creatur und gebildet werden mit Christo...*" (193,31-194,2); vgl. die Textbelege bei Alois M. Haas, Geistliches Mittelalter, aaO, S. 314.

Tauler und Seuse strapazieren die Leistungsfähigkeit des horizontalen Modells, indem sie der Überwindung der Distanz zu Gott den Charakter einer Bewegungssequenz verleihen, die in mehreren Dimensionen erfolgt. So spricht Tauler z.B. an einer Textstelle vom "*ingang in den grunt, uzgang, jo ein übergang usser ime selber und über in...*" (9,28f; s.*gan* 14.1.), was ihn nicht hindert, an einer anderen Textstelle das *uzgan sin selbes* als Voraussetzung des *ingon* in Gott (s.45,6f) zu empfehlen; an wieder einer anderen Stelle scheint das *usgon sin selbes* das zeitliche frühere *in sich gon* wieder aufzuheben (s.*gan* 19.7.-19.8.)[1]. In ähnlicher Weise spricht Seuse vom *usgang, ufgang* und *ingang* in Gott (s.*gan* 12.4.-12.5.).

Damit wird deutlich, daß es keinen eindeutigen Entwurf für ein Handeln gibt, das in der Gottesbegegnung sein Ziel hat; insofern sich die Kombination der verschiedenen Bewegungsrichtungen einer rationalen Begründung entzieht, zerfällt die Annäherung an Gott in einzelne Phasen, die sich wegen ihrer Verschiedenheit gegen die Integration in einen übergreifenden Handlungsablauf sperren und somit nichts anderes darstellen als unterschiedliche Blickrichtungen des jeweiligen Autors auf einen nur vage in der Reflexion erfaßbaren Vorgang. Dieser Vorgang ist - so die Botschaft dieser Bildkombinationen - nicht denk- und artikulierbar, sondern nur lebbar[2].

Die Brechung der Analogie zu konventionellen Mustern des menschlichen Existenzvollzuges betrifft jedoch nicht nur die Einheit des Handelns, sondern auch das Subjekt, das die Transposition auf Gott hin vollzieht. Neben dem Menschen ist es bei vielen Textstellen Gott selbst und damit eigentlich das Ziel der intendierten Veränderung, der beim Menschen die Veränderung bewirkt. Vor allem im Bildkontext der Metapher *ziehen* ist die Stelle des Subjekts an mehreren Textstellen wechselweise mit Gott oder mit dem Menschen besetzt: Auch wenn dem Handeln von Gott und Mensch der gleiche Sinnzusammenhang zugrundeliegt, d.h. das Ziel, daß der Mensch die göttliche Nähe erfährt, sieht z.B. Tauler[3] allein das göttliche Subjekt in der Lage, den Menschen in die unio zu bringen (s.*ziehen* 1.1.; 1.5.-1.6.; 3.1.-3.5.). Der Mensch selbst vermag nur die Freiheit von aller irdischen Fixierung

---

[1] Dieser Widerspruch darf nicht einfach aufgelöst, sondern muß als solcher bewußt gemacht werden, will man wirklich den Predigten Taulers gerecht werden. Denn Tauler geht es gerade darum - wie auch Louise Gnädinger (Johannes Tauler, aaO, S.160) feststellt -, möglichst vielfältige Aspekte in die Beschreibung des mystischen Weges einzubeziehen und über verschiedene Ternare unterschiedliche Wegstrukturen zu entwerfen. Nur wenn man Taulers Intention beachtet, den intrikaten Charakter jeden Weges zu Gott vor Augen zu führen, lassen sich die Brüche und Widersprüche in Taulers Predigten bewußt machen. L. Gnädinger harmonisiert m.E. zu sehr, wenn sie schreibt: "Der *inkêr*, vorerst ein Gang in die Tiefe, bewirkt, wenn er über sich hinaus führt, die erneuernde Berührung mit dem göttlichen Bereich, und was als zumeist mühsamer Aufstieg erschien, wird zu einem aufsteigenden Flug."

[2] In diesem Sinn sind somit die Ausführungen von Louise Gnädinger (Johannes Tauler, aaO, S.168) bezüglich der verwendeten Begrifflichkeit 'Folge' und 'Reihe von Wegstücken' weiterzuführen: "Im Vergleich mit der Drei-Wege-Lehre..., die Johannes Tauler nicht strikt, sondern sozusagen nach Bedarf formalisiert, erscheint der Ternar *jubilacio, getrenge, übervart* mehr als eine Folge von Zuständen denn als eine Reihe von Wegstücken. Jedenfalls beinhaltet die Metaphorik kein eigentliches Gehen, eher ein dauerndes Erleiden Gottes...".

[3] Ähnliches läßt sich auch bei den anderen behandelten Autoren nach Meister Eckhart feststellen.

und die Begegnung mit dem göttlichen Geliebten zu erreichen (s.*ziehen* 1.1.; 1.7.-1.9.). Doch letztlich ist während des Vollzugs der Annäherung unentscheidbar, von wem das *ziehen* des Menschen nun betrieben wird; erst vom Standpunkt der überwundenen Differenz aus wird eindeutig, von wem die Differenz überwunden wurde. Damit zeigt sich: Das Vertrauen in die Leistungsfähigkeit des Menschen, wie es Eckhart kannte, ist durch die Ungewißheit ersetzt, wie weit die Ähnlichkeit des Menschen mit Gott von Natur aus reicht und wo die Krise aller menschlichen Bemühung um Gott durch die göttliche Gnade in die Einheit des Handelns aufgehoben ist.

4.2. Die Verwendung des Aufstiegs- und Abstiegsmodells bei den Autoren nach Meister Eckhart

Was die Verwendung des Aufstiegs- und Abstiegsmodells durch die Autoren nach Meister Eckhart anbelangt, muß abgesehen von Johannes Tauler konstatiert werden, daß beide Modelle von ihnen weitgehend vernachlässigt werden. Dies läßt sich von der bei ihnen generell zu beobachtenden Tendenz her erklären, daß sie der Thematik der Transposition des Menschen nur geringe Aufmerksamkeit entgegenbringen. Bei einer Verwendung des Aufstiegs- und Abstiegsmodells durch die genannten Autoren fällt auf, daß das vom Menschen zu vollziehende Geschehen weitgehend analog zu Vollzügen im alltäglichen Leben gestaltet und damit dem Hörer der Predigten in seiner Nachvollziehbarkeit vor Augen geführt wird. Auf der Ebene der Metaphorik spiegelt sich diese Tendenz in der Reduktion auf einige wenige konventionelle Metaphern wie *ziehen, ufgan, vliegen* wider. Die gegenüber dem Aufstiegs- und Abstiegsmodell bei diesen Autoren zu verfolgende Bevorzugung des horizontalen Modells macht deutlich, daß sie im Unterschied zu Eckhart mehr der Geschichte und der konkreten Situation des Menschen Rechnung tragen; ihre Konzentration auf Leben und Leiden Jesu Christi hat die Überzeugung zur Voraussetzung, daß in seiner Person Ähnlichkeit und Differenz, Gott und Mensch vereinigt sind, so daß dem Menschen aufgrund der von ihm in der Nachfolge Christi realisierten conformitas der Wechsel in die göttliche Natur ermöglicht wird. Dies führt - wie bereits aufgezeigt wurde - dazu, daß Handlungsmodelle, die völlig konträr zum konventionellen Verhalten sind, durch Handlungsmuster abgelöst werden, die an Jesus Christus ablesbar sind und in den konkreten Lebenssituationen vom Menschen jeweils neu aktualisiert werden können. In der Metaphorik zeigt sich dieser Umbruch daran, daß die semantische Spannung in den einzelnen Metaphern reduziert ist und konventionelle Handlungsmuster eine mehrdeutige Metaphorik ablösen.

Was die Situierung Gottes im Kontext des Aufstiegs- und Abstiegsmodells anbelangt, läßt sich bei Margaretha und Heinrich feststellen, daß der Aspekt der Höhe als Ort Gottes in den Hintergrund tritt. Zwar spricht Heinrich von einer *hochgezogne(r)n sel* (48,23f) in Gott sowie davon, daß das Herz der Jünger bei der Himmelfahrt von Jesus *wart gezogen uf* (s.*ufziehen* 11.1.). Doch fällt bei der Konkretisierung der von Gott bewirkten Distanzierung des Menschen von der irdischen Wirklichkeit auf, daß Heinrich eine Lokalisierung Gottes in der Höhe insofern problematisiert, als er den göttlichen *zug*, durch den der Mensch zu Gott ge-

langen soll, als Bewegung nach außen, oben und unten darstellt (s.*ziehen* 2.1.).
Für den Hörer hat dies wiederum zur Folge, daß die Darstellung der von Gott bewirkten Transposition des Menschen als ein in sich widersprüchliches Geschehen erscheint und somit in seiner Nachvollziehbarkeit fraglich wird.

Gegenüber der bei David, Eckhart, Seuse, Margaretha und Heinrich zu verzeichnenden Tendenz, das Abstiegsmodell in den Hintergrund treten zu lassen, fällt bei Tauler die zentrale Bedeutung auf, die er dem Abstiegsmodell für die Annäherung des Menschen an Gott zumißt. Weil aus seiner Sicht das Aufstiegsmodell die Gefahr in sich birgt, daß der Mensch, der durch vernünftige Weise Gott sucht, seine Demut verliert - weshalb Tauler davon ausgeht, daß eigentlich nur Jesus Christus allein diesen Weg wirklich realisieren kann und der Mensch allenfalls aufgrund der Hilfe der Gottesmutter dazu fähig ist oder weil Gott sich ihm schon vorher mit seiner Nähe zu erfahren gegeben hat (s.*vliegen* 1.1.) -, mißt er der Abwärtsbewegung eine zentrale Bedeutung zu, wenn diese als Bild fungiert für die Identifizierung des Menschen mit Jesus sowie - in einem Prozeß der Selbstvernichtung - mit dem eigenen *niht* (s.*val* 2.1.-2.9.). In Demut klein, arm und zunichte geworden, d.h. allem kreatürlichen Eigensein und sich selbst *entsunken* (s.*sinken* 5.1.-5.4.), gelangt der Mensch wieder in seinen göttlichen Ursprung zurück (s.*sinken* 1.1.), wo es zur unio kommt (s.*sinken* 1.2.). Motiviert wird der Mensch zu dieser Bewegung durch die Erfahrung der göttlichen Wirklichkeit bzw. durch die Erkenntnis seiner eigenen Nichtigkeit, deren existentielle Ratifizierung[1] im "*aller tiefste(n) versinken in den grunt der demuetkeit*" (162,17) besteht (s.*sinken* 8.1.). Dabei macht der Mensch die Erfahrung, daß mit dem Grad der Vernichtung seiner selbst auch der Grad der Vergottung zunimmt; völlig distanziert von allem Kreatürlichen und von seinem eigenen Ich, kommt es dann zur unio mit Gott (s.*sinken* 4.1). Somit erweist sich aus der Sicht Taulers die *tief versinkende demuetkeit* als wesentlicher Bestandteil der menschlichen Vollkommenheit. Wenn der Mensch auf den Gipfel der Vollkommenheit gelangt ist, muß er daher notwendigerweise wieder *nidersinken* in den tiefsten *grunt*: "*alle hoehin dis lebens*" kommt nämlich "*von dem grunde der demuetkeit*" (274,13). Für die Annäherung des Menschen an Gott bedeutet dies: "*Hie lit es alles an, an einem grundelosen entsinkende in ein grundelos nút.*" (256,30f) Diesen Abstieg des Menschen in den *grunt der demuetkeit* provoziert Tauler bei den Zuhörern seiner Predigten auch dadurch, daß er verschiedene Modelle der Annäherung an Gott - wenn auch mit unterschiedlicher Akzentuierung - anwendet, so daß jedes Modell durch Vorstellungen eines anderen Modells relativiert und problematisiert wird. Indem nun das synthetisierende Ich des Rezipienten von Taulers Predigten mit der Heterogenität dieser Vorstellungen konfrontiert wird, entsteht eine Spannung zwischen dem um ein ganzheitliches

---

[1] Damit geht die Aufhebung des Ich und in Konsequenz dazu aller von der philosophisch-theologischen Tradition bereitgestellten Konzepte der Gotteserfahrung einher. Der Abstieg ist somit nicht nur ein Anti-Weg, sondern eine Vorgehensweise, bei der der Mensch jegliche Sicherheit, jeglichen festen Halt und Zusammenhang auf seine Motive hin analysiert und auf Gott reduziert. Neben der metaphorischen Darstellung der Vernichtung alles kreatürlichen Eigenseins dienen Tauler vor allem seine zahlreichen Beispiele, in denen er menschliches Fehlverhalten analysiert, dazu, den Abstieg des Menschen in den *grunt der demuetkeit* zu initiieren. Vgl. zum Ganzen: Walter Haug, Religiöse Erfahrung, aaO, S.102-104.

Verstehen bemühten Ich und der Taulerschen Bildlogik, die sich gegenüber allen menschlichen Vereinnahmungsversuchen als resistent erweist, so daß die Existenz von miteinander konkurrierenden Vorstellungen aus allen drei Modellen letztendlich zur Verzweiflung des Ich an seinem Denken bzw. zur Akzeptanz der eigenen Grenze in Demut und damit zur Einsicht führen muß, daß der Mensch eigentlich - wie Tauler aufgrund seiner kritischen Haltung gegenüber dem Aufstiegsmodell deutlich macht - auf seinem Weg zu Gott immer schon auf das Entgegenkommen Gottes angewiesen ist.

Kapitel 3: GOTTES ZUWENDUNG ZUM MENSCHEN

Während in den beiden vorangegangenen Kapiteln Metaphern im Mittelpunkt standen, die die Beziehung Gott-Mensch unter dem Aspekt des menschlichen Bemühens um die Nähe zu Gott zur Sprache bringen, sollen im folgenden Metaphern behandelt werden, die die Aufmerksamkeit auf die göttliche Aktivität lenken, durch die sich Gott dem Menschen gnadenvoll zuwendet und sich selbst mitteilt.

1. Der Charakter der Metaphorik für das göttliche Handeln am Menschen bei Mechthild von Magdeburg

Bei Mechthild wird das göttliche Handeln, das auf den Menschen gerichtet ist, einerseits als aggressiv (s.*vúr*), andererseits als kontinuierlich (s. *stram/vluz*), dann als gewaltig (s.*vluot*) und als durchdringend (s.*lieht, stral, schin*) charakterisiert. Dementsprechend unterschiedlich fällt auch das jeweilige Bildarrangement aus, dessen Thema das göttliche Handeln am Menschen ist.

1.1. Aggressiver Bildcharakter

Der Mensch wird durch das göttliche Handeln in seiner inneren Zustand verändert; er erfährt an sich die läuternde, alles Sündhafte beseitigende Wirkung des göttlichen Feuers (s.*vúr* 1.1.-1.2.; 3.); ferner wird durch den *himelvluz* des Hl. Geistes alles innere Leid Mechthilds getilgt (s.*vliessen* 5.5.-5.6.; vgl. *lieht* 1.11.); das *vúr* der Gottesminne ist das Fegefeuer auf Erden (s.*vúr* 1.1.-1.3.).

Eine Radikalisierung der Konsequenzen des göttlichen Handelns ergibt sich für Mechthild aus der Berücksichtigung der Differenz des Menschen zur göttlichen Wirklichkeit. In dieser Differenz liegt begründet, daß die göttliche Minne alles menschliche Vermögen übersteigt (s.*vúr* 1.2.), so daß die Seele bereits den kleinsten Funken göttlicher Wirklichkeit nicht ertragen kann (s.*vúr* 9.1.) und bei der geringsten Erfahrung der göttlichen Liebe bereits zu *smelzen* beginnt. Wenn die Kraft der Trinität die Seele *durchgat*, wird diese infolgedessen *krank* (s.*gan* 4.1.-4.6.) und die Existenz des Menschen schließlich vernichtet (s.*vúr*; vgl. *vliessen* 1.16.; 4.1.; *lieht* 24.1.-24.3.). Gott hat darum der Gottesmutter einen *schaten* gegeben, der sie vor dem *vúr* des Hl. Geistes schützen soll (s.*lieht* 1.8.).

1.2. Organische Leitvorstellungen in der Bildlichkeit

An mehreren Textstellen stellt Mechthild die Beziehung Gott-Mensch als Verhältnis von Heilsbedürftigkeit des Menschen und Heilsvermittlung durch Gott dar. Die vorausgesetzte Differenz Gott-Mensch ist dabei aufgehoben im organischen Bildzusammenhang von göttlicher *vluot* und dem *dürren* menschlichen Acker, der durch die göttliche Zuwendung seinen Mangelzustand verliert und lebensfähig wird (s.*giessen* 8.1.; *vliessen* 2.1.-2.5.; 4.1.). Organisch verläuft auch der Wechsel von Leid zu göttlicher Freude wie - so das von Mechthild verwendete Bild - ein auf die Nacht folgender Sonnenaufgang (s. *lieht* 1.11.).

Die in der Naturmetaporik von *vluot/dúrrer acker*, *naht/sunne* implizierte selbstverständliche Kontinuität der Beziehung Gott-Mensch wird fragwürdig, wenn Mechthild das göttliche Handeln an bestimmte Bedingungen knüpft, die der Mensch zu erfüllen hat: So macht Mechthild z.B. deutlich, daß sich die Trinität nur dann der Seele zuwendet, wenn sich diese tugendhaft verhält (s.*vliessen* 1.1.-1.8.;*lieht* 25.2.) und wenn sie den *unflat der sunden* zum Verschwinden gebracht hat (s.*lieht* 2.4.-2.8.). Außerdem muß die Seele eine große Offenheit besitzen, damit die Gnade in sie gelangen kann (s.*vliessen* 12.1.-12.2.). Insbesondere werden alle reinen (s.*vliessen* 2.1.-2.5.), demütigen (s.*vliessen* 1.1.-1.8.), gottliebenden (s.*giessen* 1.1.-1.4.; *lieht* 1.11.) und gottgleichen (s.*vliessen* 1.1.-1.8.) Seelen zur Stelle im kreatürlichen Bereich, wo Gott einwirkt. Daneben äußert Mechthild aber auch den Gedanken, daß Gott täglich seine Gaben in das Herz des Sünders kommen läßt (s.*giessen* 1.1.-1.4.).

Das Schema von Identität und Differenz des Menschen zu Gott wird variiert, wenn Mechthild ihre Aufmerksamkeit von der Situation des Mangels abwendet und den Blick auf das Zusammenspiel von Gott und Mensch richtet: Gott als Feuer und das fließende Wachs der minnenden Seelen ergeben zusammen ein Licht (s.*lieht* 1.11.). Ein anderer Gedanke besteht darin, daß der göttliche Einfluß sich umso mehr bemerkbar macht, je näher sich die Seele zu Gott hin bewegt (s.*lieht* 2.9.; 25.1.).

1.3. Die Dynamik des Menschen als Bildaspekt

Die Konsequenzen der göttlichen Zuwendung betreffen Situation, Verfassung und Reaktion des Menschen: Die begrenzte Situation des Menschen verändert sich, wenn es durch Gottes lichtvolle Einwirkung dem Menschen möglich wird, Gott bzw. die Trinität zu erkennen (s.*vúr* 1.1.-1.2.; 1.13.-1.17.; *lieht* 2.4.-2.8.; 24.1.-24.3.) und in sich aufzunehmen (s.*lieht* 2.4.-2.8.). Da die menschliche Kapazität in Anbetracht der göttlichen Fülle (s.*vliessen* 1.9.-1.11.) jedoch zu klein ist, kommt es dazu, daß der Mensch *úbervliesset* (s.*vliessen* 16.1.; 18.1.; 1.9.-1.11.) und dadurch das Erfahrene weitergibt; dies ist auch Mechthilds persönliche Situation, aus der heraus ihr Werk entsteht.

Eine andere Reaktion besteht darin, daß der Mensch durch die Erfahrung der göttlichen Liebe in Bewegung gerät (s.*giessen* 9.1.), bzw. rasend wird (s.*vliessen* 1.1.-1.8.) oder durch ein exaltiertes Verhalten zu Gott gelangt, alles in Gemeinschaft mit Gott denkt, liebt und mit ihm eins wird (s.*giessen* 13.1.; *vliessen* 1.1.-1.8.). Dies beinhaltet auch, daß die menschliche Verfassung eine Veränderung erfährt, insofern der Mensch aufgrund der göttlichen Einwirkung an Gottes Wirklichkeit partizipiert: Die gottgleiche Seele ist selbst *ewic lieht* (s.*lieht* 1.11.). Ferner: Maria wird zum *gegenblik* der Trinität (s.*lieht* 2.16.) und ist *infurig* vom *füre gotes* (s.*vúr* 1.12.). Sogar für jede Seele, die den Einfluß der göttlichen Wirklichkeit erfährt, gilt, daß sie nicht nur das göttliche Licht und *vúr* reflektiert, sondern dessen göttliche Eigenschaften annimmt (s.*vúr* 1.13.-1.17.; 3.1.-3.3.; 18.1.). Allerdings muß festgehalten werden, daß es bei Mechthild im Unterschied zu Eckhart nicht zu dem - vom Bedeutungspotential der Feuermetaphorik grundsätzlich möglichen - Qualitätssprung, des Wechsels vom kreatürlichen zum göttlichen Status des Menschen infolge der alles verändernden göttlichen Selbstmitteilung kommt: Der Mensch geht entweder aufgrund der göttlichen Einwirkung zugrunde, oder er erfährt eine begrenzte Veränderung auf Gott hin, indem er aufgrund der Erfahrung der göttlichen Liebe eine bestimmte Eigenschaft Gottes annimmt.

1.4. Gottes Überwindung der Differenz und die metaphorische Differenzierung der Differenz

Die von Mechthild mit verschiedenen metaphorischen Konfigurationen entfaltete Sicht des göttlichen Handelns am Menschen übt solange ihre Wirksamkeit auf die Rezipienten von Mechthilds Buch aus, wie diese ihr einen Wirklichkeitscharakter zusprechen. Dies hängt davon ab, wie sehr es Mechthild gelingt, mit ihren metaphorischen Konfigurationen den Ordnungsschemata zu entsprechen, die die Adressaten gewöhnlich zum Verstehen ihrer Erfahrungen benützen. Zugleich muß es Mechthild auch gelingen, die Besonderheit dieser Erfahrung im Vergleich zu allen anderen Erfahrungen deutlich werden zu lassen, indem die allgemeinen Deuteschemata durch die von Gott bestimmte konkrete Erfahrung korrigiert werden. Mechthild realisiert diese Forderung einerseits dadurch, daß sie auf Gesetzmäßigkeiten und Vorgänge der Wahrnehmungswirklichkeit im weitesten Sinn, speziell im Bereich der Natur, rekurriert, um das göttliche Einwirken auf den Menschen vorstellbar zu machen. Zum anderen destruiert Mechthild den organischen Zusammenhang der Natur, indem sie aus der Natur das Bildmaterial entnimmt, um auf deren Trümmern ihre metaphorische Konstruktion zu errichten. Dies funktioniert allerdings nur innerhalb des jeweiligen Bildausssschnittes; wird dieser mit der an einer anderen Stelle des Textes entworfenen Bildlichkeit aus der Natur konfrontiert, kommt es auf Seiten des Rezipienten zum Bruch, da sich auf der Ebene des Textes keine Einheit für die verschiedenartigen Bilder finden läßt. Auf diese Weise macht Mechthild dem Rezipienten ihres Buches deutlich: Mensch und Gott stehen in einem derart komplexen Geschehenszusammenhang, daß sich ihr Handeln, der dadurch erreichte Effekt sowie ihre jeweilige Position im Handlungszusammenhang jeder eindeutigen Ordnung widersetzen. In diesem Sinn ist es berechtigt, wenn Alois M. Haas darauf aufmerksam macht, daß "eine schlichte Trennung von 'natürlichem' und 'übernatürlichem' Geschehen schwierig" ist[1]. Wenn nun Mechthild wie auch die übrigen der untersuchten Autoren dennoch davon sprechen, kann die Funktion der Sprache nicht in einer Definition und genauen Erfassung des Geschehens zwischen Gott und Mensch bestehen, sondern muß zu einer Differenzierung der Differenz von Gott und Mensch durch verschiedenartige, diskontinuierliche Momentaufnahmen dieser Beziehung führen. Dies erreicht Mechthild dadurch, daß sie mit ihrer Bildlichkeit mehrere Muster des auf den Menschen gerichteten göttlichen Geschehens durchspielt und mit andauernd wechselnden Blick-

---

[1] Alois M. Haas, Sermo mysticus, aaO, S. 120.

winkeln den Geschehenszusammenhang von Gott und Mensch betrachtet[1], wodurch das Verhältnis Gott-Mensch den Charakter eines lebendigen Zusammenhangs erhält; aus dieser metaphorisch erzeugten Lebendigkeit resultiert, daß infolge der verschiedenartigen Positionen und Reaktionen im Rahmen der Interaktion von Gott und Mensch die Grenze zwischen Gott und Mensch unerkennbar wird - wobei jedoch Mechthild grundsätzlich die Andersartigkeit Gottes in jedem Fall der Bildlichkeit wahrt. Dies wird daran deutlich, daß der Mensch in Mechthilds Bildlichkeit in Bezug auf Gott vor allem als Heilsempfänger, inkompetenter Adressat oder als Mängelwesen und auch als jemand fungiert, der die Bedingungen für den Empfang des Göttlichen in sich selbst erst herstellen muß. Indem dabei Mechthild die verschiedenen Bilder entfaltet, ohne bei einem bestimmten Bild stehenzubleiben, sondern jedes Bild auf ein anderes Bild hin transzendiert, realisiert sie die Einsicht, daß das göttliche Geschehen nicht definierbar ist und seiner Eigenart im sprachlichen Medium nur durch eine unbegrenzte Bildlichkeit entsprochen werden kann. Dies bedeutet zum einen, daß eine metaphorische Darstellung überhaupt erst möglich macht, daß die göttliche Zuwendung, die dabei vorausgesetzte menschliche Situation sowie die Bedingungen und Konsequenzen thematisiert werden können, insofern nämlich die Differenz des nicht wahrnehmbaren göttlichen Handelns zu sichtbaren menschlichen Vollzügen aufgehoben wird; zum anderen wird, indem die Verschiedenartigkeit der Position von Gott und Mensch im Rahmen des entworfenen Bildes in den Blickwinkel gerät, die Differenz zwischen Gott und Mensch erst richtig bewußt; allerdings so, daß jede bestimmte Position Gottes und des Menschen aufgrund ihres metaphorischen Charakters - quasi vertikal - in unbestimmter Weise vom Rezipienten zu transzendieren ist und horizontal im Wechsel der verschiedenen Bilder relativiert und letztlich dadurch unbestimmbar wird. Somit zeigt sich, daß die Tendenz, die in der Bildkomposition zu verfolgen ist, eine zutiefst widersprüchliche ist: Die Differenz zwischen Gott und Mensch ist immer schon infolge des göttlichen Handelns überwunden - allerdings nur so, daß sich dabei die Differenz in veränderter Form erneut beim Menschen meldet, z.B. - wie sich anhand der unter 1.1.-1.3. vorgestellten Bildlichkeit zeigen läßt - im existenzbedrohenden, existenzvernichtenden oder den Menschen allgemein zur Transzendenz bewegenden Effekt des göttlichen Handelns.

Wenn man nun in diesem Kontext der Differenz, die vom göttlichen Handeln immer schon überwunden ist und sich andererseits beim Menschen zugleich immer wieder neu einstellt, Mechthilds schriftstellerische Tätigkeit zu verstehen versucht, die sie nach eigenen Angaben auf göttliche Einwirkung hin ausübt, wird folgendes deutlich: Zum einen konkretisiert sich in der Tatsache von Mechthilds Schreiben sichtbar das alle Differenzen überwindende göttliche Handeln; zum anderen zeigt sich in der Darstellung des Geschehens der Raum und Zeit sprengenden Gottesbegegnung, daß dieses Geschehen nur - die eigene Erfahrung transzendierend - mitgeteilt werden kann, indem es den Bedingungen von Raum und Zeit unterworfen wird. Daraus resultiert die in sich vielfältig differenzierte Bildproduktion Mechthilds, die in der sukzessiven Abfolge des Textes unzusammenhängende, oft sogar widersprüchliche Ansichten des göttlichen Handelns entwickelt, ohne je ein Ende zu finden und damit das göttliche Handeln wirklich zu erfassen. Den Re-

---

[1] Vgl. die in Kapitel 3, 1.1.-1.3. aufgeführte Bildlichkeit.

zipienten von Mechthilds Buch verweist diese Diskontinuität der Bilder darauf, daß deren Einheit auf Dauer infolge der inkongruenten Ordnung des Textes, die die Differenz zwischen schriftlicher Fixierung und dem lebendigen, Raum und Zeit transzendierenden Geschehen der Gottesbegegnung markiert, allein jenseits der Darstellung des Textes zu finden ist. Der Rezipient kann deshalb m.E. nicht, wie Klaus Grubmüller meint, die Instanz sein, wo der Text seine Einheit findet[1], insofern er sich je nach Situation und Kontext des Verstehens immer nur mit Teilaspekten der Bildlichkeit identifizieren kann, nie jedoch in der Lage sein wird, die heterogene und diskontinuierliche bildliche Darstellung der göttlichen Zuwendung zum Menschen in ihrer Vielfalt in sein Denksystem zu integrieren.

1.5. Das *vliessende lieht der gotheit* als exemplarischer Fall der Metaphorik

Im Zusammenhang mit der Frage, in welcher Beziehung Mechthild als Autorin zu dem steht, was der Wahrnehmung des Menschen unzugänglich ist und nur durch die literarische Darstellung vergegenwärtigt werden kann, kompliziert sich dieses Problem noch insofern, als strittig ist, ob Mechthilds Inszenierung des göttlichen Handelns überhaupt eine mystische Erfahrung zugrundeliegt. D.h., ob man überhaupt davon sprechen kann, daß die von ihr gewählten Bilder in struktureller Analogie zu lebensgeschichtlich realer mystischer Erfahrung diese literarisch realisieren[2], und ob man - wie Walter Haug - davon ausgehen kann, daß "die literarische Existenz des Fließenden Lichts... ausgespannt ist zwischen der einstigen Erfahrung und dem Wiedereintreten in den mystischen Prozeß..."[3]; oder ob nicht vielmehr Mechthilds Werk nur funktional zu beschreiben ist, wobei der mystischen Erfahrung dann keine determinierende Funktion zugeschrieben würde[4]. Eine Antwort auf diese Frage soll im folgenden aufgrund des in 1.1.-1.3. beschriebenen Metapherngebrauchs bei Mechthild versucht werden.

(1.) Zieht man Mechthilds eigene Äußerungen zu ihrer schriftstellerischen Tätigkeit heran, sind die genannten Fragen insofern für sie kein Problem, als sie ihr Schreiben ganz selbstverständlich in den Zusammenhang gemachter Gotteserfahrung bringt. Ihre Tätigkeit beschränkt sich allein darauf, das zu wiederholen, was sie als göttliche Schrift mit ihrer ganzen Existenz erfahren hat: "*Die schrift dis buoches ist gesehen, gehoeret unde bevunden an allen lidern. Ich enkan noch mag nit schriben, ich sehe es mit den ougen miner sele und hoere es mit den oren mines ewigen geistes und bevinde in allen liden mines lichamen die kraft des heiligen geistes.*" (IV 13). Demnach ist für sie die Rezeption der göttlichen Schrift Grundlage dafür, selber produktiv werden zu können. Was die Struktur dieser Erfahrung anbelangt, zeigt sich deren Komplexität an der komplexen Vielfalt der Metaphorik, die sich in Mechthilds Darstellung des göttlichen Handelns am Menschen fin-

---

[1] Klaus Grubmüller, Sprechen und Schreiben, aaO, S.347.
[2] So Alois M. Haas, Mechthild von Magdeburg, in: Sermo mysticus, aaO, S.104-135.
[3] Walter Haug, Das Gespräch, aaO, S.268.
[4] Diese Position vertritt Christa Ortmann, Das Buch der Minne, aaO, S.166.

det[1]. Diese Komplexität verdichtet sich dadurch noch weiter, daß zwischen dem Inhalt von Mechthilds Erfahrung - der Schrift Gottes - und der Verschriftlichung dieser Schrift durch Mechthild insofern ein qualitativer Unterschied besteht, als Mechthilds Werk zwar optisch wahrgenommen werden kann, die in ihm durch Mechthild vermittelte göttliche Schrift allerdings nur - wie sie selbst beschreibt - synästhetisch wahrnehmbar ist. Der Rezipient von Mechthilds Buch nähert sich demnach Mechthilds Erfahrung nur dann an, wenn er es versteht, die Vielfalt der Bilder, die das Ergebnis der Transformation von unterschiedsloser Erfahrung des Göttlichen in die differenzierende Sphäre von Raum und Zeit darstellen, synoptisch zu lesen[2]. Dazu ist aber erforderlich, daß der Rezipient den Vorstellungszusammenhang des Textes durchbricht und zusammensieht, was im Text nicht zusammensteht und infolge der Heterogenität der verschiedenen Bilder auch nicht widerspruchslos zusammenzubringen ist.

(2.) Indem Mechthild in ihrer sprachlichen Darstellung die Entstehungsbedingungen ihres Werkes reflektiert, thematisiert sie die sprachliche Darstellung als solche bzw. das Buch als Produkt von etwas, durch das die sprachliche Darstellung zustandekommt, als deren Ursache diese aber gerade transzendiert. Somit macht Mechthild, indem sie den Prozeß der Schriftwerdung zum Thema ihrer sprachlichen Darstellung macht, die Selbstreferentialität des von ihr evozierten Vorstellungszusammenhangs unmöglich; denn da dieser vom Rezipienten aufgrund von Mechthilds Reflexion der Verschriftlichung als Vergegenwärtigung von Abwesendem, von vorausliegender Erfahrung, wahrgenommen wird, verweilt der Rezipient nicht bei der Gegenwärtigkeit der erzeugten Vorstellungen, sondern ist vor allem an dem interessiert, was der sprachlichen Fixierung an lebendiger Erfahrung konstitutiv vorausliegt. Mechthild unterstützt dies noch dadurch, daß sie häufig das Ungenügen ihrer sprachlichen Darstellung gegenüber dem Erfahrenen zum Ausdruck bringt. Dem Faktum, daß sie trotz aller Unzulänglichkeit dennoch Autorin eines Buches zu werden vermag, gewinnt sie dadurch, daß sie ihre Situation in Parallele zu verschiedenen alt- und neutestamentlichen Figuren setzt, einen heilsgeschichtlichen Sinn ab.

(3.) Die Strukturmuster, mittels derer Mechthild den Zusammenhang zwischen ihrer Erfahrung und deren schriftlichen Fixierung zu fassen versucht, entsprechen weitgehend den Sichtweisen göttlichen Handelns, wie sie von Mechthild über die unter 1.1.-1.3. dargelegte Metaphorik entwickelt werden. Dies heißt: Mechthilds Buch ist sozusagen der exemplarische Fall der Metaphorik und verleiht dieser eine Erfahrungsgewißheit, wie umgekehrt die Metaphorik für das Handeln Gottes den Sinnhorizont abgibt[3], in dem der Akt des Schreibens, die Schreiberrolle und das

---

[1] Vgl. dazu 1.4. dieses Kapitels.
[2] Vgl. dazu Klaus Grubmüller (Sprechen und Schreiben, aaO, S.347), der bezüglich Mechthilds Werk von einem "sich der Verfestigung entziehenden, auf Syn-Opsen und Syn-Ästhesien gerichteten" Text spricht.
[3] Je nach Standpunkt kann man diesen Horizont entweder wie im vorliegenden Kapitel anhand der Bildlichkeit für die göttliche Zuwendung entfalten oder im Rahmen der unio-Konzeption Mechthilds (s.Kapitel 4, 1.3.).

Buch als Ergebnis des Schreibens ihre besondere Bedeutung erhalten. Entscheidend ist dabei, daß diese Bedeutung die sprachliche Darstellung auf die konkrete geschichtliche Erscheinung hin insofern durchbricht, als an Mechthilds Person und der Tatsache ihres Schreibens die metaphorische Perspektive auf das Handeln Gottes am Menschen ihre konkrete Erfahrungsgrundlage erhält: An Mechthild wird ersichtlich, wie die Differenz Gottes zum Menschen einerseits überwunden wird und wie diese Differenz sich andererseits im Akt des Schreibens erneut - freilich auf andere Weise - auftut. Die Aussagen, die Mechthild in diesem Zusammenhang macht, oszillieren - wie die von ihr verwendete Metaphorik für die göttliche Zuwendung allgemein - zwischen Zusammenhang und Unterschied des Menschen mit Gott:

(a) Mechthilds Inkompetenz wird durch die Erfahrung des Göttlichen - wie die unter 1.3. thematisierte menschliche Inkompetenz allgemein - so verändert, daß sie von ihrer Erfahrung schreiben kann und muß: *"Nu mag etliche lúte wundern des, wie sich súndig mensche das mag erliden, das ich sogtan rede schribe. Ich sage úch werlich fúr war: Hette es got vor siben jaren nit mit sunderlicher gabe an minem herzen undervangen, ich swige noch und hette es nie getan."* (III 1,162-165; ähnlich V 12).

(b) Die Differenz zu Gott ist so groß - ein Thema, das in der unter 1.1. besprochenen Metaphorik dargestellt wird -, daß Mechthild sich entweder für unfähig zur schriftlichen Fixierung der von ihr gemachten Erfahrung des Göttlichen ansieht[1] oder daß sie das Zurückbleiben der sprachlichen Darstellung hinter dem von ihr Erschauten bekennt[2]. An einer anderen Textstelle sieht sie daher auch nicht sich, sondern Gott selbst als Autor ihres Werkes an: *"Eya herre got, wer hat dis buoch gemachet?' 'Ich han es gemachet an miner unmaht, wan ich mich an miner gabe nút enthalten mag.' 'Eya herre, wie sol dis buoch heissen alleine ze dinen eren?' 'Es sol heissen ein vliessende lieht miner gotheit in allú dú herzen, dú da lebent ane valscheit.'"* (Prolog)

(c) Die in vielen Bildern für das göttliche Handeln festzustellende Leitvorstellung eines organischen Zusammenhangs von Gott und Mensch bildet für Mechthild - wie sie in mehreren Äußerungen bekennt - ein weiteres Verstehensmodell für das Entstehen ihres Buches: *"Disú schrift ist us got gevlossen. Dise schrift, die in disem buoche stat, die ist gevlossen us von der lebenden gotheit in swester Mehtilden herze und ist also getrúwelich hie gesetzet, alse si us von irme herzen gegeben ist von gotte und geschriben mit iren henden."* (VI 43; vgl. auch II 26) Somit zeigt sich: Das *"vliessende lieht der gotheit"* verweist als Faktum auf eine Erfahrung, infolge derer es zustandegekommen ist und für die das unlösbare Ineinander von

---

[1] *"Ir wellent, das ich fúrbas schribe, und ich enmag. Die wunne, die ere, die clarheit, die trútunge, die warheit, die sint ob mir also gros, das ich stum wurde vúrbas me ze sprechende das ich bekenne."* (VI 41)
[2] *"Den koeren und dem himmele ist von gotte manig werdekeit gegeben, da mag ich von iegelichem ein woertelin sagen; das ist nit me denne also vil, als ein bini honges mag us einem vollen stok an sinem fuosse getragen."* (III 1,139-141; vgl. auch V 12)

Gott und Mensch, d.h. von Mechthild selbst, konstitutiv ist. Der Titel des Werkes bringt diesen Zusammenhang in der für metaphorische Aussagen typischen Offenheit der Bedeutung zur Sprache: *"vliessendes lieht der gotheit"* ist Mechthilds Buch, weil von Gott her die Bedingungen für die Erfahrung des Göttlichen mit seiner Beteiligung an der Entstehung des Buches selbst geschaffen werden; und andererseits, weil Mechthild mit ihrer schriftlichen Darstellung dem Rezipienten Aufmerksamkeit und Interesse abverlangt sowie Orientierung für die Erfahrung des Göttlichen ermöglicht und ihm darüberhinaus - mit ihrer Person und ihrer schriftstellerischen Tätigkeit - Erfahrungsgewißheit in Bezug auf die nur andeutungsweise metaphorisch darstellbare Zuwendung des Göttlichen bietet. Dies berechtigt zu der Schlußfolgerung: Das in Reaktion Mechthilds auf eine vorgängig gemachte Erfahrung des Göttlichen durch das gemeinsame Handeln von Gott und Mensch entstandene Werk tendiert zu neuer Erfahrung des Göttlichen[1]; oder mit Mechthilds Worten formuliert: *"Do sprach min lieber alsust: 'Ich wil das lieht uf den lúhter setzen und allú dú ougen, dú das lieht angesehen, den sol ein sunderlich strale schinen in das ouge ir bekantnisse von dem liehte'. Do vragete dú sele mit grosser underteneheit ane vorhte: 'Vil lieber, wie sol der lúchter sin?' Do sprach únser herre: 'Ich bin das lieht und din brust ist der lúhter'."* (III 12)

2. Die menschliche Erfahrungsinkompetenz als zentraler Bildaspekt bei David von Augsburg

Gegenüber Mechthild von Magdeburg stellt David von Augsburg heraus, daß die göttliche Zuwendung durch die Unähnlichkeit des Menschen mit Gott eingeschränkt wird. Dies schlägt sich in der von David gewählten Bildlichkeit in der Weise nieder, daß kaum ein organischer Zusammenhang zwischen der göttlichen Mitteilung und dem menschlichen Bemühen um deren Empfang hergestellt wird, sondern vielmehr der metaphorisch inszenierte Vorgang der göttlichen Mitteilung sogar auf den Widerstand des Adressaten stößt[2]. Nur unter der Bedingung, daß der Mensch seine Außenorientierung (s.*giessen* 1.1.; *lieht* 1.1.; 1.5.), seine Untugenden (s.*giessen* 1.3.-1.5.) bzw. seine Sünden (s.*vliessen* 1.10.-1.16.; *lieht* 24.1.-24.5.) ablegt, wird das Geschehen der göttlichen Zuwendung beim Adressaten zu einer ihn bestimmenden Wirklichkeit. Ein anderes Bild, mittels dessen David die für die Begegnung Gott-Mensch hinderliche Unähnlichkeit des Menschen mit Gott zum Ausdruck bringt, ist die Antithese *lieht-vinster*: Der Mensch verfügt - unabhängig von seinem Verhalten - grundsätzlich nicht über die Fähigkeit, das göttliche Licht zu erfassen; mit seinen menschlichen Augen kann er den göttlichen

---

[1] Damit bestätigen sich von der untersuchten Metaphorik her die Beobachtungen, die Walter Haug (Das Gespräch, aaO, S.268) bezüglich des Dialogs bei Mechthild trifft : "... die Darstellung (drängt) zu einer Rekapitulation der in die Gegenwart hineinwirkenden mystischen Erfahrung... In der Wiederholung des Dialog öffnet sich der Weg zu einer neuen Begegnung."

[2] Dieser nicht nur in der Bildlichkeit Davids festzustellende Aspekt wird von Werinhard J. Einhorn (Der Begriff der 'Innerlichkeit' bei David von Augsburg, in: Franziskanische Studien 48 (1966), S.336-376) völlig unterschlagen.

Glanz nicht sehen (s.*lieht* 15.1.), bzw. er kann wegen der Schwäche seines Wahrnehmungsorgans Jesus Christus als ewigen *sunneschin* nicht verkraften (s.*lieht* 1.2.). Die sich darin zeigende radikale Unähnlichkeit von Gott und Mensch - die vom Menschen unüberbrückbare Antithese von *lieht* und *vinster* - wird nach Davids Auffassung dadurch überwunden, daß Gott sich in einer Weise zur Erscheinung bringt, die diese eingeschränkte menschliche Erfahrungskompetenz berücksichtigt. Dies führt bei David gegenüber den anderen behandelten Autoren zu einer Variation in der Lichtmetaphorik: Gott erscheint nicht als unfaßbares *lieht* in der *vinster*, sondern verschafft dem Menschen Orientierung in seiner irdischen Finsternis, indem er dem Menschen sein Licht durch die *laterne* des Glaubens (s.*ouge* 3.1.-3.2.) oder der Menschheit Jesu Christi vermittelt (s.*lieht* 1.2.; 24.6.; 37.1.), bzw. indem sich Jesus Christus als "*ewiger sunneschin nach dem menschen geverwet...*" hat (s.*lieht* 37.1.). In einem anderen Zusammenhang führt David aus, daß der Mensch Gottes *vuozspuren* bzw. Gottes Spiegelbild (s.*spiegel* 6.1.) in den Geschöpfen erkennen kann, weil Gott ein "*insigel der gotlichen gelichnisse*" in die menschliche Seele und den Geist *gedrücket* (s.*drücken* 2.1.-2.2.) hat. Zu einer direkten Erkenntnis Gottes kommt es jedoch erst auf der 5. Stufe des Gebetes, wenn sich der Mensch ausschließlich Gott zuwendet (s.*ouge* 3.3.).

Eine weitere Möglichkeit, Gott und Mensch so aufeinander zu beziehen, daß sowohl die göttliche Zuwendung als auch die Inadäquatheit des menschlichen Adressaten berücksichtigt sind, entwickelt David aufgrund des organischen Zusammenhangs von Mangel und dessen Beseitigung in der Natur; so wird z.B. nach dem Muster der Bewässerung eines dürren Ackers dargestellt: Christus wirkt mit seinem *minneheizen bluote* auf die *dürre* des menschlichen Herzens mit dem Ziel ein, daß "*ez tugende vruhtbaer werde...*" (379,1; vgl. *giessen* 3.2.). Das Bild der *dürre* des menschlichen Herzens ermöglicht es David zugleich, zu erklären, wie notwendig die Zuwendung Gottes für den Menschen ist. Diesen Aspekt bringt David auch über die Speise- und Trinkmetaphorik zum Ausdruck, mittels derer er der Zuwendung Gottes einen für den Menschen lebensnotwendigen Charakter verleiht.

Was die Konsequenzen betrifft, die sich aus der göttlichen Zuwendung beim Menschen einstellen, sind bei David verschiedene Tendenzen zu konstatieren: Zum einen löst er die aus der Einwirkung Gottes sich ergebenden Folgen aus dem direkten zeitlichen Zusammenhang mit der göttlichen Einwirkung: So bleibt z.B. die Verwandlung der menschlichen Sterblichkeit in die göttliche Natur Jesu Christi, Aufgabe der *spise* Jesus Christus - in einer unbestimmten Zukunft angesiedelt (s.*spise* 3.1.-3.3.; vgl. 359,34f; 376,14); oder er bringt, indem er über die Licht- und Feuermetaphorik die Mitteilung der göttlichen Energie an den Menschen bzw. der Selbstmitteilung Gottes in der Inkarnation inszeniert, die göttliche Absicht zur Sprache, den Menschen zu Gott zu bringen. Das Ergebnis selbst kommt dabei oft jedoch nicht in den Blick und bleibt im Text völlig offen (s.*lieht* 7.1.-7.9.; *hitze* 12.2.-12.4.). Zum anderen läßt sich aber auch die Tendenz feststellen, daß der zeitlich völlig unbestimmte Prozeß der Veränderung des Menschen auf Gott hin durch die von David näher beschriebenen sieben Stufen des Gebetes eine gewisse Strukturierung erhält, wobei jedoch - worauf schon in anderem Zusammenhang hingewiesen wurde[1] - völlig offen bleiben muß, wie im einzelnen der Fortschritt von

---
[1] Vgl. Kapitel 1, 2.0.

Stufe zu Stufe erfolgt. Auch wenn nach diesem Stufenweg am Ende die unio mit Gott steht, ist in der verwendeten Bildlichkeit keine kontinuierliche Entwicklung, eine von Stufe zu Stufe zunehmende Angleichung von Gott und Mensch aufgrund einer korrespondierenden Metaphorik bei Gott und Mensch zu beobachten. Wenn David trotzdem die Veränderung des Menschen thematisiert, die sich aus der göttlichen Zuwendung ergibt, wird diese nur allgemein beschrieben; die Tendenz zu appellativer Rede an den Menschen als mögliches (Mit-)Subjekt dieser Veränderung fehlt völlig; stattdessen konstatiert David nur Folgen, die sich aus der göttlichen Zuwendung für den Menschen ergeben: die Möglichkeit der Orientierung (s.*lieht*), das Verlangen nach Gott (s.*giessen* 3.1.), ekstatisches Verhalten aufgrund der Erfahrung Gottes (s.*trunken* 8.1.) und die Selbsttranszendenz des Menschen (s.*lieht* 1.5).

3. Meister Eckhart

3.1. Metaphorische Modelle für das Handeln Gottes am Menschen

Ein entscheidender Faktor, der Eckharts Komposition der Bilder für das göttliche Handeln am Menschen bestimmt, ist die Funktion, die er dem Menschen im Rahmen dieses Geschehens zuweist. Die verschiedenen Modelle, die Eckhart zur bildlichen Darstellung des göttlichen Handelns am Menschen entwickelt, unterscheiden sich vor allem dadurch voneinander, daß jedes Modell die dem Menschen zukommende Funktion in Anbetracht seiner kreatürlichen Verfassung, der jeweiligen Situation oder bestimmter, aus dem Charakter des göttlichen Handelns resultierenden Mitwirkungsmöglichkeiten des Menschen variiert.

Im Kontext der visuellen Kommunikation, die Eckhart häufig als Vorstellungsmodell für das göttliche Handeln am Menschen benutzt, wird die Vorbereitung des Menschen auf die göttliche Zuwendung folgendermaßen thematisiert: Die Erfahrung Gottes ist nur möglich, wenn der Mensch die Situation der (alles Kreatürliche unsichtbar sein lassenden) *naht* herstellt, in der dann Gott auf die Seele einzuwirken vermag und infolgedessen vom Menschen erfahren werden kann (s.*vinsternis* 37.1.-37.2.; *anbliken* 10.1.-10.4.). Noch weitergehend stellt Eckhart im Zusammenhang mit der Metaphorik des *schowen/anbliken* (s.*anbliken* 11.5.) fest, daß Gott nur in dem Wahrnehmungsbereich erfahren werden kann, in dem er sich selbst sieht, und zwar nur unter den für Gott selbst geltenden Wahrnehmungsbedingungen, d.h. *in sinem lieht* (s.*anbliken* 14.1.-14.2.). Über die Metapher *blint/ blintheit* wiederum vermittelt Eckhart einen ganz anderen Aspekt für die Gestaltung der Beziehung des Menschen zum Kreatürlichen, indem er deutlich macht, daß nicht ein Wechsel der Erfahrungssituation die Voraussetzung für die Aufnahme des göttlichen Lichtes darstellt, sondern die vom Menschen zu vollziehende Unterbindung der in dieser Situation sich einstellenden sinnlichen Wahrnehmung (s.*blint* 1.1.-1.3).

Damit wird Entscheidendes deutlich: Das visuelle Modell der Beziehung Gott-Mensch funktioniert erst, wenn es aus den Angeln gehoben ist. Dies heißt: Die Begegnung mit Gott ist im visuellen Modell an die Voraussetzung gebunden, daß die visuellen Prozesse nicht zustandekommen; andererseits liegt gerade im Versagen des Modells seine Plausibilität begründet, insofern nach Eckhart die Offenheit des Menschen für die Zuwendung Gottes als dem schlechthin Anderen die Distanz zu allem Kreatürlichen und somit auch die Unterbrechung und Negierung aller visuellen Bezüge zum Kreatürlichen verlangt. Die mit den Bildern *blint, naht* und *vinsternis* vor Augen gestellte Unfähigkeit des Menschen zur Aneignung von Erfahrung reduziert die menschliche Erfahrungskompetenz auf reine, d.h. kreatürlich leere Empfänglichkeit und eröffnet gerade dadurch die Erfahrung Gottes, indem sie umschlägt von der Nicht-Erfahrung zur Erfahrung des göttlichen Nichts.

Die dem visuellen Modell eignende Schwierigkeit, die darin besteht, daß es wegen der für visuelle Erfahrung konstitutiven Distanz zwischen Subjekt und Objekt letztlich die direkte Einwirkung Gottes auf den Menschen nicht erfaßt, korrigiert Eckhart dadurch, daß er die Distanz für die Wahrnehmung der göttlichen Zuwendung einfach überspringt, indem er z.B. feststellt, daß die Seele, wenn sie Gott wahrnimmt, ihn in seinem authentischen Sein aufnimmt (s.*anesehen* 11.1.-11.3.; *smeken* 1.2.); oder daß jegliche Differenz wegfällt, wenn der Mensch Gott schauen darf von Angesicht zu Angesicht (1 Kor 13,12): "*Daz ouge, dâ inne ich got sihe, daz ist daz selbe ouge, dâ inne mich got sihet; mîn ouge und gotes ouge daz ist éin ouge und éin gesiht und éin bekennen und éin minnen.*" (I 201,5-8). Dies heißt: Wahrnehmung (*ouge*), Verarbeitung des Wahrgenommenen (*bekennen*) und Beziehung des Erfahrenden auf den erfahrenen Anderen (*minne*) geschehen ohne jeglichen Unterschied (s.*oge* 3.1.-3.3.). Dies heißt für Eckhart auch, daß Gott vom Menschen letztlich nur in der unio mit ihm erfahren werden kann (s.*bliken* 14.5.). Dies bedeutet ferner, daß der Mensch beim Anschauen Gottes in Gott aufgrund der Unterschiedslosigkeit mit Gott an dessen Selbsterkenntnis partizipiert, die das *gebern* des Sohnes zur Folge hat (s.*anesehen* 13.1.-13.5.).

Eine weitere Möglichkeit, die Notwendigkeit des Zusammenwirkens von Gott und Mensch bei der göttlichen Zuwendung vor Augen zu führen, entwickelt Eckhart auf der Folie des Transportmodells über die Fließ- und Gießmetaphorik. Das vom Menschen in Anbetracht der göttlichen Zuwendung geforderten Verhalten gestaltet er entsprechend allgemein bekannter Gesetzmäßigkeiten in der Natur oder analog zu selbstverständlichen menschlichen Verhaltensweisen im Umgang mit der Natur: So stellt er z.B. fest, daß sich der Mensch direkt unter Gott aufhalten muß, um den von oben herabkommenden göttlichen *învluz* unmittelbar empfangen zu können (s.*învluz* 14.1.-14.3.); wie die Erde den *învluz* des Himmels empfängt, ist der demutige Mensch Empfänger der göttlichen Gnade (s.*învliessen* 12.2.-12.3.; 14.4.-14.5.; vgl.*begiessen* 3.1.). Der Mensch kann sogar die göttliche Selbstmitteilung mit seiner Demut geradezu erzwingen (s.*giessen* 1.1.-1.7.). Ferner bestimmt die Öffnung der Seele das Ausmaß dessen, was sie von der göttlichen Gnadenmitteilung in sich aufnimmt (s.*giessen* 1.1.-1.7.; *vliessen* 1.1.). Nur wenn die Seele ganz leer ist und der Mensch sich selbst vernichtet hat (s.*ergiessen* 7.1.-7.2.), ist sie "*als wit und als breit*", daß Gott sich ihr vollkommen mitteilen kann; dabei überwindet Gott jegliche Distanz zum menschlichen Adressaten und gelangt bis in das Innere des Menschen[1].

Schließlich bringt Eckhart auch mit der in Variation des Modells visueller Kommunikation und parallel zur gustatorischen Erfahrung entwickelten Metapho-

---

[1] Vgl. Kapitel 1, 3.2.

rik die auf Seiten des Menschen notwendige Voraussetzung für die göttliche Zuwendung ins Bild. Dabei macht er sich die Logik der Bildlichkeit zunutze, indem er anhand der Bedeutung, die die Qualität des Wahrnehmungsorgans sowie das aktuell Wahrgenommene für die folgende Geschmacksempfindung haben, auf die Funktion hinweist, die der Mensch für die göttliche Zuwendung hat. So trägt z.B. der Mensch in dem Fall, daß *"sin zunge belîmet waere mit anderm unvlâte, daz ist mit créatûre."* (I 387,5f; s.*smeken* 1.1.-1.3.; *smak* 3.5.) die Verantwortung dafür, daß die göttliche Mitteilung nicht in sein Inneres kommt.

Im Unterschied zu den bislang genannten Metaphern macht Eckhart bei den im Rahmen des Modells räumlicher Fortbewegung erzeugten Vorstellungen über die Parallele zwischen dem göttlichen *"usgân uss sich selber"* und dem *usgân* des Kreatürlichem aus dem Inneren des Menschen deutlich: sowohl göttliches wie kreatürliches Handeln sind dafür konstitutiv, daß der - antithetisch als *usgân* und *îngân* verdeutlichte - Wechsel vom kreatürlichen zum göttlichen Inhalt der Seele erfolgen kann (s.*îngân* 11.1.-11.2.; *ûzgân* 19.1., 19.10.) und die Zuwendung Gottes beim Menschen ihr Ziel erreicht.

3.2. Tendenzen der Metaphorik

Die im vorangehenden Kapitel entfalteten metaphorischen Modelle für das göttliche Handeln am Menschen weisen eine Gemeinsamkeit auf: Ausgangspunkt aller dargestellten Bildzusammenhänge ist die Unähnlichkeit des Menschen mit Gott, auf die der Mensch jedoch nicht festgelegt ist; vielmehr kann er die Inkompetenz der Seele für den Empfang der göttlichen Zuwendung unter den über die verschiedenen metaphorischen Modelle genannten Bedingungen beseitigen. Allerdings werfen Äußerungen Eckharts wie z.B., daß die göttliche Gnadenmitteilung des Menschen wegen nur in abgeschwächter Form geschieht (s.*învluz* 14.1.-14.3.) oder daß der Mensch die empfangene göttliche Überfülle wegen seiner fehlenden Kapazität für Gott weitergibt (s.*übervlüzzic* 17.1.-17.3.; *durgiessen* 4.1.), erneut die Frage auf, inwieweit der Mensch überhaupt von sich aus die in der Unähnlichkeit begründete Inkompetenz überwinden und sich für die göttliche Zuwendung befähigen kann. Indem sich Eckhart in dieser Frage nicht festlegt, sondern unverbunden mehr die eine (die menschliche Aktivität betonende) oder die andere (die alles entscheidende Bedeutung des göttlichen Handelns hervorhebende) Möglichkeit gelten läßt, läßt er sowohl für die Prärogative der göttlichen Gnade als auch für die Notwendigkeit des menschlichen Handelns Raum. Die verschiedenen, widersprüchlichen Aussagen kommen erst an ihre Grenze und werden falsch, wenn sie einseitig eindeutig werden[1]. Daher stellt Eckhart neben Bildzusammenhänge, die

---

[1] Die Aussage von Josef Koch (Zur Analogielehre Meister Eckharts, aaO, S.293): "... es fehlt in der niederen Welt jede Disposition für die Annahme dieser Form (Josef Koch versteht darunter das göttliche Sein.). Darum kann die Wirkung oder der Eindruck eines solchen aktiven Prinzips auf das passive nur ständig empfangen werden...." muß als weitgehende Reduktion eines bei Eckhart äußert komplexen Sachverhaltes kritisiert werden: Eckharts Denken läßt sich, wie sich anhand seines vielfältigen Metapherngebrauchs aufzeigen läßt, - erinnert sei nur an die metaphorischen Aussagemöglichkeiten, die allein über die Metapher *lieht* entwickelt werden - in keinster Weise auf das allgemeine Schema von gött-

den unentwirrbaren Zusammenhang zwischen der göttlichen Zuwendung und den menschlichen Empfangsbedingungen in der Weise auflösen, daß sie aus der Bildlichkeit für die selbstverständlich vorausgesetzte göttliche Zuwendung stringent Bedingungen entwickeln, die der Mensch als Adressat realisieren muß, metaphorische Aussagen, in denen die Konsequenzen berücksichtigt werden, die sich aus der bedingungslos an den Menschen ergehenden göttlichen Zuwendung ergeben:

Mit der blendenden Wirkung von Licht begründet er z.B., daß das auf den Menschen einwirkende göttliche Licht jegliche kreatürliche Wahrnehmung des Menschen unterbindet, indem es alles übrige *lieht vinster* macht (s.*vinster* 38.2.). Denn Gott kann nur in dem Licht erkannt werden, das er selber ist (s.III 214,7; vgl.*lieht* 1.1.-1.2.).

In Weiterführung dieses Bildes stellt Eckhart fest, daß Gott es ist, der die Bedingungen für seinen Empfang beim Menschen herstellt, - indem er z.B. auf den Menschen sein *lieht der gnade* einwirken läßt, infolgedessen der Mensch alles Geschaffene transzendiert und in das Licht des göttlichen Sohnes (s.*lieht* 1.6.), bzw. in das Licht Gottes und somit in Gott gelangt (s.*lieht* 1.9.). Neben der Transposition des Menschen nennt Eckhart als Wirkung des göttlichen Lichtes auch die Läuterung, durch die der Mensch so transformiert wird, daß er Gott zu erkennen vermag (s.*lieht* 1.9.)[1]. Da aber die göttliche Zuwendung das Fassungsvermögen des Menschen übersteigt und sich sogar infolge ihrer mit den Metaphern *vluz*, *übervluz*, *vluot* und *vúr* als gewaltige Fülle vorgestellten Beschaffenheit vernichtend auf das auswirken kann, was von ihr betroffen ist, muß die Seele zuerst vom Licht des Engels gestärkt werden, um für die göttliche Einwirkung fähig zu sein (s.*lieht* 1.7.), bzw. Gott muß in seiner Zuwendung den Entwicklungsstand des Menschen berücksichtigen: "*wan verbrente der mensche alzemâle, daz enwaere niht guot.*" (III 427,7f; vgl.*verbrennen* 3.5.). Die Einsicht, daß Gott sich im Menschen die Bedingungen für den Empfang seiner Zuwendung selbst schafft, bringt Eckhart entsprechend der für ihn typischen Struktur von Zustand und Bewegung zur Sprache[2]: Neben der Darstellung als Geschehen, das eine von Gott initiierte

---

licher Seinsmitteilung und menschlichem Empfang bzw. Annahme der göttlichen Form beschränken.

Gegenüber den Ausführungen von Tiziana Suárez-Nani, die unter Bezugnahme auf DW 1 78,2-5 (Philosophie- und theologiehistorische Interpretation, aaO, S.65f) zu folgendem Ergebnis kommt. "Meister Eckhart benennt hier die *conditio sine qua non* dafür, daß der Mensch die ganze Gabe Gottes an seinen Sohn, insofern er Mensch geworden ist, empfangen kann: Er muß vom *hic et nunc* absehen, er muß sich von der Zeit und allen Kreaturen lösen, d.h. er muß die Abgeschiedenheit üben. Nur auf diese Weise, indem er leer ist von allen Kreaturen, ist der Mensch bereit, Gott zu empfangen...", ist ähnliches festzustellen: Eckhart akzentuiert zwar zum einen die Notwendigkeit, daß der Mensch von sich aus die Bedingungen für den Empfang des Göttlichen herstellen muß; andererseits sind diese Bedingungen aber im Menschen immer schon vorhanden, bzw. sie werden ausschließlich durch göttliche Aktivität hergestellt (vgl. Kapitel 1, 4.1.).

Für die Eckhartforschung muß sich demnach grundsätzlich die Frage stellen, ob und inwiefern sich die Aussageintention Eckharts in Anbetracht derartiger Widersprüche überhaupt allgemein bestimmen läßt (Dazu genauer: Kapitel 3, 3.4.).

[1] Vgl. Kapitel 1, 4.1.
[2] Vgl. Kapitel 1; Eckhart weist mit dieser Denkstruktur Parallelen zu Eriugena auf; vgl. dazu Kurt Flasch (Das philosophische Denken im Mittelalter, aaO, S.171): "Gott ist ruhen-

Transformation und Transposition des Menschen umfaßt, verleiht er der göttlichen Einwirkung Konturen eines Zustandes, der im Menschen als andauernde Disposition für Gott vorhanden ist. In Kombination von Fließ- und Prägemetaphorik stellt Eckhart diese Disposition als Ergebnis der von Gott dem Menschen zuteil werdenden Gnade dar, die quasi als Flußlauf in Gottvater entspringt und über den Sohn sowie den Hl. Geist in die Seele gelangt (s.*vliessen* 1.6.); diese in der göttlichen Gnadenmitteilung sich vollziehende Manifestation des göttlichen Wesens wird dann am Endpunkt der Zuwendung bleibend in die Seele *(în-)gedrücket* als *bilde gotes* (s.III 399,5f), als *same gotes* oder als *vünkelîn* (s.*drücken* 1.1.-1.4.; *îndrücken* 5.1.-5.6.). Daß damit nichts anderes als die Kontinuität der göttlichen Gnadenzuwendung gemeint ist, zeigt sich daran, daß Eckhart das *vünkelîn* als ein von Gott der Seele gegebenes beständiges *lieht* bezeichnet, *daz brinnet* (I 336,3; vgl. *lieht* 1.10.); es läutert - zeitlich unbegrenzt - die Seele, bezieht den Menschen auf Gott und ermöglicht dessen Gotteserkenntnis (s.*vünkelîn* 9.1.-9.6.).

Als weitere Metapher gehört die Spiegelmetapher zu der Reihe von Metaphern, mit denen Eckhart experimentiert, um konkrete Vorstellungen von der Kontinuität der göttlichen Zuwendung zum Menschen zu gewinnen:

Über die Spiegelmetaper erhält das göttliche Einwirken auf die Seele Züge eines andauernden Geschehens, bei dem Jesus Christus als Bild Gottes im Spiegel der Seele erscheint und Gott in ihr präsent macht. Insofern in Jesus Christus Abbild und abgebildete Wirklichkeit Gottes koinzidieren, wird Gott selbst durch die vermittelnde Tätigkeit Jesu Christi in der Seele präsent (s.*spiegel* 1.1.-1.2.). Aufgrund der im Spiegelungsgeschehen erfolgenden Seinsverleihung, die der Seele Leben ermöglicht, spricht Eckhart auch vom *brunnen* und *samen* Gottes in der Seele (s.*brunne* 1.2.; *same* 1.1.-1.2.).

Als weitere Tendenz läßt sich bei Eckharts Darstellung der göttlichen Zuwendung zum Menschen feststellen, daß bei vielen Aussagen der Bildausschnitt so gewählt ist, daß meist unter Absehung von den Empfangsbedingungen auf Seiten des Menschen, d.h. unter völliger Vernachlässigung des Analogieproblems, vor allem die göttliche Zuwendung selbst sowie die sich daraus ergebenden Konsequenzen für den Menschen in den Blick kommen. Die einfachste Form der Bildlichkeit liegt vor, wenn Eckhart das göttliche Einwirken als Gehvorgang zur Sprache bringt: Gott *gât* oder *tritet* in die Seele (s.*treten* 1.4.). Eine andere Vorstellung - im Rahmen des Modells der personalen Beziehung entwickelt - beinhaltet unterschiedliche Formen der Kontaktaufnahme Gottes: Gott *berüeret* die Seele, er umfängt sie und intensiviert den Kontakt zur Liebesbeziehung, indem der Seele "*ein kus beschihet von der gotheit.*" (I 172,4f; s.*berüeren* 1.25.-1.27.). Über die Metaphern *niderval* (s.*niderval* 8.1.-8.2.), *begiessen*, die Fließ- und Sonnenmetaphorik (s.*lieht* 1.1.) gibt Eckhart der göttlichen Zuwendung Konturen eines unabdingbaren, regelmäßigen verlaufenden Naturvorgangs (s.*vliessen* 1.22.; *ergiessen* 7.6.-7.7.).

---

de Bewegung und bewegte Ruhe (motus stabilis et status mobilis). Gott wird nicht festgelegt auf die eine Seite eines Gegensatzpaares, wie es sowohl in der schularistotelischen wie in der vulgärplatonischen Gotteskonzeption der Fall war."

3.3. Anthropologische Konsequenzen der göttlichen Zuwendung als Thema der Bildlichkeit

Verfolgt man Eckharts Ausführungen über die Zuwendung Gottes zum Menschen unter dem Gesichtspunkt, welche Konsequenzen sich daraus auf Seiten des Menschen ergeben, fällt die zentrale Bedeutung auf, die den Metaphern in diesem Zusammenhang zukommt. Sie ermöglichen es, die Wirkung des göttlichen Handelns auf den Menschen unter den unterschiedlichsten Aspekten zu betrachten[1]: So sind z.B. neben einer Bildlichkeit, in der Eckhart die aus der göttlichen Zuwendung resultierende Veränderung des Menschen nach dem Muster der in Kapitel 2 dargelegten Transposition komponiert - im Mittelpunkt stehen räumliche Vorgänge, durch die der Mensch/die Seele zu Gott gelangt oder mittels derer er entsprechend der Zuwendung Christi reagiert und selber überfließt (s.*vliessen* 17.1.) -, Bilder vorhanden, in denen die von Gott bewirkte Veränderung als Transformation des Menschen vorgestellt wird: Die Seele wird völlig vom göttlichen Licht bestimmt (s.*giessen* 1.8.; *übergiessen* 11.1.-11.2.) oder, um ein weiteres Bild zu nennen, der Mensch ist ganz von Gott *umbvangen* (s.*umbvangen* 13.5.) bzw. Gottes *smak* wirkt derart auf ihn ein (s.*smeken* 1.2.; 1.4.-1.6.; 1.9.-1.13.; *smak* 3.5.), daß ihn nichts Kreatürliches mehr zu erreichen vermag, bzw. wenn es zu ihm kommt, es vorher durch Gott gegangen ist, der es in Göttliches verwandelt hat. Diese von Gott bewirkte vollkommene Veränderung bringt Eckhart auch über die Lichtmetaphorik ins Bild, wenn er ausführt, daß der Mensch durch die lichtvolle Einwirkung Gottes, die ihn ganz umfaßt, sein Sein erhält und aus *niht* zu *iht* wird (s.*schinen* 25.1.-25.2.).

Insbesondere die Feuermetaphorik erscheint Eckhart aufgrund ihrer vielfältigen Bedeutungsmerkmale geeignet, den durch Gottes Zuwendung ausgelösten Verwandlungsprozeß des Menschen von der Unähnlichkeit zur Ähnlichkeit mit Gott darzustellen: Zum einen vernichtet das *viur* der göttlichen Minne alles Leiden, Trostlosigkeit und Bitterkeit des Menschen (s.*viur* 1.4.; *brennen* 3.4.); zum anderen begründet Eckhart mit der sich ausbreitenden Wirkung von Feuer die Partizipation des Menschen an der göttlichen Energie der Minne[2], die durch die Einwir-

---

[1] Wie den weiteren Ausführungen zu entnehmen ist, stellt es eine Vereinfachung dar, wenn man die Aussagen Eckharts bezüglich der göttlichen Mitteilung an den Menschen wie Josef Koch folgendermaßen charakterisiert: "... daß das Sein und alle mit ihm verbundenen Vollkommenheiten ... gegeben werden, aber es ist ein fließendes, flüchtiges Sein, von dem man sagen kann, daß das Geschöpf es hat und doch immer neu empfängt, so daß das Geschöpf immer von Gott zehrt und doch immer nach ihm hungert." (Zur Analogielehre Meister Eckharts, aaO, S.295)

[2] Hier wird der Unterschied deutlich zu Eckharts Ausführungen in der zweiten Genesis-Auslegung (In Gen II n. 22-26). Josef Koch (Zur Analogielehre Meister Eckharts, aaO, S. 293f), der die von Eckhart dort vertretene Position zur Erläuterung von Eckharts Analogiekonzeption heranzieht, faßt Eckharts Überlegungen folgendermaßen zusammen: "Das aktive Prinzip teilt also dem passiven wirklich Vollkommenheit mit, aber sie ist von der Art ständigen Empfangens, so daß das passive Prinzip von jenem trinkt und doch ständig nach ihm dürstet." Vgl. dagegen Burkhart Mojsisch (Analogie, aaO, S.60f): Er erwähnt ausdrücklich die Wirkweise des Feuers und zieht entsprechende Schlußfolgerungen: "... das Wirkende

kung des göttlichen Lichtes an die Seele weitergegeben wird (s.*viur* 1.1.). Infolge der in der Seele entstehenden Hitzeentwicklung wird das sich im Obersten der Seele befindliche *vünkelîn* bzw. die Seele (s.*hitze* 12.1.-12.2.) zu Gott emporgetragen (s.*brant* 2.1.); dort - speziell im Bereich des Hl. Geistes - angelangt, kommt es zur Auflösung des Menschen und zur unio mit Gott (s.*verbrennen* 3.5.).

Während sich für Eckhart über die Feuermetaphorik der Wechsel von der Unähnlichkeit in die Ähnlichkeit als Umwandlungsprozeß darstellen läßt, wobei allerdings die Freiheit der Annahme der göttlichen Zuwendung durch den Menschen sowie der personale Charakter des göttlichen Handelns in den Hintergrund tritt, eignet sich die Geburtsmetapher in besonderer Weise, diese vernachlässigten Aspekte zu thematisieren. Zugleich ermöglicht die Geburtsmetapher deutlich zu machen, daß in der göttlichen Zuwendung Gott selbst erfahren werden kann und nicht nur eine Eigenschaft seines Wesens. Auch läßt sich über die Geburtsmetapher die Identität der mitgeteilten göttlichen Wirklichkeit und zugleich deren Differenz zum mitteilenden göttlichen Vater aussagen - ein Aspekt, der sich über die Metaphern *vliessen, giessen* und *vúr,* die Eckhart auch für die Darstellung der Inkarnation verwendet, nicht vermitteln läßt, da diese nur den Prozeß, nicht jedoch die Relation des Mitteilenden zum Mitgeteilten erfassen. Wenn z.B. Eckhart davon spricht, daß die Überfülle der Gottheit bei der Inkarnation in die Vernunft kommt und dort dann überfließt in den Leib der Gottesmutter, bleibt unbestimmt, was dieses Geschehen für die Existenz Gottes bedeutet (s.*übervliessen* 16.1.). Von daher läßt sich verstehen, daß Eckhart das Herabsteigen Gottes in den Bereich des Irdischen über die Geburtsmetapher zur Sprache bringt, insofern sie nämlich die bleibende räumliche Transzendenz Gottes zu wahren vermag: Die Differenz des Göttlichen zur menschlichen Kreatur wird letztlich nicht aufgehoben: "*alle glîcheit meinet eine geburt*" (II 341,10). Wenn Gott seinen Sohn hervorbringt, geschieht dies daher in einem Bereich, der jeglichem kreatürlichen Einfluß entzogen ist und keinen Unterschied zu Gott kennt. Hier ist alles eins, was Gott wirkt; Subjekt, Objekt und Raum des Geschehens sind gleich, so daß es zum Rollentausch kommt: Der Vater gebiert den Sohn, die Seele gebiert mit Gottvater den Sohn, die Seele wird mit dem Vater sich als Sohn mitgebärend (s.*gebern* 1.1.-1.2.; 2.3.-2.5.).

3.4. Die Bedeutung der Metaphorik für eine 'Logik des Spirituellen'

Die dargestellten Modelle für das göttliche Wirken am Menschen geben Anlaß zu einigen grundsätzlichen Bemerkungen, die die Bedeutung der Metaphern für die Darstellung des Verhältnisses Gott-Mensch betreffen:

Wie in Kapitel 1 dargelegt wurde, finden sich in der neueren Eckhartforschung zahlreiche Ausführungen, in denen das Verhältnis Gott-Mensch im Rahmen der

---

verähnlicht sich das Erleidende..., das Erleidende empfängt das Mitgeteilte als Erbe, nicht als geborgt." (aaO, S.61) Offen bleibt bei Mojsisch allerdings, wie die Spannung zwischen beiden bei Eckhart feststellbaren Aussagetendenzen erklärt werden kann; s. dazu die unter 3.4. dieses Kapitels entwickelten Überlegungen zur 'Logik des Spirituellen'.

Analogielehre genauerhin bestimmt wird als ontologische Abhängigkeitsbeziehung des Menschen von Gott, der sich durch seine creatio continua - bzw. im Kontext der Gottesgeburt durch seine incarnatio continua - ständig neu der Seele mitteilt[1]. Die ontologische Differenz zwischen Schöpfer und Geschöpf erscheint dabei immer schon von der relatio zwischen beiden überwunden zu sein, die dadurch zustandekommt, daß Gott als das Primum analogatum sich, sein Sein bzw. das Gute an das sekundäre Analogat, den auf den Empfang des göttlichen Seins beständig angewiesenen Menschen, mitteilt. Diesem Akt der Mitteilung verleiht Eckhart den Charakter eines dynamischen, andauernd verlaufenden Geschehens, das auf der menschlichen Empfängerseite die Erfüllung bestimmter Bedingungen verlangt, um vom Menschen erfahren werden zu können. Mit Recht spricht Tiziana Suárez-Nani in diesem Zusammenhang von Eckharts "Moral der Transparenz der Seele", d.h. ihrer Meinung nach bildet "Abgeschiedenheit... die conditio sine qua non, daß Gott komme, um die Leere, die durch sie entstanden ist zu füllen..."[2]. Obwohl Tiziana Suárez-Nani mehr als die übrige Eckhartforschung[3] die Voraussetzungen berücksichtigt, die der Mensch nach Eckharts Meinung für den Empfang des Geschöpflichen zu realisieren hat, erweisen sich auch ihre Ausführungen als inadäquat gegenüber der Darstellung des Geschehens, wie sie sich bei Eckhart findet. Denn unberücksichtigt bleibt der Ereignischarakter der göttlichen Mitteilung, den Eckhart der Darstellung des Geschehens dadurch verleiht, daß er im Rahmen seiner Bildlichkeit die verschiedensten Konfigurationen vorführt, die dem Geschehen jegliche Stereotypie nehmen: Die verschiedenen Metaphern (Geh-, Geburts-, Fließ-, Licht-, Feuer-, Licht-, visuelle Metaphorik) erzeugen ein Hin und Her zwischen personaler Begegnung (Geh-, Geburts-, visuelle Metaphorik) und naturalem Vorgang (Fließ-, Feuer-, Lichtmetaphorik), zwischen einem Geschehen, das unter bestimmten Bedingungen und Situationen erfolgt, und einem bedingungslos von Gott realisierten Vorgang, zwischen natürlicher Vorbereitung des Menschen auf den Empfang des Göttlichen und der gnadenhaften Befähigung des Menschen dazu, zwischen der göttlichen Selbstmitteilung und der Mitteilung einzelner göttlicher Eigenschaften. Auch die gewählten Bildausschnitte erfassen das darzustellende Geschehen einmal mehr von den menschlichen Bedingungen her oder von den Konsequenzen für den Menschen; oder sie sind auf den Vorgang selbst konzentriert. Eine derartige Uneinheitlichkeit in der Darstellung des Geschehens provoziert zwangsläufig den Eindruck der Verschiedenheit und Besonderheit des jeweils

---

[1] Vgl. z.B. Alois M. Haas, Sermo mysticus, aaO, S. 193; 228f; 231; Tiziana Suárez-Nani, Philosophie- und theologiehistorische Interpretation, aaO, S. 62; 89; sowie Burkhart Mojsisch, Analogie, aaO, S. 51ff und die in Anm 43 dort angegebene Literatur.
[2] Tiziana Suárez-Nani, Philosophie- und theologiehistorische Interpretation, aaO, S.57.
[3] Diese beschränkt sich meistens darauf, das Verhältnis von Schöpfer und Geschöpf fast ausschließlich unter dem Aspekt der göttlichen Seinsmitteilung sowie dem menschlichen Empfangen und Streben danach zu beschreiben. Als Beispiel für viele Äußerungen, zuletzt Burkhart Mojsisch (Analogie, aaO, S.55): "Die Dynamik, die sich im Verhältnis von esse als primum analogatum und esse als secundum analogatum zeigt, ist aus Rücksicht des secundum analogatum das ständige Empfangen des ihm Äußerlichen, das zugleich ein ununterbrochenes Dürsten oder Hungern, ein ununterbrochenes Streben impliziert. Ständiges Empfangen _ist_ vielmehr ständiges Streben."

anders bildlich Dargestellten. Wie schon in Kapitel 1 ist aufgrund der aus der Metaphernuntersuchung gewonnenen Beobachtungen deshalb erneut zu fragen, ob es nicht für das Verständnis von Eckharts Analogieauffassung von erheblicher Relevanz ist, daß die relatio zwischen Gott und Mensch mit einer vielfältigen Metaphorik entfaltet wird.

Was die Beschreibung der Funktion von Metaphern in der Darstellung des Verhältnisses von Schöpfer und Geschöpf anbelangt, hat Kurt Flasch darauf aufmerksam gemacht, daß bei Dietrich von Freiberg, Meister Eckhart und Berthold von Moosburg die Problematisierung eines an den Dingen orientierten Kausalitätskonzepts sprachliche Neuerungen begünstigt und Metaphern freigesetzt habe[1]. Kurt Flasch bemerkt: "Es ist schon theoretisch von Gewicht, wenn Metaphern einen neuen philosophischen Status erhalten, wenn also z.B. *ebullitio* nicht länger als Metapher für *causare*, sondern als alternatives Konzept auftritt; Ähnliches gälte für *emanatio* und *fluxus*..."[2] Allgemein stellt sich für Flasch die Frage nach den Folgen der in diesem Vorgang sichtbar werdenden Kritik an der aristotelischen Konzeption von Metaphysik, derzufolge die Kategorien der Natur - insbesondere das Schema der effizienten und finalen Kausalität - im Bereich der Metaphysik nicht mehr weiterverwendet werden dürfen[3]. Für Loris Sturlese läßt sich Eckharts Predigtwerk im Kontext dieser Kritik verstehen. Es darf seiner Ansicht nach "als ein Versuch betrachtet werden, das anspruchsvolle philosophische Vorhaben, das Verhältnis zwischen Gott und Menschen neu zu definieren, einem deutschen Publikum in deutscher Sprache zu vermitteln."[4] Auf der Grundlage einer ganz neuen Anthropologie und ganz neuer Begriffe von Gott und dem Menschen entfalte Eckhart "zwar tiefe, aber immerhin rational nachvollziehbare philosophische und metaphysische Analysen"[5]. Deren Schwierigkeit sei dadurch bedingt, daß die Logik des spirituell Seienden anders sei als diejenige, die bei den materiell, in Raum und Zeit existierenden Seienden begegne[6]. Mit der anderen Logik des Spirituellen erklärt Loris Sturlese somit die Schwierigkeit der dargelegten Gedanken; die Predigten verstand Eckhart - so die Überlegung von Loris Sturlese - "als eine Art Anleitung zum Verständnis 'subtiler Gedanken'..."[7], die aber allesamt nichts anderes als philosophische Ideen darstellen[8]. Er kommt zu dem Ergebnis, daß der Rekurs auf den geistesgeschichtlichen Kontext, speziell auf den konkreten philosophischen Diskussionszusammenhang, "in dem die Lehre Eckharts entstand, (uns) erlaubt..., viele von seinen (vielleicht sogar: alle seine) allgemein als 'mystisch' betrachteten

---

[1] Kurt Flasch: Procedere ut imago. Das Hervorgehen des Intellekts aus seinem göttlichen Grund bei Meister Dietrich, Meister Eckhart und Berthold von Moosburg, in: Kurt Ruh (Hg.): Abendländische Mystik im Mittelalter. Symposion Kloster Engelberg, 1984. Stuttgart 1986, S.125-134, hier insbesondere S. 126 und 132f.
[2] Kurt Flasch, Procedere ut imago, aaO 125f.
[3] Kurt Flasch, Procedere ut imago, aaO, S.126.
[4] Loris Sturlese, Mystik und Philosophie in der Bildlehre Meister Eckharts, in: FS Haug, aaO, S.349-361, hier S.361.
[5] Loris Sturlese, Mystik und Philosophie, aaO, S. 359.
[6] Loris Sturlese, Mystik und Philosophie, aaO, S. 354.
[7] Loris Sturlese, Mystik und Philosophie, aaO, S. 354.
[8] Loris Sturlese, Mystik und Philosophie, aaO, S. 355.

Aussagen als philosophische, d.h. als durchaus rational strukturierbare und nachvollziehbare Gedankengänge zu interpretieren..."[1]. Einige kritische Anfragen und Anmerkungen legen sich nahe:

Es nicht plausibel, warum Eckhart - wie Kurt Flasch und Loris Sturlese unterstellen - bewußt in Kauf nehmen soll, daß die Äußerungen in seinen Predigten unklar und schwer verständlich werden, indem er die einzelnen Gedanken loslöst aus dem Theoriegeflecht, in dem sie ihren festen Ort haben. Dies hieße ja, daß Eckhart in seinen Predigten bewußt sein - ihm von Loris Sturlese unterstelltes - Anliegen verraten würde, eine neue philosophische Konzeption zum Verhältnis von Gott und Mensch seinen Predigtzuhörern zu vermitteln; denn die Vermittlung 'subtiler' Gedanken, von denen Sturlese in diesem Zusammenhang spricht, würde eine Explikation verlangen und nicht eine Reduktion des Argumentationszusammenhangs, wie sie sich aber tatsächlich bei Eckhart findet. Dies heißt: Die von Loris Sturlese als Predigtintention Eckharts behauptete "Anleitung zum Verständnis 'subtiler Gedanken'"[2] darf eben gerade selbst nicht subtil sein, wenn der intendierte Verstehensprozeß in Gang kommen soll. Ein weiterer Kritikpunkt bezieht sich auf die von Kurt Flasch und Loris Sturlese betonte philosophische Qualität vieler Predigtaussagen Eckharts - eine These, die sie in direktem Widerspruch zu der gängigen Charakterisierung von Eckharts Predigten als 'mystisch' formulieren. Versteht man unter Philosophieren ein kohärentes Prüfen von Wertungen und Ansichten[3], werden in Eckharts Predigten kaum philosophische Gedankengänge entwickelt; denn in ihnen wird hauptsächlich nicht argumentiert oder definiert[4]; vielmehr liefern

---

[1] Loris Sturlese, Mystik und Philosophie, aaO, S. 352; ähnlich Kurt Flasch, Procedere ut imago, aaO, S. 131; einen aufschlußreichen Einblick in die Genese seiner Position gibt Kurt Flasch in seinem Aufsatz "Meister Eckhart und die 'Deutsche Mystik'. Zur Kritik eines historiographischen Schemas, in: Olaf Pluta (Hg.): Die Philosophie im 14. und 15. Jahrhundert. Amsterdam 1988, S.439-463. Auf S. 459 führt er aus: "In Predigt 10, DW I 173,7 spricht Eckhart davon, daß wir unser Sein erhalten, indem wir unseren göttlichen Grund anschauen. Statt zu sagen, dies sei absurd - denn wie sollen wir, ohne zu existieren, Gott geistig erkennen? -, beließ man es bei dem geheimnisvoll-mystischen Raunen der Stelle. Aber dann konnte ich nachweisen, daß dieser Gedanke auf Dietrich von Freiberg zurückgeht und bei ihm in einer ausgearbeiteten philosophischen Kritik des Kausalitätsbegriffs zu Hause ist. Was, isoliert genommen, dem ungenauen Hinsehen als *Mystik* erscheinen mochte, erwies sich als Zitat einer philosophischen Reflexion über einen Grundbegriff der aristotelischen Metaphysik."
[2] Loris Sturlese, Mystik und Philosophie, aaO, S. 354.
[3] Loris Sturlese, Mystik und Philosophie, aaO, S. 354.
[4] Einige Andeutungen müssen in diesem Zusammenhang genügen: Eckharts Predigten basieren im Wesentlichen auf einer Entfaltung geistiger Inhalte, die weitgehend in assoziativer Anknüpfung an einen Bibeltext gewonnen werden. Diese für Eckharts Predigten typische Einfallstruktur bringt es mit sich, daß der Predigtdiskurs oft nicht logisch-stringent verläuft, sondern paradoxen Charakter trägt. Vgl. dazu die Ausführungen von Dietmar Mieth zur Einfallstruktur in den Predigten Eckharts (Christus - das Soziale im Menschen, aaO, S.61): "Gemeint ist der Ausdruckszwang eines Denkens aus der Einheit aller verschiedenen Perspektiven... Wir haben also die Einheit des Denkens in der Pluralität der Sprache vor uns. Ein Einfall ist nicht in Gedankenschritte zerlegt; er leuchtet als Ganzes ein. Sein Wahrheitscharakter ist die Evidenz, nicht gebündelte Argumentation."

Eckharts Predigten der Philosophie durch ihre reduzierte Argumentationsweise und durch die mit Hilfe von Metaphern erzeugte Vieldeutigkeit oft eher Rätsel als rational zu bewältigende Themen. Ein Zugang zu dieser Rätselhaftigkeit ist deshalb nicht aufgrund einer philosophischen Logik möglich, sondern bedarf einer 'Logik', die dem besonderen Charakter von Eckharts Äußerungen gerecht wird, aber auch die Rolle des rezipierenden Subjekts mitbedenkt. Eine solche 'Logik' stellt die 'Logik des Spirituellen' dar. Loris Sturlese und Kurt Flasch, die in ihren Untersuchungen zu Meister Eckhart diesen Begriff verwenden, sehen darin eine Alternative zu einer am materiell Seienden orientierten Logik, der eine neue Anthropologie und eine neue Begrifflichkeit von Gott sowie Metaphern als Ersatz für das aristotelische Kausalitätsschema zugrundeliegen. Die besondere Bedeutung von Metaphern für diese Logik ergibt sich demnach daraus, daß sie bezüglich der Beziehung von Gott und Mensch eine andere Sicht ermöglichen als die, die das Schema der Kausalität nahelegt. Was dies konkret bedeutet, soll im folgenden anhand des Deutschen Werkes Meister Eckharts in einigen Grundzügen skizziert werden:

Indem Eckhart anstelle einer begrifflichen Fixierung der göttlichen Zuwendung an den Menschen im Rahmen des aristotelischen Causa-Konzepts eine metaphorische Darstellung bietet, erhält das göttliche Handeln den Charakter eines offenen Geschehens, das mehr umfaßt, als auf den Begriff gebracht werden kann. Dies resultiert daraus, daß Eckhart das Geschehen zwischen Gott und Mensch in den verschiedensten Bildern entfaltet, die Gott und Mensch jeweils anders in Beziehung setzen, ohne daß dabei die einzelnen, sich teilweise sogar widersprechenden Bilder, voneinander abgegrenzt werden. Für die Logik des Spirituellen folgt daraus: Sie definiert die geistige Welt nicht - indem sie sich der Metaphorik bedient - , sondern ermöglicht unterschiedliche Sichten des Verhältnisses von Gott und Mensch, die aber nicht unterschieden werden, so daß sie alle denkbar sind. Während begriffliches Sprechen so abstrakt ist, daß es für verschiedene Konkretionen zutrifft, muß sich der Rezipient bei der Metapher in das Bild hineinversetzen, um sich in dem jeweiligen Bild zu finden und einsehen zu können, in welcher Hinsicht der metaphorische Entwurf des Verhältnisses von Gott und Mensch auf ihn zutrifft. Indem er derart seine Aufmerksamkeit dem Bild schenkt, geht er geistig der Realität des mit dem Bild Gemeinten nach und versucht den Bildinhalt an seinem Leben zu verifizieren. Im Verlauf des Rezeptionsprozesses kommt es dann, wenn der Rezipient - wie in Kapitel 2, 3.1. dargelegt wurde - den Bildcharakter der sprachlichen Darstellung reflektiert, zum Bruch mit den sich in der Regel zunächst einstellenden identifikatorischen Weisen der Rezeption. Für das Verhältnis des Rezipienten zur metaphorischen Rede vom Handeln Gottes am Menschen bedeutet dies: Er negiert den Realitätscharakter der Bildlichkeit in dem Maße, wie er das Bild als simplifizierende Darstellung gegenüber der unendlich komplexen Beziehung Gottes zum Menschen erkennt. Solange sich jedoch der Rezipient mit seiner Vernunft in Bezug auf die metaphorische Rede vom Handeln Gottes weder positiv noch negativ eindeutig festlegen läßt, macht er sich - motiviert vom simplifizierenden Muster des Bildes[1] - an die Modifikation des Bildes unter Berücksichti-

---

[1] Vgl. dazu Werner Stegmaier: Philosophie der Fluktuanz, aaO, S. 329.

gung seiner komplexen Lebenssituation und dem prinzipiell undefinierbaren göttlichen Handeln: Dabei besteht für den Rezipienten, der nicht wie der Prediger im Verlauf der Predigt die Gottesbeziehung unter verschiedenen Aspekten zur Sprache bringen muß, einerseits die Möglichkeit zum aufmerksameren Verweilen bei einem vom Prediger gebotenen Bild und damit zum Ausstieg aus dem Predigtgeschehen. Er kann andererseits aber auch ein konkretes Bild mit anderen Bildern in Beziehung bringen, die im Verlauf der Predigt vom Prediger geboten werden oder die er in seinem Bildgedächtnis aufbewahrt hat. Im Durcharbeiten durch die entweder vom Prediger aktuell erzeugte oder im Gedächtnis präsente Bilderfülle vollzieht der Rezipient schließlich die Transposition über alle mit der Bildlichkeit vorgenommene Differenzierung hinweg bis zum Einheitspunkt, der jedes Bild zugleich wahr - und isoliert genommen - falsch sein läßt; er hat erkannt, daß das göttliche Handeln in jeder menschlichen Situation und jedem menschlichen Handeln ununterschieden präsent ist und diesem verwechselbar ähnlich zu sein scheint. Prinzipiell von allem bestimmten Unterschied unterschieden und daher durch keine noch so differenzierte Bildlichkeit erfaßbar, ist Gott und sein Handeln als unum zugleich von allem Geschaffenen ununterschieden; denn für Eckhart gilt: "Nichts ist so eins und ununterschieden wie etwas Zusammengesetztes und das, woraus, wodurch, worin es zusammengesetzt wird und Bestand hat." (LW II 491,3-5) Wie aus der Vielfältigkeit der Modelle und Bildmuster hervorgeht, ist Gott und sein Handeln notwendig undefinierbar und damit auch wesentlich frei; wenn es sprachliche Gestalt gewinnt[1], dann nur so, daß die Gestaltwerdung des göttlichen Handelns sofort wieder aufgegeben werden muß, um nicht der Gefahr der Fixierung anheimzufallen. Somit ist die Preisgabe des Objektiven die Voraussetzung dafür, daß das göttliche Handeln beim Rezipienten lebendig bleiben kann. Für den Umgang mit der Metaphorik bedeutet dies: Je nach Blickrichtung entsteht oder verschwindet der Unterschied: Bezieht der Rezipient in seiner Aufmerksamkeit, die er dem Bild für das göttliche Handeln entgegenbringt, seine differenzierende Vernunft mit ein, bricht er die Fixierung durch das Bild auf, weil er letztendlich nur noch die Grenzen des Bildes sieht; wenn er sich aber selbstvergessen, unter Absehung von seinen konkreten Lebensbedingungen, ganz in die bildliche Darstellung des Göttlichen versetzt, sieht er Gott ungeschieden von den zur metaphorischen Darstellung herangezogenen naturalen Prozessen an sich wirken. Das Bewußtsein vom metaphorischen Charakter der jeweiligen Aussage entsteht allein dann, wenn sich der Rezipient zwischen beide Perspektiven unentscheidbar eingespannt fühlt. Demnach können Autor und Rezipient keine der vorgeführten Positionen als endgültig nehmen, da einerseits die bildliche Differenzierung der Differenz Gott-Mensch zu deren Relativierung führt und sich andererseits bei der Identifizierung des Rezipienten mit einer bildlichen Darstellung der göttlichen Zuwendung die Differenz meldet: Die Variabilität der Erfahrung des göttlichen Handelns, die Eckhart mit seinen Metaphern vorführt[2], ist darin begründet, daß Gott

---

[1] Vgl. dazu Jörg Villwock, Mythos und Rhetorik, in: Philosophische Rundschau 1985 (32), S.68-91, bes. 85.
[2] Im folgenden wird versucht, die Beziehung des mit der variierenden Bildlichkeit konfrontierten Rezipienten zur Einheit des göttlichen Handelns genauer zu bedenken. Damit werden Ausführungen präzisiert, die sich an mehreren Stellen von Burkhard Hasebrinks

und sein Handeln als Indefinitum von jeder differenzierenden Betrachtungsweise ununterscheidbar und zugleich als Ununterschiedenes von jeder bildlichen Konkretion unterschieden ist, die immer nur im Unterschied zu anderen Konkretionen ihren besonderen Charakter gewinnen kann. Für die 'Logik des Spirituellen' folgt daraus: Sie ist einer Ordnung verpflichtet, die keine festen Positionen kennt, sondern vielmehr alles in Bewegung bringt; bei der Darstellung des göttlichen Handelns am Menschen zeigt sich dies an den Brüchen, Widersprüchen und Diskontinuitäten, die das allgemeine Schema der analogia attributionis als alleinige Regel für die Formation der verschiedenen Bilder in Frage stellen. Als Formationsregel, die gestattet, die heterogenen Bilder für das Verhältnis von Gott und Mensch in Beziehung zu setzen, kann einzig die göttliche unio fungieren, von der her alle Unterschiede zwischen den sich im Deutschen Werk Eckharts findenden Bilder außer Kraft gesetzt werden. Denn was in der Perspektive des hic et nunc als lebendiger Vollzug Gottes erscheint, der entsprechend den unterschiedlichen Situationen und Dispositionen des Menschen in den unterschiedlichsten Formen und Weisen erfolgt, stellt sich sub specie aeternitatis als ein einheitliches Geschehen dar, an dem Gott und Mensch zum Verwechseln ähnlich beteiligt sind. D.h. was in Raum und Zeit durch genau bestimmte Merkmale voneinander unterschieden ist[1], muß aufgrund der Differenz, die die raum-zeitliche Perspektive zum unum auf-

---

Untersuchung "Formen inzitativer Rede bei Meister Eckhart" finden; so z.B. S. 237: "Denn statt seine Einheitslehre systematisch zu entfalten, illustriert und aktualisiert Eckhart sie in stets neuen Varianten, die er... konsequent als paradigmatische Varianten des Verhältnisses von Gott und ungeschaffenem Seelengrund, von göttlichem Vater und Ich auslegt... Ihre strukturelle Relevanz für die Textkonstitution der Predigt erhalten diese Paradigmata erst duch die Einbeziehung in ein System paradigmatischer Substitution...". Einige Fragen seien nur angedeutet:
(1.) Wie kommt der Rezipient dazu, alle Aussagen einer Predigt als Varianten des Leitmotivs der göttlichen Einheit (vgl. Burkhard Hasebrink, Formen inzitativer Rede bei Meister Eckhart, aaO, S. 262) zu begreifen? Die "parallele Struktur thematisch kohärenter Aussagen" (aaO, S. 262) oder die Behauptung, daß die Gestaltung der Predigt Substitutionsketten konstituiere, die auf die "Aufhebung einzelbegrifflicher Bedeutung angelegt" seien (aaO, S. 262), gelten solange nicht als Begründung, wie nicht nachgewiesen werden kann, daß den differenzierenden Aussagen in einer Predigt die Tendenz zur Substitution und damit - wie Hasebrink ohne weitere Begründung folgert - zur Einheit (welcher?) zu eigen ist. Solange dies nicht geschieht, handelt es sich bei den betreffenden Ausführungen von Hasebrink um eine petitio principii.
(2.) Ist eine (bewußte oder erfahrungshafte?) "Aktualisierung der Einheit" (aaO, S. 240) nicht an den sprachlichen Prozeß gebunden, der dazu zwingt, die "einzelsprachlichen" Elemente in ihrer unterschiedlichen Funktion für den Rezipienten in Bezug auf die unio zu beschreiben?
(3.) Die Beziehung der vielfältigen Differenzierungen zur göttlichen Ununterscheidbarkeit muß reflektiert werden, wenn das Verhältnis von Varianz und Einheit der Eckhartschen Einheitskonzeption adäquat interpretiert werden soll.
[1] Z.B. der Mensch als passiver Empfänger; oder als ein Wesen, das den Empfang des göttlichen Handelns vorbereitet und damit aktiv am Geschehen beteiligt ist; als Mensch, der je nach Situation zur Gottesbegegnung von sich aus fähig ist (s. Modell der visuellen Kommunikation); als Mensch, der in seinem Innersten mit dem *grunt* oder *vünkelîn* univok bezogen ist auf das transzendentale Sein. Vgl. dazu Burkhart Mojsisch, Analogie, aaO, S.136.

weist, in seiner Endgültigkeit negiert werden; von Gott aus gedacht, muß die Negation jedes bestimmten Bildes für das göttliche Handeln durch ein anderes Bild noch einmal negiert werden, da er als unum alle Bilder all-gemein (LW III 176,1-5) in sich begreift. Somit stellen die in 3.1.-3.3. beschriebenen - hinsichtlich der Bedeutung, die der kreatürlichen Disposition, Situation und Aktion des Menschen für die göttliche Einwirkung zugemessen wird, sehr unterschiedlich ausfallenden - metaphorischen Inszenierungen verschiedene Formen der Beziehung von Gott und Mensch dar, die in göttlicher Perspektive unterschiedslos zu Momenten eines einzigen, Gott und Mensch umfassenden Handlungsvollzuges werden. Da das göttliche Handeln jedoch dem kategorialen menschlichen Bewußtsein nur dann verständlich gemacht werden kann, wenn es transformiert wird in vielfältige, jeweils anders bestimmte Vorstellungen, die das komplexe Lebensgeflecht berücksichtigen, in dem sich der Mensch befindet[1], muß eine um den denkenden Nachvollzug des Geschehenen bemühte 'Logik des Spirituellen' das wieder zusammenzubringen suchen, was in Raum und Zeit auseinandergefallen ist in Subjekt und Objekt des Geschehens, in Bewegung und Zustand, in verschiedene Arten des göttlichen Handelns usw. Die Methode dieser Logik darf dabei nicht diskursiver Art sein; denn damit wird man über das Feststellen der Unterschiede zwischen den Bildern, die sich im Deutschen Werk Eckharts finden, nicht hinauskommen. Verlangt ist vielmehr eine Beschäftigung mit dem jeweiligen Bild in der Weise, daß der Betrachter zwischen sich und der jeweiligen Ansicht der göttlichen Einwirkung auf den Menschen einen Bezug zum unum entdeckt bzw. herstellt. Dies ist aber nur möglich, wenn er sich von dem kategorialen Einordnungsversuch - im Medium der Sprache provisorisch über Metaphern realisiert - wieder löst[2] und sich dem Geschehen, wo Gott *"ein ist im gewürke"* (DW I 114,4f), selbst stellt; d.h. sich aus der Sprache heraus in den Akt der Erfahrung selbst hinein begibt. Damit wird aus dem denkenden Nachvollzug lebendiger Mitvollzug und Partizipation an der kontinuierlich ergehenden göttlichen Zuwendung, die als solche nur in dieser Weise zu verstehen ist. Ganz kann der Mensch aber nur verstehen, wenn er sich von Raum und Zeit befreit hat und mit seiner Lebensform dem ewigen Geschehen entspricht. Solange dies nicht der Fall ist, bleibt die Spannung zwischen dem Gemeinten und dem kategorial Vorgestellten: *"Nû möhtestû sprechen: waz wirket got âne bilde in dem grunde und in dem wesen? Des enmag ich niht wizzen, wan die krefte niht künnent genemen dan in bilden, wan sie elliu dinc müezent nemen unde bekennen in ir eigen bilde. Sie enmügent einen vogel niht erkennen in eins menschen bilde, und dar umbe, wan alliu bilde koment von ûzen her în, dar umbe ist ez ir verborgen unt daz ist ir aller nützeste. Daz unwizzen ziuhet sî in ein wunder unde tuot sî disem nâch jagen, wan sie bevindet wol, daz ez ist, und enweiz aber niht, wie unde waz ez*

---

[1] Vgl. dazu: Alfred Schütz (Theorie der Lebensformen, aaO, S. 104): "Die Frage nach dem Sinn eines Erlebnisses stellen..., heißt fragen, wie sich ein Erlebnis unserer Vergangenheit in die große Linie unseres Lebens fügt."

[2] Abgesehen von der (im Rahmen der vorliegenden Arbeit nicht weiter zu diskutierenden) Annahme einer "Theorie des Ich" bei Eckhart (vgl. dazu Otto Langer, in: ZfdA 96 (1985), S.78f) ist Burkhart Mojsischs (allerdings nicht genauer explizierten) Charakterisierung dieses Vorgangs am Schluß seiner Arbeit zuzustimmen: "Determiniertes Wissen muß zum Unwissen werden, das Unwissen aber zum Wissen, einem Wissen, das in die göttliche Bewegung vermittelt ist..." (aaO, S.145f).

ist. Swenne der mensche weiz der dinge sache, alzehant sô ist er der dinge müede unde suochet aber ein anderz ze ervarnde unde hêt doch iemer ein jâmer, disiu dinc ze wizzenne, und enhêt doch denkein bibelîben, dar umbe: daz unbekant bekentnisse daz heldet sî bî disem belîben unde tuot sî doch nâch jagen." (Pf II 8,7-19)

4. Taulers Metaphorik für die göttliche Zuwendung

Vergleicht man Taulers Bilder für die Zuwendung Gottes miteinander, so fällt auf, daß auch bei ihm wie bei Eckhart und den anderen behandelten Mystikern nur ein höchst uneindeutiges Ergebnis zu gewinnen ist. Infolgedessen ist es für den Rezipienten seiner Predigten schwer, die Bedeutung des göttlichen Handelns für seine eigene Situation genauer zu bestimmen. Insbesondere läßt Tauler seine Zuhörer darüber im ungewissen, welche Rolle dem Menschen im Rahmen der göttlichen Einwirkung zukommt. Auch die Frage, in welcher Weise sich Gott dem Menschen zuwendet und welche Konsequenzen sich daraus für den Menschen ergeben, bleiben offen.

Im Unterschied zu Eckhart, der den Empfangsbedingungen auf Seiten des Menschen, die nicht nur den Umfang, sondern sogar das Zustandekommen der göttlichen Seinsmitteilung entscheidend bestimmen, eine zentrale Bedeutung zumißt, bildet bei Tauler die menschliche Kapazität für den Empfang des göttlichen Seins kein zentrales Element in der Bildlichkeit[1]. Dies ist darin begründet, daß Tauler die Unähnlichkeit des Menschen und infolgedessen die Inkompetenz des Menschen für den Empfang des Göttlichen nicht in erster Linie ontologisch fundiert; es geht ihm nicht um eine Angleichung des Menschen an das göttliche Sein, die die Beseitigung alles kreatürlich Seienden in ihm erfordern würde. Vielmehr liegt in Taulers Bildlichkeit der Schwerpunkt auf einem gottentsprechenden Verhalten wie Demut, Liebe, Gelassenheit und Aufgabe jeglichen Eigenwillens. Infolge dieser Akzentverlagerung von der Ontologie zur Ethik[2] muß auch im Vergleich zu Eckhart eine Betrachtungsweise zurücktreten, in der die göttliche Zuwendung im Rahmen des Transportmodells als Mitteilung des göttlichen Seins dargestellt wird. Insofern ist es konsequent, daß Tauler, wie die Untersuchung der Metaphorik ergibt, gegenüber Eckhart einen Perspektivenwechsel vornimmt: Nicht mehr die ontologische Disposition, sondern eine gottentsprechende Motivation des Menschen bildet ein zentrales Element seiner Bildlichkeit für die göttliche Zuwendung[3]. Ins-

---

[1] Ausnahmen finden sich lediglich bei der Fließ-, Geh-, und Sonnenmetaphorik; z.B. 149,30: *"Mache din vas lidig..."*; (vgl. auch *überfliessen* 17.1.-17.2.; *übergiessen* 11.1.; *uzgiessen* 13.5.; *sunne* 2.1.; *abgang* 3.1.; *ingan* 11.1.).
[2] Die in der Bildlichkeit zu verfolgende Akzentverlagerung entspricht der allgemeinen Tendenz bei Tauler, die negative Kreaturontologie Eckharts - wie Alois M. Haas (Selbsterkenntnis, aaO, S. 121) zu Recht bemerkt - "in die radikale Lehre von der Abhängigkeit des Geschöpfs von Gott umzudeuten und mit einer ethischen Akzentuierung zu versehen."
[3] Damit läßt sich von der Untersuchung der Metaphorik bei Tauler das stützen, was Louise Gnädinger (Johannes Tauler, aaO, S. 258) allgemein zu Tauler ausführt: "Williges Niedrigsein und Sich-Niedrighalten sollen Ausdruck und Folge der eigenen Einsicht in das Wesen Gottes, besser noch einer erlebten Gotteserfahrung sein. Eine solche Gotteserfahrung

besondere zeigt sich dies darin, daß von Tauler die Tal-Metaphorik gegenüber der Gefäßmetaphorik präferiert wird.

Auffallend für die Metaphorik Taulers ist ferner deren negative Tendenz, die in seiner Intention begründet liegt, die Aufmerksamkeit seiner Rezipienten auf die Unähnlichkeit des Menschen mit Gott und die sich daraus ergebenden negativen Konsequenzen für die Erfahrung der göttlichen Zuwendung zu lenken. Auf diese Weise will Tauler besonders auch den Adressaten gerecht werden, die bislang noch keine Gotteserfahrung gemacht zu haben glauben; denn diese könnten aufgrund eines organischen Bilddenkens, infolgedessen die Herstellung von gottentsprechenden Empfangsbedingungen einen völlig unproblematischen Charakter erhält, entmutigt werden. Dadurch, daß nun Tauler in seiner Bildlichkeit gerade die Differenz zwischen Mensch und Gott beachtet, erscheint für seine Adressaten die bislang noch nicht gemachte Gotteserfahrung nicht als Defizit, sondern als zur menschlichen Situation gehörig. Auf diese Weise erreicht Tauler auch eine größere Identifikationsmöglichkeit der Adressaten mit seinen Predigten[1].

4.1. Oszillierende Metaphorik für die Erfahrung der göttlichen Zuwendung

Den Zusammenhang zwischen dem tatsächlichen Zustand des Menschen und dessen negativen Auswirkungen auf die Gotteserfahrung entwickelt Tauler insbesondere im Rahmen des Modells visueller Wahrnehmung, das durch die Metaphern *blint, vinsternis, naht, ouge* in den Texten vertreten ist. Die Metaphern *blint/blintheit, vinsternis, naht* stehen für die menschliche Unfähigkeit zur Erfahrung der sich dem Menschen zuwendenden göttlichen Wirklichkeit, was Tauler einerseits in der kreatürlichen Verfassung, andererseits in der Fehlorientierung des Menschen begründet sieht (s.*blint* 1.1.-1.18.). Speziell für die durch das Interesse am Irdischen bedingte Funktionsuntüchtigkeit des Organs für die Wahrnehmung Gottes entwickelt Tauler das Bild der *inwendigen ougen*, die mit *huten* und *vellen* bedeckt sind. In einem anderen Bild zeichnet Tauler den Menschen aufgrund seines kreatürlichen Interesses als derart *verblendet*, daß er das göttliche Licht in sich nicht aufnehmen kann (s.*lieht* 1.6.).

Was die bewußte Verarbeitung der widerfahrenen göttlichen Zuwendung anbelangt, stellt Tauler über die Geschmacksmetapher verschiedene Formen dar: Die Zuwendung Gottes wird zwar vom Menschen erfahren und löst bei ihm auch einen Akt der Sinnverleihung aus; doch ist der gefundene Sinn des widerfahrenen Göttlichen wesentlich von dem bestimmt, was der Mensch vorgängig zur jeweiligen aktuellen Gottesbegegnung erfahren hat: Wenn der Mensch dem Einfluß seiner Natur unterliegt, "*so smacket ime dise goetteliche spise niemer...*" (320,10; s.*smeken*

---

erbringt nach Taulers Auffassung unausweichlich die Evidenz, daß das Geschöpf Mensch sich Gott niemals im Hinblick auf seine unendliche Erhabenheit, hingegen wohl in bezug auf Gottes Herablassung anzugleichen und irgendwie konform zu halten vermag."

[1] Vgl. Alois M. Haas, Selbsterkenntnis, aaO, S. 118f: "Das vorschnelle Ausbrechen in die Einheit mit dem Einen verwischt oft leicht - auch in christlicher Adaption etwa bei Eckhart - die Grenzziehungen zwischen Geschöpf und Schöpfer... Bei Tauler nun ist die Absicht, diese Grenzlinie zwischen göttlichem und menschlichem Sprachspiel strikt zu wahren...".

1.3.); andererseits kommt es aufgrund der Erfahrung Gottes dazu, daß dem Menschen "*nút enmag gesmacken das under dem ist.*" (368,30; vgl. *smeken* 1.1.; 2.4.). Schließlich empfiehlt Tauler dem Menschen, sich passiv zu verhalten und kein *smacken suochen* (s.*smeken* 1.1.), da Gott allem menschlichen Verstehen letztlich entzogen bleibt. Wenn der Mensch daher am Ende auf alle *schouwelicheit* in Bezug auf die Präsenz Gottes in sich verzichtet, realisiert er, daß er ein *luter niht* ist (s.*schouwelicheit* 12.1.). D.h. der Mensch kann von sich aus keine Gotteserfahrung arrangieren, da er aus eigenem Antrieb die Grenzen seiner Endlichkeit nicht zu transzendieren vermag. Die Relevanz, die diese aus der kreatürlichen Konstitution des Menschen resultierende Unfähigkeit zur Gotteserkenntnis für die göttliche Zuwendung hat, ist für den Rezipienten von Taulers Predigten, wie Tauler im Rahmen des Modells der visuellen Kommunikation über die Metapher *vinster/vinsternis* aufzeigt, nicht eindeutig festzustellen: Einerseits spricht Tauler davon, daß Gott die perspektivenlosen, oft leidvolle Situation des Menschen durch seine orientierende Mitteilung nicht aufzubrechen vermag, solange der Mensch sich in den Schranken seiner natürlichen Vernunft bewegt und Gott mit den Kategorien des Endlich-Seienden begreift, was dazu führt, daß er Gottes Zuwendung den Charakter einer kreatürlichen Einwirkung verleiht (s.*vervinstern* 39.1.-39.2.); die *ewige vinsternis* fungiert in diesem Kontext bei Tauler als Bild für die Situation des Menschen, in der er dem *waren lieht* Gottes nicht begegnet (s.*lieht* 1.12.; *blint* 1.8.).

Andererseits läßt sich dem Bild der *vinsternis* ein anderer Sinn abgewinnen, wenn man es im Kontext des Tageszeitenwechsels als Vorstufe des alles hell machenden göttlichen Lichtes versteht (s.*vinsternis* 37.1.)[1]. Tauler macht diesen Aspekt folgendermaßen anschaulich: Das göttliche Licht kommt zum Vorschein, indem es in den Geltungsbereich der natürlichen Vernunft eindringt und deren Tätigkeit unterbindet. Das Bild der *vinsternis* erhält dabei eine neue Funktion: Es steht nicht mehr - antithetisch auf das göttliche *lieht* bezogen - für die kreatürliche Situation der menschlichen Unähnlichkeit zu Gott, sondern ist ein in Form von Leiden, Drangsal etc. sich zeigendes, von Gott eingesetztes Mittel, um den Menschen - wenigstens kurzzeitig - vom Einfluß seiner Sinne und seiner Vernunft zu befreien und für die lichtvolle Zuwendung Gottes zu öffnen (s.*vinsternisse* 37.1.). Die göttliche Mitteilung wird in diesem Fall nicht mehr durch eine kreatürliche Rezeptionsweise ihrer authentischen Qualität beraubt und durch andere im Menschen vorhandene kreatürliche Erfahrungsinhalte in ihrem Umfang eingeschränkt

---

[1] Von der Bildlichkeit her bestätigt sich, was Alois M. Haas (Gottleiden-Gottlieben, aaO, S. 145) allgemein zu Taulers Leidenskonzeption ausführt: "Gotliden meint die Absenz allen menschlichen *wúrken*... und damit die schrankenlose Offenheit und Empfänglichkeit für die von Gott gewirkte Einigung des Menschen mit Gott...". An der untersuchten Metaphorik läßt sich darüber hinausgehend aufzeigen, daß nicht nur alles menschliche *wúrken*, sondern überhaupt jegliche bestimmende Tätigkeit, auch die Bestimmung der Gotteserfahrung, wie sie Alois M. Haas im Anschluß an einige Textstellen bei Tauler vornimmt, letztlich aufgehoben wird. Die Gotteserfahrung transzendiert aufgrund ihrer Komplexität sowohl die Konzeption des *gotliden* wie auch jeden bestimmten Sinn der Metapher *vinsternis, smeken* etc. Von daher muß die Darstellung der mystischen Erfahrung bei Tauler, wie sie sich bei Alois M. Haas (Sprache und mystische Erfahrung nach Tauler und Seuse, in: Geistliches Mittelalter, aaO, S. 239-242) findet, entsprechend korrigiert werden.

(hierin liegt die Parallele zum Bild des Schmeckens; s.*smecken* 1.2.). Dieser Prozeß der Umsemantisierung der Metapher *vinsternis* von der negativen Bedeutung zur positiven Bedeutung, nämlich Voraussetzung für die Zuwendung Gottes zu sein, kommt an sein Ende in einem Aussagezusammenhang, in dem die kreatürliche Situation und Orientierung des Menschen kein zu beseitigendes Hindernis mehr für das göttliche Handeln darstellt. Vielmehr überwindet Gott von sich aus die Differenz des Menschen und erreicht sein Ziel, auch wenn die göttliche Zuwendung vom Adressaten nicht adäquat, sondern nur als *ein dunsternis* erkannt wird (s.*dunsternis* 34.2; 37.2.-37.7.).

Ergebnis dieser, in der Bildlichkeit zu verfolgenden, verschiedenen Hinsichten ist, daß sich die Zuordnung der Metaphern *lieht* und *vinsternis* im Rahmen des Modells der visuellen Kommunikation von der strikten Antithese zur organischen Sukzession (auf *vinsternis* folgt *lieht*) und Identität (göttliches *lieht* ist *vinsternis*) wandelt. Dies heißt, daß die Metaphorik oszilliert, weil es keine eindeutige Erfahrung bzw. Nicht-Erfahrung der göttlichen Zuwendung gibt, sowohl was die Möglichkeit der göttlichen Mitteilung und ihres Empfangs durch den menschlichen Adressaten als auch was die Art und Weise anbelangt, in der das göttliche Handeln erfolgt.

4.2. Naturale Metaphorik

Neben den genannten Aspekten - Gott als Inhalt gustatorischer (s.*smecken*) und visueller (s.*lieht, vinsternis*) Wahrnehmung sowie als personales Gegenüber (s.*gan*) - entwickelt Tauler in Anlehnung an die Naturerfahrung auch Vorstellungen, in denen meist unter Absehung von den menschlichen Empfangsbedingungen die göttliche Einwirkung und deren Konsequenzen für den Menschen im Mittelpunkt der Bildlichkeit stehen. Einerseits ist Gott immer schon im *grunt der sele* als *brunne* präsent; andererseits wirkt er als *brunne* auf den Menschen so ein, daß dessen seinsmäßiger Mangelzustand aufgehoben wird (s.*brunne* 1.2.-1.3.). Die mit der Quellmetaphorik erzeugte Bildlichkeit konkretisiert Tauler, indem er die Beobachtung ins Spiel bringt, daß in ein Tal das meiste Wasser fließt. Entsprechend der Logik dieses Sachverhaltes begründet er die Bedeutung des durch die Demut geschaffenen menschlichen Abgrundes als vorrangige Stelle für die göttliche Einwirkung (s.*vliessen* 1.8.).

Weitere Aspekte des göttlichen Handelns thematisiert Tauler, indem er die Aufmerksamkeit seiner Rezipienten auf die Sonneneinstrahlung lenkt: Sie fungiert zum einen als Parallele für die Regelmäßigkeit der göttlichen Einwirkung auf den Menschen (s.*invluz* 14.1.-14.3.); ferner dient ihm ihre verfärbende Wirkung als Aufweis für die verwandelnde Kraft des göttlichen Lichtes auf die von endlichen Vorstellungen bestimmte menschliche Vernunft (s.*lieht* 1.6.); in ihrer blendenden Wirkung sieht er ein Beispiel für die prinzipielle Unerkennbarkeit der göttlichen Selbstmitteilung (s.*dunsternis* 34.2.).

Wie Eckhart dient auch Tauler die Qualität des Feuers dazu, die vernichtende, aber auch umwandelnde Wirkung der dem Menschen von Gott engegengebrachten Minne sichtbar zu machen (s.*vúr* 1.1.-1.3.; 2.1.; *brennen* 3.2.-3.4.).

Als weitere Tendenz fällt auf, daß Tauler die naturale Metaphorik in direkte Beziehung zur heilsgeschichtlichen Erfahrung setzt: So erscheint z.B. entsprechend der Erfahrung des Elija am Horeb (1 Kg 19) Gottes Zuwendung als *fürige minne* (s.*vúr* 1.1.-1.3.)[1]. Der Gottesbegegnung des Mose am Sinai (Ex 24,16f) entnimmt Tauler, daß Gottes Selbstmitteilung dem Menschen als *vinsternis* erscheint (s.*vinsternis* 37.2.-37.7.). Schließlich ist Jesus Christus die Figur der Heilsgeschichte, in der die göttliche Selbstmitteilung selbst Gestalt angenommen hat. Deshalb erfährt Jesus Christus Gottes Zuwendung nicht wie andere Menschen als *lieht, vúr, vinsternis*, sondern ist als Inkarnation Gottes selbst das *ware lieht*. Als sichtbar gewordene Selbstmitteilung Gottes verändert Jesus Christus den Menschen insofern, als er ihm durch sein Leben - wie Tauler mit den Antithesen *suessekeit - smack der creaturen* (247,28; 248,16-19) sowie *wesenliches lieht - vinster lieht* deutlich macht - gegenüber aller kreatürlichen Erfahrung einen qualitativ bedeutend besseren Inhalt der Erfahrung bietet. Der daraus resultierende Wechsel in der Einstellung des Menschen zu Gott (s.*lieht* 1.1.-1.2.; *smeken* 1.11.) kann soweit gehen, daß eine völlige Identifikation mit Jesus Christus erfolgt, indem der Mensch ihn, die göttliche *spise* und *trank*, in sich aufnimmt (s.*spise* 3.1.).

4.3. Die Folgen der göttlichen Zuwendung als Thema der Bildlichkeit

Aus der von Tauler vielfältig beschriebenen göttlichen Zuwendung ergeben sich verschiedene Reaktionen und Konsequenzen für den Menschen : Anknüpfend an die immanente Logik der Trinkmetapher zeigt Tauler die Veränderung vom anfangenden zum vollkommenen Menschen, d.h. den Prozeß, der von der Rezeption bis zu der als *trunkenheit* bildlich dargestellten Ekstase verläuft (s.*trunken* 8.1.). Die Speisemetaphorik vermittelt den unio-Gedanken als unio von *spiser* und *spise* (119,15; s.*spise* 3.1.). Die Fließ- und Gießmetaphorik ermöglicht Tauler, auf dem Hintergrund der Gefäßvorstellung die zu geringe menschliche Kapazität für die Fülle der göttlichen Mitteilung und die daraus resultierende Weitergabe des Empfangenen vor Augen zu führen (s.*vliessen* 1.7.; *übervliessen* 16.1.-16.2.). Eine ähnliche Vielfalt von Modellen läßt sich auch feststellen bezüglich der verschiedenen Formen der Transformation und Transposition des Menschen, die sich aus der göttlichen Einwirkung ergeben: Tauler spricht z.B. davon, daß die Seele infolge eines tugendhaften Lebens die unio mit Gott als *innerlich umbevang Jesu Christi* erfährt (160,25; vgl. *umbevang* 14.1.); oder: Der Mensch ist durch den göttlichen *überguss* ganz von der göttlichen Wirklichkeit eingehüllt (s.*übervluz* 18.2.-18.3.) und wird *über formet mit dem liechte der gnade* (332,10f; vgl.*lieht* 1.6.). Während in den Vorstellungen des *überformen* und *überguss* der Aspekt der Freiheit des Menschen gegenüber der erfahrenen göttlichen Minne vernachlässigt ist, bringt Tauler über die Metapher *vúr* zum Ausdruck, daß der Mensch nicht zwangsläufig durch Gottes Zuwendung verändert wird, sondern durch seine Außenorientierung die göttliche Minne zum Erlöschen bringen kann (s.*vúr* 1.1.-1.3.). Ein anderes Modell, in dem unter dem Aspekt der Freiheit menschliches und göttliches Han-

---

[1] Daneben findet sich unter Verwendung der Metapher *fürgang* auch eine Darstellung des Geschehens im Modell personaler Begegnung (s.*fürgang* 23.1.-23.3.).

deln aufeinander bezogen werden, entwickelt Tauler über die Kreuzesnachfolge: Der Mensch kann sich in der Kreuzesnachfolge mit Jesus Christus derart identifizieren, daß Jesus Christus als Gekreuzigter, bzw. als Kreuz, zu einer den Menschen entscheidend bestimmenden Wirklichkeit wird, indem es im Inneren *geborn* wird (s.*gebern* 1.8.-1.9.; *geburt* 5.5.). Anderseits findet sich bei Tauler auch der Gedanke, daß Jesus Christus andauernd immer schon im Inneren des Menschen präsent ist, indem seine heilsgeschichtliche Existenz dort andauernd wiederholt wird: "*...er denne der mensch her zuo kome, so ist vor unser herre in im geborn und gestorben und uferstanden...*" (345,6-8; vgl. *sterben* 4.4.-4.6.).

4.4. Taulers Annäherung der Metaphorik für das göttliche Handeln an die Lebensrealität des Menschen

Vergleicht man nun die metaphorische Entfaltung der Zuwendung Gottes bei Tauler mit der von Meister Eckhart, läßt sich feststellen, daß sich die Metaphorik bei Tauler der Lebensrealität, insbesondere der zeitlichen Dimension der menschlichen Existenz, annähert[1]. So kommt nicht nur - wie bei Eckhart - die Transposition des Menschen in den Blick, die durch die göttliche Zuwendung ausgelöst wird und den Menschen in Gott führt. Darüberhinaus wird von Tauler ebenso wie von Mechthild, die sich in diesem Punkt von David von Augsburg und Meister Eckhart unterscheiden, auch die Unbeständigkeit dieser Veränderung erfaßt, indem er den Rückfall in die Ausgangssituation thematisiert, der auf den *überswank* des Menschen in Gott erfolgt. Die in diesem Zusammenhang verwendeten Metaphern *widertruken, wider niderslagen* sowie *truken* und *nidertruken* sind für das von Tauler entworfene mystische Konzept von zentraler Bedeutung: Zunächst benennt Tauler über die genannten Metaphern ein Kriterium für das göttliche Handeln am Menschen: "*vindet er uns denn hoch, sint sicher: so trucket er uns; vindet er uns nider, er erhabet uns uf...*" (323,22f). Indem also der Mensch von Gott immer gegenläufig zu der Position, in der er sich gerade befindet, verändert wird, verhindert Gott, daß der Mensch dem Hochmut verfällt, der u.a. eine Folge der Gotteserfahrung sein kann. Wie sich aus anderen Bildkontexten ergibt, in denen die aufgeführten Metaphern verwendet werden, kann Gott die auf diese Weise erreichte demütige Einstellung des Menschen ferner auch dadurch bewirken, daß er den Menschen in eine Situation voller Schrecken, Unglück und Sünde versetzt; dadurch werden dem Menschen die Grenzen seiner Existenz und damit die Unmöglichkeit vor Augen geführt, durch eigene Anstrengung die endliche Existenz unendlich zu transzendieren. Diesen Aspekt der menschlichen Ohnmacht angesichts der göttlichen Übermacht und Überfülle hebt Tauler insbesondere dadurch hervor, daß er deren Mitteilung an den Menschen nicht auf die geistige Dimension beschränkt, sondern mittels verschiedener Metaphern ein Geschehen entwirft, das innerlich und - in realistischer Brechung des Metaphorischen - auch äußerlich den Menschen bestimmt: So nennt Tauler etwa als Folge der Mitteilung der göttlichen

---

[1] Dieses aus der untersuchten Metaphorik gewonnene Ergebnis entspricht einer allgemeinen Tendenz bei Tauler; vgl. dazu auch: Alois M. Haas, Sprache und mystische Erfahrung nach Tauler und Seuse, in: Geistliches Mittelalter, aaO, S. 240f.

Überfülle körperliche Krankheit (s.*überfluss* 18.2.-18.3.; *übergiessen* 11.5.); oder, um ein anderes Beispiel zu nennen: Die göttliche *vúrige minne* dringt durch Geist und Leib und läßt den Menschen innen wie außen brennen, so daß der Mensch wegen der zu großen Hitze - so Taulers Ausführungen - keinem Stroh zu nah kommen dürfe (s.*hitze* 12.1.-12.2.). Auch hat der Mensch den Eindruck, selbst zu verbrennen und alle Menschen zu entzünden (s.*enzúnden* 18.1.-18.2.; vgl. *zerbrechen* 12.1.).

Die Tendenz Taulers, die konkrete raum-zeitliche Situation der menschlichen Existenz nicht zu übergehen, sondern zum Ort der Gotteserfahrung zu machen, zeigt sich insbesondere darin, daß sich Gott - wie bereits dargestellt[1] - in der konkreten Gestalt Jesu Christi als lichtvolle Wirklichkeit mitteilt, die der perspektivenlosen Situation der Welt Orientierung verschafft. Die Antithese von *lieht* und *vinsternis* wird demnach dadurch überwunden, daß sich das göttliche *lieht* in die *vinsternis* der Welt inkarniert und im Anschauungsraum des Menschen sinnlich wahrnehmbar macht. Auch wenn daneben die rein geistige Einwirkung Gottes auf das Innere des Menschen besteht, vollzieht sich für Tauler die Gottesbeziehung entscheidend als Annäherung des Menschen an das konkrete Leben Jesu, vor allem an sein Leiden. Die über die Geburtsmetapher ins Bild gebrachte Neuwerdung des Menschen bzw. die Entstehung göttlicher Wirklichkeit im Innern des Menschen ist daher vor allem abhängig davon, wie sehr das Kreuz Christi durch die compassio in allen Schichten der menschlichen Existenz bestimmend wird (s.*gebern* 1.8.-1.9.; *geburt* 5.5.). Wenn dann als Ergebnis einer radikalen compassio Gott bzw. der göttliche Sohn im Menschen *geborn wirt*, heißt dies speziell für Tauler - wie bereits ausgeführt[2] -, daß der Gekreuzigte bzw. das Kreuz *geborn wirt* (s.*gebern* 1.8.-1.9.).

4.5. Metapher und systematisches Erfahrungskonzept Taulers

Läßt man noch einmal die Bildlichkeit Revue passieren, die Tauler für das göttliche Handeln am Menschen einsetzt, fällt die starke Akzentuierung auf, die er dem Thema der Erfahrung verleiht. Man wird von daher Alois M. Haas zustimmen können, wenn er schreibt: "Insgesamt zeichnet sich nämlich Taulers Spiritualität aus durch eine größere Konkretheit in Dingen der zeiträumlich sich erstreckenden Heilsgeschichte (bis in die Lebenszeit des Menschen hinein) und durch eine anthropologisch faßbare Einwirkung des transzendenten Gottes auf den Menschen."[3] Wie der unter 4.1.- 4.4. dargestellten Bildlichkeit entnommen werden kann, zeigt sich Taulers Tendenz zur Konkretisierung der Erfahrung des Göttlichen u.a. daran, daß er die Folgen der göttlichen Einwirkung bis in die körperliche Dimension des Menschen hineinreichen sieht[4]; eine Sichtweise, die es Margaretha Ebner

---

[1] Vgl. 4.1.
[2] Vgl. 4.2.
[3] Alois M. Haas, Geistliches Mittelalter, aaO, S.283f.
[4] Vgl. die unter 4.4. vorgestellten Untersuchungsergebnisse.

möglich macht, ihr körperliches Leiden in diesem Horizont zu deuten[1]. Der konkretisierenden Tendenz von Taulers Aussagen entspricht es ferner, daß bei ihm die Erfahrung der Nicht-Erfahrung des Göttlichen an Bedeutung gewinnt. Dieses Faktum wird in verschiedenen Interpretationsversuchen von Tauler einmal als menschliche Unfähigkeit zur Erfahrung des Göttlichen, dann als Vorbereitung dieser Erfahrung und schließlich als spezifische, der göttlichen Überkategorialität gerecht werdende Erfahrung des göttlichen Nichts sowie infolge des Verzichts auf jegliche Form von Aneignung des Göttlichen als Erfahrung der Verwandlung des Erfahrenden und Einswerdung mit dem Göttlichen dargestellt. Die Diskontinuität der verschiedenen Erfahrungsaspekte kann man in einen Zusammenhang bringen, wenn man sie - wie Tauler - als einen in drei Stufen gegliederten Erfahrungsweg versteht: In Predigt 39 entwickelt Tauler ein solches Konzept der Gotteserfahrung, demzufolge die bis zur unio führende Erfahrung Gottes in der Natur abgelöst wird von der im Leiden sich auftuenden Erfahrung der Differenz des Menschen zu Gott, die ihrerseits in die Vernichtung des Selbst und zugleich zur unio mit Gott führt. Die entscheidende Frage bleibt allerdings, in welcher Beziehung die über die Metaphorik entwickelten Sichten des göttlichen Handelns zu diesem Erfahrungskonzept stehen. Handelt es sich um andere Erfahrungen oder wird die gleiche Erfahrung im systematischen Konzept und metaphorischen Entwurf nur anders dargestellt? Gibt dieses Konzept das Formationssystem ab, von dem her sich die Regeln für die Verwendung der in diesem Kapitel behandelten Metaphern gewinnen lassen?

Um die Beziehung zwischen der Metaphorik und dem in Predigt 39 sich findenden Konzept der mystischen Erfahrung genauer zu bestimmen, sollen im folgenden zunächst verschiedene Triaden vorgestellt werden, deren Funktion in der Systematisierung der Gotteserfahrung besteht. Sie finden sich in Predigt 19, 54 und Predigt 47. Bei allen dargestellten Modellen fällt auf, daß sie ihren Ausgang bei der konkreten Anschauung nehmen. Allerdings wird die Wahrnehmung der Jünger von Jesu Nähe (Predigt 19), ihre Betrachtung von Jesu Leben und Leiden[2] bzw. die Beschäftigung mit bildhaften Vorstellungen seiner irdischen Existenz[3] sofort wieder ersetzt durch einen Zustand, in dem der Mensch den Verlust der Nähe Jesu erfährt: Jesus selbst entzieht sich seinen Jüngern durch seine Himmelfahrt wie auch dem Menschen, der infolge seiner Ausrichtung auf Gott himmlisch und göttlich geworden ist (Predigt 19). Dies hat zur Konsequenz, daß eine Umorientierung des Menschen erfolgt, da Christus, wie Tauler darstellt, *"alle iren geist und ir hertze, ir minne mit ime hatte zuomole gefuert in den himmel und alle ir meinunge, ir minne, ir hertze, ir sele alzuomole in ime und mit ime in dem himmel waz."* (79,33-80,2) Dementsprechend fordert Tauler in Predigt 54 zum Übergang von der bildhaften zur vernünftigen Liebe auf, infolge derer er sich von der konkreten Anschauung Jesu abwendet und sich der Betrachtung seiner Ewigkeit zuwendet. Die sich auf dieser Stufe der Gotteserfahrung auftuende Differenz zur vorhergehenden

---

[1] Interessant ist in diesem Zusammenhang Seuses Versuch, umgekehrt, von sich ausgehend, durch selbst gesuchtes Leiden sich in Form der compassio in die Heilsgeschichte zu stellen.
[2] Vgl. 171,19-23.
[3] Vgl. 248,28.

Erfahrung der göttlichen Nähe wird von Tauler objektiv als heilsgeschichtliche Erfahrung der Distanzierung Jesu von seiner irdischen Existenz in seiner Himmelfahrt beschrieben; subjektiv ergibt sich die Distanz aus der Abstraktion von aller konkreten Anschauung. Denn der Mensch soll sich nach Tauler auf dieser Stufe *"über alle bilde und formen und gelichnisse... durch die bilde über die bilde..."* (249,18f), d.h. auf die Stufe der Bildlosigkeit erheben und beim Schauen der göttlichen Finsternis selbst zunichte werden[1]. Auf dieser Stufe ist der Mensch nicht mehr nur - wie auf der ersten Stufe - von allen äußeren Dingen abgewandt; vielmehr sind ihm die Dinge alle entfallen. Ganz seinem Selbst entzogen, lehnt er für seine Person jeden von Gott geschenkten Trost und jede Freude ab und sehnt sich stattdessen in der Nachfolge Jesu nach dem Leiden[2]. Der Mensch geht in diesem Stadium - so Tauler in Predigt 47 - einen Weg, der zwischen Wissen und Unwissen, zwischen Sicherheit und Unsicherheit, Zuversicht und Furcht hindurchführt und ihn an den Punkt bringt, wo sich ihm die Alternative zwischen Bildhaftigkeit und Bildlosigkeit auftut. Denn alles Bisherige *"das ist im alles enpfallen und das ensmakt im nút me. Und das im smakt und das er suocht, des envint er nút me und stot in grossem starkem getrenge und in bancheit."* (213,23-25) Damit ist der Mensch vor die Entscheidung gestellt: entweder fällt er auf sein früheres Stadium der konkreten Anschauung zurück und spielt mit den auf dieser Stufe produzierten Bildern, ohne daß dies für ihn existentiell relevant wäre, oder er stellt sich mit seiner ganzen Existenz der erfahrenen Bedrängnis, sieht völlig von sich ab und durchleidet sie bis zum Ende, wo Gott sich ihm offenbart. Denn, so Taulers rhetorische Frage: *"Was ist es anders, das man vil gedenkt* (an Jesus Christus), *man enwelle mit nach volgen dar in komen?"* (214,4f) Auf der dritten, d.h. der Endstufe schließlich ist der Mensch ganz in Gottes Abgrund versunken, sein Selbst ist zunichte geworden, und er lebt in Einheit mit Gott.

Vergleicht man nun das aufgrund der Predigten 19, 39, 54 und 47 skizzierte Erfahrungskonzept mit der unter 4.1.- 4.4. beschriebenen Metaphorik, lassen sich folgende Feststellungen treffen:

Metaphern führen nur dann hin zur Erfahrung der göttlichen Zuwendung, wenn sie im Menschen eine Bewegung auslösen, die zwischen Bild und Bildlosigkeit verläuft; auch wenn der Mensch beides hinter sich läßt, ist er doch auf beides angewiesen. Taulers Beispiel: *"Den weg den diser mensche vor im hat, das ist wissen und unwisen. Durch dise sol der mensche viel nohe mit einem ougen sehen als ein schütze der sins zils nohe war nimet, dar er schiessen wil."* (212,7-9) Für den Umgang mit den Bildern, die für die göttliche Zuwendung stehen, bedeutet dies, daß sich der Rezipient zwischen sinnlicher Konkretheit und vernünftiger Abstraktion auf das Gemeinte hin bewegen muß. Bei diesem durch die Metaphern ausgelösten Verstehensprozeß steht am Anfang die Aneignung des konkret im Bild Dargestellten, die erfolgen kann, weil sich der Rezipient von allem anderen abwendet und seine Aufmerksamkeit dem sprachlichen Bild zuwendet. Daran schließt sich als 2. Stufe des Verstehens die Enteignung des menschlichen Geistes von allem an, was er an Erfahrung in bestimmte Denkschemata eingeordnet und sich dadurch zum

---

[1] Vgl. 249,27-250,4.
[2] Vgl. 229,19-24.

Besitz gemacht hat. Demnach gehört die Distanzierung von der durch die konkrete Anschauung dem Menschen vermittelten göttlichen Nähe entscheidend zum Verstehensprozeß. Bewirkt wird die Erfahrung der Differenz beispielsweise durch den Selbstentzug Jesu in seiner Himmelfahrt, durch die Abstraktion von den sinnlich konkreten Vorstellungen des Lebens und Leidens Jesu oder durch die Erfahrung des Leidens, das Gott über den Menschen verhängt. Die für die göttliche Zuwendung von Tauler entworfene Bildlichkeit spitzt die im systematischen Konzept als Abfolge von Nähe, Distanz Gottes und unio beschriebene Gotteserfahrung dahingehend zu, daß die Erfahrung der Differenz die Erfahrung der göttlichen Nähe bedeutet, diese letztlich aber nur adäquat erfahren werden kann, wenn der Mensch als Subjekt der Erfahrung zunichte geworden ist. Wie an den Metaphern *naht, vinsternis* sowie der Geschmacksmetaphorik zu verfolgen ist, hängt es von der Stellungnahme des Menschen ab, welchen Sinn er seiner Erfahrung verleiht; es sind verschiedene Sinngebungen möglich, die jeweils einer unterschiedlichen Einstellung zum Widerfahrenen entsprechen: Selbstbezogen fungiert *naht* dem Menschen als Bild für die Gottesferne, sich selbst entzogen wird *naht* für den Menschen zur Metapher für das menschliche Unwissen bzw. das Leiden als Vorbereitung auf die Erfahrung der göttlichen Zuwendung; schließlich ist *naht, vinsternis* aber auch Metapher für den göttlichen Inhalt, der als Nichts vom Menschen erfahren wird. Dies kann jedoch nur geschehen, wenn der Mensch selbst - nachdem er die aneignende Distanzlosigkeit und dann die zur Selbstlosigkeit führende Distanz hinter sich gelassen hat - zunichte geworden ist; d.h. sich in Distanz zu sich selber begeben hat, um so die Distanz zu Gott überwinden zu können. Die Metaphorik von *spise* und *spiser, spise und trank* sowie die in den Metaphern Sonne und Feuer thematisierte verwandelnde Kraft bringt insbesondere diese Gedanken zur Sprache. Es geht demnach beim systematischen Erfahrungskonzept und den Metaphern, die diesem Konzept weitgehend entsprechen, darum, daß sie dem Menschen in seinem Umgang mit dem Göttlichen als Verstehenskonzept zur Verfügung stehen; dann jedoch, daß sie scheitern, damit der Mensch im lebendigen Umgang mit ihnen das Scheitern seiner falschen Einstellungen - insbesondere das Scheitern seiner aneignenden Tätigkeit in der Funktion des Erfahrungsaspektes - erfährt und selbst zunichte geworden, gottentsprechend zwischen Wissen und Unwissen, Bildhaftigkeit und Bildlosigkeit in Glauben, Hoffnung, Gelassenheit und Demut auf Gott hin zu leben vermag.

Bezüglich der Funktion der Metaphern in Taulers Predigten läßt sich somit zusammenfassend feststellen: Indem sie der heilsgeschichtlich motivierten Erfahrung, insbesondere der Himmelfahrt Jesu, des von Gott geschickten Leidens, sowie der Erfahrung des Mose entsprechen, wiederholen sie Heilsgeschichte, indem sie und in dem Maße wie sie die heilsgeschichtliche Erfahrung beim Rezipienten bewirken. Zugleich wird deutlich: Der Mensch braucht die konkrete Anschauung, um das nicht mehr anschaubare göttliche Handeln in der Differenz zu allem Konkreten erfahren zu können. Er vermag dies dadurch, daß er sich selber zwischen der Sicherheit der Bilder und der Unsicherheit des bildlos Gemeinten mit seinem

Leben durch die Aufhebung seiner egozentrischen Selbstbestimmung in die Leidensnachfolge Jesu stellt[1].

5. Heinrich Seuse

5.1. Metaphorische Konfigurationen für das göttliche Handeln am Menschen

5.1.1. Allgemeine Tendenzen

Seuse zeigt in der Metaphorik, mittels derer er die Einwirkung Gottes auf den Menschen zur Sprache bringt, die Tendenz zur Reduktion der von seinen Vorgängern entwickelten Bildvariation. Zugleich läßt sich bei ihm eine Konzentration auf den Vorgang der göttlichen Zuwendung und seine Konsequenzen für den Menschen sowie eine Konkretisierung feststellen, was das göttliche Subjekt und den menschlichen Adressaten anbelangt. Das menschliche Handeln, das z.B. Eckhart zur Herstellung von gottentsprechenden Empfangsbedingungen als notwendig ansah, gerät fast völlig aus dem Blick.[2] Demgegenüber kommt der Situation des Adressaten - wie sich aus den untersuchten Bildzusammenhängen ergibt - eine Bedeutung für die göttliche Zuwendung zu: Das göttliche Handeln ist in der bildlichen Darstellung Seuses antithetisch auf die menschliche Situation bezogen, indem es in diese einbricht und sie verändert. Wie diese allgemeinen Tendenzen von Seuse metaphorisch konkretisiert werden, soll an Seuses Gebrauch der Naturmetaphorik aufgezeigt werden.

5.1.2. Naturale Prozesse als metaphorische Deutemuster

Zunächst benützt Seuse - ähnlich wie Tauler - das Modell der visuellen Wahrnehmung, um die kreatürlichen Ursachen der Inkompetenz für die Erfahrung des Göttlichen darzustellen. Der Mensch vermag das göttliche Sein nicht zu erfassen, weil er vom vielfältigen irdischen Seienden geblendet wird und sich dadurch in *vinsternis* befindet bzw. *blint* für das Göttliche ist (s.*vinsternis* 37.4.; *ouge* 3.10.; *blintheit* 1.2.). Daß eine Veränderung möglich ist und die Differenz von Gott und Mensch überwunden werden kann, macht Seuse plausibel, indem er auf die Sonneneinstrahlung als Deutemuster für die Überwindung des Gegensatzes von Gott und Mensch zurückgreift: Zum einen vertreibt die göttliche Zuwendung wie Sonnenschein alle menschliche *vinsternis und nebel* (s.*sunne* 2.1.); dann - parallel zur bleichenden Sonnenwirkung - läutert sie die menschliche Situation durch Leiden, die Gott über den Menschen verhängt. Schließlich: Gott, der mit seiner Mitteilung den Menschen wegen dessen Erfahrungsinkompetenz blendet, sorgt zugleich da-

---

[1] Vgl. dazu Alois M. Haas (Selbsterkenntnis, aaO, S. 126): "Wer die Heilsbewegung adäquat mitzumachen gewillt ist, muß daher in folgsamer Angleichung an Christi Erniedrigung selbst 'zunichte' werden, damit er erhöht werden kann."
[2] Ausnahmen: *inganc* 12.1.-12.2.; *giessen* 1.1.; *turst* 1.1.-1.4.

für, indem er sich ihm in bildlichen Gleichnissen mitteilt, daß der Mensch seine Mitteilung empfangen kann (s.*lieht* 1.4.; *sunne* 2.1.).

Ein anderes Bild, das Seuse im Rahmen des naturalen Verstehensmodells entwickelt, ist die Vorstellung vom Gnadenwind, der *"zerfloesset gefrornes is suntlicher gebresten"* (s.*zerflossen* 28.5.-28.7.). Weiterhin finden sich bei Seuse Bilder, in denen anstelle der direkten Opposition Gott-Mensch, die insbesondere die Bilder *lieht-vinsternis, wint (warm) - is (kalt)* bestimmt, die Beziehung von Mensch und Gott als Geschehen gestaltet wird, bei dem die menschliche Bedürftigkeit durch die göttliche Zuwendung überwunden wird[1]. Seuse zeigt diesen Zusammenhang auf, indem er einerseits an organisch ablaufende Naturprozesse, dann aber auch an grundlegende existentielle Vollzüge wie *spisen* und *trinken* anknüpft, die allgemein für Leben konstitutiv sind: So inszeniert Seuse etwa die Heilsbedeutung des Todes Jesu im Rahmen einer Landschaft, dessen Erdreich von den aus Jesus fließenden Quellen (vgl. Joh 19,34) begossen wird (s.*vliessen* 1.8.-1.9.; *übervliessen* 17.1.-17.3.); wie durch Wasser werden auch *tote herzen* durch die sakramentale Gnade der Eucharistie erquickt (s.*invluz* 14.4.; *sterben* 2.2.-2.4.); ferner ist der Blumen benetzende Tau Bild für die Überwindung des menschlichen Mangels durch göttliche Einwirkung (s.*tow* 9.2.-9.3.). Im Vorstellungsmodell 'Leben' steht *turst* für die menschliche Mangelsituation, *brunne, trank, trenken, spise, spisen* für die göttliche Wirklichkeit und ihre Mitteilung, die die menschliche Bedürftigkeit aufhebt.

Neben der Aufhebung aller Gegensätzlichkeit von Mensch und Gott sowie der Beseitigung der menschlichen Mangelsituation läßt sich als weitere Tendenz in der Metaphorik für die göttliche Zuwendung bei Seuse die Konzentration auf die durch Gott ausgelöste Veränderung des Menschen feststellen: Überwiegend durch die Metaphern *lieht, smak/smeken* und *viur* wird ins Bild gebracht, daß der Mensch auf die Erfahrung des göttlichen Willens bzw. der Gnade des Hl. Geistes in vielfältiger Weise reagiert. Er ändert seine Einstellung (s.*smeken* 1.1.; 3.4.-3.5.); er wird durch die Minne Jesu *enzündet* zu leidenschaftlichem Verlangen und Liebe nach Gott bzw. Jesus Christus (s.*viur* 2.3.; 18.1.; *lieht* 11.2.); er gerät in Ekstase (s.*turst* 8.1.-8.2.); alle Kraft wird ihm durch das einwirkende göttliche Licht genommen (s.*lieht* 1.4.); die Seelenkräfte werden gottförmig aufgrund der göttlichen Einwirkung mit dem *wint der gnade* und *widerglenzen* (s.*widerglenzen* 22.1.-22.2.); der Mensch wird auf Gott hin umorientiert (s.*lieht* 1.4.).

---

[1] Von den hier besprochenen Bildzusammenhängen bestätigt sich, was Loris Sturlese (Einleitung, aaO, S.LX) generell feststellt: "Mir scheint es nämlich, daß Eckhart ebensowenig wie Seuse die Rechte der empirischen Individualität und der naturwissenschaftlichen Betrachtung der Welt und des Menschen leugnete. Er stellte vielmehr die Legitimität in Frage, die entsprechende Betrachtungsweise als die einzige mögliche anzusehen, und forderte eine tiefere *nemunge* der Realität, die (...) in der Anerkennung ihrer radikalen Abhängigkeit von Gott mündete. Dies war auch die Position Seuses...". Diese tiefere *"nemunge"* der Wirklichkeit erreicht Seuse dadurch, daß er durch unterschiedliche Metaphernkombinationen Modelle für die Gesamtsicht der Wirklichkeit entwickelt und im Durchspielen verschiedener Konstellationen im Verhältnis Gott-Mensch den Rezipienten zu einer tieferen *nemunge* der Wirklichkeit bringt.

5.1.3. Personale Vollzüge als Thema der Bildlichkeit

Eine weitere Tendenz der Bildlichkeit bildet die Konkretisierung der allgemeinen Relation Gott-Mensch, d.h. von Mitteilendem und Adressaten der Mitteilung. So zeigt z.B. Seuse mit dem Bild vom *minnebrief* der Ewigen Weisheit auf, welche Funktion ein *ieglich wort der heiligen schrift* für eine *minnende sele* hat (231,9f): Auch das *minnekosen* vollzieht sich nur im Umgang mit der Schrift: *"Dar nah gewan er mengen liechten influz goetlicher warheit, dero sú im ein ursach waren, und stuont in im uf ein kosen mit der Ewigen Wisheit; und daz geschah nit mit einem liplichen kosennne noh mit bildricher entwúrt, es geschah allein mit betrahtunge in dem lieht der heiligen schrift... "* (197,12-16). Insbesondere betrachtet Seuse Jesus Christus als *"ein buoch da man ellú ding an vindet."* (256,19) Neben Jesus Christus bezieht Seuse die Gottesmutter, Bernhard von Clairvaux und auch sich selbst ein, um die allgemeine Beziehung Gott-Mensch zu konkretisieren. So sieht er z.B. Bernhard von Clairvaux ganz unter dem Einfluß Jesu Christi stehen. Bernhards Leiden sind die Leiden Jesu Christi; aus dem von Christus empfangenen *trank siner bitterkeit* ist - wie Seuse Bernhard selbst formulieren läßt - *"ein tranke goetliches trostes und geistlicher suezikeit..."* geworden (256,3-5); sein Herz ist infolgedessen *mit dem suessen leiden... versuesset"* (256,7f), was Bernhards Eloquenz (seine Zunge *hin flússet von suezikeit* (256,7)) verursacht. Wie Maria sieht Seuse auch sich selbst als Adressat und Vermittler der göttlichen Einwirkung. An seiner Person wird die Art und Weise konkret, in der die göttliche Zuwendung geschieht. Seuse rekapituliert seine zurückliegenden Erfahrungen folgendermaßen: *" Luog, ich wúste einen bredier, der waz an sinem anvang wol uf zehen jar, daz im soelichú inswebendú gnade alle tag gemeinlich zwirent von got ward, des morgens und des abendes, und dú werte wol als lang als zwo vigilien. Er versank die wil als gar in gote die ewigen wisheit, daz er nút konde dur von gesprechen. Underwilent hat er ein minneklich einreden mit gote, denn ein jamriges suefzen, denn ein senliches weinen, etwen ein stilleswigendes lachen. Im waz dik, als ob er in dem luft swepti, und enzwischen zit und ewikeit in dem tiefen wage gotes grundlosen wundern swummi."* (173,16-25) An anderer Stelle beschreibt er als Folge der Einwirkung von Gottvater, der sich in Seuses Seele *zerflusset* und *zergusset* (s.*zergiessen* 16.1.), eine ähnliche Reaktion seinerseits: Vor Freude über die erfahrene Liebe Gottes oder über die eingesprochenen göttlichen Worte *zerflússet* dem Diener Herz und Seele (s.*zerfliessen* 28.1.-28.4.). Durch Jesus Christus beeinflußt (s.*lieht* 15.1.) bzw. durch die Seraphim in leidenschaftliche Erregung gebracht, wird Seuse selbst zum Handelnden, der wie Jesus Christus (s.*viur* 2.3.) mit seinen Reden, seinen Briefen, insgesamt durch seine geistliche Lehre bei allen Angesprochenen die Minne zu Gott bewirkt (s.*enzúnden* 18.1.; *turst* 1.1.-1.4.; *lieht* 1.7.-1.9.). Wie Maria bringt auch Seuse seinen Hörern und Lesern Licht in die Finsternis des Menschen und vermittelt ihnen Orientierung auf Gott hin (s.*lieht* 37.1.-37.3.). Die Verwendung einer korrespondierenden Metaphorik für Gott, Jesus Christus und Seuse führt an manchen Textstellen sogar dazu, daß zwischen der Funktion, die sie jeweils gegenüber anderen Menschen wahrnehmen, kein Unterschied gemacht wird. So spricht Seuse z.B. im Zusammenhang mit der Lichtmetaphorik sowohl Gott (s.*lieht* 1.4.) als auch Jesus Christus (s.*lieht* 1.5.), Maria (s.*lieht* 37.1.-37.3.) und sich selbst eine existenzerhellende und existenzerhaltende Funktion zu (s.*lieht* 7.2.-7.3.). Oder: Die geistliche Lehre Seuses ist für die von ihm betreute geistliche Tochter *spise und trank* (s.*trenken* 11.2.; *turst* 1.1.-1.4.). Doch trotz der Verwendung der gleichen Metaphorik lassen sich Unterschiede zwischen Seuse und Jesus Christus bzw. Gott nicht verkennen[1]: Anders als die von Seuse mitgeteilte geistliche Lehre teilt sich Jesus Christus selbst dem Menschen mit und vereinigt sich so mit ihm. Der Mensch erhält dadurch einen *vorsmak der ewikeit*, bzw. - im Modell der Brautschaft als personaler Vollzug entwickelt - er erfährt intensiv die Nähe Jesu Christi (s.*smeken* 2.1.; 6.2.; *turst* 11.1.; *umbevahen* 7.5.). Ein weiterer Unterschied zu Jesus Christus, bzw. Gott besteht darin, daß Seuses Kompetenz zur Veränderung des Menschen nur eine von Gott her begründete Fähigkeit ist; diese kommt zwar prinzipiell - wie Seuse anhand der Spiegelmetapher aufweist - allen Kreaturen zu, insofern alle Kreaturen ein *spiegel* sind, in dem Gott *widerluhtet*, ist aber bei ihm in besonderer Weise ausgeprägt. Sich selbst sieht Seuse verpflichtet, weil er dem Einfluß Jesu Christi sowie dem der Seraphim ausgesetzt ist und deren Licht empfängt, dieses an andere weiterzugeben (s.*lieht* 15.1.; *viur* 18.1.).

Insgesamt fällt bei Seuse auf, daß er über unterschiedliche Bilder vielfältige - direkte und vermittelte - Weisen der göttlichen Einwirkung auf den Menschen darstellt, ohne jedoch die sich daraus ergebenden Konsequenzen ontologisch weiterzureflektieren. Daher bleibt auch z.B. in der Schwebe, was die durch göttliche Einstrahlung (s.*lieht* 1.4.) bewirkte innere Erneuerung letztlich für den Menschen bedeutet. In diesen Zusammenhang gehört auch die Beobachtung, daß es Seuse vermeidet, wie Eckhart die Geburtsmetapher auf den Menschen zu beziehen oder das göttliche Geburtsgeschehen in den Bereich des Menschen zu verlagern. Ferner fällt auf, daß Seuse die Feuermetaphorik - im Unterschied zu Eckhart, der viel weitreichendere Konsequenzen zieht, - auf den Aspekt der Motivierung zu einem veränderten Verhalten in Bezug auf Gott hin reduziert. Alle diese Beobachtungen lassen sich aus Seuses Bemühen erklären, das Verhältnis von Gott und Mensch funktional zu betrachten, wobei die Frage nach der ontologischen Relevanz vernachlässigt wird. Dies ist insbesondere auch im Zusammenhang mit Seuses Ausführungen zum *vünkelin* zu bemerken (s.*vünkelin* 9.1.-9.2.).

5.2. Seuses Funktionsbestimmung metaphorischen Sprechens im 'Büchlein der Ewigen Weisheit'

Wie Seuse im Prolog zum Buch der Ewigen Weisheit ausführt, geht es ihm darum, in bildgebender Weise seine Ausführungen zu entwickeln. Damit ist ein Prozeß intendiert, der im Prolog zur Vita als Veränderung des Menschen "*von eim anvahenden lebene*" zu "*ain zuonemenden mensche*" (3,3.10) präzisiert wird. Im Kontext dieses Prozesses kommt der Metaphorik die Funktion zu, die göttliche Zuwendung zum Menschen bildlich so zu inszenieren, daß der Rezipient von der metaphori-

---

[1] Einige der wichtigsten Unterschiede sind genannt bei Loris Sturlese: Einleitung, S. XLI-XLIII, in: Loris Sturlese/ Rüdiger Blumrich (Hgg.): Heinrich Seuse: 'Das Buch der Wahrheit'. Hamburg 1993.

schen Darstellung zu einer eigenen lebendigen Beziehung zur göttlichen Zuwendung findet. Dementsprechend fällt bei der verwendeten Metaphorik auf, daß Seuse die unterschiedlichsten menschlichen Situationen berücksichtigt und mittels verschiedener Bildzusammenhänge dem Geschehen der göttlichen Einwirkung auf den Menschen die Qualität eines personalen Vorgangs verleiht. Auf diese Weise soll, wie Heinrich Stirnimann zutreffend bemerkt, "ein lebendiges Sprechen, ein Mitteilen von Person zu Person..."[1] erreicht werden.

Was den Realitätsgehalt des bildlich Inszenierten anbelangt, macht Seuse im Prolog zum Buch der Ewigen Weisheit folgende Ausführungen: Er berichtet dort davon, was er im Verlauf der Betrachtung von Jesu Leiden empfangen hat[2]. Verschiedene Aspekte lassen sich an dieser Textpassage aufweisen: Deutlich wird, daß der von Seuse initiierte Prozeß der Verbildlichung Ergebnis der Beschäftigung mit der biblisch tradierten heilsgeschichtlichen Erfahrung ist. Den Ausgangspunkt des von Seuse geschilderten Vorgangs bildet die *betrahtunge* der - insbesondere in der Kenosis Christi (s.197,7f) manifest werdenden - Zuwendung Gottes, die bei Seuse persönlich erneut zu aktueller Erfahrung göttlicher Zuwendung geführt hat. Das Geschehen selbst, in dessen Verlauf sich die Reaktualisierung ereignet, entzieht sich jedoch jeglicher sprachlicher Fixierung. Es kann - wie Seuse im Büchlein der Ewigen Weisheit ausführt - nur indirekt davon gesprochen werden, so daß die sprachliche Beschreibung des Geschehens - u.a. im Rahmen des naturalen Vorstellungsmodells als *influz* oder im personalen Beziehungsmodells als *kosen* sowie als dem Menschen von Gott zuteil gewordene *gesihte* - hinsichtlich ihres Referenzbezuges fragwürdig wird. Um den Irrtum eines wörtlichen Verständnisses der verschiedenen Bilder zu verhindern, sieht Seuse sich veranlaßt, auf den *underscheid* zwischen der Gotteserfahrung und ihrer metaphorischen Inszenierung aufmerksam zu machen. Allerdings wäre es falsch, daraus schließen zu wollen, Seuse ziele mit dieser Reflexion eine grundsätzliche Desillusionierung der Bildlichkeit an; der Realitätsgehalt der Bildlichkeit - nämlich die erfahrene Zuwendung Gottes - stellt für Seuse kein Problem dar, nur dessen sprachliche Wiedergabe widersetzt sich jeder Eindeutigkeit. Daher wird eine Rezeption fragwürdig, die den bildlichen Charakter der Darstellung nicht erkennt und ihr eine direkte Referenz unterstellt. Um dies zu verhindern, reflektiert Seuse in einem metasprachlichen Diskurs seine eigene Darstellung und schränkt dabei ihre Geltung ein: Sie trifft zu, weil die bildlich gestaltete Beziehung Gottes zum Menschen auf der Hl. Schrift und der theologischen Tradition basiert; sie trifft nicht zu, da es sich um kein *lipliches kosen*, noch um *bildriche entwürt* (197,15) und auch nicht um "*gesihte in liplicher wise*" handelt. Damit hat Seuse die Grenzen der sprachlichen Darstellung eindeutig erkannt und markiert: Über die Reflexion wendet sich - wie Walter Haug treffend bemerkt - die Vermittlung gegen sich selbst und treibt sich letztlich selbst aus[3]. Von daher lassen sich wichtige Einsichten in die Funktion der Metaphorik gewinnen, über die die göttliche Zuwendung zur Sprache gebracht wird: Im Mittelpunkt der Metaphorik steht eine aktuelle Erfahrung, die bei Seuse vor allem durch die Beschäftigung mit dem Leiden Jesu Christi entsteht, d.h. mit einer vergangenen, hi-

---

[1] Heinrich Stirnimann, Mystik und Metaphorik, aaO, S.221.
[2] Vgl. 197,12-23.
[3] Walter Haug, Religiöse Erfahrung, aaO, S.107.

storisch als Faktum beschreibbaren göttlichen Zuwendung. Die dabei erreichte Verwandlung von vergangener Erfahrung in aktuelle Erfahrung kommt nach Seuses Meinung jedoch nicht zustande, wenn man sich nur auf die schriftliche Darstellung beschränkt, die die Bibel von der vergangenen Erfahrung göttlicher Zuwendung bietet. Denn zum einen befindet sich jede Form schriftlicher Darstellung in Distanz zu authentischer Rede, mittels derer ein Empfänger göttlicher Zuwendung das Erfahrene lebendig, d.h. authentisch, nicht schriftlich fixiert, mitteilt: *"als unglich ist, der ein suezes seitenspil selber horti suezklich erklingen gegen dem, daz man da von allein hoert sprechen, als ungelich sint dú wort, dú in der lutren gnade werdent enpfangen und usser einem lebenden herzen dur einen lebenden munt us fliezent gegen den selben worten, so sú an daz tot bermit koment, und sunderliche in tútscher zungen; wan so erkaltent sú neiswe und verblichent als die abgebrochnen rosen, wan dú lustlich wise, dú ob allen dingen menschlich herz rueret, dú erloeschet denne, und in der túrri der túrren herzen werdent sú denn enphangen."* (199,14-22) Darüberhinaus ist, wie Seuse im Prolog zum Büchlein der Ewigen Weisheit darlegt, das grundsätzliche Problem der sprachlichen Vermittlung überhaupt zu bedenken, durch die die Unmittelbarkeit beim Rezipienten verlorengeht. Dies führt dazu, daß nicht jede *betrahtunge* des Leidens Christi zu aktueller Erfahrung göttlichen Handelns wird, sondern sich oft nur *hertikeit* und *bitterkeit* (s.197,7) einstellt. Daher ist es - so Seuse im Prolog zum Büchlein der Ewigen Weisheit - erforderlich, daß man die *betrahtunge* mit bestimmten körperlichen Übungen verbindet (s.196,8-12) mit dem Ziel, daß infolge der leiblichgeistigen Identifikation mit dem Leiden Christi *"wart im dú vorder hertikeit verkeret in ein minneklich suezikeit."* (197,4f)

Daraus folgt: Der Mensch ist auf die lebendige Vermittlung geschehener göttlicher Zuwendung angewiesen und muß selbst lebendig mit der schriftlichen Fixierung des göttlichen Handelns in der Bibel umgehen, um aktuell die göttliche Zuwendung an sich erfahren zu können. Neben der leiblichen Realisierung einer identifizierenden Bezugnahme auf die im Leiden Jesu geschichtlich konkret werdende göttliche Zuwendung muß der Mensch versuchen, an der lebendigen, d.h. daher notwendig nicht begrifflich definierenden, sondern bildlichen (metaphorischen, gleichnishaften) Mitteilung aktueller Gotteserfahrung zu partizipieren, indem er sich um das richtige Verstehen des Mitgeteilten bemüht. Den hermeneutischen Schlüssel dazu sieht Seuse im Erwerb der Einstellung, mit der der Sprecher seine Erfahrung artikuliert: *"Ein minnerichen zungen ein unminneriches herze enkan als wenig verstan, als ein tútscher einen walhen."* (199,24f) Für das Verstehen der bildlich zur Sprache gebrachten Gotteserfahrung ergibt sich daraus: Die Metaphorik ist nur zu verstehen, wenn der Adressat der mystischen Rede sich ihrem Ursprung zuwendet und dort selbst dessen Wirkung erfährt: *"... so sol ein vliziger mensch den usvergangen rúnsen diser suezen ler nah ilen, daz er si lerne an sehen nah dem ursprunge, do sú in ir leblichi, in ir wúnklicher schonheit waren; und daz waz der influz gegenwúrtiger gnade, in dem si toetú herzen moehtin han erkicket. Und swer sú also an blicket, der mag eigenlich kumme iemer dis überlesen, sin herz mueze inneklich bewegt werden, eintweder ze inbrúnstiger minne oder ze núwem liehte oder jamer nah gotte und missevallen der súnden, oder iemer zuo etlicher geistlichen begerunge, in der dú sele denne wurt ernúwret in gnaden."* (200,1-9) Dies heißt aber, daß sich der Adressat der mystischen Rede in die Position des Sprechers begeben muß, um diesen zu verstehen. Das bedeutet dann insbesondere auch, daß der Adressat - motiviert durch die mystische Rede - die Rede bis zu ihrem lebendigen Ursprung, die *in betrahtunge* des Leidens Christi und *uebunge* (s.197,4) gewonnene aktuelle Erfahrung, zurückverfolgen muß. Dies heißt schließlich, daß die aus lebendiger Erfahrung resultierende lebendige und deshalb metaphorische Rede die Funktion hat, den Rezipienten in Bewegung auf den Ursprung dieser Erfahrung zu bringen; um das Interesse und den Grad der Identifikation mit seiner Rede beim Rezipienten zu erhöhen, nimmt Seuse in seinen Ausführungen verschiedene Rezipienteneinstellungen ein[1]: Die Ewige Weisheit bemerkt zu dem Geschehen, das von lebendiger Rede seinen Ausgang nimmt: "*... wilt du mich schowen in miner ungewordenen gotheit, so solt du mich hie lernen erkennen und minnen in miner gelitnen mensheit... So ich ie versigner, ie toetlicher von minnen bin, so ich einem reht geordneten gemuete ie minneklicher bin. Min grundlosú minne erzoeigt sich in der grozen bitterkeit mins lidennes als dú sunne in ir glaste, als der schoene rose in sinem smacke, und als daz starke vúr in siner inbrúnstigen hitze. Dar umbe so hoere mit andahte, wie herzeklichen durch dich gelitten ist.*" (203,8-9. 19-25) Letztendlich bedeutet dies, daß jeder anfangende Mensch notwendigerweise zu einem zunehmenden Leben kommt, weil er durch die bildliche Vergegenwärtigung der Kenosis Christi am Leiden Christi in Liebe zu leiden beginnt bzw. erfahrenes Leid als Mitteilung des Leidens Christi ansieht.

5.3. Die Person 'Seuse' als existentielle Metapher

Seuse selbst versteht sich den Darlegungen in der Vita zufolge als lebendiges Zeichen, insofern er *in glichnusgebender wise* (3,8f) selbst verkörpert, was er lehrt. Indem er nämlich aktuell mit seinem Leiden erfährt, was Jesus widerfahren ist[2], verweist er mit seiner Existenz auf die göttliche Zuwendung in Jesus Christus, der litt, weil er liebte und somit in der Situation der totalen menschlichen Unähnlichkeit zu Gott diesen zur Geltung brachte: "*Wie mag inen denne der lidend anblik swer sin, da sú inne got sehent, got vindent, gotes willen gebruchent und umb den iren willen nút wússent? Ich wil geswigen alles dez liehtrichen trostes und himelschen lustes, mit den got verborgenlich sin lidenden frúnde dik uf enthaltet. Disú menschen sind neiswi reht als in dem himelrich; waz in geschiht ald nút geschiht, waz got tuot in allen sinen creaturen oder nút tuot, daz kumt in alles zuo dem besten. Und alsus wirt dem menschen, der wol liden kan, sins lidens in der zit ein teil gelonet, wan er gewinnet frid und froed in allen dingen, und na dem tod folget im daz ewige leben. Amen.*" (95,24-33) Dadurch, daß Seuse auf die in der Kenosis

---

[1] "*Er nimt an sich, als ein lerer tuon sol, aller menschen person: nu redet er in eins súndigen menschen person, denne in eins volkomen menschen person, etwenne in der minnenden sele bilde, dar nah als dú materie ist, in einer gelichnúze eins dieners, mit dem dú Ewig Wisheit redet.*" (198,1-5)

[2] Vgl. Vita, cap. 30; der Diener ruft dort folgendermaßen seinem Herrn zu: "*Owe, min herr und min got, sol und muoss ich aber ein núwes krúzgen mit dir erliden, so ere dinen reinen unschuldigen tod an mir armen, und bis mit mir und hilf mir alles min liden überwinden!*" (87,10-13)

Christi sich zeigende göttliche Mitteilung reagiert, indem er durch seine *compassio* die Form der göttlichen Mitteilung in seiner persönlichen Existenz realisiert, fallen bei ihm nicht mehr Wort und Sein, d.h. Lehre und Existenz eines *zuonemenden menschen*, auseinander: Denn Seuse lebt in seiner Existenz "*mit miden und mit lidenn und uebenne...*" (3,11), was die Vita "*sait von aim zuonemenden menschen*" (3,10). Infolgedessen ist er, was er sagt. Da das Charakteristikum des *zuonemenden mensche* die Gleichwerdung mit der Leidensexistenz Jesu Christi[1] bildet, heißt dies auch: In Seuses Leiden ist das Leiden Jesu Christi präsent, seine Existenz ist in der Situation des Leidens die Existenz Jesu Christi[2]. Allerdings ist dieses 'ist' metaphorisch zu verstehen. Das heißt: Einerseits ist Seuse in seinem Leiden Jesus Christus ähnlich; andererseits ist er ihm unähnlich, weil er in der Situation des Leidens noch nicht den andauernden *durpruch* zum vollkommenen göttlichen Leben vollzogen hat (s.3,11f). Während bei Jesus Christus aufgrund der communicatio idiomatum in der Einheit seiner Person eine reale Gemeinsamkeit der Eigenschaften der menschlichen und göttlichen Natur existiert, ist bei Seuse diese Gemeinsamkeit nur augenblickshaft und partiell realisiert - dann nämlich, wenn das eigene Leiden göttliche Qualität erhält, indem es sich als Verlängerung der göttlichen Kenosis verstehen läßt und damit als eine Situation, in der sich Gott dem Menschen zuwendet: "*Hier umbe wir, dez keiserlichen herren frumen riter, erzagen nit, wir, dez wirdigen vorgengers edlen nahvolger, gehaben úns wol und liden nit ungern! Wan weri nit anders nuzzes noch guotes an lidene, wan allein, daz wir dem schoenen klaren spiegel Cristus so vil dest gelicher werden, es weri wol angeleit. Mich dunket eins in der warheit: ob joch got glichen lon woelti geben den lidenden und den nit lidenden nah disem lebene, gewerlich, wir soeltin dennoch den lidenden teil uf nemen allein durch der glichheit willen, wan lieb glichet und húldet sich liebe, wa es kan ald mag.*" (91,34-92,7). Nur in dem Maße, wie im eigenen Leiden der Zusammenhang mit dem göttlichen Handeln, dem Leiden Jesu Christi, erfahren wird, wird der "*trank der bitterkeit*" zum "*trank goetliches trostes und geistlicher suezikeit*" (256,3-5). Als Voraussetzung dieser - das persönliche Leiden verändernden - Erfahrung nennt die Ewige Weisheit im 14. cap. des Büchleins der Ewigen Weisheit: "*den gekrúzigten Jesum ze allen ziten vor den ougen sins herzen tragen.*" (256,13f); "*emzigú betrahtunge des minneklichen lidennes...*" (256,16f); daß der Mensch, um sein eigenes Leiden zu überwinden, sich in Jesu Leiden *vergang* (257,1); daß das Herzen Jesu *iemer me ze herzen gange* (257,27) und daß der Mensch sich Jesus Christus *mit mitlidenne gelichet* (258,26f). Da Seuse selbst die verwandelnde Kraft des göttlichen Handelns an sich erfahren hat, verkörpert er, was er anderen vom göttlichen Handeln mitteilt. Daraus lassen sich mehrere Folgerungen für Seuses Sicht der göttlichen Zuwendung zum Menschen ziehen:

---

[1] Damit kommt der entscheidende Differenzpunkt in der Christologie zwischen Eckhart und Seuse zum Vorschein: Während die Gottesgeburt, die den Menschen nach Eckharts Auffassung zum Sohn Gottes macht, die Abstraktion von allem Individuellen verlangt, richtet sich Seuses Interesse auf die individuelle Konkretisierung des Leidens Jesu und auf die existentielle Umsetzung dessen, was dem *anvahenden mensche* in *glichnusgebender wise* mitgeteilt wurde.

[2] Vgl. die unter 5.1.3. festgestellte Korrespondenz in der Metaphorik.

(1.) Die Bibel erweist darin ihre Kraft, daß sie bei Seuse bewirkt, was sie von der an Jesu Leben und Leiden sichtbar werdenden verwandelnden Kraft der liebenden Zuwendung Gottes zur Sprache bringt. Das heißt: Jesus als lebendiger Ausdruck der göttlichen Zuwendung ist performatives Wort Gottes dadurch, daß er mit seinem Reden und Handeln Seuses Leben umgestaltet und neu bestimmt.

(2.) Indem Seuse die Bereitschaft zeigt, sich von der sprachlichen Darstellung *in der betrahtunge* bestimmen und verwandeln zu lassen, wird er zur Metapher der göttlichen Liebe; er ist dies solange, wie sich sein Leben als Zeichen Gottes lesen läßt; ein Leben, das - selbst von Gott verwandelt - in der Begegnung zur Verwandlung anderer führt. Entscheidend bei der metaphorischen Lesart von Seuses Existenz ist jedoch, daß die von Seuse behauptete Erfahrung von Gottes verwandelndem Einwirken sprachlich nicht direkt vermittelt werden kann; andererseits erfahren aber die Adressaten von Seuses Mitteilung - wie aus der untersuchten Metaphorik deutlich wurde - die verwandelnde Kraft seiner Mitteilung. Für diese Mitteilung ist charakteristisch, daß ihre inhaltliche Dimension zurücktritt: Es ist alles - so Seuse im Prolog zum Büchlein der Ewigen Weisheit - eigentlich nicht so gemeint, wie es gesagt wird: Die *gesihte* haben nur als *usgeleitú bischaft* (197,23) zu gelten. Eigentlich geht es um die Vergegenwärtigung der in der Bibel schriftlich fixierten göttlichen Zuwendung, insbesondere der göttlichen Kenosis in Jesus Christi, d.h. es geht bei der Rekapitulation der biblischen Darstellung um die Verlebendigung der dort schriftlich festgelegten Erfahrung des Göttlichen, die sich aber gerade der sprachlichen Mitteilung verweigert. Als Fazit läßt sich feststellen: (a) Es gibt für Seuse keinen neuen Inhalt, der mitgeteilt werden könnte. Stattdessen geht es um die Behauptung einer Erfahrung, die als solche nicht eindeutig zu identifizieren ist und jedes Sprechen davon in die Aporie stürzt, so daß letztlich nicht geklärt werden kann, was eigentlich gemeint ist. (b) Wenn aber der Inhalt der Erfahrung, die verwandelnde Kraft des göttlichen Handelns im Leiden, eigentlich nicht Gegenstand einer Mitteilung werden kann, werden auch Seuse als Mitteilender und der Adressat der Mitteilung überflüssig. D.h. alle an der Kommunikation Beteiligten müssen in ihren Rollen, die durch die unterschiedliche Funktion aller an der Kommunikation Beteiligten definiert werden, zunichte werden, wenn sie erfahren wollen, was sprachlich nicht mehr mitzuteilen ist: Die liebende Zuwendung Gottes. Diese teilt Seuse anderen mit, indem er sie direkt gerade nicht mitteilt.

Von welcher Art die Mitteilung der Gotteserfahrung Seuses ist, so daß sie den Adressaten selbst zur Gotteserfahrung wird, läßt sich Seuses Beschreibung entnehmen, die er von Bernhard von Clairvaux gibt. Dabei sind zwei Textaussagen im 14. cap. des Büchleins der Ewigen Weisheit von zentraler Bedeutung: (1.) "*Gesegnet siest du ouch under allen lerern, suezer herr sant Bernhart des sel so durlühtet waz mit dez ewigen wortes blozheit, und daz din suezú zunge so suezklich us touwet von einem vollen herzen daz liden siner menscheit, do din minnendú sel sprach...*" (254,17-20); (2.) "*Ach dar umb, suezer herr sant Bernhart, so ist billich, daz din zunge hin flüsse von suezikeit, wan din herz mit dem suessen lidenne so gar versuesset waz.*" (256,6-8). Den zitierten Textstellen zufolge ist für Seuse nicht entscheidend, <u>was</u> Bernhard sprachlich mitteilt, sondern <u>wie</u> er dies tut. Es geht also um die Art und Weise der Mitteilung, d.h. um das, was mit der Kommunikation indirekt mitgeteilt wird. Damit ist - wie im Prolog zum Büchlein der Weisheit von Seuse dargestellt wurde - die besondere Qualtität der Rede gemeint, deren Lebendigkeit, die aus der Teilhabe an der Erfahrung von Gottes Zuwendung resultiert. Daraus folgt für die Bestimmung der metaphorischen Struktur von Seuses Existenz: Als existentielle Metapher der göttlichen Liebe bedarf Seuse selbst zunächst des Wortes, das sein Leiden als compassio Christi qualifiziert und die unsichtbare göttliche Dimension in der Sichtbarkeit von Seuses Leiden thematisiert. Sofort kommt jedoch die sprachliche Darstellung an ihre Grenze: Sie vermag nur die Behauptung, nicht jedoch die Erfahrung selbst zu vermitteln. Unstrittig ist zwar das an Seuses Existenz sichtbar werdende Leiden, fragwürdig bleibt aber der sprachlich vergegenwärtigte unsichtbare Mehrwert, die göttliche Qualität seiner Leidenserfahrung. Ob Seuse selber göttliche Nähe in seinem Leiden erfahren hat und infolgedessen in seiner Existenz verkörpert, ist vom Adressaten allein dadurch verifizierbar, daß er an der Mitteilung Seuses die Erfahrung der göttlichen Nähe macht. Während Jesus Christus, für Seuse vor allem in dessen Leiden erfahren, die göttliche Zuwendung in Person ist, 'ist' Seuse diese nur metaphorisch insofern und solange, wie er mit seiner Person auf das in Jesus Christus geschichtlich konkret werdende göttliche Handeln verweist. Dadurch, daß Seuse mit seiner Person, handelnd und sprechend, immer nur Antwort auf das göttliche Sprechen und Handeln am Menschen sein kann, kann er die göttliche Zuwendung nur mitteilen, wenn er nicht mehr sich, sondern ausschließlich das göttliche Handeln an sich mitteilt bzw. den Adressaten seiner Rede in seiner Mitteilung zur Begegnung mit Jesus Christus als der Person, die dieses Handeln ist, zu führen vermag. Dies bedeutet aber zum einen, daß Seuse in seiner Mitteilung ganz transparent auf die göttliche Mitteilung und sein persönliches Leiden zur Vergegenwärtigung von Christi Leiden werden muß; andererseits muß der Adressat in Seuses Existenz die Zeichen der göttlichen Präsenz lesen lernen und, indem er den Blick von der konkreten Existenz Seuses abwendet, dessen Lebensvollzug unter dem Aspekt der Ähnlichkeit mit dem göttlichen Wirken in Jesus Christus betrachtet. Wenn es ihm auf diese Weise gelingt, bei aller Differenz zu Gott in Seuses Sprach- und Handlungsvollzug die Präsenz des göttlichen Handelns zu entdecken, wird Seuse selbst zur Erfahrung der göttlichen Nähe. Er ist dies jedoch nur in dem Umfang, wie es ihm gelingt, den Ursprung seiner Erfahrung in sich lebendig zu halten, so daß Gott *wurkt*, indem er - Seuse - spricht. Für die Erfahrung des göttlichen Handelns in der Existenz Seuses ist auf Seiten des Adressaten von Seuses Mitteilung unabdingbar zu erkennen, daß Seuse die göttliche Zuwendung zu erfahren gibt, insofern er sie selbst erfahren hat. Der Adressat muß sich also zum Ursprung der in Seuse aufscheinenden Erfahrung von Gottes Nähe begeben[1]. Damit bleibt die Metaphorizität der Existenz Seuses gewahrt: Er verweist nach seinem Verständnis in der Leidensgemeinschaft mit Jesus auf Gott und seine Zuwendung, er kann auch in der selbstvergessenen Hingabe an Jesu Leiden ganz Zeichen sein, in seinem Leiden die göttliche Präsenz erfahren und erfahrbar machen. Dennoch wird er nicht göttlich, sondern bleibt Mensch, der das *war bilde* der göttlichen Zuwendung, Jesus Christus, nie zu ersetzen vermag. Nur bei hochmütigem Vernunftgebrauch differenziert man nicht mehr - so der Vorwurf Seuses - zwischen Identität und Differenz, Mitteilung und Mitteilendem:

---

[1] Vgl. 200,1-4.

ein solcher Mensch meint, "*daz er vol gotes sie und daz nút sie, daz got nit sie, mer daz got und ellú ding ein einig ein sien; und kripfet die sachen ze geswintlich in einer unzitigen wise, er wirt in sinem gemuete floierende als ein uf jesender most, der noh nit zuo im selben ist komen, und vallet uf daz, daz er denn verstat, ald ime ane underscheid für geworfen ist von ieman, der daz selb ist, dem er denne allein hat ze losene und keinem andern, und wil denn nah sinen wolgevallenden sinnen lassen gewerden ellú ding, und enpfallent im dú ding, es sie helle ald himelrich, túfel ald engel... wan sú núwan got dar inne gekripfet hein, und die sachen sind in noh nit ze grunde worden ze erkennen nah underscheide, nah ihre belipnuss und nah ire vergangenheit.*" (159,4-17)

6. Die Relevanz der leiblichen Erfahrung Margaretha Ebners für die metaphorische Darstellung der göttlichen Zuwendung

Untersucht man die von Margaretha verwendete Bildlichkeit unter dem Aspekt der göttlichen Zuwendung zum Menschen, fällt auf, daß sie sich bei den dafür verwendeten Bildern auf das Geschehen als solches konzentriert und dabei vor allem sich selbst zur Adressatin der göttlichen Zuwendung macht, wobei sie wesentliche Fragen, wie sie von den anderen behandelten Autoren gestellt werden, z.B. nach den Empfangsbedingungen auf Seiten des Menschen, außer acht läßt. Margaretha erfährt die Zuwendung Gottes als einen Vorgang, der sich im Verlauf ihres Lebens von einem vermittelten zu einem unmittelbaren Geschehen wandelt. Dies soll an einigen Beispielen verdeutlicht werden: "*Daz mag ich sprechen in der warhait, daz mir got do sant sinen lieben engel in dem lieht der warhait. und do man mir seit, daz er komen wer, do gieng ich in den cor mit vil zehern. dar nach gieng ich zuo im, aber ich tet ez niht gern von laid und jamer umb Adelhait. do ich do zuo im kom, do luht mir uz im ain umessigiu gnaude und ain inder lust rehter süezkait in sinen worten...*" (24,3-9) Die Margaretha im Rahmen des liturgischen Jahres vermittelte heilsgeschichtliche Erfahrung - insbesondere die Erfahrung der verschiedenen Lebenssituationen Jesu - wird zur direkten Erfahrung, indem Margaretha im jeweiligen Zeitpunkt bzw. Zeitabschnitt des liturgischen Jahres oder in direktem Bezug auf ein bestimmtes Ereignis der Heilsgeschichte die Grenze zwischen der vergangenen heilsgeschichtlichen und ihrer gegenwärtigen Situation durchstößt. So weiß Margaretha z.B. davon zu berichten, daß mit dem Beginn der Fastenzeit 1347 über sie großes Leiden gekommen sei, das seinen vorläufigen Höhepunkt am Sonntag Laetare erreicht habe. Eine Veränderung trat für sie zu diesem Zeitpunkt nun dadurch ein, daß sie mit ihrem eigenen Leiden von Gott in die Leidenssituation Jesu hineinverwandelt wurde: "*do wart mir geben ain so grossez ellende mins lebens und mins lidens und hier ine wart ich gezogen mit einer starken minne in daz hailig liden mins herren Jhesu Cristi. dar in schlosse ich mich und allez min unkundez liden, daz mir enmittunt an lag mit vil trehern, und do wart mir enphindenlichen geben ze verstan daz grosse liden, daz ich biz ostern vor mir het. und daz enphieng ich in rehter minne, daz ichs willeklichen in siner minne liden wolt, und begert hintz siner barmherzeket, daz er mit mir dar inne wer.*"

(118,26-119,8) Ihr eigenes Leiden wird somit zum Mitleiden mit Jesu Passion[1], deren Endphase sie zeitlich parallel zu Jesus mitleidet: *"und dar nach do ich entschlief, do waht mich daz minneklich liden mins herren mit ainem geswinden schucz... siner minnstral in min herze mit ainem grozzen smerzen. und verstuond ich do wisseklichen und enphindenlichen von sinan genaden, daz ez diu stunde was, do sich mins aller liebsten herren liden an fieng uf dem berg in dem gebet, do er swiczet den bluotigen swaizze. und daz wart mir in dem vordern jar umb die selben zit auch geben in der selben wise. aber vor die vierzehen tag so enphant ich sin in minem herzen mit grossen smerzen in der selben stunde aun wissen der stunde, doch het ich ainen wan, ez wer diu selbe stunde. aber daz war wissen ist mir nu zem andern mal geben uf der stunde, as ich nu gescriben han, ze gelicher wise as mir auch geben ist in enphindenlichem wissen diu stunde siner menschlichen geburt ze wihennahten in übersüezzer fröde, as ich vor gescriben han. und der selben stunde enphand ich auch vor dik, e daz ich enphindenlichen wisti und bekanti, daz siuz wer."* (131,16-132,9) Gleichfalls wird ihr 1344 *"ingossen ze ainem mal an der hailigen naht ze wihennähten ain so creffigiu grossiu süessiu genade"* (77,23f), daß für sie die Geburt Jesu zu einem aktuellen Geschehen wird.

Als weiteres Medium für die Erfahrung der göttlichen Zuwendung fungiert bei Margaretha neben der Person Heinrichs und dem liturgischen Jahr die Sphäre des Schlafes und des Traumes. Ihre Sehnsucht, *"...daz mir daz geben wurde, daz sin hailiges liden mich durchserti und in mich getrucket wurde mit dem hochgelopten herren sant Francissen zem as waren minnenzaichen, as ez kainem sinen fruind geben wer..."* (46,1-4), erfüllt sich im Traum; sie empfängt die Wundmale Jesu Christi: *"Item ze der zit wart mir geben aines nahtes, daz ich an mir sach die hailigen fünf minnzaichen in henden, an füezzen und in hertzen, und da gewan ich die aller grösten genaden von, wenn ich dar an gedaht."* (50,1-4) Doch bleibt ihr verwehrt, daß das im Traum Geschaute zur äußerlich sichtbaren Realität wird und sich in die Alltagsrealität überführen läßt. Dennoch macht sie - wie sie an dem in einer Nacht erfolgenden göttlichen *minnegrif* in ihr Herz darlegt - die Erfahrung, daß die Begegnung mit der Wirklichkeit Gottes im Traum nicht einfach irreal ist, sondern in Parallele steht zu anderen Erfahrungen des Göttlichen im Wachzustand. Denn die im Traum erfahrene göttliche Zuwendung zeigt noch lange nach dem Traum ihre Wirkung: *"wan von kainem traum scribe ich nit wan des ich dar nach lange enphinde in grosser genade."* (130,9f) Wie sehr das nächtlich Erfahrene Margaretha prägt, zeigt sich ferner auch in einem veränderten Interesse der Alltagswirklichkeit gegenüber: *"... do wart aber der nam Jhesus Cristus crefteklichen in min herze gedruket mit niwer genade und mit ainem übersüezzen enphinden siner gegenwertket, diu sich offenbart in disem namen, der ich dar nach lang enphant, daz ich nihtz geachten maht, daz ich vor sahe oder hort..."* (130,4-9). An einer anderen Textstelle scheinen für Margaretha die Grenzen zwischen Traum

---

[1] Zum gleichen Ergebnis kommt Manfred Weitlauf (Margaretha Ebner und Heinrich von Nördlingen, aaO, S.340). Die Aktuallsetzung der Passion Jesu geschieht nach Margarethas Darstellung auch 1340, als ihr eine Mitschwester die Passion noch einmal in deutscher Sprache vorliest: *"... do siu in an fienk, do wart ich aber gebunden mit der swige, und diu wart gemert da mit, daz ich lut schrient wart, und daz was mir vor nie geschehen."* (54,2-5; vgl. auch 55,16-56,6)

und Wachzustand völlig aufgehoben zu sein; sie erfährt im Schlaf den göttlichen *grif* und meint doch, es sei konkrete Wirklichkeit: "*... do wart mir geben, daz ez got an mir volbringen wolt. do sprach ich: 'ich mag und wil ez niht anders dann uz allem dinem liden.' do wart mir der grif als crefteclichen, daz ich ez wachent und schlauffent vil zit enphant.*" (22,3-7) Das Interesse Magarethas, den Realitätscharakter der göttlichen Zuwendung herauszustellen, spiegelt sich auch in ihrem Metapherngebrauch wider: Metaphernkombinationen, die die Eindeutigkeit des Gesagten und damit dessen direkten Realitätsbezug in Frage stellen, werden äußerst selten verwendet. Dahin gehört auch die Beobachtung, daß die Metaphorik für die göttliche Zuwendung auf einige wenige, allzu vertraute Vorstellungen reduziert wird (s.*blüen, lieht, vliessen, giessen*), was dazu führt, daß die Metaphern für die göttliche Zuwendung ihre semantische Spannung verlieren und zum eindeutigen Terminus werden. Als Beispiel sei die Geburtsmetapher genannt: Sie wird bei Margaretha nicht - wie z.B. bei Meister Eckhart - für ein geistiges Geschehen verwendet, sondern steht für einen Vorgang, dessen Auswirkungen äußerlich sichtbar werden: "*... do komen die luten rüeffe und werten die lange. und die rüef mit luter stime 'owe' und 'owe' die sint as groz, daz man si über al in dem closter und uf dem hof hörn mag, und möht sunst in aigener craft as lut nit gescrien, ob man mich halt töten welt. und die komen mir biz naht ze siben malen, und von den starken stössen, die mir so gar ungestüemklichen in daz herze koment, so müezzent mich creftiklichen dir frawen haben, ainiu under dem herzen zer lingen siten und diu ander hinderwertige da engegen auch an der selben siten, und die sprechent, daz si müezzent gen ainander mit aller craft druken, und denne enphindent sie under irn henden, as sich etwaz lebendigez umb ker inwendik und niendert anderswa. und diu drit frawe hebt mir etwen daz haupt. etwenn mag ich ez nit geliden, und dar inne koment mir die starken stösse, die mich inwendiklich erbrechent, daz ich grösselich geswollen wirde und sunderlich für mich, als ain frawe diu groz mit ainem kinde gaut. und diu geswulst kumpt mir under daz antlütz und in die hend, daz ich ir ungewaltig wirde und daz ich si nit zuo kan tuon.*" (119,26-120,19) Die Aufhebung der semantischen Spannung zeigt sich ferner in der Beschreibung der Konsequenzen, die sich für den Menschen aus der göttlichen Zuwendung ergeben. Sie sind überwiegend sehr allgemein gehalten und ergeben sich aus der Bildlogik der verwendeten Metaphorik: Jesus Christus als lebendige *spise* kräftigt den Menschen (s.*spise* 3.1.-3.2.). Wenn Jesus Christus bzw. die göttliche Gnade in Margarethas Inneres gelangt - ein Gedanke, der bei Margaretha oft im Zusammenhang mit eucharistischen Vorstellungen entwickelt wird (s.*spise* 3.1.-3.2.; 4.2.; *smack* 3.1.-3.2.; *vliessen* 1.7.) -, löst dies wie bei der Nahrungsaufnahme einen positiven *smak* aus (s.*truken* 2.2.-2.4.; *gan* 1.1.-1.5.; 15.1.; *smak* 3.1.-3.2.; *vliessen* 5.1.). Charakteristisch für Margaretha ist in diesem Zusammenhang, daß sie ihr eigenes körperliches Leiden als realistische Folge der göttlichen Einwirkung ansieht[1]; ihr äußerlich eindeutig feststellbares Leiden wird dadurch zum Indiz für die innerlich geschehene unfaßbare göttliche Zuwendung. Zentrale Bedeutung kommt in diesem

---

[1] Manfred Weitlauff (Margaretha Ebner und Heinrich von Nördlingen, aaO, S.344) führt dazu aus, daß "die Verheißung, die Margaretha im biblischen Wort (spiritus sanctus supervenit inde) vernommen hatte,... ungestüm zur Erfüllung, zum 'physischen' Nachvollzug der Gottesgeburt..." drängte.

Kontext der Metaphorik des *binden* und *vangen* zu: Die Tatsache, daß sie sich äußerlich nicht mehr in der Gewalt hat, sich nicht mehr bewegen und nicht mehr reden kann, erklärt Margaretha als Folge des göttlichen *minnegrif* (s. 28,18), d.h. damit, daß sie mit der göttlichen Gnade *gevangen* ist oder daß das Leiden Christi auf sie einwirkt (s.*fangen* 1.4.-1.6.)[1].

7. Margaretha Ebner als Konvergenzpunkt der von Heinrich von Nördlingen verwendeten Metaphorik für die göttliche Zuwendung

Heinrichs Verhältnis zur göttlichen Zuwendung ist davon geprägt, daß er diese weitgehend indirekt, durch Margarethas Vermittlung erfährt. Deren Position siedelt er zwischen Wunsch und Wirklichkeit, zwischen noch ausstehender und bereits geschehener Zuwendung Gottes an. Insbesondere über die Feuer-, Licht-, Spiegel- und Fließmetaphorik entwickelt Heinrich Bildzusammenhänge, in denen in der Gestalt Margarethas das göttliche Handeln konkrete Züge erhält: Sie erfährt die Mitteilung des himmlischen *tow* (s.*fliessen* 30.1.; *giessen* 4.2.); empfängt Gott als geistliche Nahrung (s.*spise* 4.1.-4.2.); wird vom göttlichen Feuer Jesu Christi *gelutert* (s.*viur* 1.1.-1.2.); ist Spiegel, in dem als Bild das Leben und Leiden Jesu Christi erscheint (s.*spiegel* 1.1.; *lieht* 10.1.-10.3.); sie verändert sogar äußerlich ihr Aussehen, indem ihr Gesicht durch den Einfluß der göttlichen Gnade *geklert* wird. Vor allem ist es jedoch das Bild der geistlichen Gefangenschaft, das Heinrich - Margarethas Selbstcharakterisierung zustimmend - zur Darstellung ihrer engen Beziehung zu Jesus Christus übernimmt (s.*gevangen* 3.1.-3.2.).

Heinrich inszeniert dies alles, um die Wertschätzung zu begründen, die er Margaretha entgegenbringt. Diese beruht auf ihrer erfahrungsbedingten Kompetenz zur Vermittlung dessen, was sie selbst von Gott erfahren hat, in einer Weise, daß das von ihr Erfahrene anderen selbst zur Erfahrung werden kann. Als Medium fungiert dabei zum einen ihre Person, zum anderen ihre Briefe, die mit der *smackhaften gnad* des Hl. Geistes *übergossen* sind (s.*giessen* 11.1.-11.3.). Mit der gleichen Metaphorik für Jesus Christus, die Gottesmutter und Margaretha suggeriert Heinrich, daß ihnen allen in gleicher Weise eine heilsmittlerische Funktion zukommt: Jesus Christus leitet an den Menschen die innertrinitarische Selbstmitteilung der ersten an die zweite göttliche Person weiter; was Gott an Gnade Maria mitgeteilt hat, empfangen von ihr alle Heiligen und Engel; die von Margaretha weitergegebene Gnade bewirkt die Entwicklung des ewigen göttlichen Wortes in der Seele der Menschen, an die Margaretha die Gnade weitergibt. Als zentrales Bildparadigma fungiert in diesem Kontext die Fließmetaphorik (s.*fliessen* 5.1.- 5.4.; 20.1.-20.7.), durch die die Kontinuität des Gnadenstromes und damit die ra-

---

[1] Diese Einwirkung ruft bei Margaretha verschiedenartige Reaktionen hervor, die vom Schweigen, lauten Rufen bis hin zu einer neuen Weise zu reden reichen (124f). So berichtet Margaretha davon, daß am Gründonnerstag nach dem Kommunionempfang die lauten Rufe plötzlich aufhören "*und huob sich da in mir an ain niwiu wise ze reden mit beschlossem munde und mit innern worten, die nieman verstuonde noch markt denn ich.*" (130,27-131,2) Vgl. dazu auch Manfred Weitlauf, Margaretha Ebner und Heinrich von Nördlingen, aaO, S. 340.

dikale Transparenz und Durchlässigkeit der vermittelnden Instanzen Jesus Christus, Maria und Margaretha akzentuiert wird. Was speziell die Funktion Margarethas für die Gotteserfahrung Heinrichs betrifft, führt er seine Erleuchtung darauf zurück, daß Margaretha die von ihr erfahrene Einwirkung der ewigen *sunne* Jesus Christus an ihn weitergegeben hat (s.*giessen* 3.1.). In ähnlicher Weise bringt er mit der Speisemetapher ins Bild, daß sich ihm Gott selbst über Margaretha als geistliche Nahrung gibt, ohne daß dabei etwas verloren geht (s.*spise* 4.1.-4.2.).

Als weiteres Bild zur Darstellung der völligen Transparenz Margarethas für die göttliche Wirklichkeit wählt Heinrich die Sonnenmetapher: Jesus Christus als *sunne* erleuchtet Heinrich durch Margaretha "*als durch ein luter glas*" (s.*sunne* 2.3.-2.4.). Verkürzt - die rein menschliche Erfahrung Margarethas mit der Erfahrung des Göttlichen in Margaretha vermischend - kann Heinrich dann auch formulieren, daß ihm *smeckt* Margarethas "*zartheit, die warheit und lutterkeit gotz*" (40,24; s.*smeken* 1.1.-1.4.).

Was die Veränderung betrifft, die Menschen, speziell Margaretha, infolge der göttlichen Einwirkung erfahren, fällt auf, daß Heinrich diese nicht an bestimmte Bedingungen knüpft, die der Mensch zu erfüllen hat; ihm geht es vor allem um die Tatsächlichkeit der göttlichen Zuwendung, deren Realität bereits an Margaretha sichtbar wird und die auch fraglos weiterhin in Zukunft seiner Meinung nach an Margaretha geschehen wird, so daß er diese Erfahrung als selbstverständlichen Wunsch ihr gegenüber wiederholt äußern kann. Aus dieser bedingungslos ergehenden göttlichen Zuwendung ergeben sich Konsequenzen, die zum einen - wie Heinrich in Analogie zum pflanzlichen Wachstum darlegt (s.*blüen, fruht*) - in der geistlichen Entwicklung der Menschen zu sehen sind, so daß diese immer mehr von Jesu Wirklichkeit bestimmt werden; zum anderen sind die Folgen zum Großteil jedoch noch nicht real, sondern erscheinen als gewisse Möglichkeit, die Heinrich in Form von Wünschen Margaretha zuspricht: Daß die Seele Margarethas ihre Beschaffenheit verliert, wenn Jesus Christus in sie spricht, und sie sich auflöst (s.*zerfliessen* 28.2.), daß sie ganz von Jesus Christus umgeben und durchdrungen ist (s.*durschinen* 27.1.-27.2.) sowie daß sie Gottvater vor ihrem Tod noch schauen kann (s.*lieht* 1.1.), sind Aspekte einer Zukunft, die erst in Gott Realität wird. Zeitlich unbestimmter, rein optativisch, entwickelt Heinrich im Hinblick auf Margaretha die Möglichkeit, daß sie vom göttlichen Licht erleuchtet, von Gott ganz umgeben und in den göttlichen Abgrund zur unio mit Gott gebracht wird (s.*fliessen* 7.1.; *lieht* 1.1.). Schließlich sieht er Margaretha auch dazu prädestiniert - jegliche Unterschiede in der Heilsgeschichte zwischen ihr und Maria nivellierend -, infolge der göttlichen Zuwendung ihr Herz für Jesus Christus, den Erretter der Menschheit, zu öffnen (s.*blüen* 1.5.-1.6.) und Jesus Christus hervorzubringen (s.*gebern* 1.1.-1.4.; 1.5.; 6.1.).

Was Heinrichs eigene - nicht über Margaretha vermittelte - Beziehung zur göttlichen Einwirkung anbelangt, fällt auf, daß Heinrich diese im Rahmen der Metaphorik entwickelt, mittels derer er allgemein die Beziehung Gott-Mensch interpretiert, allerdings mit dem Unterschied, daß er die über die Fließ-, Gieß-, Speise-, und Lichtmetaphorik vermittelte Zuwendung Gottes an alle Menschen für seine Person einschränkt. So bringt er z.B. im Bild der *siechen augen* seine Inkompetenz zur Sprache, die göttliche Zuwendung zu erfassen (s.*sunne* 2.5.; ähnlich *lieht* 10.4; 12.1.). Entsprechendes findet sich im Kontext der Geschmacksmetaphorik:

Seinem *böszen magen* ist die "*siessigkait des gotlichen brotz ungesmack...*" (47,16f). Infolgedessen empfängt Heinrich keine direkte Mitteilung Gottes, so daß sein Herz *dürr* (s.*fliessen* 30.1.) und *durstig* ist (s.*durst* 1.3.). Von daher wird erneut deutlich, wie wichtig für Heinrich die ihm von Margaretha vermittelte Gotteserfahrung ist.

Kapitel 4: EINHEIT UND VIELHEIT

Im Mittelpunkt der vierten Perspektive, die im Textcorpus durchgängig auszumachen ist, stehen Ausgangs- und Endpunkt des mystischen Prozesses. Sie sind für die Untersuchung der in den verschiedenen Texten verwendeten Metaphorik von besonderem Interesse, weil hier die Grundaporie deutlich wird, die für die behandelten Texte kennzeichnend ist: Wie kann so vom Göttlichen gesprochen werden, daß Einheit und Vielheit keine sich wechselseitig ausschließenden Gegensätze, sondern sich gegenseitig modifizierende Aspekte des Göttlichen darstellen?

Insofern diskursives Sprechen auf der Grundlage eines begrifflich differenzierten Systems erfolgt, dessen zentrale Voraussetzung das Kontradiktionsprinzip darstellt, erweist es sich für die anstehende Problematik als unangemessen. Denn es vermag nicht, ohne seinen (auf begrifflicher Distinktion beruhenden) definierenden Charakter zu verlieren, sowohl die göttliche Einheit als auch gleichzeitig die Vielheit Gottes bzw. die Vielheit in Gott zu thematisieren. Dazu ist vielmehr ein sprachliches Verfahren erforderlich, das, indem es die begrifflichen Grenzen sprengt, in der Lage ist, Beziehungen zu bilden zwischen dem, was sich nach den Kriterien normaler Logik ausschließen müßte. Anhand der in Teil III behandelten Metaphorik läßt sich genau beschreiben, wie es den verschiedenen Autoren jeweils gelingt, über die Metaphorik Bildzusammenhänge und Bildmuster zu konstruieren, die Identität und Differenz in Gott sowie die kreatürliche Differenz zu Gott und die unio der Kreaturen mit Gott zusammenzubringen.

Beim Durchgehen des betreffenden Bildmaterials zeigte sich, daß sich die von allen Autoren für die unio entworfenen Bilder verschiedenen Identitätstypen zuordnen lassen. Zentrale Bedeutung kommt insbesondere folgenden Typen zu:

(a) Der Typ der funktionalen Identität; hierbei geht es darum, daß die trinitarischen Personen oder Gott und Mensch durch aufeinander bezogene Funktionen einen organischen Zusammenhang bilden.

(b) Der Typ der operationalen Identität oder Wirkeinheit. Mit diesem Typ wird die Situation erfaßt, in der entweder göttliche Personen oder Gott und Mensch - nicht weiter in verschiedene Funktionen unterschieden - in einer Handlungsgemeinschaft stehen.

(c) Die unio wird als komplexe Einheit dadurch ins Bild gebracht, daß alle dazugehörigen Elemente zu einem unauflösbaren und nicht weiter differenzierbaren Zusammenhang aufeinander bezogen sind.

1. Mechthild von Magdeburg

1.1. Metaphern für die innertrinitarische Beziehung

Zunächst ist festzustellen, daß Mechthild kein Interesse am Prozeß der innertrinitarischen Differenzierung zeigt. Wichtig ist ihr ausschließlich die Einheit der drei göttlichen Personen, der sie über die Spiegel- und Sonnenmetaphorik den Charakter einer funktionalen Identität verleiht: Jesus Christus ermöglicht aufgrund seiner spiegelähnlichen Beschaffenheit, daß Gottvater in ihm - quasi abbildhaft - uneingeschränkt präsent ist (s.*spiegel* 1.6.). Mittels der Spiegelmetapher erzeugt Mechthild ferner die Vorstellung, daß die drei göttlichen Personen im *"spiegel der gotheit"*, in dem sie zusammen und auf gleiche Weise erscheinen, sich *"fuegent in ein..."* (III 1,71; s.*spiegel* 1.8.-1.10.).

Andere Züge erhält die funktionale Identität, wenn Mechthild die bei der Inkarnation Jesu zustandekommende Vereinigung von Gott und Mensch als organisches Geschehen entwirft. Damit evoziert sie den Eindruck, daß dieses Geschehen der von Gott mit der Schöpfung gegebenen Naturordnung entspricht. In ihrem von der Schöpfung her entfalteten metaphorischen Entwurf der Inkarnation gestaltet Mechthild die Erwählung Mariens und die Geburt Jesu als Vorgang, der in der Benetzung der Blumen durch den morgendlichen Tau und der Entstehung der pflanzlichen Frucht seine Parallele hat (s.*bluome* 8.4.-8.5.). Eine weitere Möglichkeit, Gottheit und Menschheit in Jesus Christus zusammenzubringen, entwickelt Mechthild, indem sie diese entsprechend der Einwirkung von Sonne auf Wasser aufeinander bezieht: *"die spilende sunne der lebendiger gotheit schinet dur das clare wasser der vroelichen menscheit..."* (IV 12,20f; s.*sunne* 2.2.).

Ein anderes Bildmuster beschreibt die göttliche Einheit der voneinander verschiedenen trinitarischen Personen als komplexe Identität. Mechthild bemüht dazu die visuelle und akustische Erfahrung: Zum einen erscheint die göttliche Einheit als *ein liecht*, das sich durch das gegenseitige Hindurchscheinen jeder trinitarischen Person konstituiert (III,9). Zum anderen entwickelt sie das Bild einer himmlischen Harmonie, die dadurch zustandekommt, daß *"die gotheit clinget, dú moenscheit singet, der helig geist die liren des himelriches vingeret, das alle die seiten muessent clingen, die da gespannen sint in der minne."* (II 3,23-25). Ferner: Jesus Christus ist des *fúres gluot* (s.*vúr* 1.1.-1.3.); die Gottheit ist seine Krone, der Hl. Geist hat ihn umfangen (s.*umbevangen* 13.7.); oder: Engel, Heilige, Jesus Christus sind Elemente des ewigen göttlichen Feuers (s.*vúr* 1.1.-1.3.).

Eine weitere Form der Einheit, die mittels verschiedener Metaphern entfaltet wird, läßt sich als operationale Identität charakterisieren. Damit ist eine Bildlichkeit gemeint, deren Thema das gemeinsame Handeln der trinitarischen Personen ist: Das gemeinsame *spilen* (s.*spiln* 2.1.-2.2.; 9.1.-9.2.), das *sweben* und *spiln* von Christi Seele in der Dreifaltigkeit (s.*sweben* 1.1.). In diesen Zusammenhang gehört auch die Mitwirkung des Hl. Geistes an der Schöpfung, die darin besteht, daß er als Minnesänger Gottvater den Vorschlag zur Schöpfung unterbreitet (s.*spiln* 1.5.). In dieser Funktion ist der Hl. Geist auch für das göttliche Saitenspiel verantwortlich, das Bestandteil der göttlichen Harmonie ist.

Die Charakterisierung der verschiedenen metaphorischen Aussagen für die Trinität läßt somit deutlich werden, daß Mechthild die Paradoxie, die in der gleichzeitigen Geltung von Einheit und Dreiheit der göttlichen Personen gegeben ist, in ihrer Bildlichkeit nicht thematisiert. Vielmehr entwirft sie Geschehenszusammenhänge, in denen die drei Personen in unterschiedlichen Konstellationen und Funktionen als dynamische Identität in Form eines gemeinsamen Vollzugs erscheinen. Die Kategorie, die die Bildproduktion Mechthilds hinsichtlich der Trinität bestimmt, ist daher auch nicht die des Wesens oder der Substanz, sondern die Kategorie der Beziehung. Dies gilt auch für ihre metaphorische Darstellung der unio: Indem Mechthild das Verhältnis von Mensch bzw. Seele und Gott als Beziehung von *brut* und *brutegom* inszeniert, die in Mechthilds Bezugssystemen Hoheslied, Minnesang und Passion als Leitmetapher fungieren, charakterisiert sie das Verhältnis von Gott und Mensch als eine Liebesbeziehung. Mit verschiedenen Bildmustern und Bildtypen trägt Mechthild in ihrer Metaphorik diesem Beziehungsaspekt Rechnung.

1.2. Bildmuster für die Beziehung Gott-Mensch

1.2.1. Metaphern für die Entstehung des Kreatürlichen

Auf dem Hintergrund des Vorstellungsmodell 'Weitergabe von Leben' bzw. 'Vermehrung pflanzlichen Lebens' gestaltet Mechthild mit der Fruchtbarkeits-und Geburtsmetaphorik das Entstehen der geschöpflichen Differenz in Gott als Beziehung, für die sowohl der Aspekt einer natürlich gegebenen Bindung als auch der Gesichtspunkt der Freiheit zur Lösung dieses naturalen Zusammenhangs charakteristisch ist. Auf diese Weise wird es möglich, über die Gestaltung der Beziehung Gott-Kreatur nach dem Muster der Verwandtschaftsbeziehung, Ähnlichkeit und Unähnlichkeit von Schöpfer und Schöpfung zusammenzubringen. In diesen Zusammenhang gehört ferner Mechthilds Aussage, daß die Erschaffung des Menschen im Willen der Dreifaltigkeit bzw. des Vaters begründet liegt, fruchtbar zu werden (s.*gebern* 1.5.; *vruhtbar* 12.1.). Der Mensch wird zur *brut*, indem - wie Mechthild extrem anthropomorph formuliert - der Hl. Geist die Seele zu Bett bringt[1], wo Gottvater ihr quasi die Ehe verspricht. Damit ist das Liebesgeschehen von Gott und Mensch in der Erschaffung des Menschen durch Gott grundgelegt: *"Wir wellen fruhtber werden, uf das man úns wider minne und das man únser grossen ere ein wenig erkenne. Ich wil mir selben machen ein brut, dú sol mich gruessen mit irem munde und mit irem ansehen verwunden, denne erste gat es an ein minnen."* (III 9,26-29) Gegenüber der Vorstellung des *uzvliessen* aller Kreaturen sowie der Gottesgaben aus Gott (s.*uzvliesen* 20.1.-20.8.), bei der die Differenz zu Gott und den Kreaturen untereinander weitgehend unbestimmt bleibt (auch der Hl. Geist wird wirklich, indem er als *vluot* Vater und Sohn verläßt; s.*uzvluot* 22.1.), wird somit in III 9 die geschöpfliche Unterscheidung von Gott zu einem personalen Geschehen. In Weiterführung der Fruchtbarkeitsmetapher hebt Mechthild daher auch die besondere Nähe des Menschen zu Gott dadurch hervor, daß sie Adam

---
[1] Vgl. dazu auch das folgende Kapitel 1.2.3.

und Eva nach dem Muster der Geburt des göttlichen Sohnes von Gott hervorgebracht sieht (s.*gebern* 1.5.). Was Mechthild selbst betrifft, bringt sie den Zusammenhang ihrer Person mit Gott in Beziehung zu Gottheit und Menschheit Jesu: *geistlich gevlozzen* aus dem Herzen von Gottvater, ist sie *geborn vleischlich* aus der Seite Jesu (s.*gebern* 1.1.-1.4.).

1.2.2. Metaphern für die unio

Was die Aufhebung jeglicher Distanz zugunsten einer größtmögliche Nähe zwischen Gott und Seele betrifft, zieht Mechthild verschiedene Vorstellungskomplexe heran, um die Beziehung intensiver Nähe als Interaktion zu entwerfen. Die von Mechthild bevorzugt benützten Leitsysteme sind - wie bereits erwähnt - das Hohelied, der Minnesang und - damit über die Formel *"sterben von minnen"* (III 9,32) interferierend - die Kenosis und Passion Jesu Christi. Daneben fungiert auch der Bereich der Natur wie bei allen Mystikern als Leitsystem. Im einzelnen finden sich folgende Bildmuster:

Im Rahmen des Minnegeschehens zwischen Gott und Mensch, wird die Seele zur *brut*, auf die Gott als *brutegom* im *boumgarten* der Minne wartet und die dort *"bluomen der einunge brichet..."* (s.*bluome* 8.6.-8.8.).[1] Oder: Der Mensch *halset, küsset, umbevenget* die Gottheit, und die Seele ist als *brut* in der Dreifaltigkeit *ine bevangen* (s.*gevangen* 2.1.; *umbevangen* 13.6.). An einer anderen Textstelle erscheint die Beziehung der Seele zu Gott aufgefächert in verschiedene Rollen, die Gott dabei einnimmt: *"Ich mueste von allen dingen in got gan, der min vatter ist von nature, min bruoder von siner moenscheit, min brütegoum von minnen und ich sin brut ane anegenge."* (I 44,72-74) Den Ansatzpunkt der Eckhartschen Überlegungen zur unio vorwegnehmend, hebt sie in VI 31 sogar jede Rollenfixierung Gottes auf: *"Die minnende sele, die alles das minnet, das got minnet, und alles das hasset, das got hasset, die hat ein ouge, das hat got erlühtet; da mit sihet si in die ewige gotheit, wie die gotheit gewürcht hat mit ir nature in der sele. Er hat si gebildet nach im selber; er hat si gepflanzet in im selber; er hat sich allermeist mit ir vereinet under allen creaturen; er hat si in sich besclossen und hat siner goetlichen nature so vil in si gegossen, das si anders nit gesprechen mag, denne das er mit aller einunge me denne ir vatter ist."* (VI 31,9-15)

Ein anderer Bildaspekt ergibt sich aus der Bezugnahme auf Hl 1,1, infolgedessen Mechthild die unio als *kuss* von Gott und Seele darstellt (s.*küss* 8.1.). Ebenso wird die Kenosis Christi zu einem Liebesgeschehen, bei dem Gott die gottliebende Seele *"moehti durküssen und... umbevahen..."* (VI 1,111; s.*durküssen* 10.1.). In dieses Modell der personalen Beziehung von Gott und Mensch gehört ferner die mit der Spielmetapher ins Bild gebrachte, zweckfreie, zeitlich unbegrenzte Interaktion zwischen der Seele und Gott (s.*spiln* 1.1.-1.4.). Auch die wechselseitig Gott und der Seele zugeschriebene Rolle des Minnesängers, der anderen seine Minne-

---

[1] Zu dieser Bildvorstellung vgl. Kurt Ruh, Geschichte der abendländischen Mystik, Bd. II, aaO, S.284.

lieder bzw. seine Minnemelodien vorspielt (s.*seitenspil* 3.2.-3.3.), ist diesem Zusammenhang zuzuordnen.

Über diese Einheit von Gott und Mensch im gleichen Tun hinausführend, erreicht Mechthild mit Hilfe der Kleidmetaphorik in freier Anspielung an Hl 5,3 die höchstmögliche Identität des Verschiedenen in Form einer kommutablen Identität; sie läßt die Seele Gott gegenüber äußern: "*Du kleidest dich mit der sele min und bist ouch ir nehstes cleit.*" (II 5,7f; s.*kleit* 1.1.) Im Leitsystem der Passion bewegt sich Mechthild, wenn sie die Gemeinsamkeit der *brut* mit ihrem *brutegom* als eine Wiederholung von Passion und Auferstehung Jesu Christi begreift (s.I 29). Diese Wiederholung erfährt die *brut* an sich als reales Geschehen, in Form einer meditativen Vergegenwärtigung des Leidens Christi zu den verschiedenen Zeiten des klösterlichen Offiziums (s.VII,19); oder es wird von Mechthild metaphorisch mit dem Material des historischen Passionsgeschehens der Vollzug der Liebesbeziehung zum *brutegom* anschaulich gemacht (s.III,10); z.B. heißt es von der minnenden *sele*: "*Si wirt gevangen in der ersten kúnde, so got si kússet mit suesser einunge. Si wirt angegriffen mit manigem heligen gedanke, wie si ir fleisch getoede, das si nit wenke. Si wirt gebunden mit des heligen geistes gewalt und ir wunne wirt vil manigvalt. Si wirt gehalsschlaget mit grosser unmaht, das si des ewigen lihtes sunder underlas gebruchen nit mag.*" (III 10,4-10) Schließlich verleiht Mechthild der engen Beziehung von Seele und Gott dadurch Ausdruck, daß sie die Seele aufgrund ihrer *claren* Beschaffenheit für fähig sieht, an der Selbsterkenntnis Gottes zu partizipieren (s.*klar* 1.1.-1.6.).

1.2.3. Bildtypen

Was den Metapherngebrauch bei Mechthild anbelangt, so fällt auf, daß sich bei Mechthild neben einzelnen Metaphern mehrfach wiederkehrende Bildtypen finden, über die die Beziehung Gott-Mensch thematisiert wird:

(1.) Vor allem in den hymnischen Wechselreden findet sich der Bildtyp einer korrespondierenden Metaphorik. Dabei geht es um eine Metaphorik, mittels derer die Partner des Liebesgeschehens durch ihre Beziehung zueinander definiert werden. Diese Beziehung erscheint sowohl als Ähnlichkeit mit mehrfachen metaphorischen Korrespondenzen zwischen Gott und Mensch wie auch als Unähnlichkeit ohne derartige Korrespondenzen[1]. Als Beispiel für die Ähnlichkeitsrelation kann (neben II,9 u.10; V,17 u. 18) III,2 dienen: "*O suesser Jhesus, allerschoeneste forme, unverborgen in noeten und in liebe miner ellenden sele! Ich lobe dich mit der selben in minne, in noeten und in liebe mit der gemeinschaft aller creaturen, des luset mich denne ob allen dingen. Herre, du bist die sunne aller ougen, du bist der lust aller oren, du bist dú stimme aller worten, du bist dú kraft aller vromekeit, du bist dú lere aller wisheit, du bist das lip in allem lebende, du bist dú ordenunge alles wesendes!*

Da lobte got die minnende sele loblich, des luste in suesseklich alsust: 'Du bist ein lieht vor minen ougen, du bist ein lire vor minen oren, du bist ein stimme mi-

---

[1] Z.B. I 11 u. 12; I 17 u. 18.

ner worten, du bist ein meinunge miner vromekeit, du bist ein ere miner wisheit, du bist ein lip in minem lebende, du bist ein lop in minem wesende!" (III 2,3-14)

(2.) Genitivmetaphern oder Metaphern in Verbindung mit Possessivpronomina sowie Metaphern des Typs "X ist Y" stellen einen Bildtyp dar, bei dem im Bildzentrum die funktionale Zuordnung von Gott und Mensch im Sinn einer funktionalen Identität steht, wie sie als Bildtyp von Mechthild bereits für den innertrinitarischen Bereich verwendet wurde. Als Beispiel für Genitivmetaphern sei die hymnische Wechselrede I 19 und I 20 angeführt, in der Gott (s.I 19) und Seele (s.I 20) diese Zuordnung wechselseitig vornehmen: "*Got liebkoset mit der sel an sehs dingen. Du bist min senftest legerküssin, min minneklichest bette, min heimichestú ruowe, min tiefeste gerunge, min hoehste ere! Du bist ein lust miner gotheit, ein turst miner moenschheit, ein bach miner hitze!*

Dú sele widerlobet got an sehs dingen. Du bist min spiegelberg, min ougenweide, ein verlust min selbes, ein sturm mines hertzen, ein val und ein verzihunge miner gewalt, min hoehste sicherheit!" (I 19-20)

Als Beispiel für eine Metaphorik des Typs "X ist Y" sei II 19 genannt, wo verschiedene Aspekte aufgewiesen werden, die die Rolle der Seele innerhalb der Beziehung von Gott und Mensch vorstellen. Von der Seele heißt es dort: "*Du bist drivaltig an dir, du maht wol gottes bilde sin: Du bist ein menlich man an dinem strite, du bist ein wolgezieret juncfrouwe in dem palast vor dinem herren, du bist ein lustlichú brut in dinem minnebette gottes.*" (II 19,6-8)

(3.) Für den Endpunkt der Beziehung, die unio von Gott und Mensch, bevorzugt Mechthild einen Bildtyp, der gerade das personale Modell sprengt: Mechthild greift, wenn es um die Auflösung der menschlichen Existenz und damit um die Aufhebung jeglicher Differenz geht, auf die Natur als Leitsystem zurück. Mit Feuer-, Fließ- und Gießmetaphorik führt sie vor Augen, daß die Seele bei der Gotteserkenntnis vernichtet wird (s.*vúr* 1.7.) bzw. durch den Einfluß der Minne ihren Standort verläßt, aufgelöst wird und ganz in Gott aufgeht (s.*vliessen* 2.13.). Für die daraus resultierende komplexe, nicht mehr aufzulösende und zu differenzierende Identität steht bei ihr das Bild, daß Seele und Gott sind "*in ein gevlossen und sin in ein forme gegossen.*" (III 5,13f; s.*giessen* 1.5.) Die Erfahrung Gottes bedeutet infolgedessen für die Seele den mystischen Tod bzw. in der unio die Erfahrung von Tod und Leben (s.*tot* 6.1.-6.3.; *sterben* 4.1.-4.3.) oder das *smelzen* des Menschen in Gott (s.*smelzen* 1.1.-1.2.; 2.1.).

(4.) Assoziativ aneinandergereihte Metaphern stellen einen Bildtyp dar, für den die Verselbständigung der Bildspenderebene bei gleichzeitigem Verlust des Referenzbezuges und eine Minimalisierung des Kontextes[1] der einzelnen Bilder charakteristisch ist (s.I 17;18;20).

---

[1] Vgl. dazu Alois M. Haas (Mechthilds dichterische heimlichkeit, in: FS Rupp (hg. von Rüdiger Schnell: Gotes und der werlde hulde. Stuttgart 1989, S.206-223), S. 217f: "Das sprechende Ich geht im Vorgang auf, da es sich selbst ins Du entzogen ist. Dieser Vorgang im Vollzug ist aber Sprache, und die Selbstübergabe, die darin stattfindet,... ist selbst nur in der Form der Evokation gegenwärtig."

(5.) Ein weiterer Bildtyp besteht in der metaphorisch-allegorischen szenischen Präsentation der Minne zwischen der Seele und Gott. In einer gegenüber der Einzelmetapher und den metaphorischen Reihen weitaus mehr Bildzeit[1] beanspruchenden Darstellung von Geschehenszusammenhängen interagieren Gott und Mensch - meist in der Rolle von *brutegom* und *brut* - oder stehen im Dialog miteinander. Der Metaphorik kommt in diesem Fall nur noch eine untergeordnete Bedeutung zu; sie ist eingebunden in einen übergreifenden Bildkontext und stellt ein Element dieser Bildlichkeit dar, wobei infolge des extrem anthropomorphen Charakters der narratio oft nicht eindeutig zu entscheiden ist, ob überhaupt noch eine metaphorische Aussage vorliegt. Als Beispiel sei die trinitarische Ratsversammlung genannt, in der die göttlichen Personen u.a. die Erschaffung des Menschen als *brut* Gottes beschließen (s.III 9). Da in der Darstellung des göttlichen Geschehens die trinitarischen Personen menschliche Züge erhalten und wie Menschen agieren, ist fraglich, ob das in III 9 zur Sprache gebrachte *fruhtbar werden* Gottes und das *gebern* des Sohnes in Ewigkeit sowie die *brut*, die der Hl. Geist dem Vater *"ze bette bringen"* will, metaphorischen Charakter trägt oder nicht[2]. Ähnlich V 17 u. 18, wo die Seele Gott darum bittet, daß er als Minnesänger in ihrer Seele sein Instrument spielt.

1.3. Die unio als Sinn des metaphorisch inszenierten Liebesgeschehens

Als allgemeine Tendenz läßt sich bei Mechthilds Verwendung von Metaphern für die Einheit und Vielheit in Gott beobachten, daß das Thema der Überwindung der geschöpflichen Differenz weitgehend ausgespart ist und daß bei den Metaphern für Gott die Einheit der drei göttlichen Personen nicht thematisiert wird. Im Zentrum steht vielmehr eine wechselseitige Beziehung, die in den unterschiedlichsten Geschehensvollzügen sowohl zwischen den trinitarischen Personen als auch zwischen Gott und Mensch realisiert wird. Die unio von Gott und Mensch stellt im Rahmen dieser Beziehung deren intensivste Form dar, während die Erfahrung des Verlustes der unio den anderen Pol der Beziehung markiert. Dabei geht es um den Vollzug verschiedener Formen dieser Beziehung, nie jedoch um deren Aufhebung. Deshalb bedeutet der Verlust dieser Beziehung für Mechthild auch nicht eine absolute Trennung des Geliebten von der Seele im Sinne eines Beziehungsabbruchs[3]; er bildet vielmehr die Voraussetzung dafür, daß neue Erfahrungen in der wechselseitigen Minne von Gott und Mensch gemacht werden können. Somit ist der Verlust der Nähe Gottes konstitutiv für die Lebendigkeit der Beziehung: Die unio ist nicht ständiger Besitz, sondern muß in vielfältigen Vollzügen immer wieder neu - von verlorener unio zu erneuter unio - aktuell erfahren werden: *"Dir ist als einer nú-*

---

[1] Mit dem Terminus 'Bildzeit' soll im folgenden (analog zum Begriff 'Erzählzeit') der Zeitumfang verstanden werden, der für die Bildentfaltung erforderlich ist.
[2] Vgl. dazu auch die Ausführungen unter 1.2.1.
[3] Vgl. II 15,53f, wo Gott zu seiner *brut* spricht: *"Ich mag nit eine von dir sin; wie wite wir geteilet sin, wir moegen doch nit gescheiden sin."* Mechthild sieht in der Erlösung durch Jesus Christus begründet, daß die Beziehung zwischen Gott und Mensch unwiderruflich wiederhergestellt ist (s.V 27).

wen brut, der sclafende ist engangen ir einig trut, zuo dem si sich mit allen trúwen hat geneiget, und mag des nit erliden, das er ein stunde von ir scheide. Alse si denne erwachet, so mag si sin nit me haben denne alse vil als si in irem sinne mag getragen; da von hebet sich alle ir clage. Die wile das dem jungeling sin brut ist nit heim gegeben, so muos si dikke von im eine wesen. Ich kum zuo dir nach miner lust, wenne ich wil; siestu gezogen und stille und verbirg dinen kumber, wa du maht, so meret an dir der minne kraft. Nu sage ich dir, wa ich denne si: Ich bin in mir selben an allen stetten und in allen dingen, als ich ie was sunder beginne und ich warten din in dem boumgarten der minne und briche dir die bluomen der suessen einunge und machen dir da ein bette..." (II 25,97-115). Von diesem, in wechselnden Formen von Nähe und Entfernung sich vollziehenden Beziehungsgeschehen ist das in Kapitel 2 dargestellte Konzept der *sinkenden minne* insofern zu unterscheiden, als dort die Erfahrung der Distanz nicht als selbstverständlicher Bestandteil jeder Minnebeziehung, sondern als programmatischer Weg in die Erfahrungslosigkeit begriffen wird. Doch letztlich erweist sich die als freiwillig gewählter Weg in die *gotzvroemdunge* verstandene höchste Form der Distanz und Erfahrungslosigkeit Gottes nur als Radikalisierung dessen, was Mechthild in II 25 als Enttäuschung der selbstverständlichen Erwartung der Braut gegenüber ihrem Bräutigam darstellt: Daß sie nämlich erfahren muß, daß die Gottesbeziehung den Bruch mit allen vertrauten Formen der Erfahrung verlangt sowie mit den Schemata, in deren Rahmen gewöhnlicherweise Erfahrung gemacht und verarbeitet wird[1].

---

[1] Insofern ist das Konzept der *sinkenden minne* natürlich ein Aspekt der unio-Erfahrung, ohne jedoch mit ihr identisch zu sein. Die entscheidende Erfahrung, die Mechthild am Endpunkt ihres Weges in die *gottes vroemdunge* macht, bildet die Enttäuschung der negativen Erwartung der Erfahrungslosigkeit. D.h. für die sprachliche Darstellung in Mechthilds Werk: Das Göttliche als das schlechthin Andere begegnet (allen menschlichen Konzepten zuwider) unbegreifbar in der Differenz - auch in der Sprache, wo es sich aber nicht als ein begreifbares Etwas mitteilt, sondern als reiner Akt, d.h. es teilt sich quasi als reine Sprache und als reine unthematische Kommunikation dem Menschen so mit, daß dieser erfahren kann, freilich ohne den Inhalt des Erfahrenen identifizieren zu können. Demnach muß offen bleiben, was genau in der *gottes vroemdunge* von Gott erfahren wird. Wichtig ist, daß Gott dort erfahren wird. Aus diesem Grund müssen Vorbehalte angemeldet werden gegenüber der Interpretation von IV 12, die Susanne Köbele gibt: "Das heißt aber nichts anderes, als daß die Einheit noch in der Trennung wirksam ist. Aus dem Akt des *sinkens* reicht eine Vereinigungskraft in den Zustand der Trennung hinüber, so daß die Einheit (die Liebe) wieder das umgreifende Prinzip ist. Die *vroemdunge gottes* 'umfängt' die Seele. Diese Einheit in der Trennung wird von Mechthild nicht auf der diskursiven, sondern auf der bildsprachlichen Ebene realisiert. Für das gesamte Kapitel fällt auf, daß das Repertoire sinnlich erotischer Unio-Bilder für die Beschreibung der Trennung eingesetzt ist (*beviyng, suessekeit, trut, enthalte dich von mir, gerunge, lust, minneklich (...) gebunden*). Diese Bilder verweisen auf eine Integration der Trennung in die Einheit. Bereits in der paradoxen Formel *ie ich tieffer sinke, ie suessor ich trinke* schließen sich die genannten Bezüge auf: Sie bringt die Gleichzeitigkeit von Trennung (*sinken*) und Einheit (*suessor*) zur Sprache." Mechthild führt m.E. nicht - wie dies Susanne Köbele annimmt (Bilder der unbegriffenen Wahrheit, aaO, S.95) - "die Einheit der Liebenden im Wechsel von Vereinigung und Trennung vor, entsprechend der inneren Ambivalenz der Unio...", sondern deren Beziehung zueinander in wechselnden Situationen. Die gustatorische Metaphorik (*suessor trinken*) steht für eine Erfahrung unter anderen Erfahrungen im Rahmen der Liebesbeziehung und nicht

Dies heißt: Erst im Zerbrechen aller konventionellen Erfahrungsmuster und Deuteschemata, infolgedessen nur im aktuellen Vollzug, ist Gott und die unio mit ihm erfahrbar. Von daher läßt sich die Funktion der von Mechthild verwendeten Metaphorik für die Einheit und Differenz in Gott neu verstehen: Wie sich die Seele Gott zu Ehren[1] in die äußerste Entfernung von Gott begibt, bedeutet auch Mechthilds metaphorisches Sprechen Entfernung von Gott *"gotte ze lobe"*[2]. Denn die von Mechthild entfaltete Metaphorik basiert auf einer Transformation des geistigen Geschehens der Gottesbegegnung in die Sphäre der Sinnlichkeit und damit in die Anschauungsformen von Raum und Zeit. Die Uneigentlichkeit der sprachlichen unio-Vorstellungen akzentuiert Mechthild - wie bereits aufgewiesen wurde - an zahlreichen Textstellen dadurch, daß sie anstelle von personalen Vollzugsformen der unio, die meistens in Anlehnung an das Hohelied formuliert werden, auf naturale Prozesse der Vereinigung zurückgreift.

Was die sich grundsätzlich im Akt des Sprechens und Schreibens auftuende Differenz zur unio betrifft[3], aktualisiert Mechthild diese durch ihr Schreiben; allerdings unterscheidet sich dabei ihre Einstellung von der Seele, die sich nach den Darlegungen in IV 12 freiwillig in die Differenz zu Gott begibt. Denn bei Mechthild ist es so, daß sie, obwohl sie um ihre persönliche Unzulänglichkeit als auch um die Unzulänglichkeit der menschlichen Sprache in Bezug auf die Darstellung der Gotteserfahrung weiß, schreiben muß, weil sie von Gott dazu genötigt wird. Mechthilds Weg in die Differenz wird somit zu einer Weise der Beziehung, die Gott zum Menschen aufnimmt. Deshalb kann Mechthilds Schreiben in der Situation der Differenz auf dem Hintergrund des von ihr entwickelten Selbstverständnisses als Schreiberin Gottes[4] parallel zur Kenosis Jesu Christi als Äußerung Gottes in die Entäußerung hinein verstanden werden. Dies heißt: Obwohl sich der Mensch Gott mit seinen Sinnen, seinem Verstand und seinem Sprechen nicht aneignen und damit auch nicht 'als etwas' erfahren kann, kommt es zur sprachlichen Darstellung des Göttlichen, weil Gott sich vor allem menschlichen Bemühen, insbesondere in der Inkarnation, immer schon der Differenz bemächtigt hat und darin zum Vorschein gekommen ist. Die Einheit, die Gott und Mensch in diesem Geschehen der Buchwerdung eingehen, trägt den Charakter einer funktionalen Identität - ein Aspekt, den Mechthild in zahlreichen Bildmustern variiert. Dazu seien einige Beispiele genannt: Unter dem Aspekt von Inhalt und Form werden Gott und Mechthild in VI 43 unterschiedliche Funktionen zugesprochen: *"Disú schrift die in disem buoche stat, die ist geflossen us von der lebenden gotheit in swester Mehtil-*

---

für die unio mit dem Göttlichen. Die Realisierung der unio ist überwiegend nicht der bildsprachlichen Ebene, wie Susanne Köbele meint, zuzuordnen, sondern der Instanz des Rezipienten; s. dazu die weiteren Ausführungen im vorliegenden Kapitel.
[1] *"Sus sprach dú unwirdige sele, 'es ist mir alze guot in dem nidersten teile, da wil ich iemer vil gerne sin durch dine ere."* (IV 12,36f)
[2] Vgl. dazu Walter Haug, Das Gespräch, aaO, S. 258: "Es ist undenkbar, im unmittelbaren Einssein mit Gott zu schreiben oder auch nur zu sprechen. Die Niederschrift solcher Erfahrung erfolgt notwendigerweise aus der Distanz. Insofern der Text damit eine vergangene Erfahrung wiedergibt, ist er immer auch schon Reaktion auf diese Erfahrung...".
[3] Vgl. dazu Abschnitt 1.2.3. dieses Kapitels.
[4] *"Eya herre, nu bin ich betruebet dur din ere; sol ich nu ungetroestet von dir bliben, so hastu mich verleitet, wan du hies mich es selber schriben."* (II 26,5-7)

den herze und ist also getrúwelich hie gesetzet, alse si us von irme herzen gegeben ist von gotte und geschriben mit iren henden." Ein anderes Beispiel für die funktionale Zuordnung findet sich III 2,10-14 wo Mechthild weitere Gesichtspunkte des funktionalen Verhältnisses zwischen der göttlichen Wirklichkeit und der Seele durchspielt: "*Da lobte got die minnende sele loblich, des luste in suesseklich alsust: 'Du bist ein lieht vor minen ougen, du bist ein lire vor minen oren, du bist ein stimme miner worten, du bist ein meinunge miner vromekeit, du bist ein ere miner wisheit, du bist ein lip in minem lebende, du bist ein lop in minem wesende'.*" An beiden Textstellen läßt sich erkennen, daß die Sicht der unio als funktionale Identität die Möglichkeit bietet, bei aller organischen Einheit den grundsätzlichen Unterschied zwischen Schöpfer und Geschöpf zu wahren, wohingegen in der von Mechthild favorisierten Konzeption des Verhältnisses von Gott und Mensch als Liebesbeziehung die kreatürliche Differenz außer Kraft gesetzt zu sein scheint. Sie tritt erst wieder ins Bewußtsein, wenn in Mechthilds Darstellung die üblichen Schemata der Erfahrung wie z.B. Subjekt-Objekt[1], Nähe und Ferne[2] außer Kraft gesetzt sind, oder wenn die Leiblichkeit des Menschen ausgeschaltet wird[3] und die Sprache im Hinblick auf die göttliche Präsenz gerade versagt. Dies ist deshalb der Fall, weil es sich um eine Art von Präsenz handelt, bei der - wie die Seele in der *gottes vroemdunge* erfahren konnte - Gott radikal *ungescheiden* von allem Kreatürlichen ist[4], auch wenn er auf kreatürliche Weise eigentlich gerade nicht präsent ist. Somit stellt auch jede sprachliche Vergegenwärtigung dieser göttlichen Präsenz aufgrund ihres kreatürlichen Charakters nur einen uneigentlichen Ausdruck dar, d.h. ein von jeglicher Referenzfunktion entbundenes sprachliches Spiel mit verschiedenen Sichtweisen für die göttliche Präsenz, was aber nicht in Opposition zur eigentlichen Weise der göttlichen Anwesenheit verstanden werden darf. Vielmehr geht es beim Verstehen dieser uneigentlichen Rede nur darum, in der Beschäftigung mit ihr die Beziehung zu entdecken, in der diese zur eigentlichen Präsenz Gottes in der kreatürlichen Differenz steht. Den dabei verwendeten Bildmustern und Bildtypen kommt dabei die Funktion zu, den Rezipienten dazu zu bewegen, sich ganz auf das Spiel der Sprache einzulassen, damit ihm im Spiel ein Sinn aufgeht, der die sprachliche und damit die kreatürliche Differenz übersteigt; denn dieser Sinn läßt den Zusammenhang verstehen, in dem die im sprachlichen Medium nur uneigentlich erscheinende - in verschiedene Beziehungsaspekte ausgefaltete - göttliche Präsenz zur eigentlichen Gegenwart des Göttlichen steht. Speziell die

---

[1] Vgl. dazu Klaus Grubmüller, Sprechen und Schreiben, aaO, S. 345: "Dargestellt und ins Wort umgesetzt wird ein von vielen Beteiligten getragener Prozeß: der der präzisen Sonderung nicht mehr bedürftige, sie vielmehr überschreitende Vorgang der unio, die sich in der Verschmelzung der Personen, der Perspektiven, der Sprechweisen abbildet."
[2] Vgl. die Darstellung der Gotteserfahrung in der *gottes vroemdunge* in IV 12.
[3] Vgl. I 2: "*... so scheidet dú sele von dem lichamen mit aller ir maht, wisheite, liebin und gerunge, sunder das minste teil irs lebendes belibet mit dem lichamen als in eime suessen schlaffe... 'Eya frouwe, wa bist du nu gewesen? Du kumest so minneklich wider, schoene und creftig, fri und sinnenrich. Din wandelen hat mir benomen minen smak, rúchen, farve und alle min maht'. So sprichet si: 'Swig, morder, la din klagen sin! Ich wil mich iemer huetten vor dir...'*". (I 2,5-8.29-33)
[4] In II 25,53f läßt Mechthild Gott zur Seele sagen: "*Wie wite wir geteilet sin, wir moegen doch nit gescheiden sin.*"

Metaphern mit der ihnen eigentümlichen Spannung zwischen uneigentlich Gesagtem und eigentlich Gemeintem können dabei zum Punkt werden, an dem die Erfahrung der Unähnlichkeit des Gesagten mit dem eigentlich Gemeinten umschlägt in die Erfahrung von Sinn, der im sinnlich Anschaubaren als Nicht-Anschaubares aufscheint. Man könnte sogar formulieren: Die sprachliche Darstellung Mechthilds lebt und erhält ihren Sinn gerade durch die Spannung dessen, was sprachlich von der - in der unio ihren Höhepunkt findenden - Beziehung in Erscheinung tritt, zur Beziehung selbst, die im sprachlichen Medium gerade nicht als sie selbst, d.h. als rein überzeitliche, wortlose Kommunikation jenseits aller kreatürlichen Erfahrungsmuster, erscheinen und sichtbar werden kann: "*'Eya vro brut, went ir mir noch ein wortzeichen sagen der unsprechlicher heimlicheit, die zwúschent gotte und úch lit?' 'Vrouwe bekantnisse, das tuon ich nit'.*" (II 19,31f).

Wie der Sinn des Gesagten trotz der aufgezeigten Schwierigkeiten erfahren werden kann, läßt sich verstehen, wenn man den Titel von Mechthilds Werk genauer bedenkt: Daß Gott Mechthilds Buch als *lieht der gotheit* bezeichnet, bedeutet: Das Buch schafft die Bedingungen für die Erfahrung der unio mit dem Göttlichen, weil es selbst im Zusammenhang mit dieser Erfahrung steht; es sagt diese jedoch nicht aus, sondern sagt sie an und zeigt, was sich selbst nicht zeigen kann, indem es *meldet loblich* die göttliche *heimlicheit* (Prolog). Der Sinn des Buches wird erfahren, wenn es zu einer Begegnung des Rezipienten mit dem Inhalt des Buches im "*lieht der gotheit*" kommt[1], dies heißt: Wenn der im sprachlichen Medium erfolgende Durchgang zum Bruch mit allen konventionellen Mustern kreatürlicher Erfahrung führt. Dies verlangt eine Rezeptionseinstellung, die Mechthild folgendermaßen beschreibt: "*Die erste bekantnisse, die mir got gab nach der beruerunge der minne und nach dem vlusse der gerunge, die kam mit eim jamer. Swenne ich iht des gesach, das schoene was oder mir lieb was, so begonde ich ze súfzenne, da nach ze weinende, und da nach begonde ich ze denkende, ze klagende und ze sprechende alsus ze allen dingen: 'Eya nein, nu huete dich, wan dis ist din lieber nit, der din herze gegruesset hat und dine sinne erlühtet hat und dine sele also wunnenklich gebunden hat, das dise manigvaltige suessekeit irdenischer dingen dich nit von imme dringet; mere die edelkeit der creaturen, ir schoeni und ir nutz, da wil ich got inne meinen und nit mich selben.*" (VI 5) Dies erfordert für den Umgang mit der Metaphorik der unio einen geistigen Prozeß, der nicht bei den einzelnen Bildern stehenbleibt, sondern "*ane bruggen und ane steg... blos und barfuos von allen irdenschen dingen...*" von einem Bild zu anderen läuft (VI 16,6f). Dies bedeutet also für die unio: Nicht Erfahrungsgewinn durch die Bilder für die Liebe von Gott und Mensch, sondern Erfahrungsverlust - d.h. genauer die Erfahrung der Nicht-Erfahrung im Vergleich zur bildlich inszenierten Liebesbeziehung von Gott und Mensch - sowie als Folge der sprachlichen Vergegenwärtigung die Sehnsucht nach aktueller Erfahrung der unio ist der Effekt, der sich beim Rezipienten einstellt, insofern ihm im Verlauf seiner Beschäftigung mit der bildli-

---

[1] Die in Kapitel 3 dargestellte Metaphorik für die göttliche Zuwendung wird dann in ihrem Sinn erfaßt, wenn der Rezipient in der Beschäftigung mit ihr den Durchbruch zur unio realisiert hat. Je nach Sichtweise und Intensität des metaphorischen Verstehens kann daher Mechthilds Buch sowohl als Ergebnis der göttlichen Zuwendung (vgl. Kapitel 3, 1.5.) oder der unio mit Gott gesehen werden.

chen Inszenierung der in der unio gipfelnden Liebesbeziehung von Gott und Seele der Bildcharakter der Darstellung bewußt wird.

Diese Erkenntnis bewirkt beim Rezipienten zweierlei: Zum einen lenkt die Darstellung der Beziehung von Gott und Mensch mit Bildmustern aus dem Hohenlied oder dem höfischen Minnesang[1] die Aufmerksamkeit auf den göttlichen Geliebten entsprechend den Erfahrungen in einer zwischenmenschlichen erotischen Beziehung[2]. Zum anderen wird durch die Anwendung erotischer Vorstellungen auf das Göttliche wie auch von Naturmetaphern die Unangemessenheit aller menschlichen Kategorien zur Erfassung der Präsenz Gottes im kreatürlichen Bereich deutlich vor Augen geführt. Daraus resultiert beim Rezipienten die Einsicht, daß die Bildlichkeit für die göttliche Präsenz quersteht zu jedem Versuch der Aneignung und Einordnung in den bisherigen Erfahrungsbesitz; unterstützt wird diese Einsicht noch dadurch, daß die Abfolge der einzelnen Bilder oder die größeren Bildzusammenhänge Brüche verschiedenster Art aufweisen: Der Wechsel von einem Leitsystem zum anderen, z.B. von der aus dem Hohenlied gewonnenen Metaphorik zur Naturmetaphorik, vom Reden zum Schweigen, oder die Kombination von Aufstieg und Abstieg, Nähe und Entfernung sowie die Dispensierung jeglichen Referenzbezuges in den assoziativ gereihten Bildern[3].

Diese Beobachtungen können schließlich den Rezipienten zur Einsicht führen, daß letztlich auch die mit vielen Metaphern evozierte Sicht der Minne zwischen Gott und Mensch als Beziehungsgeschehen keine direkte Referenz in Bezug auf die göttliche Präsenz im menschlichen Leben aufweist. Dies bedeutet auch, daß die wortlose unio nicht Höhe- und Endpunkt des Liebesgeschehens ist, so daß der Mensch auch dann nicht zur unio kommt, wenn er prozeßhaft die verschiedenen Phasen nachvollziehen würde. Vielmehr muß der Rezipient erkennen, daß er bei der zwischen Uneigentlichkeit und Eigentlichkeit schwebenden metaphorischen Darstellung die Gelegenheit wahrnehmen muß, im Mitspielen des aller bestimmten Referenzfunktionen entbundenen Sprachspiels die Beziehung zu entdecken, die zwischen dem dargestellten Liebesgeschehen und seinem Sinn, der sprachlich nicht mehr darstellbaren unio von Gott und Mensch, besteht. Dabei zeigt sich: Was sprachlich als Prozeß erscheint, der zur unio führt, steht in Parallele zum Vorgang des Sprechens selbst: Die Erfüllung und der letzte Sinn der Beziehung wie des Sprechens liegt in etwas, was sich der Sprache gerade entzieht. Die Aufhebung der Distanz von *brut* und *brutgom* in der unio und das im Unterschied zum Schweigen erfolgende Sprechen aus der Distanz heraus wirft somit die Frage auf, ob die sprachliche Darstellung wie auch die in ihr thematisierte Liebesbeziehung nicht nur vorläufiger Ausdruck von etwas ist, was jeglichen Prozeß und jegliches differenzierende Sprechen gerade transzendiert: Die Einheit von Gott und Mensch, die sich im Medium des Buches nur indirekt als eine Beziehung zeigen kann, die zur Einheit wird - was aber gerade bedeutet, daß die als Beziehung dargestellte göttliche Präsenz die Einheit von Gott und Mensch eigentlich immer schon ist. Derart zwischen die Alternative von Sprache und sinnvollem Schweigen gestellt, verwandelt sich der Rezipient; allerdings nur, wenn er sich von jeglicher Form der

---

[1] Vgl. die Ausführungen unter 1.2.2. dieses Kapitels.
[2] Darauf hat Walter Haug, Das Gespräch, aaO, S.275 hingewiesen.
[3] Vgl. etwa I 8; 17 und 18.

registrierenden und kategorisierenden Einordnung des Gesagten und von allen Referenzen zu seiner Lebenswelt freimacht und sich auf die Vielfalt der Bilderwelt einläßt, um schließlich in diese einzustimmen[1]; damit wird er vom Rezipienten zum wortlosen Sprecher, der Mechthilds Sprechen *"gotte ze lobe"* nachvollzieht, indem er sich ganz an die sprachliche Darstellung ent-äußert und Mechthilds Sprechen mitspricht. Dadurch, daß er sich *"gotte ze lobe"* an Mechthilds Sprechen in Differenz zur unio von Gott beteiligt, verändert sich auf charakteristische Weise die bisherige Kommunikationsstruktur: Der Rezipient wird zum Sprecher, der im Nach- und Mitsprechen von Mechthilds schriftlich fixierten Äußerungen - anders als Mechthild mit ihrem Buch - in Gott den eigentlichen Adressaten seiner Rede findet[2]. Er bezieht sich auf Gott, indem er zu ihm spricht, wobei dieses im Kontext des von Mechthild inszenierten Liebesgeschehens vollzogene Gespräch die Tendenz zur Einheit mit Gott in sich birgt. Dies heißt: Er rezipiert nicht mehr aus seiner subjektiven Distanz heraus die Darstellung des göttlichen Liebesgeschehens, sondern er ist daran beteiligt, indem er in Mechthilds Sprechen einstimmt und in dessen Kontext in den Dialog mit Gott eintritt - ein Sprechen, in dem er letztlich *"gotte ze lobe"* ganz von sich absieht und in wortloser Kommunikation mit Gott geeint ist. Er hat dann den Punkt erreicht, an dem es zum sanctum commercium zwischen Gott und Seele kommt: *"Dú rehte luter gottes minne hat vier ding an ir, die ruowent niemer. Das erste ist dú wahsende gerunge, das ander die vliessende qwelunge, das dritte die brinnende bevindunge sele und libes, das vierde stetú einunge mit grosser huote gebunden. Hie zuo kan ouch nieman komen, er tuege ein gantze wehselunge mit gotte, also das du got gebest alles, das din ist inwendig als*

---

[1] Von der in diesem Abschnitt behandelten Metaphorik her läßt sich somit präzisieren, auf welche Weise der von Walter Haug beschriebene narrative Dialog bis hin zur unio zu führen vermag. Walter Haug (Das Gespräch, aaO, S. 268) schreibt zur Rolle des Gesprächs bei Mechthild: "... es steht vor der liebenden Vereinigung der Seele mit Gott, es führt bis zu ihr hin, und es bricht hinterher in der Trennung wieder auf; das Entscheidende geschieht dazwischen, in der wortlosen Wahrnehmung von Ich und Gott." Was Walter Haug hier als das Entscheidende bezeichnet, ist - wie sich aus der Untersuchung der Metaphorik ergibt - jener Prozeß der Verschmelzung, der zu einer Verwandlung des Rezipienten von distanzierter Rezeption zu distanzloser Beziehung und Ausrichtung auf das Göttliche hin führt. Somit ergibt sich als Fazit: Gotteserfahrung vollzieht sich nicht nur - wie Walter Haug ausführt - "als Selbstaufhebung der Sprache" (Das Gespräch, aaO, S.271), sondern auch als Selbstaufhebung des Menschen in seiner Rezipientenrolle durch Sprache.

[2] In diesem Zusammenhang sei auf die Ausführungen von Jacques Derrida zum Umgang mit dem Fremden verwiesen, die den vorliegenden Ausführungen sehr nahe kommen. Jacques Derrida führt dazu aus (Die Schrift und die Differenz, aaO, S.158): "Ich kann unter keinen Umständen über den Fremden reden, ein Thema aus ihm machen, ihn im Akkusativ als Gegenstand bezeichnen. Ich kann allein, ich *darf* einzig und allein zum Fremden sprechen, ihn im Vokativ anrufen, der keine Kategorie und kein *Kasus* der Sprache, sondern das Hervortreten, die Erhöhung der Sprache selbst ist. Es bedarf einer Unangemessenheit der Kategorien, damit der Fremde nicht verfehlt wird... Ich kann *über ihn* nur sprechen, indem ich *zu ihm* spreche." Vgl. Mechthild VI 1,95-98: *"Eya, der vil selige mensche, der allú ding, dú gotte loblich sint und dem menschen sint mugelich ze tuende, das er die tuot in glicher liebi got ze lobe mit steter meinunge alles sines herzen, so ist er ein gantz persone mit der heligen drivaltekeit."*

uswendig, so git er dir werlich alles das sin ist inwendig und uswendig." (IV 15,3-8)

2. Die metaphorische Inszenierung verschiedener Typen von Identität bei David von Augsburg

Anders als Mechthild von Magdeburg bringt David von Augsburg den Prozeß der innertrinitarischen Differenzierung mit zahlreichen Metaphern zur Sprache. Dabei entwickelt er verschiedene Sichtweisen, durch die das Geschehen entweder in die Nähe eines personalen Vorgangs rückt - die Weisheit als *gemahel* des *"herre von himelriche"* bringt Jesus Christus hervor (s.*gebern* 5.2.-4.3.) - oder als ein naturaler Prozeß erscheint. Bezüglich der dritten trinitarischen Person stellt David z.B. fest, daß der Hl. Geist die erste und zweite trinitarische Person verläßt, indem er als ein *"ungemessener vluz alle zit vliuzet..."* von Gottvater und Sohn (s.*vliessen* 1.18.; *vluz* 5.3.).

Als leitende Vorstellung für die Bildgestaltung der Einheit der drei göttlichen Personen wählt David den Aspekt der funktionalen Identität. Dabei scheint ihm insbesondere die Spiegelmetapher geeignet zu sein, einerseits die Identität von Gottvater und Sohn als Abbildungsrelation darzustellen, aber auch den Aspekt zu beleuchten, daß die Einheit immer wieder neu von Christus hergestellt wird, indem er aufgrund seiner besonderen Beschaffenheit alle Unterschiede zum Verschwinden bringt: Als *"spiegel âne meil"* fallen in Christus Vergangenheit, Gegenwart und Zukunft zusammen, was auch bedeutet, daß sich Gottvater uneingeschränkt in Christus, in dem er als Spiegelbild präsent ist, zu erkennen vermag. Daß bei dieser Präsenz keine Unterschiede mehr vorhanden sind, macht David dadurch deutlich, daß er die Erkenntnis des göttlichen Vaters durch Christus mit der Selbsterkenntnis Christi zusammenfallen läßt (s.*spiegel* 1.1.).

Was die Einheit des göttlichen Sohnes mit Gottvater anbelangt, lassen sich aufgrund der von David verwendeten Bilder noch weitere Identitätstypen ausmachen: Als Wirkeinheit von Aktion und Reaktion wird die Einwirkung von Gottvater auf den Sohn und die sich anschließende, vom Sohn ausgehende Rückwirkung auf den Vater mittels der Spiegel- und Lichtmetaphorik dargestellt (s.*spiegel* 1.1.; *liuhten* 2.1.). Neben dem Typ der Wirkeinheit läßt sich als weiterer Identitätstyp die Vorstellung einer komplexen Einheit in dem Bild ausmachen, in dem die Beziehung des göttlichen Sohnes zu seinem Vater als *"lieht in dem liehte"* dargestellt wird (s. *lieht* 1.2.). Der gleiche Identitätstyp liegt ferner dem Bild zugrunde, daß die Menschheit Jesu innen und außen ist *"übergozzen mit dem lutersten golde der edeln gotheit"* (s.*übergiessen* 11.2.). Der Logik dieses Identitätstyps, bei dem den einzelnen Elementen der jeweiligen Einheit keinerlei Unabhängigkeit voneinander möglich ist, entspricht auch das Bild, daß diese Einheit am Kreuz *zerbrichet* (s.*zerbrechen* 12.1.), wenn am Kreuz die Menschheit Jesu vernichtet wird.

Bei der dritten trinitarischen Person macht David den Aspekt der funktionalen Identität zum Bildthema, indem er den Hl. Geist als *vluz* vorstellt, der die väterliche Liebe dem Sohn mitteilt; in einem anderen Bild wird der Hl. Geist zum *minnelim*, d.h. zum einigenden Element zwischen Vater und Sohn. In personales Handeln transponiert, zeigt sich die einigende Funktion des Hl. Geistes im *küssen* und *umbvangen* der ersten und zweiten trinitarischen Person (s.*vluz* 5.3.).

Bezüglich der Entstehung der Kreaturen in Gott ist bei David im Vergleich zu Mechthild ein deutlich geringeres Interesse zu konstatieren. Dementsprechend unkonkret bleiben auch die Bilder, in denen David dieses Geschehen thematisiert: Jesus Christus und der Hl. Geist fungieren beide als *brunne*, aus dem alles kreatürliche Leben *vliuzet* (s.*vliessen* 1.19.; *brunne* 1.2.-1.4.). Auffällig ist es daher, wenn David die Entstehung des Menschen mit dem Wirklichwerden Jesu Christi in enge Beziehung bringt und den Geburtsvorgang detailliert beschreibt: Der Mensch wird von Gottvater *"geborn uz siner gemaheln, der wisheit"* (s.*geburt* 5.2.-5.3.); die Weisheit als *gemahel* Gottes bringt in dessen *wonunge* Jesus Christus hervor.

Was die Überführung der kreatürlichen Differenz des Menschen in die Einheit mit Gott betrifft, dienen David vor allem naturale Vorgänge dazu, das Zustandekommen einer komplexen Identität von Gott und Mensch infolge der Auflösung des menschlichen Individuums anschaulich zu machen: Bedingt durch die Minnehitze des Hl. Geistes kommt es zum *geweichen* und *zevliessen* der Seele in Gott; wie *"ein zervlozzenz wahs vliuzet..."* die Seele in das göttliche Bild und wird eins mit ihm (s.*zervliessen* 28.1.-28.2.; *viur* 12.2.-12.4.) bzw. die Seele wird als *zervlozzenz wahs* zur unlösbaren Einheit an das göttliche Bild *gedrücket* mit der Folge, daß der Mensch dann selbst ist der *"hl. geist..., ein got und ein minne..."* (394,26; s.*druken* 2.3.-2.4.); oder, um ein letztes Bild zu nennen: Der Mensch wird *liht mit got* (s.*liht* 4.5.) und weist die gleiche spiegelähnliche Beschaffenheit wie Jesus Christus auf (s.*spiegel* 1.1.).

3. Meister Eckhart

3.1. Die Spannung zwischen Einheit und Vielheit als Ursache für die Bildproduktion

Im Unterschied zu Mechthild von Magdeburg und David von Augsburg zeigt Meister Eckhart ein ausgeprägtes Interesse an der innertrinitarischen Differenzierung. Zugleich ist er bemüht, gegenläufig zur Differenzierung die Einheit der trinitarischen Personen zur Geltung zu bringen[1]. Dies bedeutet für die von Eckhart betrie-

---

[1] Wie im folgenden zu zeigen sein wird, ist die Spannung von Einheit und Unterschiedenheit konstitutiv für Eckharts unio-Metaphorik. Die unio wird bildlich realisiert, indem unterschiedliche, sich eigentlich ausschließende Bestimmungen zu gleichzeitig geltenden Aspekten der unio werden (z.B. die Opposition von Zustand und Bewegung, Aktiv und Passiv). Wenn auf diese Weise in der Metaphorik das Kontradiktionsprinzip außer Kraft gesetzt wird, heißt dies noch nicht, daß es sich dabei in jedem Fall um eine unio-Metapher handelt. Vielmehr geht es zunächst um die Komplexität eines Bildes, dessen einzelne - oft widerstreitende - Elemente häufig nicht in eine logische Ordnung zu bringen sind. Von daher sind die Ausführungen, die Susanne Köbele z.B. zur *vünkelîn*-Metapher macht, nochmals einer kritischen Betrachtung zu unterziehen:
(1.) Aufgrund der in Teil III gewonnenen Ergebnisse wird Köbeles Charakterisierung des *vünkelîn* als unio-Metapher (Bilder der unbegriffenen Wahrheit, aaO, S.159) insofern frag-

bene Bildentfaltung, daß entweder beide Aspekte in einem Bildzusammenhang berücksichtigt werden oder daß die anhand einer Metapher im gesamten Textcorpus Eckharts zu verfolgende Bildproduktion zwischen beiden Aspekten oszilliert, weil kein Bild beiden Aspekten gleichermaßen entspricht. Folgende Bildmuster sind den Texten Eckharts zu entnehmen:

Zum einen wird dem Werden der drei Personen in Gott über die Metaphern *ûzbrechen, ûzsmelzen, gân, ûzgân, gebern, giessen, vliessen* die Bedeutung einer räumlichen Distanzierung gegeben. Indem andererseits im Sinne einer paradoxen Identität für die zweite und dritte trinitarische Person trotz ihrer Entfernung deren andauerndes *inneblîben* im Ursprung des göttlichen Vaters behauptet wird, wird gegen die räumlichen Merkmale der Bildlichkeit geltend gemacht, daß der innertrinitarische Prozeß keinen Fortschritt im Sinne einer Distanz zum Ausgangspunkt kennt (s. Eckhart *gan* 1.6.; 15.8.; *gebern* 1.1.; 13.1.-13.3.; *vliessen* 1.2.): Gottes "*înganc ist sîn ûzganc*" (s.*gan* 12.1.), "*sîn inneblîben ist sin ûzgebern*" (s.*gebern* 10.1.-10.3.).

Eine andere Möglichkeit zur Unterscheidung in Gott - die Differenzierung von Gottvater und Gottessohn aufgrund des Subjekt-Objekt-Schemas - wird im Sinne der Einheit und Gleichheit der drei Personen durch eine sich gegenseitig korrigierende Bildlichkeit nivelliert: Bei *ûzbrechen, ûzsmelzen* (s.*ûzbrechen* 10.5.), *ûzvliezen, gebern* und *giezen* fungiert Gottvater einerseits als Hervorbringer im Unterschied zum Sohn als Hervorgebrachtem bzw. dem Hl. Geist, der von Vater und Sohn hervorgebracht wird. Andererseits wird über die Metaphern *ûzbrechen (s.ûzbrechen* 10.6.-10.10.), *gân* und *vliessen* das eigenständige Hervorkommen des Sohnes aus dem Vater bzw. des Hl. Geistes aus Vater und Sohn hervorgehoben.

Neben einer Bildlichkeit, in der Gottvater durch den Sohn in seiner Funktion als verantwortliches Subjekt der Differenzierung substituiert ist, entwickelt Eckhart Bilder, die als weitere Bedingung für die unio trotz der Differenzierung in Gott das Fehlen von Raum und Zeit thematisieren. Infolgedessen gebiert der Vater *âne ûnderlaz*; zwischen dem Geschehen der *entgiezunge* und dem Ergebnis der

---

lich, als diese Metapher nicht nur für das unio-Geschehen als solches gebraucht wird, sondern in unterschiedlicher Weise zu diesem in Beziehung gebracht wird.
(2.) Für die Beschäftigung mit Metaphern in mystischen Texten allgemein ergibt sich daraus als methodischer Grundsatz, daß unterschieden werden muß zwischen der unio als Bildthema einerseits und der jeweiligen besonderen Beziehung eines Bildes auf die unio andererseits. So sind z.B. die Metaphern *reinicheit, lûterkeit, abegescheidenheit* oder *lieht, lûter, geliutert, vünkelîn* selbstverständlich auf die unio bezogen; allerdings zunächst nur in verborgener Weise, insofern als im jeweiligen Textzusammenhang die von Susanne Köbele behauptete "Zentrierung der Bilder auf den Mittelpunkt der Einheit,... (ein) konzentrisches Umkreisen der Einheit..." (aaO, S.156) im Text direkt nicht erkennbar ist.
(3.) Als entscheidender Kritikpunkt ist einzuwenden: Alle Bilder bleiben in einem bestimmten Textzusammenhang nicht füreinander transparent - wie Susanne Köbele (aaO, S.156) am Beispiel von Predigt 20a ausführt -, sondern müssen vom Rezipienten solange durchgegangen werden, bis der sie verbindende Einheitspunkt im Durchspielen der verschiedenen Bilder entdeckt bzw. vom Rezipienten in sie hineinprojiziert ist. Dieser Punkt ist dann nicht einfach von selbst schon die göttliche unio (vgl. dazu die Ausführungen in Kapitel 1, 4.2.1. und 4.2.2.).

entgozzenheit besteht kein Unterschied (s.*giessen* 6.4.); das Hervorkommen des Sohnes (s. *gebern*) ist gleichzeitig ein Zurückkommen (s.*widergebern*) in den göttlichen Ursprung - ein Geschehen, das im kreatürlichen Bereich die Auseinandersetzung mit den Bedingungen der Zeit erfordert. Ebenfalls führt das Fehlen jeglicher räumlichen Differenzierung dazu, daß die Wirklichkeit des Sohnes bzw. der Seele, in der Gott seinen Sohn gebiert, kein Gegenüber in Gott darstellt, sondern mit dessen Innerem zusammenfällt.[1] Es gibt infolgedessen auch keine Unterscheidung von Situation und Person, Innerem und Äußerem mehr, so daß sich die von Gott hervorgebrachte bzw. mitgeteilte Wirklichkeit mit dem identisch erweist, in dem sie als neue Wirklichkeit präsent wird. Für die oberste Kraft der Seele, in der Gottvater seinen Sohn unaufhörlich gebiert, gilt daher, daß sie den Sohn "*mitgebernde ist und sich selber den selben sun*" (I 32,7f; vgl. *gebern* 1.1.-1.2.; 2.1.-2.2.). Dies heißt: Eckhart hält letztlich auf Kosten der Differenz an der Einheit Gottes fest, der es nicht gelingt, sich selbst im ganz Anderen zur Darstellung zu bringen. Die göttliche Selbstmitteilung verläuft in einer Art geschlossenem Kreis in Gott selbst, ohne daß sie erreichen könnte, den Kreis zu durchbrechen für den Übergang und die Vermittlung an den ganz anderen Bereich des Kreatürlichen. Das Kreatürliche ist somit für Eckhart nur insofern am Göttlichen beteiligt und in das Göttliche einbezogen, als es selbst in sich Göttliches enthält. Göttliches Handeln kann sich daher folgendermaßen vollziehen: "*... got gebirt sich ûz in selben in sich selben und gebirt sich wider in sich.*" (II 320,4; s.*gebern* 1.1.) Dies heißt: Ausgangspunkt, Ort und Endpunkt des göttlichen Geschehens sind identisch.

Als weiteres Verfahren, die trinitarische Differenz mit dem Aspekt der unio zusammenzubringen, fungiert die Aufhebung der Rollendifferenz: Da alles, was in Gott geschieht, eins ist, weist die von Gottvater hervorgebrachte Wirklichkeit auch keine Unterschiede zu ihm auf: Der vom Vater hervorgebrachte göttliche Sohn wird selbst zum Vater und bringt den als Sohn hervor, der ihn selbst hervorgebracht hat (s. Eckhart I 382,8-383,1; vgl. *gebern* 1.1.). Demnach wird jede Differenz zwischen Hervorbringer und Hervorgebrachtem hinfällig, so daß Eckhart auch zu dem Ergebnis kommen kann, daß die *entgiezunge* (Aktiv) mit der *entgozzenheit* (Passiv) in Gott identisch ist (s.*giessen* 6.4.; 7.6.-7.7.). Die in dieser Ausweitung der Gießmetaphorik implizierte Identitätsthese - Gottvater teilt nicht nur particll von seiner eigenen Wirklichkeit, sondern diese völlig mit, so daß es zur unterschiedslosen Reduplikation des Einen im Anderen kommt - evoziert als Korrektur die Geburtsmetapher, die bei aller Gemeinsamkeit zwischen dem Hervorbringenden und dem Hervorgebrachten den Aspekt des neuen Lebens gegenüber dem Leben des Hervorbringenden, d.h. die Differenz ins Spiel bringt (s.*giessen* 6.1.-6.3.); die von Gottvater bewirkte *entgiezunge* der zweiten trinitarischen Per-

---

[1] Tiziana Suárez-Nani macht unter Verweis auf In Io, n.213-n.216; LW III, S.179-181, darauf aufmerksam, daß Eckhart "eine notwendige Korrektur unseres Diskurses über Gott" verlangt, "die einen mentalen Sprung von der Zeitlichkeit der Welt zu Ewigkeit Gottes, von der Räumlichkeit der Welt zum Ort Gottes, der Gott selbst ist, *in se ipso*, erfordert. Gott ist nicht Zeit und Raum unterstellt." (Philosophie- und theologiehistorische Interpretation, aaO, S.43) Welche Funktion die Metaphorik bei dieser mentalen Veränderung zu erfüllen hat (- m.E. geht es dabei sowohl um einen 'Sprung', als auch um einen Bewußtseinsprozeß - beides Metaphern, die nur ungenau das eigentliche Geschehen zu erfassen vermögen), soll in 3.2. genauer bedacht werden.

son präzisiert Eckhart daher als Geschehen in *geburt wîse*; der Hl. Geist wird wirklich durch die *entgiezunge* der Liebe von Vater und Sohn, d.h. die Differenz ist bei ihm in seinem Ursprung bereits gegeben (s.*giessen* 6.1.-6.3.). Im einzelnen lassen sich folgende Bildkomponenten bei Eckhart ausmachen, mittels derer der Unterschied des Hl. Geistes zur ersten und zweiten trinitarischen Person konkretisiert wird:

(a) Die Geburtsmetapher steht ausschließlich für ein Geschehen zwischen Gottvater und Sohn.

(b) Die Einheit von Gottvater und dem Sohn Gottes besteht auch darin, daß sie gemeinsam den Hl. Geist hervorbringen bzw. daß sie zusammen den Ausgangspunkt darstellen, von dem aus der Hl. Geist *ûzblüejet* (s.*ûzblüejen* 7.1.-7.2.). Wie bei der zweiten trinitarischen Person ist auch bei den für die Entstehung des Hl. Geistes entworfenen Bildern die kommutable Identität der ersten beiden trinitarischen Personen einerseits und der dritten Person andererseits zu beobachten: Vater und Sohn fungieren als Subjekt und der Hl. Geist als betroffenes Objekt des Geschehens, durch das der Hl. Geist entsteht; der Hl. Geist kann aber auch selbst als Subjekt der gleichen Tätigkeit fungieren; somit stehen also beide Aussagen unverbunden nebeneinander: Vater und Sohn *blüejent ûz* den Hl. Geist; der Hl. Geist *blüejet* selbst *ûz* aus Vater und Sohn (s.*entspringen* 8.9.-8.11.; *ûzbluejen* 7.1.-7.2.).

(c) Die Übereinstimmung zwischen Vater und Sohn kann Eckhart auch dadurch zur Sprache bringen, daß er an einer Textstelle ausschließlich entweder dem Vater oder an einer anderen Textstelle dem Sohn die Ursprungsfunktion bezüglich des Hl. Geistes zuspricht (s.*vliessen* 1.3.-1.5.; 1.11.-1.19.; *ûzvliessen* 20.4.-20.7.). Dies hat zum Ergebnis, daß beide sich darin gleichen, daß jeder für sich jeweils als Ursprung für das Geschehen fungiert, durch das der Hl. Geist entsteht; der Hl. Geist kann also dadurch entstehen, daß er den Bereich des Sohnes verläßt, aber auch dadurch, daß er vom Vater ist *entsprungen* und *ûzgeblüejet* (s.*entspringen* 8.9.-8.11.; *ûzblüejen* 7.4.).

(d) Neben der Übereinstimmung der ersten und zweiten trinitarischen Person hinsichtlich ihrer Ursprungsfunktion in Bezug auf den Hl. Geist - sei es als kollektives Subjekt (s.*ûzblüejen* 7.1.-7.2.; *vúr* 12.1.-12.2.) oder je einzeln (s.*ûzblüejen* 7.4.) - entwickelt Eckhart als weitere Möglichkeit die Beteiligung des Hl. Geistes an der Geburt des Sohnes: Der Hl. Geist *entspringet* und ist *ûzblüejende* von Gottvater zum Zweck der *geburt* des Sohnes (s.*entspringen* 8.9.-8.11.; *ûzblüejen* 7.4.).

(e) Die Übereinstimmung der zweiten und dritten trinitarischen Person bringt Eckhart dadurch ins Bild, daß er beide aus der göttlichen Einheit dem Entstehen einer Quelle ähnlich zusammen hervorkommen sieht, bevor sie sich als Sohn und Hl. Geist äußern (s.*ûzvliessen* 20.4.-20.6.). Ein anderes Bild zeigt beide, wenn auch in der Sukzession zeitlich unterschieden, als abhängig von der väterlichen Selbstmitteilung: In Konsequenz der Gottesgeburt liegt es, daß von dieser Form der Selbstmitteilung der ersten trinitarischen Person *entblüejet* der Hl. Geist (s.*entblügen* 5.1.).

Außerhalb der Darstellung des innertrinitarischen Differenzierungsprozesses finden sich nur wenig Bilder für die Einheit des Unterschiedenen in Gott. Als ein Beispiel sei die Spiegelmetapher genannt, mittels derer Eckhart der permanenten Präsenz von Gottvater in Jesus Christus Züge einer funktionalen Identität verleiht (s.*spiegel* 1.2.). Dieser Aspekt der Anwesenheit erhält über die Lichtmetapher noch einen komplexeren Charakter, indem Eckhart ausführt, daß Jesus Christus andauernd in Gottvater präsent ist, weil er dort als *lieht* ewig *geliuhtet hat* (s.*lieht* 2.6.-2.11.) bzw. das Innere von Gottvater immer *durliuhtet* (s.*durliuhten* 5.1.).

Hinsichtlich der geschöpflichen Differenzierung in Gott ist Eckhart um eine weitgehende Parallelisierung mit der Entstehung der trinitarischen Personen bemüht: Zunächst fällt auf, daß Eckhart das metaphorisch dargestellte Geschehen der Entfernung von Gott mit Metaphern darstellt, die auch für den Prozeß der innertrinitarischen Differenzierung verwendet werden. Die Kreaturen werden *getragen* aus Gott, "*gânt ûz got*", "*entgiezent sich von götlicher natûre...*" und *vliezent ûz* (s.*brunne* 1.1.; *vliessen* 1.7.-1.10.; *ûzvliessen* 20.8.; *giessen* 5.1.-5.2.); der Mensch wird mit allen Kreaturen von Gott *geborn*; sie *quellen ûz* und werden von Gott *gesprochen* (s.*gebern* 1.1.). Ferner: Speziell bei der Seele sieht Eckhart bei aller Verschiedenheit eine Ähnlichkeit mit Gott dadurch gegeben, daß Gott beim Schaffen der Seele die eigene Wirklichkeit als Maßstab zugrundegelegt hat (s.*ûzvliessend* 21.1.). Auch gilt für alle Kreaturen - wie für die zweite und dritte trinitarische Person - die Gleichheit im göttlichen Ursprung: Unterschiedslos sind sie Gott gleich und Gott selbst und entfernen sich von Gott gleich in ihrem ersten *ûzvluz* (s.*ûzvluz* 23.1.). Unauflösbar sind die Kreaturen daher mit dem Prozeß der innertrinitarischen Differenzierung verbunden: Im Sprechen seines Sohnes *entgiuzet* der göttliche Vater sie (s.*entgiessen* 5.1.-5.2.; *gebern* 1.1.); im *usflusse* des Hl. Geistes ist auch die Seele *ûzgeflossen*, bzw. sie ist in der *geburt* des Sohnes in ihr Sein *ûzgeflossen* (s.*ûzvliessen* 20.9.; *entspringen* 8.8.)[1].

Eine radikale Veränderung zur Differenz hin ergibt sich für die Kreaturen, sobald sie von Gott aus in die nächste Kreatur gelangen; dort "*wirt ez al unglîch als iht und niht.*" (s.*vliessen* 1.7.-1.10.). Wenn der Mensch bzw. alle Kreatur sich infolgedessen von der innertrinitarischen Differenz noch einmal unterscheidet, ist damit jedoch keine radikale Verschiedenheit von Gott und Mensch impliziert. Vielmehr hat Gott dem Menschen das *vünkelîn* gegeben, das mit Gott "*ein einic ein ungeschieden ist...*" (s.*vünkelîn* 9.3.-9.4.). Bezüglich aller Kreaturen sieht Eckhart alle Differenz von einer generellen Einheit in Form einer komplementären Identität von Gott und Kreatur aufgehoben: Alle Kreaturen sind als *bilde* in Gott (s.*gebern* 1.1.; *entspringen* 8.7.; *ûzvliessen* 20.8.; *spiegel* 1.5.), so daß z.B. die Seele, wenn sie Gott als eigenständige Wirklichkeit verlassen hat, von ihrem "*ewigen bilde in got ûzgevlozzen...*" ist (s.*ûzvliessen* 20.9.). Die Gemeinschaft mit Gott ist somit durch die Beziehung der Kreaturen zu ihrem ideellen Sein, ihrem "*bilde in got*" gegeben; die Verschiedenheit zu Gott resultiert aus der Entfernung der Kreaturen von ihrem Urbild (s.*vliessen* 1.7.-1.10.). Dies bedeutet, daß der kreatür-

---

[1] Vgl. dazu auch Tiziana Suárez-Nani (Philosophie- und theologiehistorische Interpretation, aaO, S.36): "Die Gleichzeitigkeit der göttlichen Zeugung und der Schöpfung der Welt hat also ihren Grund in der Identität und Vollkommenheit Gottes...: Es handelt sich um eine Identität, die keine Unterschiede zuläßt...".

liche Prozeß der Angleichung an Gott in der Restitution der Gleichheit mit dem *bilde* in Gott besteht. Daher muß die Seele, um die kreatürliche Differenz zu Gott überwinden zu können, in ihrem Lebensvollzug die gleiche Verfassung wieder erwerben, mit der sie aus dem göttlichen Ursprung hervorgekommen ist (s.*învliessen* 12.4.); d.h. nach seiner *geburt* aus Gott muß der Mensch alles daran setzen, um alles Unähnliche zu beseitigen, damit der göttliche Sohn in der Seele (s.*gebern* 14.3.) bzw. die Seele als Sohn *geborn* (s.*gebern* 1.2.) oder daß sie in Gott *widergeborn* wird (s. *gebern* 14.3.; 1.19.-1.21.). Die Grenze, die der Mensch dabei hinter sich lassen muß, verläuft im Menschen selbst: In der Seele kann Gottes verborgenes *bilde* entdeckt werden (s.*gebern* 3.1.-3.3.); im *vünkelîn* der Seele gebiert Gott unaufhörlich seinen Sohn (s.*gebern* 1.4.) zusammen mit dem Menschen, dem es gelungen ist, in diese Kraft zu kommen, und der in dieser Kraft *mitgebernde* mit dem göttlichen Vater wird und selbst als Sohn Gottes hervorgebracht wird (s.*gebern* 12.1.-12.2.)[1].

Neben dem *vünkelîn* als permanentem Status im Menschen, der selbst andauernde Bewegung ist, entscheidet der Grad der prozeßhaft erreichten menschlichen Übereinstimmung mit Gott, in welchem Maß der Mensch am innertrinitarischen Differenzierungsprozeß beteiligt ist. Die funktionale Identität mit den verschiedenen trinitarischen Personen ist somit - typisch für Eckhart - Ergebnis von Zustand und Bewegung: Permanent im *vünkelîn* sowie je nach erreichter Transformation und Transposition hat der Hl. Geist im Menschen in dem Maße seinen Ursprung, wie dieser Sohn Gottes ist (s.*vliessen* 1.1.; *gebern* 1.4.; *entspringen* 8.9.-8.11.). Mit Gottvater ist der Mensch, der zugleich *juncvrouwe* und *wîp* ist, am Hervorbringen Jesu Christi und aller Kreaturen beteiligt (s.*gebern* 1.4.; *blüejen* 12.1.-

---

[1] Vgl. dazu Shizuteru Ueda, Die Gottesgeburt, aaO, S.54: "Abgesehen von seiner <Eckharts> bewußten Hervorhebung der Ununterschiedenheit der Seele und des Sohnes Gottes in ihrem Bild-Gottes-Sein, fällt uns das Ineinander und Durcheinander seiner Darlegungen über die Seele und über den Sohn Gottes ihrem Bild-Charakter auf." Alois M. Haas (in: Alois M. Haas, Sermo mysticus, aaO, S.221, Anm.36) kommentiert die Äußerungen Uedas folgendermaßen: "Diese Tatsache wäre die natürliche Folge der Eckhartschen Bildlehre, in der der innige Zusammenhang zwischen Urbild und Abbild der der *glîcheit*, ja der *einunge* ist. Auch das ist wiederum ein mystisches Konzept, kein philosophisches." Ausgehend von dieser Feststellung, die das Zentrum des eckhartschen Denkens betrifft, ist zu fragen: (1.) Warum ordnet Eckhart nicht seine Aussagen, so daß anstelle des von Ueda konstatierten "Durcheinander" ein logischer Zusammenhang entsteht? (2.) Alois M. Haas begründet seine Folgerung nicht; es ist zu fragen: Warum ist das Ineinander und Durcheinander die natürliche Folge der Bildlehre Eckharts, die vom Gesichtspunkt der unio bestimmt ist? Auch das Ineinander bedeutet noch nicht unio. (3.) Damit ist zu klären: (a) inwiefern ungeordnete Vielheit Konsequenz der unio ist; (b) Wie Eckhart das Ineinander (Ueda) bzw. den innigen Zusammenhang von Seele und Sohn Gottes (Haas) so zur Sprache bringt, daß sowohl der Aspekt der Einheit als auch der Aspekt der Unterschiedenheit gewahrt bleibt. Aufs Ganze gesehen - d.h. unter Berücksichtigung des gesamten DW - hat Ueda recht: Eckhart unterwirft in seiner Darstellung das Ineinander von Seele und Gottessohn nicht einer bestimmten Ordnung, sondern läßt sie gerade zerbrechen; das in der Metaphorik zu verfolgende "Durcheinander", d.h. das Versagen der kreatürlichen Ordnung, darf jedoch nicht nur konstatiert, sondern muß interpretiert werden, wenn die Intention, die Eckhart bei seinem metaphorischen Sprechen von der unio verfolgt, erfaßt werden soll; s. dazu die Ausführungen in 3.2.

12.2.); er ist *vruhtbaere* geworden dadurch, daß er differenzlos die Funktion von Gottvater übernimmt (s.*vruhtbar* 12.1.-12.2.).

Eine noch komplexere Form der Einheit bildet Eckhart über die Metaphern *druken, umbevangen, kuss, ver-* und *zerfliessen, lieht*. Dabei geht es einerseits um den Verlust jeglicher menschlichen Individualität in Gott durch *zervliessen* (s.*zerfliessen* 28.2.; *vervliessen* 24.1.) und *versinken* in Gott (s.*versinken* 8.1.-8.2.); umfangen im göttlichen Licht ist in Gott alles eins (s.*lieht* 1.9.); die Seele ist mit Gott geeint als *"ein lieht im liehte"* (s.*giessen* 1.8.) oder in Gott gedrückt *"als ein wahs, in ein ingesigel"* (s.*druken* 2.1.-2.4.). Andererseits wahrt Eckhart auch in dieser intensiven Form der Nähe zu Gott die personale Qualität der Beziehung: Gott und Mensch gehen sich entgegen, verlassen jeweils ihren je eigenen Bereich, so daß nur noch ein *einvaltigez ein* übrigbleibt (s.*ûzgan* 19.8.)[1]. Die Überwindung der Differenz durch eine personale Beziehung beider Partner kann ihrerseits wieder als Grund für das Entstehen von Differenz fungieren: In der größten Nähe zwischen Gott und Mensch, *"im kus der sêle"*, geschieht die Gottesgeburt (s.*kus* 8.3.), was erneut zur Differenzierung der unio führt. Eine andere Vorstellung besagt, daß gerade der durch Demut motivierte, in entgegengesetzter Richtung zur Höhe Gottes in die Differenz verlaufende Existenzvollzug zur Erfahrung der größtmöglichen Nähe Gottes führt (s.*kus* 8.1.-8.2.). Über die Metapher *smelzen* zeigt Eckhart auf, daß der Mensch seine Individualität durch das Wirken des Hl. Geistes verliert. Dieser kann nämlich in Liebe so auf den Menschen Einfluß nehmen, daß dieser mit dem Hl. Geist und seiner Minne identisch wird (s.*smelzen* 5.1.). Schließlich findet sich die Vorstellung, daß Gott den Menschen in Liebe umfängt, so daß von außen nichts mehr den Menschen direkt tangieren kann. Das Umfangenwerden konstituiert auch die Einheit von Mensch und Gott bei der Gotteserkenntnis, indem es die Zweiheit von Erkennen und Sein aufhebt (s.*umbevangen* 13.5.).

3.2. Die metaphorische Aufhebung des kategorialen Denkens als Einübung in ein theonomes Sprechen vom Göttlichen

Die in der vorangegangenen Beschreibung deutlich werdenden Brüche und Widersprüche machen es notwendig, die Funktion zu klären, die Eckhart der Metaphorik bei der Darstellung von Anfangs- und Endpunkt des mystischen Prozesses zumißt:

(1.) Von zentraler Bedeutung für die sprachliche Vorgehensweise Eckharts scheint die Krise zu sein, in die er die endliche Vernunft führt. Da Gott nicht durch eine *differentia specifica* zu anderem Seienden zu begreifen ist, versagt jede begriffliche Fixierung Gottes: *"Daz ich aber gesprochen hân, got ensî niht ein wesen und*

---

[1] In Spannung zu dieser Intention steht Eckharts Bildlehre, worauf Alois M. Haas (Sermo mysticus, aaO, S.222) unter Berufung auf H. U. v.Balthasar aufmerksam macht: "Er <Eckhart> spricht immer von der mystischen Unio her, in der die *glîcheit* von Urbild und Abbild gnadenhaftes Ereignis wird. Tatsächlich aber ergibt sich von der Terminologie her eine gewisse Diskrepanz, weil 'Kategorien wie 'Erscheinung' und 'Bild' nicht die nötige Valenz (haben), ein bis ins Innerste freies personales Geschehen auszudrücken' (H.U.v.Balthasar)".

sî über wesene, hie mite enhân ich im niht wesen abegesprochen mêr: ich hân ez in im gehoehet." (I 146,4-6) In dieser Situation eröffnet die Metaphorik einen Weg, anstelle der distinctiones des philosophischen Diskurses ästhetisch die Andersheit Gottes, die insbesondere in der Verbindung von göttlicher Einheit und trinitarischer Differenzierung zum Ausdruck kommt, zur Sprache zu bringen. Der Schwerpunkt des bildlichen Sprechens liegt demnach im Unterschied zur begrifflichen Fixierung nicht auf einer Bestimmung Gottes, sondern auf dessen Anschauung. Die Metaphorik verhindert geradezu, daß Gott ausgesagt wird und eröffnet die Möglichkeit zu einer - vom Begriffsapparat des Menschen weniger verstellten - Erfahrung mit dem schlechthin Anderen, von dem sie Kunde gibt, indem sie ihn über die Vorstellung von Welt ansagt und zur Erscheinung bringt. Diese im Vorgriff formulierte These bedarf der genaueren Begründung:

Die im Rahmen dieses Kapitels vorgenommene Untersuchung der Metaphorik zeigt, daß Eckhart der einzige der behandelten Autoren ist, der im krassen Gegensatz zu allen theologischen Definitionsversuchen des Göttlichen derart konsequent die Unterschiedslosigkeit Gottes (bzw. die Unterschiedslosigkeit in der göttlichen Wirklichkeit) vor Augen führt, indem er alle von der theologischen Tradition vor ihm behaupteten Positionen, Funktionen und Beziehungen permutiert und in den größtmöglichen Unterschied zu ihrer usprünglichen Ordnung hineinführt. Alles wird disponibel - dies jedoch nur, um deutlich zu machen, daß jede der drei göttlichen Personen sowie der sich in Gott befindende Mensch alles ist und alles wirkt, der Unterschied somit nicht mehr unterscheidet und deshalb die durch Unterscheidung gewonnene Vielheit in Gott letztlich Einheit bedeutet. Oder mit Eckharts Worten formuliert: Die Einheit ist *"underscheit âne underscheit"* (I 173,5).

Eckhart führt zur Einsicht in diese göttliche Ordnung, indem er den Rezipienten mit einer aus Metaphern konstruierten heteronomen göttlichen Welt konfrontiert. Zu den charakteristischen Merkmalen dieses metaphorischen Kontrastes gehört die Verschiedenartigkeit der Bilder für den Prozeß der innertriniarischen Differenzierung. Weil Eckhart ohne erkennbaren Unterschied die verschiedensten Bilder für den gleichen Vorgang - der Selbstdifferenzierung Gottes, der aufgrund seiner Einheit nur *ein* Werk schafft[1] - verwendet, wird die Differenz zwischen ihnen so weit relativiert, daß jedes Bild unterschiedslos auf das eine göttliche Tun bezogen ist. Der Rezipient, der der Bildentfaltung in den verschiedenen Predigten Eckharts seine Aufmerksamkeit zuwendet, wird dabei dazu angeregt, das göttliche Eine bzw. das *eine* göttliche Wirken in den verschiedenen Bildern zu entdecken. Dazu ist eine Betrachtungsweise erforderlich, die die verschiedenartigen Bildfigurationen nicht jeweils exklusiv, sondern - die Unterschiede zwischen den Bildern inkludierend - als Gesamtheit zahlreicher Einzelbilder ansieht, der die göttliche Einheit zugrundeliegt[2]. Für die Relation zwischen der Gesamtheit der Bilder und der

---

[1] Vgl. dazu auch Tiziana Suárez-Nani, Philosophie- und theologiehistorische Interpretation, aaO, S.65 unter Bezugnahme auf DW I 77,18-78,1.
[2] Während in Kapitel 1 der durch Abstraktion gewonnene gemeinsame Nenner der zahlreichen Bilder für die Transformation des Menschen vom anvisierten göttlichen Ziel her Konturen des Einen erhalten hat, ist es bei den in diesem Kapitel behandelten Metaphern die Thematik der unio selbst sowie die Synopse der verschiedenen Bildkompositionen, die

diese Gesamtheit konstituierenden göttlichen Einheit gilt, was Eckhart In Sap. n.155[1] feststellt: Nichts ist so ununterschieden wie ein Begründetes und das, wodurch es begründet ist. Da die Gesamtheit der Bilder für das göttliche Tun aber prinzipiell nicht begrenzt ist, fungiert die göttliche Einheit als Grund für eine unendliche Anzahl von Bildern. Die Ausführungen von Burkhart Mojsisch zum Verhältnis der göttlichen Einheit zur Zahl können auch auf den Bildprozeß angewandt werden: "Gott als Einheit vermittelt sich in den Einheiten (gemeint sind die Einheiten, aus denen das Viele besteht) mit sich selbst, ist die Einheiten des Gezählten... Da die Einheit sich aber nur in der Unendlichkeit der Einheiten erschöpft, erschöpft sie sich einzig in der Unabschließbarkeit ihrer eigenen Prozessualität."[2] Mit der Aufhebung der spezifischen Differenz zwischen den einzelnen Metaphern für den Prozeß der innertrinitarischen Differenzierung und der Schöpfung alles Kreatürlichen ist somit ein erster Schritt getan zum Denken des schlechthin Anderen, das ein anderes, nicht mehr ausschließlich unterscheidendes Denken verlangt.

(2.) Ein weiterer Punkt betrifft die Bildkomposition: Aufgrund des Ansatzes der vorliegenden Arbeit, nicht nur den Bildspender, sondern auch den relevanten metaphorischen Kontext zu berücksichtigen, wurde es möglich, die verschiedenen Gruppierungen zwischen den einzelen Personen in der trinitarischen Beziehung sowie in der Beziehung Gott-Mensch zu erfassen. Die obige Beschreibung kann zeigen, in welch bemerkenswerter Weise Eckhart die Zuordnungen jeweils verändert. Hier nur von "univok-korrelationalen Prozessen"[3], von einem univokem Korrelationsverhältnis des Seelengrundes mit Gottes Sein[4] oder von einer "operationalen Identität zwischen dem Menschen und Gott"[5] zu sprechen, greift zu kurz. Beachtet werden muß m.E. vielmehr, daß Eckhart die göttliche Einheit mit der Differenz zusammenbringt, indem er die göttliche Wirklichkeit über die Bildlichkeit als unterschiedslose Unterscheidung thematisiert. Damit gehört die Differenz in Gott hinein und damit auch die Bewegung zwischen Einheit und Differenz. In der Bildproduktion realisiert Eckhart seine Intention - wie der obigen Darstellung zu entnehmen ist - auf verschiedene Weise:

---

dazu anregen, das Eine in den verschiedenen Bildern zu suchen. Anders als in Kapitel 1 läßt sich aufgrund der - wie in 3.1. dargelegt - genau kalkulierten Bildvariationen für die unio-Metaphorik feststellen: Die Auflösung jeglichen Unterschiedes trägt programmatischen Charakter und resultiert aus Eckharts Einheitskonzept.

[1] Vgl. LW II, 491,3-6: "nihil tam unum et indistinctum quam constitutum et illud ex quo, per quod et in quo constituitur et subsistit. Sed, sicut dictum est, numerus sive multitudo numeratum et numerabile ut sic ex unitatibus constituitur et subsistit. Igitur nihil tam indistinctum quam deus unus aut unitas et creatum numeratum."
[2] Burkhart Mojsisch, Analogie, aaO, S.91.
[3] Burkhart Mojsisch, Analogie, aaO, S. 71; 81.
[4] Burkhart Mojsisch, Analogie aaO, S.135.
[5] Vgl. Tiziana Suárez-Nani, Philosophie- und theologiehistorische Interpretation, aaO, S. 67; ähnlich Alois M. Haas (Geistliches Mittelalter, aaO, S.333), der von "dynamischer Vollzugseinheit" spricht.

(a) Das Grundmodell für die innertrinitarische Differenzierung und das Entstehen des Kreatürlichen entwickelt Eckhart in Anlehnung an naturales[1] oder menschliches Geschehen, das jedem seiner Rezipienten bekannt ist: Das Ausfließen des Sohnes aus dem Vater, die Geburt des Sohnes durch den Vater etc. Vater, Sohn und Hl. Geist sowie die Kreaturen sind dabei in ihrer Position innerhalb des jeweiligen Verhältnisses eindeutig definiert: Sohn, Hl. Geist, Kreatur stellen die Negation zu Gottvater dar, der seinerseits als Vater sich z.B. vom Sohn unterscheidet. Mehrdeutig bleibt allein das metaphorisch zur Sprache gebrachte Geschehen.

(b) Verschiedene Metaphern stehen für das gleiche Geschehen in Gott; infolge ihrer Disparatheit heben sie die Logik und jegliche kreatürliche Konzeptualität auf[2].

(c) Die Komplexität der Bildlichkeit nimmt zu, wenn Eckhart bei seiner Bildkomposition sein Prinzip der negatio negationis zur Geltung bringt. Dies geschieht, indem die gleiche Metapher in wechselnden Kontexten so abgewandelt wird, daß gegenüber dem (allseits vertrauten) Grundmodell der innertrinitarischen Beziehung sowie gegenüber den in anderen Predigten entwickelten Bildern alle Elemente gegen die von Aristoteles in seiner Kategorienschrift aufgestellten Regeln jeweils neu kombiniert werden und damit letztlich beliebig verfügbar sind. Wie der obigen Darstellung zu entnehmen ist, sind davon betroffen: das Verhältnis von Subjekt und Objekt, Wirken-Werden, Aktiv-Passiv, Raum (Dauer) und Bewegung (Veränderung), die Rolle von Vater und Sohn. Gefragt werden muß, was es bedeutet, wenn Eckhart die göttliche Einheit zur Sprache bringt, indem er sie als unterschiedslose Unterschiedenheit vorführt.

(3.) Dies führt zum Grundproblem menschlichen Sprechens von Gott: Wie kann so vom schlechthin Anderen gesprochen werden, daß seine Andersheit gewahrt und

---

[1] Vgl. Alois M. Haas, Sermo mysticus, aaO, S.216: "Das Grundmodell aller Bildverhältnisse ist das Ausströmen des Sohnes aus dem Vater."
[2] Wichtig sind die Bemerkungen von Tiziana Suárez-Nani, (Philosophie- und theologiehistorische Interpretation, aaO, S.87) zu diesem Aspekt: "Wegen der Heterogenität und ihrer Alterität wird diese Einheit <Gottes> im Vergleich zur Vielheit, die die Welt des Geschaffenen charakterisiert, zum ontologischen und konzeptuellen Ort der Aufhebung der Logik und der Konzeptualität (d.h. der Ordnung), die die Anschauung der geschaffenen Welt ordnet." Doch wodurch wird - so ist zu bedenken - die göttliche Einheit zum konzeptuellen Ort der Aufhebung der Logik und jeglicher irdischer Konzeptualität? Die Bedeutung, die im Rahmen dieser Problemstellung Tiziana Suárez-Nani der Sprache zumißt, markiert den entscheidenden Differenzpunkt zu der in diesem Kapitel entwickelten Position. Suárez-Nani führt dazu aus (aaO, S.93): Für Eckhart besteht "eine Kluft zwischen zwei Ordnungen der Wirklichkeit, nämlich derjenigen des Geschaffenen und derjenigen des Ungeschaffenen - eine Kraft, die die menschliche Sprache, da sie zur Ordnung des Geschaffenen gehört, nicht überspringen kann." Demgegenüber muß aufgrund der Untersuchung von Eckharts Metaphorik geltend gemacht werden, daß die Metaphorik gerade die sprachliche Möglichkeit darstellt, die Logik und jegliche kreatürliche Konzeptualität zu durchbrechen und in einer der Metaphorik eigenen Weise die Begegnung mit dem mystischen Einheitskonzept zu eröffnen. Besonderes Interesse verdient dabei die im vorliegenden Kapitel bedachte Frage, wie Eckhart die Ordnung des Geschaffenen über die Metaphorik außer Kraft setzt.

er nicht gewaltsam von menschlichen Denkkategorien vereinnahmt wird?[1] Die einfachere, aber gewaltsamere Lösung dieses Problems wäre, das Göttliche einfach zu unterdrücken und zu schweigen[2]. Eine andere Möglichkeit besteht darin, im philosophischen Diskurs die göttliche Andersheit rational zu durchdringen und die Andersheit mit den der menschlichen Vernunft zur Verfügung stehenden Mitteln zu denken; d.h. unter Vernachlässigung aller prinzipiellen Unterschiede die Beziehung von Gott und Mensch einlinig als operationale Einheit zu begreifen. Doch liefe dies darauf hinaus, daß die göttliche Wirklichkeit dem menschlichen Denken unterworfen und auf kategorial bestimmte Weise festgelegt wird. Demgegenüber muß - wie sich aus der Metaphorik im Deutschen Werk Eckharts ergibt - Eckharts Intention berücksichtigt werden, die darin besteht, in die andere Ordnung des Göttlichen einzuführen, indem anknüpfend an die Ordnung des Geschaffenen dieser sofort widersprochen wird. Somit konstruiert Eckhart neue Schemata der Erfahrung und macht dadurch möglich, daß der philosophische Diskurs und die ihm zugrundeliegende kategoriale Logik durchbrochen wird zur Erfahrung des Göttlichen. Indem Eckhart das Raum und Zeit verpflichtete Denken hinter sich läßt und von Bild zu Bild eine andere Ordnung - die göttliche Ununterschiedenheit - entwickelt, setzt er nicht einfach Position gegen Position, sondern initiiert beim Rezipienten eine Bewegung, in deren Verlauf sich das Denken ändern und unter Berücksichtigung der verbliebenen Überreste, auf deren Trümmern sozusagen, neu strukturieren kann.

(4.) Die Einführung in die Ordnung des Ungeschaffenen eröffnet dem Menschen auch die Möglichkeit, am Leben des Göttlichen zu partizipieren. In dem Maße, wie es Eckhart über die Metaphorik gelingt, die göttliche Wirklichkeit als Einheit von Sein, Leben und Vernunft vorzustellen und ihr eine konkrete Gestalt zu verleihen, sind die Rezipienten von Eckharts Predigten gefragt, wie sie sich zu diesem göttlichen Leben verhalten sollen. Einige Grundzüge sind bereits angesprochen worden: Das göttliche Leben besteht - wie aus der Untersuchung der Metaphorik ersichtlich wird - in einem andauernden Transzendieren vom Ausgangspunkt der göttlichen Einheit zu einer von dieser unterschiedenen Position, um gleichzeitig die Negation der Ausgangsposition wieder rückgängig zu machen. Man kann mit Eckhart die Rolle dieser Bewegung auch als Alles und Nichts oder Sein und Ver-

---

[1] In diesem Zusammenhang sind die Ausführungen von Alois M. Haas weiter zu verfolgen: Zum Verhältnis von Gott und Seele führt Alois M. Haas aus (Geistliches Mittelalter, aaO, S.302): "Wie ist diese Einheit zu denken, in der die Seele mit Gott nicht nur gleich, sondern eins ist?... Dieser Gott ist ein lebendiger Gott..., der sich aber der Seele als Prozeß darbietet: Die Seele lebt das Leben von Vater, Sohn und Geist mit; ihre Vereinigung mit Gott ist diese vereinende Teilnahme am dreifaltigen und einen Leben Gottes. Die mystische Unio ist prozessual, dynamisch, trinitarisch." Aus der in Abschnitt 3.1. dargestellten Bildentfaltung läßt sich entnehmen, daß die unio dadurch zum lebendigen Vollzug wird, daß alles, was sich in Gott befindet, zusammenwirkt, sich in seinen Funktionen abwechselt oder darin übereinstimmt; d.h. grundsätzlich: Nichts unterliegt in der unio einer festen Ordnung, alles ist in Bewegung. Auch der Rezipient gerät in Bewegung, denn Eckhart hat in seinem metaphorischen Spiel noch verschiedene Positionen nicht oder nur geringfügig entwickelt, z.B. die Möglichkeit, daß die Seele in Gott der Hl. Geist werden kann.
[2] Vgl. Jacques Derrida, Die Schrift und die Differenz, aaO, S.178.

nunft/Erkennen (d.h. Abstraktion) benennen. Entscheidend ist, daß diese Pole immer eine lebendige Einheit bilden, so daß der Unterschied zwischen ihnen hinfällig wird, die Bewegung ohne Erstreckung verläuft und der in der Bildlichkeit noch bleibende, weil sichtbar werdende Unterschied ausschließlich aus der raum-zeitlichen Distanz der menschlichen Perspektive resultiert. Weil das menschliche Leben nicht Sein und Vernunft ist, sondern nur in verschiedenem Maße daran partizipiert, fällt die Einheit von Leben, Vernunft und Sein beim Menschen auseinander; die nicht mehr vom göttlichen Sein bestimmte Vernunft verliert sich in der Differenz; der Mensch lebt nur noch als *luter niht*, d.h. im Unterschied zur göttlichen Ununterschiedenheit, vielfältigen Bestimmungen unterworfen. In diesem Zusammenhang können Metaphern für die Einheit von Gott und Mensch dazu dienen, diese Beziehungslosigkeit zum Göttlichen zu ändern. Denn da sie den Unterschied, d.h. die bestimmte Negation des unum, negieren, verändert sich, wenn man sich der Bewegung des *metapherein* überläßt, der Bezug zum bestimmten Seienden. Bleibt man der Konkretheit der Bilder verhaftet, so daß man keinen Bezug zum Unbestimmten der göttlichen Wirklichkeit in ihnen entdeckt, sind sie ausschließlich ein *luter niht*, da sie für den Rezipienten nur aus Bestimmung bestehen. Gelingt aber mit Hilfe der Vernunft die Abstraktion vom bestimmten Inhalt eines Bildes, tritt der Mensch in den Prozeß des Transzendierens auf das göttliche Sein hin, das in jedem Bild als unbestimmbarer, weil unterschiedsloser Bildinhalt eines vielfach bestimmten Bildes präsent ist. Dieses Transzendieren hebt alle Bestimmungen letztlich auf und wiederholt in der Auseinandersetzung mit den Bedingungen von Raum und Zeit als Bewegung vom kreatürlichen Nichts zum göttlichen Sein das göttliche Transzendieren, das andauernd, ohne einen Fortschritt, von der Einheit zur innergöttlichen Differenz und umgekehrt verläuft. Der Mensch unterscheidet sich jedoch solange von Gott, wie das *niht*, von dem er sich beim Transzendieren distanziert, das von Raum und Zeit bestimmte kreatürliche *niht* ist. Erst wenn dieses zur negatio negationis, also zum reinen göttlichen Sein geworden ist, fallen Zielpunkt und Ausgangspunkt der menschlichen Transzendenzbewegung zusammen; der Mensch, ganz von Gott bestimmt, bewegt sich als Sohn Gottes ewig und unterschiedslos vom göttlichen Sein zum göttlichen Nichts, von Gott zur Gottheit. Der metaphorische Prozeß ist an sein Ende gelangt, an dem die Worte unterschiedslos das sagen, was sie sind.

4. Johannes Tauler

4.1. Die Akzentuierung der Differenz in der Metaphorik für die Trinität

Mustert man Taulers Metaphorik für die Einheit und Vielheit in Gott durch, fällt zunächst als gravierender Unterschied gegenüber dem eckhartschen Metapherngebrauch auf, daß Tauler Eckharts Interesse an der Unterschiedslosigkeit der innertrinitarischen Differenz in seiner Bildlichkeit nicht weiter verfolgt. Anstelle eines produktiven, den metaphorischen Entwurf verschiedenster Sichtweisen evozierenden Umgangs mit dieser besonderen Art von Differenz beschränkt sich Tauler auf die Feststellung, daß man von Gott nicht kategorial, sondern nur "*mit nüwen zungen*" (308,30) angemessen reden könne. Generell ist es nach Taulers Meinung jedoch wegen der nicht aufzulösenden Ungleichheit des Gesagten gegenüber dem Gemeinten besser, die Dreifaltigkeit zu erfahren als darüber zu sprechen[1]. Aber obwohl ein eigentliches Sprechen über die Dreifaltigkeit nicht möglich ist, müsse dennoch davon gesprochen werden[2]. Dies erklärt, daß sich bei Tauler trotz seiner Vorbehalte vereinzelt - insbesondere in der Predigt 1 zum Weihnachtsfest[3] - Aussagen zum Prozeß der innertrinitarischen Differenzierung finden. Von besonderer Bedeutung für die Bildlichkeit, die sowohl dem Aspekt der Identität als auch dem der Differenz in Gott Rechnung trägt, erweist sich dabei das philosophische Modell der göttlichen Selbstreflexion. Denn über das bei der Selbsterkenntnis gewonnene Erkenntnisbild wird es möglich, die Identität des Erkennenden mit dem Erkannten und gleichzeitig die verschiedene Wirklichkeit von Bild und dem im Bild Erfaßten zu denken. Die metaphorisch mit der Kombination der Metaphern *usfliessen, uzgon* und *ingon* (s. *uzgon* 19.2.) beschriebene göttliche Bewegung, die als Distanzierung und erneute Annäherung Gottes an sich selbst im Medium des Bildes verläuft, macht die Identität des göttlichen Erkenntnissubjektes mit dem erkannten Objekt plausibel.

Den entscheidenden Schritt zur sprachlichen Realisierung einer eigenständigen innertrinitarischen Wirklichkeit vollzieht Tauler jedoch erst über die Geburtsmetapher und die Vorstellung vom göttlichen Sprechen. Denn dadurch wird das im Erkenntnisgeschehen gewonnene Erkenntnisbild, in dem Gott sich selbst gegenübertritt, einerseits zur neuen, von Gottvater unabhängigen Wirklichkeit der zweiten trinitarischen Person (s.*gebern* 1.1.-1.6.); andererseits steht die zweite Person trotzdem in engem Zusammenhang mit ihrem Ursprung aufgrund der damit entstandenen Verwandtschaftsbeziehung oder - beim Sprechen - aufgrund der Verwandtschaft des Geäußerten mit dem Denken des sich Äußernden. In gleicher Weise sieht Tauler das Wirklichwerden des Hl. Geistes: Er ist Produkt der Selbsterkenntnis von Gottvater, bei der *minne uzvliesset*, bzw. Ergebnis des göttlichen Wohlgefallens ist (s.*vliessen* 13.7.; 13.10.). Im Rahmen des personalen Modells findet sich dieser Vorgang dahingehend konkretisiert, daß die Liebesbeziehung von Vater und Sohn, ihr *unsprechlicher umbevang*, Ursache dafür ist, daß beide "*geistend usser in*" den Hl. Geist (s.*umbevang* 14.1.).

Ein noch komplexeres Bild für die Einheit des voneinander Unterschiedenen entwirft Tauler mit der Sonnenmetapher; der Unterschied zwischen Gottvater und Jesus Christus ist nur noch komparativisch zu fassen: Gottvater ist eine *grosse sunne*; Jesus Christus eine *minre sunne* (s.*sunne* 1.2.-1.3.).

Als überwiegende Tendenz läßt sich jedoch bei der trinitarischen Metaphorik Taulers beobachten, daß die Spannung von Identität und Differenz einseitig zugunsten der Differenzierung in drei göttliche Personen aufgelöst wird. Der Identitätsaspekt tritt überall dort in den Hintergrund, wo das Geschehen der Inkarnation über die Metaphorik des Gehens als Christi Verlassen seines eigentlichen göttlichen Lebensbereichs und als Wechsel in die menschliche Natur dargestellt wird

---

[1] "*Hinnan ab ist besser ze bevindende wan ze sprechende.*" (299,18)
[2] Vgl. 298,21-24.
[3] Allerdings ist umstritten, ob diese Predigt von Tauler und nicht eher von Eckhart stammt. Vgl. zur Forschungsdiskussion die Beurteilung von Louise Gnädinger, Johannes Tauler, aaO, S. 140, Anm. 44.

(s.*gan* 19.2.). In ähnlicher Weise bleibt der Aspekt der Einheit des Unterschiedenen vernachlässigt, wenn Tauler die Wirklichkeit der drei göttlichen Personen wie der Kreatur darauf zurückführt, daß Gottvater sich *uzgegossen* hat (s.*giessen* 5.1.; 13.1.-13.2.) bzw. *entgossen* hat an die Kreaturen oder daß alle Menschen und alles Geschaffene aus dem göttlichen Ursprung fließen (s.*vliessen* 1.9.-1.10.; 20.1.-20.6.).

Hinsichtlich der unio als Thema der Bildlichkeit fällt auf, daß Tauler diese anders als Eckhart meist unabhängig von Bildzusammenhängen zur Geltung bringt, deren Thema die innertrinitarische Differenzierung ist. Den Wegfall jeglicher räumlichen und zeitlichen Differenzierung der göttlichen Wirklichkeit macht er als paradoxe Einheit des Verschiedenen anschaulich: Im göttlichen *grunt* sind "*bluome und fruht ein...*" (s.*fruht* 11.12.). Die Raumlosigkeit und Zeitlosigkeit Gottes und seines Handelns evoziert das Bild der kommutablen Einheit aller Orte und Zeiten der Gottesgeburt: Das von Gottvater bewirkte Geschehen der Gottesgeburt in Ewigkeit ist mit dem historischen Geschehen der Inkarnation sowie mit der Geburt Gottes in der Seele identisch (s.*gebern* 1.1.-1.6.).

4.2. Der Weg in die Differenz als Weg in die unio - Der Aspekt der unio in der Leitmetaphorik des Versinkens

Gegenläufig zur trinitarischen Metaphorik steht bei den metaphorischen Aussagen, in denen Tauler das Verhältnis von Mensch und Gott in Zeit und Ewigkeit thematisiert, der Aspekt der Einheit im Zentrum der Bildlichkeit. Wenn Tauler mit seiner Metaphorik Realisationsformen von Einheit thematisiert, die unter den Bedingungen von Raum und Zeit vollzogen werden, greift er auf die Inkarnation, die Passion und die Ethik als Leitsysteme zurück, in deren Rahmen mit jeweils verschiedener Akzentsetzung unter Beibehaltung der bestehenden Differenzen zwischen Gott und Mensch die Einheit als Prozeß der Identifizierung erscheint. Ein Aspekt, den Tauler entwickelt, ist der, daß der Mensch sich der Gottesmutter angleichen muß, um in funktionaler Einheit mit der ersten trinitarischen Person den Gottessohn hervorbringen zu können (s.*fruht* 11.1.-11.3.). Ein weiterer Aspekt besteht in der Identifizierung des Menschen mit Jesus Christus in Form der Kreuzesnachfolge, durch die die geschöpfliche Differenz überwunden und der Mensch *wider in got geborn wirt* (s.*widergebern* 14.1.; *truken* 2.1.-2.3.) bzw. mit Jesus Christus wieder zum göttlichen Vater zurückkehrt (s.*vliessen* 1.9.). Dort wird er dann von Gottvater in der zweiten trinitarischen Person *geborn*, um mit der zweiten Person zu Gottvater zurückzukehren und eins mit ihm zu werden (s.*gebern* 1.10.; 301,28f) Jedoch handelt es sich bei diesem - an Eckhart erinnernden - Bildaspekt um eine singuläre Vorstellung[1], die Tauler - insbesondere, was die ontologischen Konsequenzen betrifft - nicht weiter verfolgt. Eine andere Möglichkeit sieht Tauler darin, daß der Mensch infolge eines tugendhaften Lebens die Nähe Christi in einer Art *innerlich umbevang* erfährt (s.*umbevang* 14.1.) - eine Form von Kontakt zwischen unterschiedlichen Partnern, die auch innerhalb der Trinität zwischen Gottvater und Jesus Christus gebräuchlich ist (s.*umbevang* 14.1.) und die

---

[1] Vgl. in Teil III die Untersuchung der Metaphern *gebern/geburt* bei Johannes Tauler.

den Vorteil hat, daß der ontologische Aspekt nicht thematisiert zu werden braucht. Schließlich nennt Tauler noch die Möglichkeit, daß sich der Mensch mit Gott identifizieren kann, wenn er der "*tiefe des goetlichen abgründes... mit einer vertieffeter demuetkeit*" (239,4f) folgt[1].

Die für Tauler charakteristische Sichtweise der unio kommt jedoch nur dann vollständig in den Blick, wenn man neben den bereits dargestellten Aspekten vor allem die Ergebnisse der Metaphernuntersuchung heranzieht, deren Thema der Status des Menschen nach der Rückkehr in Gott ist. Zunächst lassen die allgemeinen Äußerungen Taulers keinen Unterschied zu Eckhart erkennen, wenn Tauler z.B. zur unio bemerkt: "*... in dem do wurt die fruht so unsprechenlich suesse daz dan abe kein vernunft verston mag, und kummet also verre daz der geist in diseme so versinket das er die underscheit so verlúret, er wurt also ein mit der suessekeit der gotheit daz sin wesen also mit dem goettelichen wesen durchgangen wurt daz er sich verlúret, rechte alse ein troppfe wassers in eime grossen vasse wines; also wurt der geist versunken in Got in goetlicher einekeit, daz er do verlúst alle underscheit, und als daz in dar het braht, daz verlúret do sinen nammen, also demuetikeit und meinunge und sich selber, und ist ein luter stille heimliche einekeit sunder alle underscheit. Och kinder, hie wurt meinunge und demuetekeit ein einvaltekeit, ein wesenliche stille verborgenheit, daz man es kume gemerken kan.*" (33,20-30) Die Differenzen treten erst zutage, wenn man erfaßt, daß das von Tauler im Kontext der unio verwendete Bildparadigma die Metapher des *versinken* bildet, während Eckhart in diesem Zusammenhang die Geburtsmetaphorik einsetzt. Bemerkenswert ist, daß sowohl bei Eckhart wie bei Tauler die metaphorisch bezeichneten Prozesse trotz der Andersartigkeit der Leitmetaphorik und der ihnen zugrundeliegenden theoretischen Konzepte zum gleichen Ergebnis führen: In beiden Fällen steht die Aufhebung aller Unterschiede in Gott am Ende aller Bemühung des Menschen. Im Rahmen der ontologischen Konzeption Eckharts geschieht dies durch die - insbesondere über die Geburtsmetapher veranschaulichte - Angleichung des Menschen an das göttliche Sein, das *unum esse* ist, so daß Eckhart zwingend mit der unio von Gott und Mensch auch die innertrinitarische unio mitzubedenken hat. Bei Tauler dagegen wird diese Verknüpfung von Anthropologie und trinitarischer Theologie nicht mehr weiterverfolgt. Wie bei Mechthild von Magdeburg konzentriert sich sein Interesse auf das Konzept der Demut, in deren Rahmen die Aufhebung aller Differenz zu Gott in der Erkenntnis und existentiellen Ratifizierung des unendlichen Unterschiedes - bzw. mit Mechthild formuliert: der *vroemdunge* der Seele von Gott - vollzogen wird. Anders als Eckhart, der in VeM programmatisch formuliert: "*Bis ein, daz du daz ein mügest vinden.*" (DW V 115,8f), verlangt Tauler mit Verweis auf die Kenosis und passio Christi sowie auf die Ausgangssituation der Schöpfung, daß der Mensch zunichte werden muß[2],

---

[1] Dies setzt die Erkenntnis und existentielle Ratifizierung der Ungleichheit des Menschen zu Gott voraus. Vgl. dazu Alois M. Haas (Selbsterkenntnis, aaO, S.120): "Der mystische Sturz in den göttlichen Abgrund muß das Bewußtsein der grundlegenden Nicht-Identität zwischen Gott und Mensch als ein wesentliches Moment seiner Ermöglichung mit sich nehmen."

[2] Die veränderte Position Taulers gegenüber Eckhart hat auch Konsequenzen für die von ihm verwendete Bildlichkeit: Tauler bevorzugt für die unio Bilder, die den Aspekt der Vernichtung akzentuieren: "*versinken und ertrinken in das goetlich abgrunde...*" (251,13; vgl.

damit er dadurch seine radikale Angewiesenheit auf das göttliche Entgegenkommen verifiziert. Die Aufhebung aller Unterschiede zu Gott bedeutet daher die Aufhebung jeglicher vermeintlichen Eigenständigkeit des Menschen gegenüber Gott und damit radikale Empfänglichkeit für Gott. Das in Kapitel 2 beschriebene Abstiegsmodell läßt sich von daher genauer situieren: Es geht im Unterschied zu Mechthild nicht um einen Weg in die größtmögliche Entfernung von Gott, sondern um einen Prozeß, der von einem falsch eingeschätzten Ich zur Einsicht in die Nichtigkeit des Ich führt und dadurch - mit der Erkenntnis des radikalen Unterschiedes zu Gott - jeden Unterschied zu Gott, der dem Menschen zu eigen ist, abbaut[1]. Die göttliche Unterschiedslosigkeit erreicht der Mensch demnach, wenn er den Akt der Demut vollzieht und seine radikale Unterschiedenheit zu Gott existentiell ratifiziert, indem er *"in sin niht versinket"*, d.h. sich mit seiner geschöpflichen Verfassung identifiziert, was die Preisgabe alles Eigenen bedeutet. Den verschiedenen Kontexten der Metaphorik des *versinken* läßt sich entnehmen, daß die Vernichtung alles Eigenen von Tauler in unterschiedlichen menschlichen Situationen dargestellt wird, so daß die Übergänge zwischen ihnen fließend werden: Neben der Situation des Menschen in Raum und Zeit ist es vor allem die göttliche Situation, in der jeglichem Versuch der individuellen Selbstbehauptung der Boden entzogen wird. Bedingt durch den Verlust, sich von anderem unterscheiden und dadurch behaupten zu können, wird die individuell bestimmte Existenz in Gott vernichtet; an die Stelle der Selbstbestimmung tritt die Erfahrung der unbegrenzten Unbestimmtheit[2], die zugleich die Erfahrung der Bestimmung durch Gott bedeutet. Eine Zusammenschau all dieser verschiedenen Aspekte gelingt Tauler im Bild des *versinken*: Er spricht vom *"versinken in den grunt der demuetkeit"* (162,17), vom *versinken* des Menschen in sein *grundelos nút* (229,6), vom *"versinken und versmelzen in sin eigen nicht und in sin kleinheit"* (249,33f), dann vom *undergan, versinken* und *ertrinken* im göttlichen *grundelosen mere* (176,10).

Eine andere Vorstellung entwickelt Tauler, wenn er davon spricht, daß der Mensch in seiner Gesamtheit - innen wie außen - von Gott *"durchflossen und úbergozzen"* wird (s.*giessen* 11.1.-11.5.), so daß sein *"geist verflússet in goettelicher einikeit..."* (s.*verfliessen* 24.1.-24.3.). Dies heißt für Tauler auch, daß dadurch jegliche natürliche Weise zu denken, jede Form von Begrifflichkeit, über-

---

102,7), *versinken* und *versmeltzen* (68,7f), *versmeltzen* und *ze nihte werden* (s.201,11); vgl. zum Ganzen *versmelzen* 5.1.-5.5., wohingegen Meister Eckhart - wie bereits ausgeführt wurde - die Geburtsmetapher präferiert.

[1] Die Anerkennung der Geschöpflichkeit ist demnach gleichbedeutend mit der Verifizierung der menschlichen Nichtigkeit, was die Aufhebung aller Unterschiede des geschöpflichen *nút* zu Gott zur Folge hat. Dies heißt letztlich nichts anderes, als daß die Identifikation mit der geschöpflichen Differenz zur Differenzlosigkeit in Bezug auf Gott führt. In diesem Sinn sind die Ausführungen von Louise Gnädinger (Johannes Tauler, aaO, S.361) zu präzisieren, wenn sie zur unio allgemein bemerkt: "Abgesehen jedoch von der zeitlichen Befristung dieser Einheitserfahrung während des irdischen Lebens bleibt auch diese einzige, jedoch markante Differenz in der *unio mystica* ewig bestehen: das Geschaffensein des Menschen durch den ungeschaffenen Gott."

[2] Damit wird systematisch formuliert, was Tauler anhand der räumlichen Anschauung zur Darstellung bringt: *"wan ie tieffer, ie hoeher; wan hoch und tief ist do ein."* (162,18; vgl. 206,4f)

haupt jede durch Anschauung oder Vorstellung bedingte Unterscheidung hinfällig wird[1]. Daraus folgt: Alle Denk- und Anschauungsmodelle, jeder Begriff und jede Metapher müssen - vom Menschen aus betrachtet - in Demut dem Prozeß ihrer Vernichtung unterworfen werden. Alles, was der Mensch von Gott aussagt, hat nur einen Sinn, wenn es zur Entsagung des Menschen führt; es wird gesagt, damit sich im Medium der Sprache der Akt der Demut vollziehen kann: Beim Gotteslob muß sich der Mensch auf einen Prozeß einlassen, bei dem er die Unzulänglichkeit seiner sprachlichen Möglichkeiten erkennt und in Demut dazu bereit ist, daß das Lob seine Wortgestalt transzendiert und - auch hier findet die Metaphorik des *entsinken, versinken* und *versmelzen* (s.293,11) ihre Anwendung - ganz mit Gott eins wird. Denn nur wenn Gott sich selbst lobt[2], kann das Gesagte dem Gemeinten entsprechen und wird mit dem Gotteslob Gott eigentlich gelobt: "*Dis loben ist unzellichen über die zwene ersten grete, das die grosheit der unbegriffnlicher erwirdikeit Gotz in eime lutern bekenntnisse also in im selber enpfallent alle wort, alle wise; denne versinke und entsinke im selber und sinke und smelze in in, das er sich selber muesse loben und im selber muesse danken.*" (293,8-12)

5.0. Heinrich Seuse

5.1. Seuses Sicht der unio mit *bildgebender wise* und *guot underscheid*

Seuse beantwortet in cap 50-53 der Vita ausführlich die Fragen seiner geistlichen Tochter Elsbeth Stagel: "*Sagent mir, waz ist got, ald wa ist got, ald wie ist got? Ich mein, wie er sie einvaltig und doch drivaltig?*" (171,3-5) Wie aus seiner Antwort ersichtlich wird, sieht sich Seuse durch diese Frage auch dazu veranlaßt, die Rückkehr des menschlichen Geistes in Gott sowie das damit zusammenhängende Problem des Verhältnisses von Gott und Mensch in der unio zu thematisieren. Rein äußerlich betrachtet, ist er mit den Ausführungen zu diesen Fragen an das Ziel seiner Unterweisung gelangt: Nach der Einführung in den Anfang des geistlichen Lebens und nach der Orientierung des zunehmenden Menschen am Vorbild Jesu Christi, insbesondere an seinem Leiden, beendet er seine Unterweisung, indem er "*mit guotem underscheide in togenlicher wise der aller nehsten blossen warheit*" (194,7f) seine geistliche Tochter unterweist. Insofern dieses Prinzip des *guot underscheid* für Seuses Konzept der unio zentral ist, soll im folgenden untersucht werden, wie Seuse dieses Prinzip im Kontext der unio-Metaphorik realisiert, um dann die Frage zu klären, in welchem Verhältnis Bild und Unterschied, d.h. bildliche Darstellung und begriffliche Abstraktion zueinanderstehen.

---

[1] "*Und es ist kein widerwertikeit, wan in disem enist nút bildunge noch sinlicheit noch zitlicheit noch vergenglicheit; wan in disem enlouffent die underscheide nút die von den fantasien koment, als S.Dyonisius spricht.*" (351,10-13)
[2] Vgl. zu diesem Aspekt die Ausführungen in Kapitel 1, 5.2.

5.1.1. Bildmuster für die Einheit und Verschiedenheit der göttlichen Personen

Der Aspekt der göttlichen Einheit wird mit der innertrinitarischen Differenzierung dadurch in einen Bildzusammenhang gebracht, daß Seuse - wie Meister Eckhart - den Aspekt des Zustandes mit dem der Bewegung mittels verschiedener Metaphern miteinander kombiniert. So stellt z.B. Seuse mit der Lichtmetapher dar, daß sich die göttliche Einheit auf jeweils unterschiedliche Weise in den trinitarischen Personen manifestiert; diese sind ihrerseits in der göttlichen Einheit andauernd präsent, indem sie im Unterschied zur Einheit, die sich in drei Personen differenziert, einheitsbildend auf den göttlichen Grund einwirken, insofern sie in diesen *einvalteklich liuhten* - eine Sichtweise, in der ein nominales Verständnis der unio des göttlichen Grundes dem dynamisch-verbalen Verständnis von der Einheit der drei Personen im göttlichen Grund gegenübersteht. Damit wird ein Konzept von Einheit greifbar, das in dieser konkreten Ausprägung bei den anderen Autoren fehlt.

In einem anderen Bild wird die Aufhebung der räumlichen Differenz von innen und außen in Gott thematisiert; diese verliert dadurch ihren unterscheidenden Charakter, daß die trinitarischen Personen sowohl außerhalb wie in der göttlichen Einheit anwesend sind, weil der als räumliche Bewegung vorgestellte Aspekt der Veränderung mit dem Aspekt der Dauer im Bild der *inneblibenden usgossenheit* der drei Personen in der Gottheit (s.*usgossenheit* 14.2.) zur paradoxen Identität zusammengezwungen wird. In ähnlicher Weise wird die räumliche Bewegung, die zur Differenzierung in drei Personen in Gott führt, durch eine regelmäßig verlaufende Gegenläufigkeit außer Kraft gesetzt: Die *usgeflossenheit* der trinitarischen Personen aus der göttlichen Einheit ist "*alle zit... sich wider inbietende in des selben wesens einikeit.*" (s.*usflus* 23.1.-23.5.) Zugleich ist bei dieser metaphorischen Aussage aufgrund des Aspekts der andauernden Wiederholung des gleichen Geschehens die Unterschied setzende Funktion der Zeit annulliert.

Hinsichtlich der zweiten trinitarischen Person, für deren Hervorkommen aus Gottvater Seuse die Vorstellung vom *sprechen, gebern, vliessen* und *usdruken* bildet, sichert Seuse die Einheit trotz des Unterschiedes in Gottvater, indem er zwischen *wesen/weslichkeit* einerseits und dem *persoenlichen underscheit* andererseits differenziert: Vom Vater "*geflossen nah persone*", ist Jesus Christus "*inneblibend nach dem wesenne*" (s.*vliessen* 1.10.-1.11.; ähnlich *gebern* 1.1.-1.2.). Eine andere Möglichkeit wählt Seuse, wenn er im Rahmen des philosophischen Modells der göttlichen Selbsterkenntnis die zweite trinitarische Person als "*ein ussgedruktes bild uss sinem* (d.h.Gottes) *innigosten abgrunde...*" bezeichnet (s.*ustruken* 12.1.). Der Vorteil dieser Betrachtungsweise besteht darin, daß trotz der Verschiedenheit von Erkenntnisbild und göttlichem Inhalt des Bildes der Zusammenhang mit der im göttlichen Einheitsgrund undifferenzierten göttlichen Wirklichkeit über die Abbildrelation gewahrt werden kann. Jedoch fehlt im Kontext dieser Vorstellung - worin sie sich von allen kreatürlichen Bildern unterscheidet -, daß in Gott das Bild wie das Abgebildete den gleichen ontologischen Status aufweist.

Als weitere Tendenz läßt sich bei Seuse feststellen, daß er in seinen Bildern entweder ausschließlich die Differenzierung oder die Übereinstimmung der trinitarischen Personen mit Gott thematisiert: Unter wechselnder Perspektive, mehr als Aktivität des Vaters oder des Sohnes beschrieben, verleiht Seuse dem Wirklichwerden von Sohn und Hl. Geist Züge des *vliessen,* der *entgiessunge,* des *usbrechen,* des *entspringen* und - ausschließlich in Bezug auf den Sohn - der *geburt.* Wie bei Meister Eckhart gleichen sich sowohl Vater und Sohn in ihrer Ursprungsfunktion hinsichtlich des Hl. Geistes (s.*entgiessen* 5.1.-5.4.; *vliessen* 1.10.-1.11.).

Die Ähnlichkeit und Einheit der trinitarischen Personen untereinander (bzw. einer trinitarischen Person mit der Gottheit) läßt sich in Bildern verfolgen, die Seuse auf der Grundlage der Licht- und Spiegelmetaphorik entwickelt. Im Durchmustern der verschiedenen Bilder zeigt sich, daß Seuse ausschließlich den Zusammenhang der ersten mit der zweiten trinitarischen Person thematisiert. Jesus Christus ist der *"spiegel der gotlichen majestat", "glanz und widerglanz des ewigen* (bzw. *vetterlichen) liehtes"* und als *"spiegel sunder masen"* ein gottgleiches Abbild ohne Einschränkungen (s.*spiegel* 1.1.-1.3.). Jesu Menschheit in Beziehung zu Gottvater beschreibt Seuse, indem er diese Beziehung parallelisiert mit der Relation von *mane* und *sunne* (s.*lieht* 1.1.; 21.2.). Je nach Blickpunkt entwirft Seuse somit für die unio als dem Ort der göttlichen Sohnschaft unterschiedliche Vorstellungen: *"Eya, wa ist nu daz wa der blossen goetlichen sunheit? Daz ist in dem bildrichen lieht der goetlichen ainikeit, und daz ist na sinem namlosen namen ein nihtekeit, nah dem inschlag ein weslichú stilheit, nah dem inneblibendem usschlag ein natur der driheit, nah eigenschaft ein lieht sin selbsheit, nah ungeschafenr sachlichkeit ein aller dingen gebendú istekeit."* (Vita 184,20-25)

5.1.2. Bildvariationen zum Thema der unio von Schöpfer und Geschöpf

Was die Entstehung der geschöpflichen Wirklichkeit betrifft, stellt Seuse mehr als die anderen Autoren vor ihm Beziehungen zum Prozeß der innertrinitarischen Differenzierung her: Mit der gleichen Metaphorik wie für den innergöttlichen Differenzierungsprozeß umschreibt Seuse das Entstehen der geschöpflichen Differenz als *uzbrechen* (s.*uzbrechen* 10.5.-10.6.) und als *vliessen* (s.*vliessen* 1.1.-1.7.). Dem *usfliessen* der trinitarischen Personen spricht er ausdrücklich sogar Modellcharakter bezüglich des Hervorkommens der Kreaturen aus Gott zu (s.*vliessen* 20.1.-20.5; 23.6.-23.7.). Vorbildfunktion für den Menschen als Geschöpf Gottes hat für Seuse speziell Jesus Christus: Wie das ewige Wort in der Gottheit soll der Mensch sich darum bemühen, *"in ieglichem nu usfliessende und wider infliessende..."* zu sein (s.*vliessen* 12.1.-12.3.). Im Unterschied zum Werden der zweiten trinitarischen Person ist mit der Entfernung des Menschen vom göttlichen Ursprung allerdings der Wechsel in die von räumlichen Unterschieden und *eigenschaft* bestimmte Ungleichheit mit Gott verbunden, die den Menschen hindert, wieder in Gott zurückzukehren. Eine solche Rückkehr ist nur dann möglich, wenn sich der Mensch in Gelassenheit ausschließlich von Gott bestimmen läßt und sein Leben allein von Gott empfängt (s.*gebern* 3.1.-3.2.). D.h. wenn alles Zeitliche und alle *eigenschaft* für ihn keine Wirklichkeit mehr sind (s.*gebern* 1.3.-1.6.; 3.1.-3.2.), wird der menschliche Geist infolge der Beseitigung aller Ungleichheit mit Gott erneuert (s.*vliessen* 12.1.-12.3.); es kommt zur *widergeburt* in Gott, und der Mensch wird - durch die Wiederherstellung seiner ursprünglichen Verfassung - Sohn *in einfoermicheit* mit Jesus Christus (s.*gebern* 14.1.-14.2.). Im Gegensatz zu Meister Eckhart hält Seuse jedoch daran fest, daß nur Jesus Christus von Natur aus die erste trinitarische Person allein zum Vater hat, so daß ausschließlich ihm das Sein des Vaters *natúrlich* zukommt, während es dem Menschen bei seiner Rückkehr zu Gott in Gnade verliehen wird (s.*gebern* 1.3.-1.6.).

Was die Begegnung des Menschen in seiner geschöpflichen Differenz mit dem Göttlichen anbelangt, fällt bei Seuse auf, daß er dafür Bilder gebraucht, die alle ein personales Geschehen - und zwar überwiegend in Anlehnung an die Bildlichkeit der Brautmystik - thematisieren. Die Gottesbegegnung wird dadurch zum liebevollen *umbvang* Jesu Christi, des *gemahel*, durch die Seele; umgekehrt umarmt, küßt und vereint Gott mit sich die Seele (s.*umbevang* 14.2.-7.4.; *umbevangen* 13.1.-13.4.). Seuse sieht speziell sich selbst in besonderer Weise aufgefordert, Jesus Christus in sein Leben hineinzunehmen und das *goetliche liep zu umbschliessen* (s.*truken* 2.1.-2.3.) bzw. Gott liebevoll zu umfangen und geistig zu küssen (s.*umbevangen* 13.1.-13.4.). Die Parallele zur irdischen Liebesbeziehung wird dadurch gesprengt, daß Seuse im 50. cap. der Vita die Beziehung von Braut und göttlichem Bräutigam mit den Metaphern *vervliessen* und *uzgiessen* als ein naturales Geschehen gestaltet, bei dem sich Gott ganz dem Menschen mitteilt, so daß jeder Unterschied wegfällt: "*Owe, du übertrefendes liep alles liebes! Dú groest liebi zitliches liebes mit sinem liep lit dennoch liebes mit liep zerteilter underscheidenheit; owe aber du, alles liebes grundlosú vollheit, du zerflússest in liebes herzen, du zergússest dich in der sel wesen, du bloss al in al, daz liebes ein einig teil nit uss blibet, den daz es lieplich mit lieb vereinet wirt.*" (174,8-13)

Neben der Liebesbeziehung, die die Einheit von Verschiedenem in Liebe sowie die Überwindung jeglichen Unterschiedes durch Gottes Initiative vor Augen führt, bringt Seuse als weitere Möglichkeit zur Überwindung der geschöpflichen Differenz zu Gott die meditative Begegnung mit dem leidenden Christus oder das Gotteslob ins Spiel - Weisen menschlicher Bezugnahme auf Gott, die dazu führen, daß sogar das menschliche Innere sich aufzulösen droht (s.*vliessen* 1.1.-1.7.; *zerspringen* 13.1.). Eine noch weitergehende Neutralisierung der geschöpflichen Differenz prägt das menschliche Bewußtsein, wenn der menschliche Geist in die einfaltige Gottheit zurückkehrt. Dort wird die menschliche Vernunft bei der unio mit Gott außer Kraft gesetzt (s.*lieht* 21.3.-21.4.); der menschliche Geist *stirbet*, wenn er in Gott lebt (s.*sterben* 4.6.; *entsinken* 5.1.-5.8.), bzw. er wird durch das *infliessen* des göttlichen Geistes "*mit verborgen liecht*" innerlich erneuert (s.*lieht* 1.4.): "... *wan dú einikeit zúhet in in der driheit an sich, daz ist an sin rehten übernatúrlichen wonenden stat, da er wonet über sich selb in dem, daz in da gezogen hat. Da stirbet der geist al lebende in den wundern der gotheit. Daz sterben dez geistes lit dar an, daz er underscheides nit war nimt in siner vergangenheit an der eigenlichen weslichkeit, mer nah dem usschlag haltet er underscheid nah der personen driheit und lat ein ieklich ding underscheidenlich sin, daz es ist...*" (189,8-15).

Eine weitere Form der Aufhebung der menschlichen Differenz zu Gott und Herstellung einer komplexen Identität mit Gott faßt Seuse in das Bild, daß das göttliche Licht den Menschen in der göttlichen Einheit überbildet (s.*lieht* 1.1.). In völliger Äquivalenz zu Jesus Christus ist er dann - wie dieser mit seinem Vater - eins mit Gott (s.*vliessen* 12.1.-12.3.). Diese enge Beziehung zur zweiten trinitarischen Person gestaltet Seuse bildlich auch als liebevolle Umarmung des Menschen durch die Ewige Weisheit in Gott. Die vom Handeln der Ewigen Weisheit ausgelöste Vereinigung mit Gott beschreibt Seuse u.a. als *versenken*, *verswemmen* und *verei-*

nen (s.*verswemmen* 3.1.-3.2.). Die komplexeste Form der Identität mit Gott bildet Seuse im Rahmen der Geburtsmetapher: In Übereinstimmung mit Gottvater bringt der Mensch sich in der einfaltigen Gottheit *einvalteklich* hervor; die dabei realisierte Einheit umfaßt Hervorbringer und Hervorgebrachtes sowie den göttlichen Bereich des Geschehens (s.*widergebern* 14.1.).

5.2. Die mangelnde Differenzierung in der unio-Metaphorik als Desiderat - Seuses Lösungsversuch

Gerade bei den Bildern, die das völlige Verschwinden des menschlichen Geistes in Gott veranschaulichen, wird deutlich, daß für das von Seuse - in Anknüpfung und Widerspruch zu Eckhart - entwickelte Konzept der unio die Kombination von Metaphorik und begrifflicher Distinktion, d.h. *guot underschaid*, charakteristisch ist. Während bei Eckhart die Gefahr besteht, die Loslösung von Raum und Zeit als unproblematisch vom Menschen realisierbares Geschehen mißzuverstehen[1], möchte Seuse durch vernünftige Differenzierung das uneingeschränkte Denken einer "hochmütigen oder irrenden" Vernunft[2] in Bezug auf die unio von Gott und Mensch verhindern und der unio Konturen verleihen, die den realen Existenzbedingungen des Menschen entsprechen[3]. Ein infolge von Hochmut und Unwissenheit entgrenztes Denken führt - so Seuses Position - nur zur Selbsttäuschung über das, was erreicht worden ist: Wenn Menschen mit einem derartigen Denken "... *got schowent al in al nah ire unvolkomenr vernunft, so wen sú dis und daz lassen vallen, sú enwússen wie. Daz ist wol war, es muoss alles ab, dem reht sol geschehen; sú verstand aber noh nit, wie der abval sol gestellet sin, und wen ungelimpflich dis und daz lassen und sich und ellú ding got nemen, und wen dar us wúrken ane underscheid. Und dise gebrest kunt eintweder von ungelerter einvaltekeit ald aber von unerstorbenr ablistekeit. Hie wenet menger mensch, er hab es alles ergrifen, so er im selb hie mag us gan und sich mag gelassen; und daz ist nit also...*" (159,22-160,3). Gegenüber einer derart irrenden Vernunft besteht Seuse auf dem auch in der unio bleibenden Unterschied zwischen Gott und Mensch: Beim Eingehen in Gott wird der Mensch nicht göttlich; die Dinge werden in Gott zwar vernichtet, bleiben aber das, was sie nach ihrer natürlichen Wesenheit sind[4]. Der

---

[1] Vgl. Kapitel 1, 6.1.1.
[2] Vgl. Vita, cap. 47 und Vita, Prolog 3.16.
[3] Loris Sturlese benennt für diese Intention Seuses historische Gründe. In seiner Einleitung zum 'Buch der Wahrheit' führt er aus (aaO, S.LXII f): "Dieselben Ziele wie Eckhart verfolgt auch Seuse im 'Buch der Wahrheit', aber in anderen Zeiten und unter anderen historischen Bedingungen. Er stand - zusammen mit den Eckhartisten - zwischen dem Hammer einer beunruhigenden Hierarchie und dem Amboß einer gefährlichen antikirchlichen Bewegung. In die Defensive geraten, versuchte Seuse, die Mißverständnisse der Lehre seines Meisters auszuräumen, indem er nicht nur den 'Gesichtspunkt Gottes', sondern auch den 'Gesichtspunkt der Kreatur' zum Ausdruck brachte."
[4] "... *wan im entwúrtend ellú ding in der wise, als sú sind in gote, und blibet doch ein ieklich ding, daz es ist in siner naturlicher wesenheit, daz ein unverstandnú blintheit ald ein ungeueptú vernunftikeit nah disem waren underscheid nit kan oder nit wil in ire wuestes gemerk lassen komen.*" (163,4-8)

menschliche Geist vergißt sich selbst[1] und alle Dinge[2]. Im Buch der Wahrheit läßt Seuse zu Beginn von cap. 5 die Wahrheit feststellen: *"Dú sele blibet iemer kreature, aber in dem nihte, so si da ist verlorn, wie si denne kreature si oder daz niht si, oder ob si kreatur si oder nit, des wirt da nútznút gedaht, oder ob si sie vereinet oder nit."* (345,20-23) Noch grundsätzlicher bemerkt die Wahrheit am Schluß des gleichen Kapitels: *"Dis ist alles sament ze verstenne allein nach des menschen nemunge, in der nach dem inswebenden inblike in entwordenlicher wise diz und daz unangesehen ist, nút in der wesunge, in der ein ieklichs blibet, daz es ist..."* (350,23-26). Damit wird deutlich:

(1.) Die begriffliche Distinktion dient dem Ziel, verschiedene Verstehensmöglichkeiten der Metaphorik für die unio des Menschen mit Gott zu unterscheiden. Über *guot underschaid* wird das metaphorische Verständnis der dargestellten unio insofern in Gang gebracht, als eine wörtliche Auffassung als naiv oder hochmütig diskreditiert wird. Um ein Beispiel zu geben: Indem Seuse den mit der Metaphorik des *entsinken/versinken* gemeinten Vorgang begrifflich als Vergessen und Sich-selbst-verlieren des menschlichen Geistes in Gott interpretiert[3], wird die metaphorische Aussage begrifflich einer bestimmten Bedeutung angenähert. Dabei bleibt jedoch infolge der Kombination von metaphorischer und begrifflicher Version des Sachverhalts fraglich, ob das metaphorisch Gemeinte tatsächlich der begrifflichen Fixierung entspricht und ob diese zutreffend ist. In jedem Fall ist jedoch ausgeschlossen, daß *entsinken/versinken* einen Vorgang meint, bei dem der Mensch/der menschliche Geist in seiner konkreten irdischen Existenz vernichtet wird. Dadurch, daß die Metapher des *entsinken* korrigierend in den Begriff aufgehoben zu werden droht und umgekehrt der Begriff eine fragwürdige Beziehung zur konkreten Anschauung aufweist (fraglich bleibt nämlich, ob und inwiefern das 'Vergessen' des Geistes seinem Entsinken äquivalent ist), wird die Vermittlungsfunktion der Sprache zum Problem. Weder Bild noch Begriff können zur Sprache

---

[1] Vgl. z.B. 182,29f.
[2] *"Wan da verlúrt er sich in ein sin selbs vermissen und in ein aller ding vergessen."* (188,16f)
[3] Vgl. *entsinken* 5.8.; Seuse spricht auch davon, daß *"dú vernúnftig kreature soelte ein entsinkendes wideringehen han in daz ein..."* (332,26f). Zur Interpretation dieser Formulierung, vgl. Loris Sturlese (aaO, S.XXXVIII f: "Mit dem Ausdruck *wideriniehen* faßte Seuse einen Prozeß zusammen, der von der Selbstreflexion des denkenden Subjekts ausgeht, zum Bewußtsein des eigenen wahren Wesens (d.h. des in der wesentlichen Abhängigkeit zu Gott bestehenden menschlichen 'Adels') führt und ein tätiges Sich-Bekennen in Gott verursacht. Es geht hierbei um vieles mehr als um eine mystische Kontemplation, wie Denifle und Hofmann durch die Übersetzung 'entsinkendes Zurückschauen' suggerieren. (...) Der Mensch hat eine Relation zu Gott, soll sich zu Gott wenden und in Gott bekennen."
Einzuwenden ist, daß - wie insbesondere an der in Teil III untersuchten Metaphorik des *Entsinkens* (*entsinken* 5.8.) deutlich wird - der in Frage stehende geistige Prozeß gerade zur Preisgabe des menschlichen Denkens führt, so daß man, wenn man die Terminologie des Denkens benutzt, dies nur tun kann, indem man zum Ausdruck bringt, daß dem 'Denken' eine andere Qualität zukommt und infolgedessen in einem anderen Sinne zu verstehen ist. In diesem Zusammenhang ist auch zu bedenken, was es bedeutet, wenn Seuse in der Vita, cap. 52, schreibt: *"Von dem inblike entsinket der geist im selben und aller siner selbheit, er entsinket och der wúrklichkeit siner kreften und wirt entwúrket und entgeistet."* (189,19-21)

bringen, wie es sich eigentlich mit der Einswerdung von Gott und Mensch verhält. Daher versucht Seuse einerseits, weil die Bildlichkeit die Gefahr in sich birgt, wörtlich verstanden, d.h. auf die menschliche Natur und nicht nur auf den menschlichen Geist[1] bezogen zu werden, mit vernünftigen Sprüchen/Lehren[2] und *guot underschaid* den Rezipienten von der Fixierung auf die sinnenhafte Betrachtungsweise zu lösen. Weil andererseits eine rein begriffliche Bestimmung Gottes und der unio mit ihm letztlich inhaltsleer bleibt, ist die philosophische Abstraktion auf konkrete Anschauung angewiesen, damit sie überhaupt unterscheiden kann. Darum kommt Seuse gerade da, wo er Gott und die unio mit ihm im Unterschied zu allem kreatürlichen Sein als *niht* bestimmt, wieder von der Abstraktion zur konkreten Vorstellung zurück. Somit zeigt sich: (a) Die Bildlichkeit, über die die unio anschauliche Konturen erhält, ist konstitutiv für den Realitätscharakter der unio, insofern das menschliche Bewußtsein ausschließlich aufgrund der ihm gebotenen konkreten Vorstellungen der unio eine Bedeutung zumessen kann; (b) das begrifflich-abstrakte Sprechen löst nicht von der Bildlichkeit, sondern ermöglicht deren angemessenes Verstehen[3]. Es geht m.E. daher auch nicht um einen "Rückzug von den Bildern über *guot underschaid*" und damit um den "Rückzug aus dem Kreatürlichen"[4], sondern um den Ausschluß bestimmter Verstehensmöglichkeiten des Metaphorischen mit dem Ziel, in der bildlichen Darstellung der unio von Gott und Mensch - wie dargelegt - den Aspekt des Kreatürlichen gerade zu wahren[5].

---

[1] "*Es lag aber etwas verborgen schaden da hinder einvaltigen und anvahenden menschen, wan im gebrast alzemal noturftiges underschaides, daz man dú wort mohte hin und her ziehen uf geist und uf natur, wie der mensch gemuot waz.*" (97,15-18)
[2] Vgl. Vita, cap. 49.
[3] Heinrich Stirnimann, Mystik und Metaphorik, S. 243: "'Unterscheidung' ist das dritte Element zu 'Bild' und 'Gleichnis'. Es geht nie über 'Bild' und 'Gleichnis' hinaus, sondern bedingt die richtige Auslegung, das richtige Verstehen." Bei den obigen Darlegungen Stirnimanns würde ich anstelle von "richtigem Verstehen" eher davon sprechen, daß ein bestimmtes Verständnis der jeweiligen Metapher ausgeschlossen wird. In dieser Formulierung wird m.E. der auch trotz begrifflicher Fixierung weiterhin bestehenden Freiheit des metaphorischen Verstehens ein größerer Raum zugestanden.
[4] So Walter Haug, Religiöse Erfahrung, S.106. Die Ausführungen von Walter Haug müssen m.E. folgendermaßen korrigiert werden: (a) Begriffe unterscheiden im Rahmen einer bildlichen Aussage und markieren die Korrektur des Gesagten wie auch generell des Menschen zu Gott. (b) Begriffliche Aussagen von Gott unterwerfen wie metaphorische Aussagen das Göttliche menschlichen Denk- und Vorstellungskategorien. Den *guot underschaid* des Gesagten zum eigentlich Gemeinten aufzuweisen, hat die Negation des Gesagten zur Folge. (c) Der *guot underschaid* kann auch so realisiert werden, daß positiv in Abstraktion von kreatürlichen Vorstellungsinhalten das Göttliche zwischen kreatürlicher Determiniertheit und unendlicher Unbestimmtheit begrifflich zur Sprache gebracht werden kann.
[5] "*Ein frage: ob dem menschen blibe sin persoenlich underscheiden wesen in dem grunde dez nihtes? Entwúrt: Dis ist alles sament ze verstenne allein nach des menschen nemunge, in der nach dem inswebenden inblike in entwordenlicher wise diz und daz unangesehen ist, nút in der wesunge, in der ein ieklichs blibet, daz es ist, als sant Augustinus sprichet: la vallen dis und daz guot in verahtunge, so blibet luoter guoti in sich swebende in siner blozsen witi, und daz ist got.*" (350,21-28; vgl. 354,5f u. 13-15) Vgl. auch die Bestimmung der Metaphern *geburt - widergeburt* durch Seuse im Büchlein der Wahrheit, cap. V, 349,4-11.

(2.) Indem Seuse die bildlose göttliche Wahrheit durch *"entworfnú bild und... usgeleite(n) verbildetú wort"* (193,31f) zur Sprache bringt, erhält seine sprachliche Darstellung einen fragwürdigen Charakter. Denn der Mensch vermag nur pluriform, in der Interdependenz von Bild und Begriff, das Göttliche zur Sprache zu bringen; d.h. er redet von Gott, auch wenn Begriffe die göttliche Einheit differenzieren und - wie Seuse formuliert - der Mensch *"in der inbildunge betrogen (ist), dú daz an bliket nach der wise, als es in der kreature ist in getragen. Es ist an im selber einig und bloz."* (331,7-9) Da diese Korrektur jedoch ausschließlich aufgrund von Überlegungen der menschlichen Vernunft erfolgt, kann er nicht anders, als letztlich prinzipiell den unauflösbaren Unterschied zwischem dem Gesagten und Gemeinten festzustellen: *"Fro tohter, nu merk eben, daz disú ellú entworfnú bild und disú usgeleiten verbildetú wort sind der bildlosen warheit als verr und als ungelich, als ein swarzer mor der schoenen sunnen, und kunt daz von der selben warheit formlosen, unbekanten einvaltekeit."* (193,31-194,2)

(3.) Wenn derartig eindeutig das Scheitern der sprachlichen Vermittlung bekannt wird, Seuse aber andererseits andauernd dennoch von Gott redet, liegt auf der Hand, daß die Funktion der Sprache bei Seuse - bezüglich der in diesem Kapitel verfolgten Fragestellung heißt dies: Die Funktion der Metaphorik für Einheit und Verschiedenheit in Gott - neu bedacht werden muß.

Ausgangspunkt der weiteren Überlegungen soll Seuses Forderung sein, daß ein gelassener Mensch *"muoss entbildet werden von der creatur, gebildet werden mit Cristo, und überbildet in der gotheit."* (193,31-194,2) Mit *"entbildet werden von der creatur"* meint Seuse die Umorientierung eines anfangenden Menschen durch Bilder im weitesten Sinn - Vorbilder, Leitbilder (z.B. *gelazzenheit*), Gleichnisse und Metaphern - vom Kreatürlichen weg auf Gott hin; d.h. daß er *"nah der guoten ler ires geischlichen vaters uf ellú stuk bildricher heilikeit wol waz nah dem ussern menschen geberret als ein lindes wehsli bi dem füre, daz der forme dez insigels enpfenklich ist worden..."* (155,15-18) Für den *zuonemenden mensche* ist charakteristisch, daß er anstelle einer Betrachtung von gottentsprechendem Leben die Nachfolge Christi[1] am eigenen Leib realisiert, um dadurch *"gebildet werden mit Cristo"*. Auf diese Weise, d.h. im Sich-lassen, wird in entscheidenden Punkten der Unterschied zum Leben Jesu Christi hinfällig, was eine rein äußere Betrachtung oder eine vernünftige Beschäftigung mit Jesu Gottheit nicht erreicht, da dabei die Distanz des Beobachters und der Reflexion zu Jesu Leben noch nicht überwunden ist[2]. Die dritte Stufe, das vollkommene Leben, verlangt, daß der Mensch so von Gott bestimmt (*überbildet*) ist, daß sein Unterschiede setzendes Denken außer Kraft gesetzt wird[3]. In diesem Stadium der Entrückung geht es um die Entäußerung des Selbst, die Bekämpfung der eigenen Natur und Lösung aller kreatürlichen Fixiertheit, vor allem jedoch um die völlige Aufgabe des menschlichen Denkens, das an konkrete Anschauungsformen und Verstandeskategorien gebunden ist: *"Der inschlag entschleht im bild und form und alle menigvaltekeit, und kunt in sin selbs und aller dingen warnemenden unwússentheit, und wirt da mit den drin per-*

---

[1] Vgl. 155,18f.
[2] Vgl. 339,25-340,16.
[3] Vgl. dazu die Ausführungen in Teil III zu *versinken/entsinken*.

sonen wider in daz abgrúnd nah inswebender einvaltekeit in geswungen, da er gebruchet siner selikeit nah der hoehsten warheit. Hie fúrbaz ist enkein ringen noh werben, wan daz begin und ende, als es hie na mit bilden ist entworfen, sind eins worden, und der geist in entgeisteter wise ist eins mit im worden. Wie aber dú vergangenheit, da si in diser zit einem menschen wurdi, wie dú na beliplicher ald unbeliplicher wise sie geschafen, ald wie der mensch minr und me in der zit über zit wirt in begrifen und sin selbs entsezzet und daz bildlos ein übersezet, daz stat da vor mit guotem underscheid geschriben." (193,18-30). Damit hat der Mensch eine Phase seiner Existenz erreicht, in der er - nach Aufhebung seines Unterscheidungsvermögens - Gott bzw. die unio nicht mehr in Distanz differenziert, kategorisiert[1] und im Kontext geschöpflicher Vorstellungsformen konkretisiert, sondern in gewisser Weise mit Gott dessen Leben mitlebt; d.h. an die Stelle der Bestimmung und Festlegung der Erfahrung Gottes ist der aktuelle Lebensvollzug in Einheit mit Gott getreten[2], der selbst unterschiedslose Einfachheit ist: *"Diser stiller einvaltikeit wesen ist ir leben und ir leben ist ir wesen."* (329,9f)

(4.) Die Verfassung des menschlichen Geistes in diesem Zustand macht die unter 5.1.2. beschriebene Metaphorik so anschaulich, daß das bildlich Dargestellte als eigentliche Aussage mißverstanden werden kann, weil die raum-zeitliche Distanz des Blickpunktes Seuses außer Betracht bleibt - sowohl was das Entwerfen der Bilder anbelangt als auch deren Nachvollzug. Seuse bemüht sich daher darum, den *war underscheid* zur Geltung zu bringen. Dies geschieht einerseits dadurch, daß er die menschliche Bedingtheit der Aussage bewußt macht; andererseits versucht er, von Gott im Unterschied zu endlichen Vorstellungen positiv zu sprechen. Die ent-

---

[1] *"Ein frage: Waz ist daz gesprochen: so daz geberlich niht, daz man got nemmet, in sich selber kumet, so weis der mensche sin und des keinen underscheid?"* (343,9-11)
"Entwúrt: Verstast du nit, daz der kreftiger entwordenliche inschlag in daz niht entschleht in dem grunde allen underscheid, nút nach wesunge, mer nach nemunge únser halb, als geseit ist?" (343,17-19)
[2] Vgl. dazu in ähnlicher Weise Loris Sturlese (aaO, S. LIV): "Es versteht sich, daß unter dieser Perspektive die Begriffe 'Lesemeister' und 'Lebemeister' keine Alternative bildeten, gipfelte doch die Lehre in einem *gelebten* intellektuellen Akt, der eine ausgesprochen religiöse und existentielle Dimension besaß und das ganze Sein des denkenden Subjekts betraf." Wünschenswert wäre in jedem Fall eine Klärung dessen, was unter "einem *gelebten* (kursiv (!) von Sturlese gesetzt) intellektuellen Akt" (aaO, S. LIV) genauerhin zu verstehen ist. Wie kann, so ist zu fragen, "vernünftiges Leben noch" - so Sturlese (aaO, S. LII) - "rationale Reflexion" sein, wenn sie die "Notwendigkeit der Relativierung der Gesetze des diskursiv-rationalen Denkens anerkennt und sie in einer neuen, göttlichen Logik aufhebt" (aaO, S. LIII)? Offen bleibt bei Sturlese auch, wie sich Seuse diese Aufhebung vorstellt. Im vorliegenden Kapitel wird versucht, aus der für Seuse charakteristischen Kombination von Bild und Begriff eine Antwort auf das anstehende Problem zu gewinnen. Zentraler Punkt der weiteren Diskussion dürfte die Frage sein, ob die mit den Metaphern *entsinken/versinken, verswemmen in got* thematisierten Vorgänge Prozesse der menschlichen Vernunft sind, oder ob es sich dabei um Geschehensvollzüge handelt, denen die Vernunft selbst unterliegt. D.h. es muß genauer expliziert werden, was es für das menschliche Denken bedeutet, wenn die Wahrheit bei Seuse im BdW postuliert, daß der Mensch seine menschliche Wahrnehmungsart aufgeben muß: *"Du muost sinnelos werden, wilt du hin zuo komen, wan mit unbekennen wirt dú warheit bekant."* (341,15f).

scheidenden Gedanken Seuses zum letztgenannten Aspekt finden sich in cap. II des Büchleins der Wahrheit, wo sich Seuse von einer rein negativen Theologie abhebt und unter Wahrung ihres Anliegens - nämlich die Unaussagbarkeit Gottes zur Geltung zu bringen - zu einer positiven Aussage über Gott kommt. Die zentralen Passagen lauten: *"Und us dem so moehte man ime sprechen ein ewiges niht; aber doch, so man von eime dinge reden sol, wie übertreffenlich ald übermerklich es ist, so muoz man im etwaz namen schepfen. Diser stiller einveltikeit wesen ist ir leben und ir leben ist ir wesen. Es ist ein lebendú, wesendú, istigú vernünftikeit, daz sich selber verstat, und ist und lebt selber in im selber und ist daz selb."* (329,5-12) Damit ergibt sich der gleiche Sachverhalt, der aufgrund der Metaphernuntersuchung deutlich wurde: Der bildlichen wie auch der begrifflichen Aussage, durch die die göttliche Wirklichkeit auf kreatürliche Weise vorgestellt und von anderer Wirklichkeit unterschieden wird, stellt Seuse eine korrigierende abstrakte These gegenüber. Diese macht nicht mehr wie bei den metaphorischen Aussagen zur unio auf die kreatürliche Bedingtheit der Aussagen von Gott aufmerksam, sondern stellt der kreatürlichen Differenzierung des göttlichen Seins dessen Indifferenz gegenüber: *"Dú warheit sprach: Ja, gotheit und got ist eins, und doch so wúrket noch gebirt gotheit nit, aber got gebirt und würket. Und daz kumt allein von der anderheit, dú da ist in der bezeichnunge nach nemlicheit der vernunft. Aber es ist eins in dem grunde; wan in der goetlichen nature ist nit anders denne wesen und die widertragenden eigenschefte, und die legent überal nihtesnit zuo dem wesenne, sú sint es alezemale, wie sú underscheit haben gegen dem sú sint, daz ist gegen ir gegenwurfe. Wan goetlichú nature nach dem selben grunde ze nemenne ist nihteznit einveltiger an ir selb, denne der vatter in der selben nature genomen, ald kein andrú persone. Du bist allein in der inbildunge betrogen, dú daz an bliket nach der wise, als es in der kreature ist in getragen. Es ist an im selber einig und bloz."* (330,25-331,9) Seuse versucht also antizipatorisch die im Zustand der Entrückung herrschende Unterschiedslosigkeit in seinen gegenwärtigen - von kreatürlichen Denk- und Vorstellungsmustern bestimmten - Standpunkt des Sprechens in Distanz zur unio hereinzuholen und wirksam werden zu lassen[1]. Seuse relativiert dadurch sein Sprechen, indem er einerseits die raum-zeitliche Distanz des von der unio mit Gott Sprechenden gegenüber dem Göttlichen in Erinnerung ruft[2] und andererseits die kreatürliche - auch in der unio unaufhebbare

---

[1] Dieser Punkt ist kritisch gegenüber Loris Sturlese anzumerken, der dazu feststellt (aaO, S. L): "Welcher Art ist diese Vereinigung - oder vielmehr besser: dieses 'Eins-Sein' mit Gott (...) Das 'Buch der Wahrheit' scheint mir eine unmißverständliche Antwort zu geben: Der Prozeß, in dem sich die Einheit mit Gott offenbart und der sich unter das Schlagwort *wideriniehen* zusammenfassen läßt, vollzieht sich auf der Ebene der *vernúnftikeit* und erfordert deren korrekten Gebrauch. Nur das reflektierende Denken mag dem Menschen den Gesichtspunkt eröffnen, von dem aus er sich seiner wesentlichen Abhängigkeit von Gott bewußt wird. Diese besteht darin, daß der Mensch ein Bild Gottes und eins mit Gott ist." Die Bildlogik gehorcht eben nicht der Logik der Vernunft. Das Ineinander von Bild und Begriff verleiht zum einen zwar der bildlichen Aussage klare Konturen; zum anderen werden dadurch die begrifflichen Grenzen der Vernunft bei Aussagen über die unio gerade gesprengt, was erst möglich macht, daß sich die Einheit mit Gott offenbaren kann.

[2] *"Alle die wile, so der mensche verstat ein einunge oder solich ding, daz man mit rede kan bewisen, so hat der mensche noch inbaz ze gaenne; daz niht mag inbaz in sich selber*

- Situation des Menschen an dem Punkt bedenkt, wo die sprachliche Darstellung diese zu überspielen scheint. Dies führt schließlich dazu, daß in weltloser Abstraktion die Ordnung des Göttlichen antizipiert wird[1]. Diese drei Aspekte zeigen sich in der von Seuse verwendeten Metaphorik auf folgende Weise:

(a) Durch die Parallelisierung mit Naturvorgängen erhält die innertrinitarische Differenzierung Züge eines vertrauten Geschehens, das unproblematisch verläuft, weil die Frage nach der bleibenden göttlichen Einheit der drei Personen in der Bildlichkeit nicht weiterverfolgt wird. Dies gilt auch für die Licht- und Spiegelmetaphorik, die die Problematik der Einheit in der Verschiedenheit der ersten und zweiten trinitarischen Person ausblendet. Was die unio des Menschen mit Gott anbelangt, fällt sowohl bei den Naturmetaphern als auch bei der Licht- und Spiegelmetaphorik auf, daß die grundsätzliche Grenze zwischen Gott und Mensch in der Bildlichkeit nicht thematisiert wird.

(b) Dadurch, daß Seuse an zentralen Stellen zusätzlich zur semantischen Inkongruenz des Metaphorischen neben einer paradoxen Struktur der Bildlichkeit[2] mit *guot underschaid* die für die unio von Gott und Mensch verwendete Bildlichkeit um den begrifflich thematisierten Aspekt der unaufhebbaren kreatürlichen Realität des Menschen ergänzt, verhindert er ein unmetaphorisches Verstehen der metaphorischen Aussage zur unio. Der Prozeß des metaphorischen Verstehens wird sogar durch den Ausschluß einer direkten Referenz der Aussagen auf die konkrete irdische menschliche Existenz im besonderen Maße evoziert.

(c) Durch seinen Hinweis auf die raum-zeitliche Bedingtheit der Darstellung des Göttlichen versteht Seuse den sprachlichen Prozeß, der das "*bilde mit bilden uztriben*" zum Ziel hat, als andauernde Transformation der göttlichen *wiselosikeit* in

---

nite, mer nach dem, so wir verstan mugen, daz ist, so wir ane alle foermlichú lieht und bilde, die sin mugent, werden verstaende, daz doch einkein verstentnisse mit formen und bilden mag erlangen. Und hie von kan man nit gereden, wan ich ahten, daz sie geredet von eime dinge, daz man mit der rede kan bewisen; waz man nú hie von redet, so wirt doch daz niht nihtesnit bewiset, waz es ist, daz noch als vil lerer und buecher werin. Aber daz diz niht sie selb dú vernunft oder wesen oder niessen, daz ist och wol wur nach dem, als man úns dar us reden mag; es ist aber nach warheit dez selben als verre und verrer, denn der einer finen berlen sprechi ein hakbank." (342,23-343,8)

[1] "*Ich sagen dir noch me: es si denn, daz der mensch zwei contraria, daz ist zwei widerwertigú ding verstande in eime mit einander, - fürwar ane allen zwifel, so ist nút guot lihte mit ime ze redenne von soelichen dingen;... Ein frage: Weles sint dú contraria? Entwúrt: Ein ewiges niht und sin zitlichú gewordenheit. Ein widerwerfunge: Zwei contraria in eime sinde nach aller wise widerwerfent alle kúnste. Entwúrt: Ich und du bekomen einander nit uf einem rise ald uf einem platze; du gast einen weg und ich ein andern. Dine fragen gand us menschlichen sinnen, und ich antwúrt us den sinnen, die da sint über aller menschen gemerke. Du muost sinnelos werden, wilt du hin zuo komen, wan mit unbekennen wirt dú warheit bekant.*" (341,1-4. 7-16)

[2] Vgl. die unter 5.1.1. entwickelten Untersuchungsergebnisse zur innertrinitarischen Relation.

menschliche Anschauungsformen, wie er sie in Schrift und Tradition vorfindet[1]. Die Bilder werden nach Seuses Meinung jedoch nicht in der Beschauung gefunden, sondern entstehen nach der Rückkehr aus der Schau[2] als - wegen der sich verändernden konkreten raum-zeitlichen Situation des Sprechers - unterschiedlich ausfallende Entwürfe des Menschen vom Göttlichen und der unio mit ihm. Es handelt sich daher im Unterschied zur einfachen Seinsheit um *inbildende zuvallikait* (187,5); sie sind Ausdruck einer menschlichen Art zu sehen[3] und einer menschlichen Erkenntnisweise[4]. Das Prinzip des *"bilde mit bilde uztriben"* erwächst aus der Erkenntnis des *war underschaid* zwischen Bild und dem Göttlichen, da das Göttliche nur auf menschliche Weise darstellbar ist. Um zu verhindern, daß das Göttliche auf ein Bild festgelegt wird, sieht sich Seuse bei jedem Bild verpflichtet, nach dem *guot underschaid*, der die bislang noch nicht berücksichtigten Aspekte erfaßt, zu suchen und ein dementsprechendes Bild zu entwickeln. Solange verschiedene Bilder entwickelt werden, *wird* Gott in der Anschauung des Menschen und bleibt die Anschauung ein lebendiger Prozeß. Besonders deutlich läßt Seuse diesen Prozeß in cap. 52 der Vita werden[5], wo er - wie dargestellt - verschiedene Blickpunkte wählt und die Abhängigkeit eines bestimmten Bildes für die göttliche Einheit vom jeweiligen Blickpunkt bewußt macht. In ähnlicher Weise läßt sich dies bei der innertrinitarischen Differenzierung verfolgen, wo aus Nähe oder Distanz zu Gott das Bewußtsein von Einheit oder Dreiheit Gottes resultiert.

(d) Die Antizipation der anderen Ordnung Gottes, die dem metaphorischen Verstehen Richtung und Ziel vorgibt, ist bereits in den Bildern realisiert, die für die Kombination der göttlichen Einheit mit der Dreiheit der göttlichen Personen gegen die raum-zeitliche Ordnung verstoßen, Zustand und Bewegung ineinssetzen, Veränderung und Dauer zusammenzwingen. Auch bei der Darstellung der unio von Gott und Mensch enthält die Bildlichkeit Aspekte, die die kreatürlichen Möglichkeiten des Menschen übersteigen. Mit der Vorliebe für Auflösungsprozesse in der Natur sowie dem Paradox, daß die Metaphorik des Sterbens für eigentliches Leben steht, bringt Seuse diesen Gesichtspunkt zur Geltung. Über die Bildlichkeit wird dadurch dem Rezipienten ermöglicht, die konventionelle Ordnung der empirischen Welt zu durchbrechen und sich in die andere Ordnung Gottes solange hineinzuversetzen[6], wie es ihm möglich ist, in der Bilderwelt Seuses zu bleiben. Dies läuft letztlich auf einen Prozeß heraus, an dessen Ende die Entrückung steht - ein Zustand, in dem jedes Bild und jeder Begriff aufgehoben ist[7]. Der Mensch erreicht

---

[1] Vgl. 190,10f; 197,15-21.
[2] Vgl. 189,13-16.
[3] Vgl. 341,15f.
[4] Vgl. 350,23-26.
[5] Vgl. 184,20-185,4.
[6] Damit versucht Seuse, ähnlich wie im Prolog zur Vita angekündigt, über die sprachliche Darstellung *"mit rehter ordenhafti zuo der blossen warheit eins seligen volkomen lebens..."* (Vita, Prolog 3,17f) zu führen. *Rehte ordnung* hält den *war underschaid* ein zu allem Unterschiedenen und ist infolgedessen selbst unterschiedslos.
[7] Markus Enders, Das mystische Wissen bei Seuse, aaO, S. 242, konstatiert zu Recht bei Seuse eine Spannung innerhalb des mystischen Wissens über die unio "zwischen seinem re-

diesen Zustand, wenn er auf höherer Ebene noch einmal vollzieht, was den anfangenden zum zunehmenden Menschen macht: Er muß in der Konfrontation mit metaphorischen Kategorienfehlern (Verstoß gegen die raum-zeitliche Logik usw.) sein eigenes kategorisierendes Denken vergessen, dann aber sich von der Betrachtung der Metaphorik lösen und in der göttlichen Ordnung sich selbst sowie sein auf Besitz und Aneignung ausgerichtetes Denken verlieren.[1]

6. Die Aufhebung des Metaphorischen in Margarethas Bildern für die unio

Neben einer radikalen Reduktion der Bildlichkeit für die unio - die immanente Tätigkeit der drei göttlichen Personen gerät z.B. völlig aus dem Blick - ist für Margarethas Metapherngebrauch bezüglich der unio im Vergleich zu den anderen untersuchten Autoren charakteristisch, daß anstelle von Metaphernkombinationen, die eine unauflösbare gegenseitige Korrektur zweier oder mehrerer Vorstellungen bedeuten, metaphorische Aussagen so in einen logischen Zusammenhang gefügt werden, daß jede Aussage um einen weiteren Aspekt ergänzt wird. Um ein Beispiel für eine derartige additive Reihung metaphorischer Aussagen zu geben: Gott spricht zur Seele Margarethas: "*ich bin ain gemahel diner sel, daz ist mir ain lust ze miner ere. ich han ain mineklichez werck in dir, daz ist mir ain süesses spil. des zwinget mich din minne, daz ich mich lauz finden, daz ez der sel as genuoch ist, daz es der lip nit liden wil, din süezzer lust mich findet, din inderiu begirde mich zwinget, din brinnendiu minn mich bindet, din luteriu warhet mich behaltet, din ungestüemiu lieb mich bewart. ich wil dich frölich enphahen und mineklich umvahen in daz ainige aine, daz ich bin. daz ist miner güetkait nit ze vil. da wil ich dir geben den minnenkus, der diner sel ist ain lust, ain süesses inners berüeren, ein minnekliches zuofüegen.*" (69,19-70,3) Insofern jede Metapher auf einen genau bestimmten Aspekt verweist, ist die Bedeutung der jeweiligen Metapher durch den Geschehenszusammenhang festgelegt, was letztlich zur Aufhebung der semantischen Spannung und damit des metaphorischen Charakters der jeweiligen Aussage führt. Diese Tendenz zeigt sich auch darin, daß in den Ausführungen Margarethas nicht mehr das göttliche Liebeshandeln selbst eine außerordentliche Qualität aufweist, sondern nur noch dessen Wirkung, deren Erfahrung auf einen kurzen Bewußtseinseindruck beschränkt ist: "*mir geschach ain grif von ainer indern göttlichen kraft gotes, daz mir min menschlich hertz benomen wart, daz ich in der war-*

---

flexionslosen (Kern-) Inhalt (der mystischen unio) und seiner notwendig reflexiven Form." Auch der Folgerung, die er daraus zieht, ist zuzustimmen: "Da diese Spannung zur Auflösung drängt, die Auflösung aber... nur in einer Aufhebung der reflexiven Form dieses Wissens bestehen kann, weist das mystische Wissen notwendigerweise stets über sich hinaus auf jene unmittelbare Erfahrung hin, deren Vollzug Reflexionsfreiheit fordert und voraussetzt." (aaO, S. 242) Völlig ungeklärt bleibt jedoch, wodurch diese Spannung zustandekommt. Die im vorliegenden Kapitel sich findenden Darlegungen zielen darauf ab, die Funktion der Metaphorik für die Erzeugung dieser Spannung zu explizieren.

[1] In der Funktion, das Vergessen zu evozieren, mißt Seuse insbesondere der Spielmetapher und Szenen, in denen er göttliches Spiel inszeniert, ein große Bedeutung zu; vgl. die Ausführungen zur Metapher *spil/spilen* in Teil III.

hait sprich - diu min herre Jhesus Cristus ist -, daz ich sin sider nie enphant. mir wart da geben unmessigiu süezkait, daz mich duht, ez möht min sel von minem lib geschaiden sin. und der aller süezzest nam Jhesus Cristus wart mir da geben mit einer so grozzen minne siner lieb..." (27,13-20). Die Aufhebung des metaphorischen Charakters einer Aussage wird von Margaretha auch dadurch bewirkt, daß sie den Vorgang der unio von Gott und Mensch als zwischenmenschliches Handeln unter Vernachlässigung des göttlichen Andersseins darstellt, wobei dem Menschen erst im Nachhinein bewußt wird, was eigentlich geschehen ist: *"do kom mir aber der grozz lust zuo der kinthait unsers herren, und nam daz kintlich bilde und druckt ez an min blozzes herze, waz ich von aller miner craft maht. in dem enpfande ich ainer menschlichen berüerde sines mundez an minem blossen herzen. do enphieng ich ainen as grossen götlichen schreken, daz ich ain wile saz, daz ich nihtz getuon maht."* (89,20-26) Die hier zutage tretende Annäherung der Darstellung des göttlichen Handelns an konventionelle Erfahrung zeigt sich schließlich darin, daß Margaretha bezüglich ihrer eigenen Person sogar feststellt, die Präsenz des Göttlichen in ihrem Inneren quasi visuell wahrnehmen zu können: *"mir ist auch got die selben wil as gegenwertig und as begriffenlich in der sel und in dem herczen und as enphindenlich in aller der kraft as er würket in himel und uf ertrich, as ob ich ez mit minen liplichen augen sähe, und as müglichen as ainem menschen gesin mag, und bin auch die selben wile in grossen fröden."* (32,13-18)

Somit unterscheidet sich Margaretha, wie aus den vorausgehenden Zitaten deutlich wird, von den anderen behandelten Autoren dadurch, daß sie die Unfaßbarkeit, Vieldeutigkeit und Unsagbarkeit der unio mit Gott sowie des göttlichen Handelns nicht in ihrer Unsagbarkeit und Vieldeutigkeit mittels Metaphern zur Sprache bringt, sondern diesem in ihrer Darstellung Züge des Vertrauten verleiht; allein die Konsequenzen der Gottesbegegnung sprengen den Rahmen des Gewohnten: *"azo gant mir an min hertze die aller süssosten stösse mit der aller creftigosten genade und die aller süesseste berüerde, daz mich dunket, von siner ungestüemen minne sich meht min hercze zerspalten und von siner süezzen genade min hertze zerfliezzen..."* (75,20-24) Mit der in diesem Zusammenhang festgestellten Reduktion des Metaphorischen geht einher, daß Margaretha zu größerer Eindeutigkeit zurückfindet: Sowohl das göttliche Handeln selbst wie auch die sich daraus für den Menschen ergebenden Konsequenzen sind eindeutig wahrnehmbare und im Bewußtsein oder im Innern Margarethas genau lokalisierbare Vorgänge. Schwierigkeiten bereitet nur die menschliche Inkompetenz, die Margaretha aber für ihre Person aufgrund ihrer - wie sie bekennt - gnadenhaften Befähigung überwunden sieht, weshalb sie auch in Bezug auf das Göttliche über eine schärfere Erkenntnis und eine höhere Sprachkompetenz zu verfügen glaubt: *"nun enphing ich da von der innern güet gottes grozze gaub, daz was daz lieht der warhait der götlichen verstantnüz. mir wurden auch min sinne vernünftiger dann vor, und daz ich in aller miner rede die gnaud het, daz ich sie baz ze worten kund bringen und auch alle red nach der warhait baz verstuond. ez ist sider dick gen mir geret, menig red der antwurt ich me als ichs in der warhait bekant dann nauch des menschen worten. die gaub und ander vil gaub, die mir da geben wurden, der ich iecz niht geschriben kan, die ich her nach schribent wirt, wan sie an mir zuo nement sint. und daz geschach alles an dem aftermentag, do mir der minnegrif in daz hertz geschach..."* (28,7-18).

7. Die Reduktion der unio-Thematik bei Heinrich von Nördlingen

Bei einer ersten Durchsicht der von Heinrich für die Beschreibung der göttlichen Wirklichkeit verwendeten Metaphern fällt auf, daß Heinrich wie Margaretha kein großes Interesse für die Frage der Einheit der drei göttlichen Personen zeigt. Dies wird daran ersichtlich, daß er auf weithin vertraute Bildvorstellungen zurückgreift: Über die Fließ- und Geburtsmetaphorik inszeniert Heinrich die Entstehung der zweiten trinitarischen Person; das Wirklichwerden des Hl. Geistes stellt für Heinrich dagegen kein Bildthema dar. Dieses ist der Hl. Geist nur in seiner Funktion, Gottvater als Raum für die Geburt seines Sohnes zu dienen (s.*gebern* 1.1.-1.4.). Die Funktion der Geburtsraumes spricht Heinrich auch dem Ewigen Wort, Jesus Christus, zu, in dem Gottvater in Ewigkeit die Menschen hervorbringt (s.*gebern* 1.1.-1.4.). Daneben sieht er den Hl. Geist als Ursprungsbereich, aus dem Margaretha hervorkommt, wie Heinrich in Variation der Geburtsmetapher es im Bild des *ausspluen* als organisches Geschehen darstellt.

Größere Aufmerksamkeit widmet Heinrich der Beziehung von Gott und Mensch. Die Spiegelmetapher zieht Heinrich in diesem Kontext zum einen dazu heran, die Identität von Gottheit und Menschheit Jesu zur Sprache zu bringen, indem er die Präsenz der göttlichen Wahrheit in Jesu Seele, Geist und Leben als Abbildungsrelation beschreibt. Zum anderen thematisiert Heinrich mit dieser Metapher die Beziehung Margarethas zu Jesus: Margaretha partizipiert dadurch an der Lebenswirklichkeit Jesu, daß diese sich in ihrem Leben widerspiegelt (s.*spiegel* 2.1.-2.4.). Eine andere Möglichkeit, die Differenz zwischen Gott und Mensch zu überwinden, bringt Heinrich bezüglich Margaretha dadurch ins Bild, daß er Margaretha in Parallele zur Gottesmutter die Fähigkeit zuspricht, Jesus Christus hervorzubringen. Heinrichs Interesse an der personalen Qualität der Beziehung Gott-Mensch dokumentiert sich ferner darin, daß er mit dem Bild des *gotlichen kusses* die Vereinigung von Gott und Mensch in der Inkarnation Jesu als ein personales Geschehen gestaltet (s.*kus* 8.1.) sowie in Anlehnung an das Hohelied die Beziehung Gott-Mensch als eine Beziehung von *brut* und *brutgam* entwirft (s.*umbevang* 14.1.).

Insgesamt fällt auf, daß Heinrich den Aspekt der Identität von Gott und Mensch hauptsächlich in Bildern zur Sprache bringt, die die Rückkehr des Menschen in Gott in den Blick nehmen. Verschiedene Identitätstypen liegen dabei jeweils der Bildlichkeit zugrunde: Zunächst läßt sich der Typ der funktionalen Identität ausmachen; wenn Heinrich z.B. ausführt, daß das göttliche Wesen zum *spiegel* wird, in dem sich die Seele selbst erkennen kann. Im wesentlichen ist die von Heinrich entwickelte Identitätsvorstellung jedoch komplexer: Während er in Anlehnung an Hl 1,2 die unio mit den Bildern des Umfangens und Küssens (s.*umbevangen* 13.1.-13.2.) als ein Geschehen beschreibt, bei dem der Mensch äußerlich mit Gottes Wirklichkeit in Berührung kommt, stellt er über die Metapher *brunne* die Beziehung Gott-Mensch so dar, daß die göttliche Wirklichkeit zum Inhalt des menschlichen Geistes wird und dieser ganz in sie eingeht (s.*brunne* 1.6.). Den gleichen Typ einer komplexen Identität realisiert Heinrich, wenn er mit der Metapher *truken* die Endphase der Annäherung Margarethas an Gott als ein Geschehen inszeniert, bei dem sich Gottes Angesicht in Margaretha *trukt* (s.*druken* 2.1.-2.2.). Eine Steigerung der Komplexität erfährt die Darstellung der Identität Gott-Mensch, wenn Heinrich in der Kombination mehrerer Metaphern das völlige, unentwirrbare Bestimmtsein des Menschen von Gott zur Sprache bringt: In Gott ist der Mensch "*mit minen gebunden, mit lieht umbfangen, mit frid durchgossen, mit lust durchschossen...*" (s.*giessen* 4.3.-4.4.). Die Aufhebung jeglicher Differenz ereignet sich, wenn Margarethas Herz infolge der Erkenntnis Jesu in Gott *zerfliesset* (s.*zerfliessen* 28.1.) oder die göttliche Liebe dazu führt, daß Margaretha und Heinrich ihr Fürsich-Sein aufgeben und in Christus ihre Einheit finden (s.*smelzen* 5.1.).

Kapitel 5: ABSCHLIESSENDE ÜBERLEGUNGEN

Die Struktur metaphorischer Aussagen in mystischen Texten und das Problem einer mystischen Metaphorik

In den bisherigen Ausführungen ging es darum, die verwendeten Metaphern in ihrem Bezug auf das für mystische Texte zentrale Thema, die unio mit Gott, zu betrachten. Dabei wurde deutlich, daß die in mystischen Texten verwendeten Metaphern unterschiedliche Hinsichten auf die unio eröffnen, indem sie unter verschiedenen Gesichtspunkten - insbesondere unter den Aspekten der Transformation und Transposition des Menschen, der göttlichen Zuwendung sowie der Einheit in und mit Gott - die unio wie auch deren Erfahrbarkeit thematisieren. Während in Kapitel 1-4 geklärt werden sollte, welche Funktionen die einzelnen Autoren der Metaphorik im Rahmen des unter verschiedenen Aspekten entfalteten mystischen Prozesses zusprechen, soll im folgenden genauer untersucht werden, ob und in welcher Weise sich in mystischen Texten die unio auf die Struktur und den Charakter von metaphorischen Aussagen auswirkt. In einem ersten Schritt sollen dazu zunächst unterschiedliche Strukturierungsmöglichkeiten metaphorischer Aussagen vorgeführt werden, um dann in einem zweiten Schritt anhand der gewonnenen Ergebnisse die grundsätzliche Problematik zu erörtern.

5.1. An den Anfang der weiteren Überlegungen sollen Metaphern gestellt werden, die aufgrund der Minimalisierung des direkten Kontextes besondere Verstehensprobleme auf Seiten des Rezipienten mit sich bringen. Nimmt man die von Max Black für das Verstehen von Metaphern formulierte These ernst, daß die "...metaphorische Äußerung funktioniert, indem sie auf den Primärgegenstand" (d.h. den Bildempfänger) "eine Menge von 'assoziierten Implikationen'... 'projiziert', die *im Implikationszusammenhang* ... enthalten sind und als Prädikate auf den Sekundärgegenstand" (d.h. den Bildspender) "anwendbar sind..."[1], wird dieses Problem in aller Schärfe deutlich. Denn insofern bei derartigen Metaphern eine Steuerung der Sinnfindung durch den unmittelbaren Kontext ausfällt, hängt alles davon ab, ob Bildempfänger und Bildspender dem Rezipienten so bekannt sind, daß es in seinem Denken zum Interagieren beider Gegenstände kommen kann. Welche Schwierigkeiten sich in einem solchen Fall für den Rezipienten ergeben, soll anhand eines Beispiels aus dem Werk Mechthilds von Magdeburg aufgezeigt werden. In I 8 ihres Buches "Das fließende Licht der Gottheit" formuliert Mechthild folgendermaßen: "*Der minste lobet got an zehen dingen. O du brennender berg, o du userwelte sunne! O du voller mane, o du grundeloser brunne!...*" Aufgrund der fehlenden Explikation der metaphorischen Aussage im weiteren Kontext stellt sich für den Rezipienten das Problem, aus der Vielfalt der Merkmale eines Bildspenders für jeden Bildspender jeweils den Aspekt herauszufinden, der für das Verständnis der vorliegenden metaphorischen Aussage zentral sein könnte. Beispielsweise kann Gott im Bild des Berges u.a. als der Hohe, der Majestätische oder auch der schwer Zugängliche gesehen werden. In unserem Fall wird durch das Bild

---

[1] Max Black, Mehr über die Metapher, aaO, S. 392.

brennender berg, d.h. durch eine Kombination zweier an sich inkompatibel erscheinender Bilder, eine Deutung zusätzlich erschwert. Insofern der nähere Kontext dafür keine weitere Verstehenshilfe bereitstellt, bleibt dem Rezipienten nur die Möglichkeit, diese Aussage in einen größeren Kontext zu stellen - in diesem Fall in den Horizont des Alten Testaments, nämlich die Gotteserfahrung des Mose am Berg Horeb (Dtn 5,4ff). Auf der Folie dieses Textes könnte sich ein Deuterahmen für die von Mechthild verwendete Bildkombination ergeben.

Eine solche Verstehenshilfe fehlt allerdings bei dem folgenden Bild *"o du voller mane"* gänzlich. Hinzu kommt bei diesem Bild noch die Schwierigkeit, daß das unmittelbar vorangehende Bild *"o du userwelte sunne"* dem Bild *voller mane* zu widersprechen scheint. Insofern *sunne* eine bekannte und weitverbreitete Metapher für das Göttliche ist, liegt es nahe, daß der Rezipient das Bild *voller mane* zugunsten der Aussage *userwelte sunne* übergeht und somit die an sich komplexe Bildfolge auf einen Aspekt reduziert. Oder aber, er wendet sich mit erneuter Aufmerksamkeit dem Bildspenderbereich zu mit dem Ziel, durch genauere Wahrnehmung des vermeintlich Vertrauten Aspekte zu finden, die bislang seiner Erfahrung entgangen waren, die aber für das Verständnis der komplexen Bilder für das Göttliche entscheidend sein könnten.

Generell ist bei dem vorliegenden Metapherntyp davon auszugehen, daß sich die semantische Spannung weitaus mehr, als dies bei kontextuell eingebetteten Metapherntypen der Fall ist, einer Auflösung widersetzt, so daß die gebotenen Bilder den Bildempfänger oft nur undeutlich konturieren. Dies ist für die Art und Weise der Erfahrung, die der Rezipient im Medium der Sprache macht, nicht unerheblich: was es für die Transformation des Rezipienten bedeutet, wenn Mechthild bei ihrer Thematisierung der menschlichen Transformation einen derartigen Metapherntyp bevorzugt, wurde in Teil II, Kapitel 1 anhand der Ausführungen zu Mechthild von Magdeburg gezeigt.

5.2. Ein zweites läßt sich an der zitierten Textstelle aufzeigen: Mechthild stellt den Rezipienten nicht nur wegen der Minimalisierung des unmittelbaren Kontextes vor besondere Verstehensprobleme, sondern auch dadurch, daß sie eine Bildfolge mit diversen Bildspendern kreiert. Anstelle eines wörtlichen Kontextes werden andere Bildspender zum unmittelbaren Kontext, wobei im vorliegenden Fall durch die Disparatheit der verschiedenen Bilder jedes einzelne Bild in seiner Geltung für Gott fraglich wird (vgl. die sich gegenseitig widersprechenden Vorstellungen *berg-brunne; mane-sunne*). Somit ist der Rezipient veranlaßt, die Interaktion auch zwischen den verschiedenen Bildspendern laufen zu lassen, um ein tertium comparationis zu finden. Solange dieses nicht gefunden ist, wird die semantische Spannung zwischen dem Bildempfänger Gott und den einzelnen Bildspendern jeweils bis aufs äußerste strapaziert. Dadurch, daß die vertrauten Vorstellungen sich gegenseitig dementieren (vgl. *berg-brunne*; *sunne-mane*), wird die Einsicht in die radikale Andersheit und Unähnlichkeit des Göttlichen evoziert; die Tatsache aber, daß dennoch die Interaktion weiterläuft, macht deutlich, wie sehr der Rezipient sich von der Hoffnung auf ein identisches Moment in aller sprachlichen Darstellung bestimmen läßt.

Dieser Typ metaphorischer Rede - die Kombination heterogener Bildspender zu einer Bildfolge - ist bei Mechthild im Unterschied zu den Autoren nach Mechthild nur an einigen wenigen Textstellen vertreten. Insbesondere Meister Eckhart greift auf diesen Metapherntyp zurück, wobei sich die Frage stellt, ob und inwiefern sich die verschiedenartigen, teilweise sich selbst aufhebenden oder korrigierenden Vorstellungen mit der Idee der unio vereinbaren lassen. Welche Funktion die miteinander, oft voneinander stark abweichenden Bildvorstellungen im Rahmen des auf die unio gerichteten mystischen Prozesses erfüllen, wurde für Meister Eckhart in Teil II, Kapitel 1, 4.2. beantwortet: Die Differenzierung ist eine Weise der Entdifferenzierung, der bei Eckhart jegliches Modell und Konzept, letztlich auch seine Analogielehre unterworfen ist. Bei Tauler dient dieser Metapherntyp dazu, deutlich zu machen, daß jegliche sprachliche Darstellung auf die Differenz zuläuft, die als solche zugleich die Identität mit dem Göttlichen bedeutet. Heinrich Seuse verwendet anstelle der Kombination verschiedener Metaphern die Verbindung von Bild und Begriff, wobei die terminologische Aussage die Funktion hat, die Bildaussage in gewisser Weise zu definieren (vgl. dazu Teil II, Kapitel 4).

5.3. Eine Variante des vorgestellten Typs metaphorischer Rede bilden Metaphernkombinationen, in denen Bildspender so aufeinander bezogen werden, daß dadurch vornehmlich die Differenz zwischen zwei Bildempfängern hervortritt. Die Interaktion wird bei derartigen Aussagen entscheidend vom Unterschied zwischen den beiden Bildspendern bestimmt. Um ein Beispiel zu geben: Mechthild wendet das Bild der *fûres gluot* auf die Trinität an, um sowohl die Differenz zwischen der ersten und zweiten trinitarischen Person als auch deren Gemeinsamkeit zur Sprache zu bringen.

Insbesondere fällt die Relation zwischen zwei Bildspendern bei der Lichtvorstellung auf. So formuliert z.B. Mechthild: Gott ist das *ware lieht* (II 19). Meister Eckhart bezeichnet Gott als ein *"lieht über liehte"* (III 253,4), *"swaz daz êrste lieht niht enist, daz ist allez tunkel und ist naht."* (III 220,3). Walter Haug stellt den metaphorischen Charakter derartiger Aussagen in Frage und spricht stattdessen von ontologischer Erfahrung. Er führt dazu aus: "Wenn man die Aussage 'Gott ist Licht' metaphorisch versteht, so heißt das, daß bestimmte Qualitäten Gottes im Bild des Lichtes anschaulich gemacht werden können: die Zuwendung in Helligkeit und Offenheit, das Leben-Spendende, die Wärme, die Zuversicht, die Vertreibung des Dunklen, Gefährlichen, Bedrohlichen usw. Die ontologische Erfahrung Gottes im Licht eröffnet keinen solchen Horizont von göttlichen Qualitäten. Sie zielt vielmehr auf die Differenz zwischen dem endlich Lichthaften und dem ewig Lichthaften."[1] Gegen die These von Walter Haug, es handle sich bei derartigen Formulierungen nicht um metaphorische, sondern ontologische Aussagen, lassen sich aufgrund der bei der vorliegenden Metaphernuntersuchung gewonnenen Einsichten in das Funktionieren einer Metapher folgende Einwände erheben:

(1.) Zunächst ist festzuhalten: Die von Walter Haug angeführten Aussagen lassen sich, zieht man die in Teil I entwickelten Kriterien heran (Verstoß gegen die lexikalischen Kombinationsregeln, Umformbarkeit in einen Vergleich, Anschaulichkeit), eindeutig als metaphorische Aussagen identifizieren. Es kann somit nur noch um die Frage gehen, wie derartige metaphorische Aussagen zu verstehen

---
[1] Walter Haug, Grundlegung, aaO, S. 498f.

sind. Die von Walter Haug vorgelegten Überlegungen führen m.E. nicht weiter, da es sich dabei um reine Behauptungen handelt, die nicht weiter vom Text her begründet werden[1].

(2.) Interpretiert man Metaphern nur unter dem Aspekt, daß sie die ontologische Erfahrung der unähnlichen Ähnlichkeit des Göttlichen zu allem Kreatürlichen thematisieren, käme dies einer Instrumentalisierung der Bildlichkeit gleich, da man in diesem Fall die Bildlichkeit nur noch als Material für die ontologische Erfahrung betrachten würde.

(3.) Die Basis für die Interpretation bildet nicht die Differenz zwischen den beiden Interaktionsverhältnissen Gott-Licht und Kreatürliches-Licht, sondern die Merkmale und Eigenschaften, die in der Bildlichkeit des Lichtes enthalten sind. Daß bei aller Ähnlichkeit zwischen Gott und dem Kreatürlichen die Bildlichkeit hinsichtlich des Bildempfängers Gott modifiziert wird, bedeutet nicht, daß der Sinn der metaphorischen Aussage in die je größere Differenz umschlägt; vielmehr wird damit nur deutlich, daß der den Bildempfängern Gott und Kreatur gemeinsame Sinn der Lichtmetaphorik hinsichtlich Gottes zu differenzieren ist. Da Gott und das Kreatürliche durch die Bildlichkeit des Lichtes, die bei beiden Bildempfängern, wenn auch in modifizierter Weise, als Bildspender fungiert, aufeinander bezogen sind, kann auch die Interaktion zwischen beiden Interaktionsverhältnissen nicht unwichtig sein. Das irdische Licht wird vom göttlichen Licht her relativiert, wie das göttliche Licht vom irdischen Licht her seinen Sinn erhält. Der bei aller Differenz vorhandene gemeinsame Nenner der gebotenen Vorstellungen liegt darin begründet, daß alle behandelten Bildaussagen (*lieht, dunkel, naht, vinsternis*) dem Modell der visuellen Wahrnehmung zuzurechnen sind, das in Teil II, Kapitel 3 eingehend beschrieben wurde: Es geht um Erfahrung, wobei - und hier meldet sich wieder die Differenz - die Erfahrung des Göttlichen bei allen untersuchten Autoren von aller Erfahrung des Kreatürlichen hinsichtlich ihres Inhalts, ihrer Wirkung und ihrer Art über die jeweilige Bildvorstellung radikal unterschieden wird. Dies heißt: Es geht nicht um die Erfahrung der Differenz, der radikalen Andersheit des Göttlichen, sondern um eine Erfahrung, die das Göttliche zum Inhalt hat und die deshalb im Vergleich zu sonstiger Erfahrung von ganz anderer Qualität ist.

(4.) Da das Göttliche und die Erfahrung der Einheit mit dem Göttlichen begrifflich nicht zu fixieren sind, hat man in diesem Zusammenhang den Vorschlag gemacht,

---

[1] Die entscheidenden Ausführungen von Walter Haug (Grundlegung, aaO, S.498) lauten: "Zunächst ist festzuhalten, daß etwa das Licht oder die Höhe keine Metaphern Gottes sind, sondern daß Gott in gewisser Weise das Licht und die Höhe ist; 'in gewisser Weise' heißt, daß er es zugleich in höherem Maße nicht ist. Die Erfahrung und Darstellung anhand der Struktur der unähnlichen Ähnlichkeit ist damit fundamental von der Darstellungsform der Metapher unterschieden." Diese Passage kann als Beispiel dafür gewertet werden, wie bisweilen mit metaphorischen Aussagen verfahren wird: Ohne genauere Klärung des verwendeten Metaphernbegriffs sowie des interpretatorischen Verfahrens begnügt man sich - unter Absehung von jeglichem Kontext - mit der Projektion subjektiver Assoziationen in die jeweilige Textstelle hinein.

Metaphern, die anstelle der Begrifflichkeit das Göttliche und die unio-Erfahrung thematisieren, im Rückgriff auf einen von Hans Blumenberg eingeführten Terminus als absolute Metaphern zu bezeichnen. Hans Blumenberg versteht darunter folgendes: "Daß diese Metaphern absolut genannt werden, bedeutet nur, daß sie sich gegenüber dem terminologischen Anspruch als resistent erweisen, nicht in Begrifflichkeit aufgelöst werden können, nicht aber, daß nicht eine Metapher durch eine andere ersetzt bzw. vertreten oder durch eine genauere korrigiert werden kann. Auch absolute Metaphern haben daher *Geschichte*."[1] Ausgehend von diesem Begriff der absoluten Metapher will Werner Beierwaltes "eine Aussage wie 'Gott ist Licht'... im Sinne einer Identitätsaussage..." verstanden wissen, "so daß sich die Metaphorik in eine Lichtmetaphysik verwandle, die implizite Distanz der Metapher aufhebe."[2] Damit wird Beierwaltes m.E. weder Hans Blumenberg gerecht, noch berücksichtigt er - worauf er zwar selbst hingewiesen hat, allerdings ohne die entsprechende Konsequenz zu ziehen - die prinzipielle Differenz der menschlichen Sprache zum Göttlichen bzw., was die konkrete Bildaussage betrifft, die semantische Spannung zwischen dem göttlichen Bildempfänger und der Bildlichkeit des Lichtes. Daß die Theorie von Werner Beierwaltes, absolute Metaphern als Identitätsaussagen[3] zu verstehen, nicht mit der Intention Blumenbergs zu vereinbaren ist, wird deutlich, wenn man versucht, den Gedanken von Beierwaltes mit der Aussage Blumenbergs zu verbinden, bei absoluten Metaphern könne eine Metapher durch die andere ersetzt oder vertreten werden. Das würde bedeuten, daß die Aussage 'Gott ist Licht' durch die Aussage 'Gott ist Finsternis' vertreten oder ersetzt werden könnte. Ein solcher 'Ersatz', der den Identitätscharakter einer anderen oder sogar gegenteiligen Aussage nicht in Frage stellen würde, wäre allerdings nur aus der Perspektive der unio möglich, von der her Gott alles in allem und somit nichts Bestimmtes ist. Damit würde aber das menschliche Sprechen wieder in die absolute Differenz umschlagen, insofern der Rezipient gezwungen wäre, sich auf die Ebene des Göttlichen zu stellen, um zwei im menschlichen Bereich völlig konträre Aussagen zusammendenken zu können. Doch das würde das Ende jeglichen - der menschlichen Logik verpflichteten -Sprechens von Gott, erst recht aber jeglichen wissenschaftlichen Diskurses bedeuten, für den definitorische Klarheit eine selbstverständliche Voraussetzung bildet.

Weiterführend ist in diesem Zusammenhang m.E. der bislang noch kaum beachtete Hinweis von Hans Blumenberg, absolute Metaphern seien dem Bereich der Phantasie zuzuordnen, der "als eine katalysatorische Sphäre" zu nehmen sei, "an der sich zwar ständig die Begriffswelt bereichert, aber ohne diesen fundierenden Bestand dabei umzuwandeln und aufzuzehren."[4] Eine solche katalysatorische Wirkung der Bildlichkeit zeigt sich, wie Teil II, Kapitel 3 zu entnehmen ist, u.a. in der Reaktion der verschiedenen Autoren, auf die terminologisch nicht faßbare Erfahrung des Göttlichen mit immer neuen Darstellungsversuchen zu antworten. Ferner

---

[1] Hans Blumenberg, Paradigmen, aaO, S.11.
[2] Werner Beierwaltes, Diskussionsbeitrag zur Vorlage von Walter Haug, in: Abendländische Mystik, aaO, S.529.
[3] Zur Kritik der Beschreibung bestimmter metaphorischer Aussagen als Identitätsaussagen vgl. auch Anm. 3, S.217.
[4] Hans Blumenberg, Paradigmen, aaO, S.10.

zeigt sie sich beim Rezipienten, bei dem die Unähnlichkeit der betreffenden metaphorischen Aussage zum Göttlichen nie so eindeutig sein kann, daß sein Interesse für derartige Aussagen abbricht. Vielmehr sind - wie sich gerade auch anhand der Verknüpfung der kreatürlichen Erfahrung mit der Erfahrung des Göttlichen durch die gleiche Bildlichkeit des Lichtes demonstrieren läßt - in der Bildlichkeit für Gott Identitäts- und Differenzaspekte derart unauflösbar präsent, daß die Frage nach den zutreffenden Aspekten des jeweiligen Bildes in ihm lebendig bleibt:[1] Auch wenn der Rezipient die Interaktion vorläufig beendet, so geschieht dies nur, weil er aufgrund der in jedem Bild wirksamen Intention auf Einheit im Durchgang durch die Vielfalt der Bilder für das Göttliche diese unio erreichen möchte. Dies hat zum Ergebnis, daß er in der Beschäftigung mit den vielfältigen Inszenierungen der Erfahrung des Göttlichen selbst Erfahrungen macht, die - wie in Teil II, Kapitel 3 unter Berücksichtigung der für jeden der untersuchten Autoren charakteristischen Erfahrungsgestalt expliziert wurde - Bestandteil des mystischen Prozesses sind.

5.4. Bei den untersuchten Autoren lassen sich ferner Bildaussagen ausmachen, bei denen die für die Metaphorik konstitutive semantische Spannung zwischen einem Bildempfänger und einem Bildspender fehlt. Es handelt sich meistens um Aussagen, denen das Hohelied als Leitsystem zugrundeliegt. In diesem Kontext erhält Gott weitgehend anthropomorphe Züge, die Beziehung des Menschen zu Gott bekommt einen erotischen Charakter, was z.B. für Mechthild bedeutet, daß die Erfahrung von Identität und Differenz mit dem Göttlichen im Rahmen der Beziehung von *brut* und *brutegom* als Erfahrung von Nähe und Verlust der Nähe interpretiert werden kann.[2] Ebenfalls kann auf diese Weise die Nicht-Erklärbarkeit der unio anthropologisch im Charakter eines derartigen Liebesvollzugs begründet werden: "*'Herre, nu bin ich ein nakent sele und du in dir selben ein wolgezieret got. Unser zweiger gemeinschaft ist das ewige lip ane tot'. So geschihet da ein selig stilli nach ir beider willen. Er gibet sich ir und si git sich ime.*" (I 44,88-91)

Die zentrale Frage bei diesem Bildtyp ist, in welchem Zusammenhang die erotische Bildlichkeit mit dem mystischen Prozeß steht und welche Funktion sie in diesem Rahmen zu erfüllen hat. Susanne Köbele hat den Vorschlag gemacht (u.a. unter Berufung auf Mechthild I 22,26-34), von identifikatorischer Bildrede zu sprechen: "Statt Analogie und Vergleichbarkeit - es fehlen sprachliche Allegoriesignale - herrscht eine Form der Identität, die sich durch die syntaktische Struktur (*ie-ie*) als eine dynamische Identität ausweist. In diesem Sinne kann von einer identifizierenden Bildrede (identifikatorischen Metapher) gesprochen werden: Weder ist ein nur sinnlich Anschaubares noch ein nur abstrakt Vorstellbares gegeben, sondern mit jedem (sinnlichen) Bild zugleich ein Geistiges. So ist das Sinnliche nicht nur Vehikel für eine ganz andere 'Erfahrung', dient nicht nur der Reprä-

---

[1] Damit wird die von Susanne Köbele ohne weitere Begründung postulierte (und in der vorliegenden Arbeit als ein entscheidendes Kriterium mystischer Texte genannte) "Intention auf Einheit" (Bilder der unbegriffenen Wahrheit, aaO, S. 67) von der mystischen Metaphorik her begründet.
[2] Vgl. Mechthild II 25.

sentation abstrakter Inhalte, sondern ist sprachlicher Ausdruck der Einheit."[1] An anderer Stelle begründet Köbele ihre Interpretation der sinnlichen Bildsprache genauer: "Sie <die sinnliche Bildsprache> bedeutet nicht 'eigentlich' Abstraktes, sondern ist Ausdruck der Inkommensurabilität. Sie tendiert zur Einheit jenseits der Trennung von sinnlicher und geistlicher Erkenntnis. Die Rechtfertigung von Mechthilds Vokabular einer spirituellen Sinnlichkeit liegt in der Einheit des Gott-Menschen Christus."[2] Gegen diese Ausführungen erhebt sich, abgesehen davon, daß der Begriff der dynamischen Identität[3] in sich problematisch ist, insofern Widerspruch, als die Zwei-Naturen-Lehre, auf die sich Susanne Köbele mit Verweis auf VII 1 stützt[4], keinen Zusammenhang zwischen Christologie und Sprache herstellt. Auch ansonsten finden sich bei Mechthild keine Aussagen, in denen aus der Christologie Folgerungen im Hinblick auf die Sprache gezogen werden. Von daher ist keineswegs einsichtig, wie Susanne Köbele zu dem Schluß kommt, die Christologie auf die Anthropologie zu beziehen und die überwiegend anthropomorphe erotische Bildlichkeit im Sinn einer Zwei-Naturen-Lehre als "spirituelle Sinnlichkeit"[5] zu interpretieren.

Zur Lösung des genannten Problems ist m.E. formal bei der fehlenden semantischen Spannung und inhaltlich bei der Schriftwerdung von Mechthilds Buch anzusetzen: Das Göttliche erscheint derart auf Menschliches reduziert, daß die Erfahrung der Unangemessenheit der Aussage nicht mehr aufgrund der Inkompatibilität von Bildempfänger und Bildspender entsteht, sondern aus dem Vergleich mit den im Mittelalter gültigen christlichen Gottesvorstellungen resultiert, deren zentrales Anliegen - etwa zu verfolgen in der Analogieformel des Lateranense IV - neben der Ähnlichkeit die Betonung der je größeren Unähnlichkeit des Göttlichen zu allem Kreatürlichen ist. Somit wird ein derartiges Sprechen zum Ort der *gottes vroemdunge*, der Gott sich jedoch vor allem menschlichen Bemühen - wie Mechthild mit ihrer eigenen Person bei der Buchwerdung ihres Buches erfahren konnte - immer schon bemächtigt hat; er ist in dieser Situation präsent, auch wenn er auf kreatürliche Weise eigentlich gerade nicht präsent ist. Demnach steht die sprachliche Darstellung in Zusammenhang mit der unio als dem intendierten Sinn des Gesagten, auch wenn dieser Sinn die kreatürliche Differenz gerade übersteigt. Wie dies im einzelnen von Mechthilds Äußerungen her zu begründen ist, wurde in Teil II, Kapitel 4, 1.3. entwickelt.

5.5. Es ist das besondere Verdienst von Walter Haug, in seiner 'Revision' darauf aufmerksam gemacht zu haben, daß "die Metapher in ihrer interagierenden Bewegung nicht nur den Bildempfänger auf neue Qualitäten hin öffnet, sondern auch

---

[1] Susanne Köbele, Bilder der unbegriffenen Wahrheit, aaO, S.77.
[2] Susanne Köbele, Bilder der unbegriffenen Wahrheit, aaO, S.80.
[3] Angemessener wäre m.E. von einer Dynamik zu sprechen, die auf die Identität mit dem Göttlichen abzielt. In jedem Fall kann es sich - wie die Prädikatenlogik zeigt - nie um identifikatorische Aussagen, sondern nur um solche handeln, bei denen das jeweilige Prädikat (ein metaphorisch gebrauchter Terminus) das Subjekt klassifiziert.
[4] Susanne Köbeles Belegzitat lautet: "*Die menscheit únsers herren ist ein begriffenlich bilde siner ewigen gotheit.*" (VII 1)
[5] Susanne Köbele, Bilder der unbegriffenen Wahrheit, aaO, S.80.

das Bild in veränderte Bezüge stellt..."¹. Wenn z.B. in der erotischen Bildlichkeit Mechthilds die unio als Sinn dessen fungiert, von dem sie spricht, muß gefragt werden, auf welche Weise dieser Sinn in der irdischen Sinnlichkeit erfahren werden kann. Indem der Rezipient diesem Problem nachgeht, verwandelt sich für ihn die Welt, da er den in Frage stehenden Sinn - die unio des Göttlichen *ungescheiden* von der Welt - als eine ihrer bislang noch nicht entdeckten Möglichkeiten zu sehen lernt.

5.6. Bei den meisten metaphorischen Aussagen der untersuchten Autoren werden durch den vorangehenden bzw. folgenden Bildkontext oder durch die Bildentfaltung selbst die Voraussetzungen für die Steuerung der Interaktion von Bildempfänger und Bildspender geschaffen. Für das Funktionieren von metaphorischen Aussagen, die das Göttliche betreffen, ist dies von besonderer Bedeutung. Denn da das Göttliche der menschlichen Erfahrung nicht in der Weise gegeben ist wie andere Sachverhalte und Gegenstände der Lebenswelt, verfügt der Mensch auch nicht über ein festumrissenes Bildempfänger-System des Göttlichen, in dem verschiedene Merkmale auf bestimmte Weise strukturiert sind. Da aber für eine metaphorische Aussage die Interaktion "... zwischen zwei 'Systemen', welche auf (teils hergestellten, teils entdeckten) Strukturanalogien basieren..."², von konstitutiver Bedeutung ist, würde eine solche Metapher, die nicht kontextuell eingebettet ist, nicht funktionieren.

Daran wird ersichtlich, daß die Metaphern für Gott eine andere metaphorische Konstruktion aufweisen als entsprechende Metaphern für menschliches Handeln. Denn wenn man den der Metapher zugrundeliegenden Vorgang als ein Nahebringen von Entferntem begreift, handelt es sich bei den Metaphern für Gott um das Nahebringen von unendlich Entferntem, das letztlich nur nahezubringen ist, weil es immer schon in Gnade nahegekommen ist. Anders als ein sinnlich wahrnehmbarer Gegenstand oder ein wahrnehmbares Handeln in der immanenten Wirklichkeit ist Gott dem Menschen nur insoweit bekannt, als sich dieser in Reaktion auf die Erfahrung von Gottes heilsgeschichtlichem Handeln Vorstellungen von Gott gebildet hat. Doch diese Vorstellungen sind und bleiben immer nur menschliche, an endlichen Sachverhalten entwickelte und damit vorläufige Sichtweisen³; Gott

---

¹ Walter Haug, Überlegungen zur Revision meiner 'Grundlegung einer Theorie des mystischen Sprechens', aaO, S.548f. Weithin unbeachtet geblieben ist, was Max Black in seinem Aufsatz "Die Metapher" 1954 bereits formuliert hat: "Es war außerdem eine Vereinfachung, so zu tun, als ob das Implikationssystem des metaphorischen Ausdrucks durch die metaphorische Aussage unverändert erhalten bliebe. Die Art der jeweils beabsichtigten Anwendung bestimmt den Charakter des Systems mit, das angewendet werden soll... Wenn die Bezeichnung Wolf einen Menschen in ein bestimmtes Licht rückt, so darf man darüber nicht vergessen, daß die Metapher den Wolf dabei menschlicher als sonst erscheinen läßt." (aaO, S. 74f).
² Max Black, Mehr über die Metapher, aaO, S. 412; vgl. dazu auch Max Black, aaO, S. 392 f, wo er eingehend die verschiedenen Bedingungen für das Funktionieren einer Metapher beschreibt. Vgl. zum folgenden auch Teil I, Kapitel 1.2.
³ Diese vorläufigen Sichtweisen, d.h. die menschliche Konzeptualisierung Gottes, sind der Grund dafür, daß trotz aller Vorläufigkeit menschlichen Denkens und Sprechens überhaupt

selber wie die Göttlichkeit seines Handelns sind jedoch unsichtbar und dem menschlichen Begreifen prinzipiell entzogen.

Damit aber der Rezipient in den Metaphern für Gott überhaupt ein identisches Moment entdecken kann, das auf Gott zutrifft, ist es notwendig, daß im wörtlich zu verstehenden Kontext der Metapher sowie im Text als Ganzem als Ersatz für den fehlenden direkten Lebenszusammenhang Aussagen von Gott gemacht werden, die das Göttliche in bestimmter Weise konzeptualisieren und die die Grundlage für das Bildempfängersystem darstellen, mit dessen Hilfe sich der Rezipient auf die Suche nach dem gemeinten Sinn einer im Text sich findenden metaphorischen Aussage macht. Die Verstehensbewegung, die beim Rezipienten abläuft, läßt sich in allgemeiner Weise (unter Vernachlässigung aller individuellen Unterschiede) folgendermaßen beschreiben: Zunächst erzeugen Aussagen, in denen das Wesen Gottes sowie die Beziehung Gottes zu Welt, Mensch und Geschichte unter Bezugnahme auf biblisch-spirituelle und philosophische Traditionen thematisiert wird, den Eindruck einer Quasi-Referenz. Diese wird jedoch in dem Augenblick wieder fragwürdig, wo die begrifflich eindeutige Aussage bzw. das systematische Konzept auf den Widerstand der vieldeutigen, gerade nicht auf den Begriff zu bringenden metaphorischen Rede trifft. Indem begriffliche und metaphorische Aussagen in mystischen Texten wechselseitig aufeinander einwirken, kommt ein Verstehensprozeß zustande, der aus der Einsicht in das Ungenügen sowohl der metaphorischen als auch der begrifflichen Aussage über Gott das Interesse des Rezipienten an einer direkten Erfahrung Gottes evoziert. Dies soll an einem Beispiel verdeutlicht werden: Gott wird begrifflich als 'eins' bestimmt; worin sich diese begrifflich gefaßte 'Einheit' Gottes von der geschöpflichen Mannigfaltigkeit unterscheidet, machen die Metaphern *abegeschiedenheit, wüeste, einoede, luterkeit, rainheit* unter vielfältigen Aspekten anschaulich. Durch die Kombination von begrifflicher und metaphorischer Rede wird es dem Rezipienten möglich, die jeweilige Metapher auf dem Hintergrund des begrifflich vorgegebenen Verstehenszusammenhangs zu deuten und so eine Ähnlichkeit der metaphorischen Aussage mit Gott zu entdecken. Insofern jedoch Metaphern auf einem Kategorienfehler beruhen – d.h. sinnlich Wahrnehmbares aus dem Bereich der Natur steht für die unsinnliche, geistige Wirklichkeit Gottes –, kommt es sofort wieder zu einer Diastase von Anschauung und Begriff: Die Anschauung trifft zugleich auf Gott zu und trifft doch nicht zu. Infolgedessen bleibt die Anschauung der als Einheit begrifflich fixierten Wirklichkeit Gottes vieldeutig, wodurch der Inhalt des Begriffs und damit – in unserem Beispiel – die Idee der behaupteten Einheit Gottes wiederum fraglich wird.

Der skizzierte Prozeß stellt jedoch nur eine Möglichkeit der Rezeption dar. Genauso denkbar ist eine Verstehensbewegung, bei der der Rezipient ganz im Bild zu bleiben vermag, weil die betreffende metaphorische Aussage an bekannte biblische oder philosophische Bildmotive anknüpft (z.B. Gott/Jesus Christus als Arzt, als Licht, als Stein; die Geburt Christi, das Fließen und Gießen Gottes, Gott als 'Sonne', als Speise und Trank). Bei diesen Metaphern hat eine Interaktion zwischen Bildempfänger und Bildspender immer schon stattgefunden; in der Erinnerung

---

eine semantische Spannung und damit die Möglichkeit zu metaphorischer Rede vom Göttlichen gegeben ist.

sind sowohl die Implikationssysteme von Bildempfänger und Bildspender, die der Interaktion der betreffenden metaphorischen Aussage zugrundeliegen, als auch das Ergebnis der Interaktion in irgendeiner Form schon vorhanden. Erst aufgrund der Konfrontation mit einem neuen Bild kommt es zu einer Neubelebung der Interaktion, wobei das bekannte Bild um weitere Aspekte ergänzt, verkürzt oder verkehrt wird. Der Integrationsprozeß verläuft dabei solange unproblematisch, als es sich um eine organische Bildlichkeit handelt und die Bildlogik in struktureller Analogie zur menschlichen Erfahrung steht.

Mit der Steuerung der Interaktion zwischen Bildempfänger und Bildspender durch den unmittelbaren und weiteren Kontext ist eine zentrale Bedingung für das Funktionieren von Metaphern in mystischen Texten genannt. Insofern Gott und sein Handeln nicht als objektivierbare Realität gegeben sind[1], was bei anderen metaphorischen Aussagen ein Korrelieren von Primär- und Sekundärgegenstand bzw. Bildempfänger und Bildspender möglich macht, muß hinsichtlich der göttlichen Wirklichkeit erst ein Bildempfängerkonzept aufgebaut werden, in dem Gott so bestimmt wird, daß er mit einem entsprechenden Bildspender-Konzept interagieren kann.

5.7. Die dadurch erreichte Konzeptualisierung Gottes wird in mystischen Texten immer wieder - unterschiedlich oft und unterschiedlich radikal - einem Prozeß unterworfen, der zur Relativierung, ja sogar zur Aufhebung der gerade erreichten Konzeptualisierung führt. Verschiedene Möglichkeiten sind in den untersuchten Texten auszumachen, mit deren Hilfe die Autoren den Aspekt der radikalen Unähnlichkeit ins Spiel bringen: Neben der in 5.6. bereits dargestellten Spannung zwischen Begriff und Bild führt die Aneinanderreihung verschiedenartiger Bilder auf engstem Raum im Rahmen eines Satzes oder von einigen wenigen Sätzen dazu, daß aufgrund der inkohärenten Bildkombination der Zusammenhang des jeweiligen Bildthemas mit dem gemeinten Sachverhalt fraglich wird und die Ähnlichkeit von Bild und Sache infolge der Relativierung durch die anderen kombinierten Bilder umschlägt in eine Unähnlichkeit. Genauso lassen sich auch Brüche zwischen den einzelnen aufeinanderfolgenden Bildkomplexen feststellen, die verschiedene Phasen des mystischen Prozesses (z.B. Transformation und Einwirkung des Göttlichen, oder Transposition und unio) thematisieren. Wie die Bilderreihen, die auf inkohärente Weise ein Thema variieren, bewirken derartige Brüche beim Rezipienten die Einsicht, daß das eigentlich Gemeinte, d.h. die Relation zwischen verschiedenen Aspekten des mystischen Prozesses, den Rahmen der sprachlichen Darstellung sprengt und im Vergleich zu jeglicher Vorstellung einer kontinuierlichen Sukzession oder gar auch nur einer irgendwie bestimmbaren Reihenfolge ganz anders ist. Eine Systematisierung des Göttlichen und des zur unio mit dem Göttlichen hinführenden mystischen Prozesses wird verhindert, da die Interaktion zwischen Bildempfänger und Bildspender wegen des unstimmigen Bildspendersy-

---

[1] Als Beispiel seien die Ausführungen Heinrich Seuses zur Liebe Gottes genannt: "*Owe, du übertreffendes liep alles liebes! Dú groest liebi zitliches liebes mit sinem liep lit dennoch liebes mit liep zerteilter underscheidenheit; owe aber du, alles liebes grundlosú vollheit, du zerflüssest in liebes herzen, du zergüssest dich in der sel wesen, du bloss al in al, daz liebes ein einig teil nit uss blibet, den daz es lieplich mit liep vereinet wirt.*" (Vita 174,8-13)

stems immer nur punktuell Aspekte der Ähnlichkeit zu sonstiger Erfahrung hervorbringt - dies allerdings nur, um im folgenden Bild einen völlig anderen Aspekt der Ähnlichkeit zu entdecken. Das bedeutet zugleich, daß dem Rezipienten nach dem Durchgang durch die inkohärente Bilderreihung und durch die Abfolge der Bilder, die verschiedene Phasen des mystischen Prozesses thematisieren, jedes Bild - für sich genommen - im Rückblick zutiefst inadäquat erscheinen muß. Dies führt letztlich dazu, daß der prozessuale Charakter des mystischen Prozesses, d.h. im einzelnen: Subjekt, Weg und Ziel als konstitutive Elemente des mystischen Geschehens problematisch werden - ein Verfahren, bei dem durch Sprache gerade in der radikalen Infragestellung der sprachlichen Darstellung und der in ihr gebotenen Konzepte der unio-Erfahrung die Intention auf die unio wirksam zu werden vermag. In welcher Weise dies bei den verschiedenen Autoren geschieht, läßt sich besonders gut anhand des Auf- und Abstiegsmodells verfolgen (vgl. dazu die eingehende Interpretation in Teil II, Kapitel 2).

5.8. Die Inadäquatheit einer metaphorischen Aussage kann ferner dadurch geltend gemacht werden, daß sie mehrfach korrigiert wird. Als Beispiel sei auf Eckharts Predigt 2 verwiesen: "*Ich hân underwîlen gesprochen, ez sî ein kraft in dem geiste, diu sî aleine vrî. Underwîlen hân ich gesprochen, ez sî ein huote des geistes; underwîlen hân ich gesprochen, ez sî ein lieht des geistes; underwîlen hân ich gesprochen, ez sî ein vünkelîn. Ich spriche aber nû: ez enist weder diz noch daz; noch denne ist ez ein waz, daz ist hoeher boben diz und daz dan der himel ob der erde. Dar umbe nenne ich ez nû in einer edelerr wîse dan ich ez ie genante, und ez lougent der edelkeit und der wîse und ist dar enboben. Ez ist von allen namen vrî und von allen formen blôz, ledic und vrî zemâle, als got ledic und vrî ist in im selber. Ez ist sô gar ein und einvaltic, als got ein und einvaltic ist...*" (DW I 39,1-40,3)[1].

Die hier vollzogene Aufhebung der Bildlichkeit durch sich gegenseitig korrigierende Vorstellungen macht deutlich, daß am Ende aller Vorstellungsbildung nicht eine adäquate Anschauung der unio, sondern deren völlige Anschauungslosigkeit steht. Denn indem Eckhart die Bildkorrektur nicht durch ein weiteres Bild überbietet, sondern die entfaltete Bildlichkeit mit einer Leerstelle enden läßt, zeigt sich, daß das Ziel der variierenden Bildlichkeit nicht in der Verbesserung des bisherigen Bildes besteht, weil dieses nur eine ungenügende Anschauung des Göttlichen geboten hat; vielmehr ist es umgekehrt: Das Ungenügen ist zu gering; ein Bild wird mehrfach korrigiert, damit es zur prinzipiellen Absage an die Bestimmungsleistung aller Vorstellung kommt. Die metaphorische Spannung wird demnach nicht dadurch aufgehoben, daß durch die Interaktion von Bildempfänger- und Bildspender-System Strukturanalogien und damit eine gewisse Ähnlichkeit zwischen beiden Systemen entdeckt wird. Für Eckhart löst sich die semantische Spannung erst, wenn das Scheitern der metaphorischen Vorstellung realisiert ist. Es geht nicht um Übertragung, sondern um den Verzicht auf jede Analogie; wichtig ist bei dieser Textstelle allein der Sprung in das ganz Andere, das keine Interaktion mehr zuläßt. Eckhart demonstriert dies, indem er seine Ausführungen nicht im Scheitern der Bildlichkeit enden läßt, sondern die bei der Bildkorrektur wirksame Intention

---

[1] Eine ähnliche Formulierung findet sich bei Johannes Tauler in Predigt 64, 347,9-16.

auf Einheit in die Sphäre des Begriffs hinüberrettet: zunächst wird bei der vorliegenden Textstelle negativ (*"von allen namen vrî und von allen formen blôz"* DW I 40,1), dann positiv (*"ein und einvaltic"* DW I 40,2) definiert, was sich jeglicher terminologischen Fixierung entzieht. Denn insofern sich keine einheitliche Anschauung hat herausbilden können, liegt der terminologischen Version auch kein genau bestimmbarer Sachverhalt zugrunde. Dies bedeutet: Die verwendete Begrifflichkeit *"ein und einvaltic"* bleibt anschauungsmäßig blind, weil das, was sie bezeichnet, auf einer qualitativ anderen Ebene liegt als alle kreatürliche Anschauung.

Die Einsicht in die Inadäquatheit menschlichen Sprechens ist in anderer Weise von Johannes Tauler - als Beispiel sei Predigt 61 herangezogen - durchgeführt. In minimaler Anknüpfung an Joh 1,7 identifiziert er zunächst den von heilsgeschichtlicher Erfahrung bestimmten Raum der Wüste mit dem *abgescheiden leben*; diese Lebensqualität wird dann in Weiterführung des Wüstenbildes situativ expliziert als *"abgescheidenheit von aller lust geistes und naturen inwendig und uswendig."* (330,7-9) In direkten Bezug zu diesem Bildkomplex wird einige Zeilen weiter das Bild des Grundes gesetzt, indem es begrifflich präzisiert wird mit den Merkmalen, die für *wueste* und *abgescheidenheit* genannt wurden: *"In disem grunt so enmúgent die krefte nút gelangen..."* (331,1f). Der gleitende Übergang der Anschauung von einem Bild zum nächsten kommt an seine absolute Grenze, wo das Nachvollziehbare in das nicht mehr Nachzuvollziehende umschlägt: Die metaphorische Vorstellung richtet sich gegen sich selbst, indem sie in ihr Gegenteil verkehrt wird: *"denn es ist ein grundelos abgrúnde swebende in im selber sunder grunt..."* (331,4f). Diese nicht mehr nachvollziehbare Bestimmung wird noch dadurch weitergetrieben, daß das voneinander gerade Unterschiedene wiederum identifiziert wird; der *abgrunt* ist der *grunt*: *"In dis abgrúnde gehoert allein das goettelich abgrúnde. Abyssus abyssum invocat. Diser grunt,... der lúchtet in die krefte under sich."* (331,16-18)

Die Interaktion findet hier nur noch auf der Bildebene statt; der ursprüngliche Bildspender *abgrunt* ist zum neuen Bildempfänger geworden, auf den der metaphorische Terminus *grunt* - widersprüchlich zur Bildabgrenzung von *abgrunt* und *grunt* in 331,4f - projiziert wird. Dabei kommt *grunt* eine doppelte Funktion zu: Zum einen ist er Bildspender zum Bildempfänger *abgrunt*; zum anderen fungiert *grunt* selbst als Bildempfänger in dem Satz, in dem ihm die syntaktische Rolle des Subjekts zukommt. Es bleibt unklar, ob es sich beim Bildempfänger-System um den menschlichen oder göttlichen *grunt/abgrunt* oder um beide *abgrúnde* handelt. Dies hat eine zweifache Konsequenz: weder Bildempfänger noch Bildspender bilden ein stabiles Merkmalsystem aus, das für eine Interaktion erforderlich ist. Ferner wird eine Interaktion im Bildspenderbereich mit dem Ziel, die semantische Inkongruenz zwischen *abgrunt* und *grunt* zu beseitigen, verhindert, da im vorausgehenden Teil der Predigt eine Verbindung von *grunt* und *abgrunt* ausgeschlossen wurde (*grundelose abgrúnde... sunder grunt* (331,4f)).

Die dargelegten Irritationen ergeben sich jedoch nicht nur durch Unstimmigkeiten im Bildspender-Bereich, sondern sind auch darin begründet, daß als Bildempfänger ein metaphorischer Terminus fungiert - ein Sachverhalt, der bei der untersuchten Metaphorik vielfach zu verzeichnen ist. In diesem Fall wird von der Struktur der metaphorischen Aussage systematisch vereitelt, daß referentielle Bezüge hergestellt werden können. Denn der Bildempfänger, der in einer metaphorischen Aussage als referentielles Denotat dient, ist im vorliegenden Fall infolge seines metaphorischen Charakters nicht in der Lage, seine identifizierende Funktion zu erfüllen und eine bestimmte Sache bzw. ein existierendes Wesen in der außersprachlichen Wirklichkeit zu bezeichnen, auf die sich die gesamte metaphorische Aussage bezieht. Dadurch, daß im vorliegenden Fall der Bezug zur außersprachlichen Wirklichkeit gestört ist, verliert das Thema der betreffenden Aussage seine Eindeutigkeit. Das Lesen derartiger metaphorischer Aussagen endet dann zwangsläufig in einer referentiellen Verständnislosigkeit.

Die Interaktion mit dem Ziel, eine Ähnlichkeitsrelation zwischen Bildempfänger und Bildspender herzustellen, kann schließlich auch dadurch verhindert werden, daß der Bildempfänger wegfällt und im Sinn einer direkten Benennung nur ein Bildspender erscheint (in Teil III dieser Arbeit sind diese häufig vorkommenden Fälle als 'o.BE' eigens festgehalten). Um ein Beispiel zu geben: Eckhart formuliert zu Beginn seines sogenannten Predigtprogramms: *"Swenne ich predige, sô pflige ich ze sprechenne von abegescheidenheit..."* (DW II 528,5f). Völlig offen bleibt, um welche *abegescheidenheit* es sich handelt: ist eine menschliche oder göttliche Situation gemeint?[1] Geht es infolgedessen um eine besondere Situation des Menschen im Rahmen dieses kreatürlichen Bereiches oder um eine göttliche Situation in Distanz zum kreatürlichen Bereich oder ist gar eine Situation von Gott und Mensch gemeint, die eine besondere Beziehung zum Kreatürlichen beinhaltet?

Für alle der genannten Fälle zeigt sich: die Interaktion kommt nicht zustande, so daß es keine Annäherung an das mit der metaphorischen Aussage Gemeinte geben kann, sondern nur der Sprung in das nicht genauer Bestimmbare - d.h. in das nicht genau Identifizier- und Lokalisierbare - übrig bleibt. Damit ist die Einsicht vollzogen, daß jeder Versuch der Typisierung und Systematisierung des Göttlichen und der unio mit ihm früher oder später scheitern muß; der Umschlag von der Ähnlichkeit in die nicht mehr zu begreifende Unähnlichkeit und Systemlosigkeit des Göttlichen ist immer schon vorprogrammiert.

5.9. Den Sachverhalt, daß die Anschauung bei bestimmten Metaphern bis an den Punkt geführt wird, wo das Nachvollziehbare in das nicht mehr Nachzuvollziehende umschlägt, hat Hans Blumenberg als 'Sprengmetaphorik' charakterisiert. Dieser Begriff wurde wiederholt in der Diskussion um die Frage nach dem besonderen Charakter der Metaphorik in mystischen Texten aufgegriffen, zuletzt wieder durch Susanne Köbele. Die Verwendung dieses Begriffs bleibt jedoch deshalb unbefriedigend, als bislang eine Klärung der für den Sprengcharakter einer Aussage zentralen Frage, wann der Umschlag in das Nichtnachvollziehbare genau erfolgt und welche 'Sprengmittel' dazu zur Verfügung stehen, fehlt.

Zur Weiterführung dieser Überlegungen können aufgrund der Untersuchung in Teil III und den bisherigen Ausführungen in Teil II zu diesem Problemkreis folgende Gesichtspunkte genannt werden:

---

[1] Alois M. Haas, Geistliches Mittelalter, aaO, S.324f spricht m.E. vorschnell von einer "innerliche(n) Haltung" des Menschen.

Als Sprengmittel fungiert in mystischen Texten die hyperbolische Steigerung der Bildlichkeit. Um z.B. die Göttlichkeit der erfahrenen Gnadenwirkung herauszustellen, bringen verschiedene Autoren deren unermeßliche Fülle ins Bild. Beispielsweise findet sich bei Eckhart folgende Aussage: "*Ich nime den nidersten engel in blôzer natûre: daz allerminste spaenlîn oder daz minste vünkelîn, daz ie von im geviel, daz haete alle dise werlt erliuhtet mit wunnen und mit vröuden.*" (DW III 100,1-3)

Ein weiteres Sprengmittel stellt eine widersprüchliche oder unstimmige Bildentfaltung dar. Einige Beispiele: " *Got leitet disen geist in die wüestunge und in die einicheit sîn selbes, dâ er ein lûter ein ist und in im selben quellende ist.*" (DW II 77,1f)

"*... ez wil in den einvaltigen grunt, in die stillen wüeste, dâ nie underscheit îngeluogete weder vater noch sun noch heiliger geist.*" (DW II 420,8-10)

"*Owe, du schoener wurm, versmeht von aller diser welte, der da nu lûhtet ob der sunnen glantz...*" (Seuse, GBb XII 441,26f).

Ferner fungiert eine Bildlogik als Sprengmittel, die von der Logik der Lebensrealität abweicht: "*... dar umbe sô wil dû, lieber hêrre Jêsu Kriste, dem menschen ein liplîchiu spîse sîn, diu sich in des menschen sêle gieze und sich in dich verwandel.... Aber wan der sêle spîse, dû hêrre Jêsu Kriste, bist edeler unde kreftiger denne diu sêle, dar umbe verwandelst dû si in dich selben...*" (David von Augsburg 377,15-17.19f).

"*... hie ist der spiser und die spise ein.*" (Tauler V 119,15).

"*Wan got gebirt sich ûz im selben in sich selben und gebirt sich wider in sich.*" (DW II 320,4)

Sprengmittel kann auch das Fehlen eines explikativen Kontextes sein. Bei Mechthild findet sich z.B. folgende Formulierung: "*Du kleidest dich mit der sele min und bist ouch ir nehstes kleit.*" (II 5)

Schließlich können auch die verschiedenen - in 5.8. dargestellten - Möglichkeiten, die die Interaktion zwischen Bildempfänger und Bildspender verhindern, Sprengmittel sein.

Wann und ob jedoch bei einer metaphorischen Aussage der Rezipient den Umschlagspunkt in die radikale Unähnlichkeit erreicht, bei dem er darauf verzichtet, aufgrund von allgemein bekannten Implikationen des Bildspender-Systems ein entsprechendes System von Implikationen für den Bildempfänger zu konstruieren, hängt von seiner Fähigkeit zur Interaktion und vor allem von seinem Bildgedächtnis ab. Je nachdem, wie präsent noch im Gedächtnis bereits zurückliegende metaphorische Aussagen sind, kommt es auch zu einer Interaktion zwischen der im Gedächtnis aufbewahrten Bilderfülle und der aktuellen metaphorischen Aussage. Dies bietet die Möglichkeit, daß der Rezipient zunächst in der aktuellen metaphorischen Aussage ihm bekannte ähnliche Aussagen wiedererkennt, bzw. er kann das aktuell schwer nachvollziehbare Bild im größeren Kontext des ihm bekannten Bildmaterials besser verstehen. Meistens aber führt der Vergleich der aktuellen Bildaussage mit dem im Gedächtnis präsenten Bildarsenal zur Einsicht in die Heterogenität und Relativität des jeweiligen Bildes, was zu einer Problematisierung der aktuellen Bildvorstellung führt. In diesem Sinn könnte man dann je nachdem, welche Bildvorstellungen im Gedächtnis präsent sind, allen mystischen Metaphern einen sogenannten 'Sprengcharakter' zuweisen.

5.10. Wie in Teil II, Kapitel 1-4 dargelegt wurde, bildet die metaphorische Welt, die im Verlauf der Rezeption aller Bildaussagen eines Autors im Gedächtnis des Rezipienten entsteht, kein System von Bildern, die durch vielfältige Bezüge untereinander verbunden und unterschieden sind. Vielmehr sind zahlreiche Brüche, Diskontinuitäten und Paradoxien zu konstatieren, die jegliche Konzeptualisierung der unio-Erfahrung verhindern.

Zusammenfassend läßt sich also feststellen: In mystischen Texten verstößt die Metaphorik auf vielfache Weise sowohl gegen die syntagmatische als auch gegen die paradigmatische Ordnung. Generell läßt sich sagen: auf der syntagmatischen Ebene kommt die Zuordnung von Bildempfänger und Bildspender oft dadurch nicht zustande, daß die Interaktion zwischen beiden verhindert wird; die Beziehung zwischen dem metaphorisch gebrauchten Wort und dem ihm zugehörigen Kontext erweist sich als bleibend gestört. Auf der paradigmatischen Ebene fällt bei den Metaphern, die unter einen der vier Strukturaspekte des mystischen Prozesses subsumiert werden können, das für eine paradigmatische Beziehung grundlegende Prinzip der Selektion aus. Infolgedessen ist es nicht möglich, ein aktuelles Bild mit allen Bildern in absentia - auf der Grundlage einer alternativen Beziehung zu den verschiedenen Gliedern von Gedächtnisreihen - in Verbindung zu bringen;[1] d.h. ein Bild im mystischen Text steht nicht innerhalb einer Menge von Bildern, die es einerseits ersetzen könnten, weil sie in bestimmter Hinsicht gleichwertig sind, die aber andererseits, weil sie in einer anderer Hinsicht ungleichwertig sind, sich an einer bestimmten Stelle ausschließen. Somit muß bei metaphorischen Aussagen offen bleiben, welche Unterschiede und Gemeinsamkeiten sie mit anderen metaphorischen Aussagen teilen. Dies führt dazu, daß z.B. die Metaphern für die Transformation[2], obwohl sie durch ihr Bildsujet äußerst verschieden sind, unterschiedslos füreinander eintreten können, was u.a. insbesondere bei Meister Eckhart noch durch die syntagmatische Kombination der heterogenen Bilder *blôz*, *abegescheiden*, *luter* und *clar* eigens akzentuiert wird. Sinnverwandt sind auch die Metaphern für die Transformation mit den Metaphern, die die Transposition des Menschen[3] thematisieren. Auch wenn die Bildthematik sich sehr unterscheidet - Veränderung durch Verwandlung einerseits und Veränderung durch einen räumlichen Prozeß andererseits - haben alle Metaphern einen gemeinsamen semantischen Schwerpunkt, aufgrund dessen sie wechselweise füreinander eintreten können: es geht bei allen unter dem Aspekt der Transformation und Transposition des Menschen behandelten Metaphern um den direkten Kontakt mit dem Göttlichen. Da darunter auch Aussagen zu verzeichnen sind, in denen Gott als der eigentlich Handelnde erscheint, sind die Transformations- und Transpositionsmetaphern auch mit den Metaphern für das Handeln Gottes[4] verknüpft. Insofern die unio immer auch ein Aspekt des göttlichen Handelns ist, stehen sie auch in Relation zu den unio-Metaphern[5] usw.

---

[1] Vgl. Roman Jakobson, Doppelcharakter der Sprache, aaO, S. 166.
[2] Vgl. Teil II, Kapitel 1.
[3] Vgl. Teil II, Kapitel 2.
[4] Vgl. Teil II, Kapitel 3.
[5] Vgl. Teil II, Kapitel 4.

Hinsichtlich der eingangs gestellten Frage nach dem besonderen Charakter von Metaphern in mystischen Texten ergibt sich aufgrund der in 5.1.-5.10. entwickelten Beobachtungen folgendes:

Wie Metaphern in anderen Texten sind Metaphern in mystischen Texten interpretierbar. Allerdings ergeben sich - wie die vorangehenden Ausführungen gezeigt haben - für die Deutung von Metaphern in mystischen Texten spezielle Schwierigkeiten. Dies soll anhand der These von Monroe C. Beardsley aufgezeigt werden, der davon ausgeht, "daß eine Metapher objektiv erklärt werden kann, da die Eigenschaften von Dingen und die Konnotationen von Wörtern intersubjektiv feststellbar und Meinungsverschiedenheiten darüber grundsätzlich lösbar sind."[1] Zunächst ist festzuhalten, daß mystische Metaphern sich von anderen Metaphern nicht dadurch unterscheiden, daß sie als Metaphern für das schlechthin Unerklärbare, die unio von Gott und Mensch, selbst nicht erklärbar wären. Im Gegenteil: als Metaphern für das Unanschaubare verleihen sie diesem ein Gesicht, das als solches genau beschreibbar ist. Allerdings würde man dem metaphorischen Charakter von Aussagen in den untersuchten Texten nicht gerecht, wenn man es bei der Beschreibung der Strukturanalogien zwischen einem bestimmten Konzept des Göttlichen und dem jeweiligen Bild belassen würde, ohne die jeweilige metaphorische Aussage einer Verstehensbewegung zu unterwerfen, die Gerhard Kurz folgendermaßen umreißt: Die metaphorische "Prädikation trifft zu, sie trifft nicht zu, und sie soll doch zutreffen. Die Metapher identifiziert die Bedeutung zweier Ausdrücke, (...), sie widersteht aber auch dieser Identifizierung - und sie bedarf einer Identifizierungskraft, die diesen Widerstand überwindet."[2] Auch wenn diese Ausführungen von Gerhard Kurz insofern einen wesentlichen Fortschritt gegenüber der von Max Black entwickelten Interaktionstheorie[3] bedeuten, als es nicht mehr aus-

---

[1] Monroe C. Beardsley, Die metaphorische Verdrehung, in: Anselm Haverkamp (Hg.), Theorie der Metapher, aaO, S. 137; ähnlich: Paul Henle, Die Metapher, ebda., S. 104f.
[2] Gerhard Kurz, Metapher, Allegorie, Symbol, aaO, S.23. Vgl. Teil I, Kap. 1.
[3] Aus den von der mystischen Metaphorik her sich stellenden Fragen lassen sich folgende Kritikpunkte an der Interaktionstheorie gewinnen, die im Rahmen der vorliegenden Überlegungen nur angemerkt werden können:
(1.) Die Interaktionstheorie vernachlässigt den Differenzaspekt einer metaphorischen Aussage. Es muß für jeden Text neben der Beschreibung der intendierten Strukturanalogien geprüft werden, wie der Differenzaspekt im betreffenden Text zur Geltung gebracht wird: Ist dieser Aspekt von vorneherein mit der semantischen Inkongruenz in einer metaphorischen Aussage gegeben (statische Differenz) oder muß er auch - wie der Aspekt der Ähnlichkeit durch das Interaktionsgeschehen - vom Rezipienten entdeckt bzw. hergestellt werden (dynamische Differenz)? Geht es demnach beim Verstehen einer metaphorischen Aussage um das Auffinden von Ähnlichkeiten trotz bestehender Differenz oder um ein erneutes Überführen der gewonnenen Strukturanalogien in die Differenz? Ist also in einem Text intendiert, daß die Ähnlichkeit wieder umschlägt in die Unähnlichkeit, oder soll es bei der Ähnlichkeit bleiben, die infolge der semantischen Inkongruenz eine nicht zu überwindende, aber eine zu vernachlässigende Restdifferenz zur begrifflich eindeutigen Aussage zeigt?
(2.) Es ist daher bei jedem Text zu klären: Integriert die Ähnlichkeit die Differenz - ist also die Differenz ein Aspekt der Ähnlichkeit - oder wird die Differenz von Autor in Opposition zur Ähnlichkeit gebracht oder ist sie Funktion einer höheren Form von Identität, die sowohl Ähnlichkeit als auch Differenz umfaßt?

schließlich um die Herstellung von Analogien und strukturellen Korrespondenzen geht[1], sucht man vergebens nach Ausführungen, in denen die Relation von Ähnlichkeit, Differenz und Überwindung der Differenz genauer expliziert würde. Komplementär zu den von Gerhard Kurz auf der Grundlage der Interaktionstheorie dargelegten Bedingungen, die zu realisieren sind, damit das Zutreffende einer metaphorischen Aussage erkannt werden kann, müßte dem Problem nachgegangen werden, was im Wechselspiel zwischen einem metaphorisch gebrauchten Wort und den verschiedenen Kontexten, in denen es steht (Kontext eines Satzes, einer Predigt, eines Kapitels, des Gesamtwerkes eines Autors etc.), den Rezipienten zur Einsicht in die Differenz des Gesagten zum Gemeinten einerseits und zur Überwindung der Differenz andererseits führt. Insbesondere ist es bezüglich der mystischen Metaphorik in diesem Zusammenhang unumgänglich zu klären, wie die Autoren mystischer Texte zum Ausdruck bringen, daß es in der mystischen Metaphorik nicht um eine endliche, prinzipiell bestimmbare Differenz zwischen zwei kreatürlichen Sachverhalten oder Gegenständen, sondern um die unendliche Differenz zwischen dem Göttlichen und allem Kreatürlichen geht. Schließlich bedarf es auch der genaueren Untersuchung, auf welche Identität sich die identifikatorische Kraft bei metaphorischen Aussagen in mystischen Texten richtet und wie die Intention auf Einheit in diesen metaphorischen Aussagen jeweils wirksam wird.

Für die Interpretation der Metaphorik in mystischen Texten ergeben sich somit folgende Konsequenzen:

Will man die spezifische Leistung und Eigentümlichkeit der mystischen Metaphorik erfassen, muß man grundsätzlich trennen zwischen der Erklärung der Strukturanalogien in metaphorischen Aussagen einerseits und der Funktion metaphorischer Rede in mystischen Texten, diese Erklärung gerade aufzubrechen andererseits; d.h. die radikale Andersheit des Göttlichen gegenüber den gewonnenen Ähnlichkeitsaspekten wieder ins Spiel zu bringen und dadurch den Prozeß der Interaktion mit dem Ziel einer Einheit, die sowohl Ähnlichkeit und Unähnlichkeit umfaßt, erneut zu provozieren.

Damit ist das intrikate Problem gegeben, bei der Funktionsbeschreibung der Metaphorik in mystischen Texten so vorzugehen, daß sowohl die Ähnlichkeits- als auch die Unähnlichkeitsaspekte einer metaphorischen Aussage in ihrer positiven Funktion für die mystische Erfahrung gleichermaßen berücksichtigt werden. Dies ist im einzelnen schwierig, weil in einer metaphorischen Aussage der Differenzaspekt nicht in einer genau bestimmbaren Relation zum Aspekt der Ähnlichkeit steht: weder werden alle Ähnlichkeitsaspekte einer metaphorischen Aussage von der Differenzerfahrung her dementiert, noch gelingt es metaphorischer Rede, die Differenz auszuschalten und eindeutig zu werden; vielmehr ist es so, daß beide -

---

(3.) Wenn die metaphorische Aussage eine neue Form von Identität jenseits von Ähnlichkeit und Differenz anzielt, muß untersucht werden, wie diese Identität in der jeweiligen metaphorischen Aussage ihre Kraft entfalten kann. In diesem Zusammenhang wird auch zu bedenken ein, ob die Differenz gegenüber den in der Bildlichkeit vorhandenen Strukturanalogien nicht zugleich in anderer Weise den Aspekt der Ähnlichkeit mit der intendierten neuen Identität darbietet.

[1] Vgl. etwa Max Black, Mehr über die Metapher, aaO, S.392 u. 396.

Ähnlichkeit wie Unähnlichkeit - in der untersuchten Metaphorik so miteinander verwoben sind, daß die Frage ihrer Geltung ungelöst bleiben muß. Zwar scheitert jede Bildvorstellung letztlich an der immer größeren Differenz des Göttlichen zu allem Irdischen; das Scheitern setzt jedoch die Bildlichkeit nicht außer Kraft. Denn auch wenn es sich dabei um höchst unzureichende Bilder für die unio-Erfahrung handelt, bleibt unentschieden, welche Möglichkeiten sie für Erfahrung der unio bieten. Wegen dieser Ungeklärtheit folgt die Differenz nicht auf die Ähnlichkeit, sondern fällt mit ihr undifferenzierbar zusammen, was gerade eine Typisierung der unio-Erfahrung verhindert. Aufgrund dieser nicht genau zu definierenden Beziehung von Ähnlichkeit und Unähnlichkeit in der mystischen Metaphorik bleibt nur übrig, verschiedene Funktionen, die die metaphorische Rede in mystischen Texten gleichzeitig erfüllt, für die Beschreibung zu trennen und diskursiv zu machen, was sich rationaler Diskursivität eigentlich entzieht.

Infolgedessen ist eine Vorgehensweise erforderlich, die der Einseitigkeit Rechnung trägt, die sich aus einer diskursiven Beschreibung der Metaphorik ergibt. Diese Einseitigkeit resultiert daraus, daß man als interpretierender Hörer oder Leser bei einem Bild, in dem Gott beispielsweise als 'Wüste' anschaulich gemacht wird, stehenbleibt und die Interaktion zwischen Bildempfänger und Bildspender in der definitorischen Bestimmtheit Gottes als des Unendlichen und Weiten enden läßt. Dies hat zur Folge, daß das Nicht-Begreifbare kategorisiert und als etwas Bestimmtes identifiziert wird. Das bedeutet: Der Prozeß der Interaktion, dessen Dynamik in der noch nicht aufgelösten Spannung zwischen Bildempfänger und Bildspender begründet liegt, ist zum Stillstand gekommen; das prinzipiell Unerklärbare ist vom Rezipienten in eine Feststellung bestimmter göttlicher Qualitäten aufgelöst, was zeigt, daß jede Interpretation metaphorischer Aussagen in mystischen Texten hinter dem lebendigen Prozeß der Interaktion zurückbleibt; denn in ihr wird auf diskursive Weise die metaphorische Aussage erklärt, indem der Interpret den Prozeß der Interaktion an einem Punkt anhält und von seinem Standpunkt aus abschließt. Die in diskursiven Formulierungen erfaßten neuartigen Ansichten vom Göttlichen, die genuin durch die Metaphern evoziert werden, führen infolgedessen zu einer Aneignung dieser Ansichten und Übertragung des schlechthin Unbekannten in Bekanntes. Da aber sowohl der Aspekt der Differenz als auch die anvisierte - Ähnlichkeit wie Differenz umfassende - höhere Form der Identität ausgeklammert bleibt, ist die Intention, die die Autoren mystischer Texte mit ihrer metaphorischen Rede verfolgen, nicht adäquat erfaßt. Denn sie beabsichtigen, wie bereits im Einleitungskapitel 'Sprache und mystische Erfahrung'[1] expliziert wurde, mit ihrer Darstellung der unio-Erfahrung in Ähnlichkeit zu sonstiger Erfahrung, den Rezipienten in einen Prozeß einzubeziehen, der schließlich - insofern in seinem Verlauf der Referenzbezug der gebotenen Bilder zunehmend problematisch wird - zum Scheitern aller gebotenen Vorstellungen führt. Für die Untersuchung der spezifischen Leistung und Eigenart von Metaphern in mystischen Texten folgt daraus, daß diese nur in den Blick kommen, wenn neben der Beschreibung der durch die Metaphorik gebotenen Ansichten des Göttlichen in Ähnlichkeit zu kreatürlicher Erfahrung auch erfaßt wird, wie die Differenz thematisiert wird, infolge derer der Rezipient auf die prinzipiell nicht anschaubar zu machende unio-Erfahrung hin

---

[1] Teil I, Kapitel 2.

bewegt wird. Dies heißt: Es muß bedacht werden, wie bei der untersuchten Metaphorik die Differenz, d.h. das Nicht-Erklärbare der unio-Erfahrung, ins Spiel gebracht wird, und wie im Sinne einer Eckhartschen negatio negationis die - Ähnlichkeit und Differenz transzendierende - unio ihre identifikatorische Kraft entfaltet. Damit ist aber eine Fragestellung gegeben, die - von einzelnen Ausnahmen abgesehen - weit über die einzelne metaphorische Aussage hinausreicht. Denn die für mystische Texte charakteristische Differenzerfahrung läßt sich nicht auf die von Gerhard Kurz im Blick auf die Metapher festgestellte "simultane Geltung und Nichtgeltung einer Gleichheit"[1] reduzieren. Vielmehr stellt sich diese bei einer metaphorischen Aussage im Rahmen eines mystischen Textes nur dadurch ein, daß die betreffende Aussage in Beziehung zum mystischen Prozeß gebracht wird, in dessen Verlauf alles Irdische aufgehoben wird und mit der Aufhebung sich zugleich die unio ankündigt. Aus diesem Grund wurde nach der Erfassung und Interpretation aller in den untersuchten Texten sich findenden Metaphern (Teil III) in einem zweiten Schritt der Zusammenhang von Metaphorik und mystischem Prozeß genauer bedacht. Den Ausgangspunkt bildete dabei die in Teil III entfaltete Vielfalt von Bildvorstellungen, die bei den einzelnen Autoren dadurch entsteht, daß sowohl die Transformation und Transposition des Menschen als auch die göttliche Zuwendung und die unio von Gott und Mensch von Bild zu Bild immer anders metaphorisch thematisiert werden.

Die Ergebnisse, die sich aus der Interpretation der Spannung zwischen einem immer gleichbleibenden Strukturaspekt des mystischen Prozesses (z.B. Transformation) einerseits und der vielfach variierenden Bildkomposition sowie der Relation der einzelnen Bilder zueinander andererseits gewinnen ließen, legen nahe, neben der (unter den genannten Strukturaspekten des mystischen Prozesses beschreibbaren) thematischen Hinordnung der einzelnen Bilder auf die unio in der Störung jeglicher Form von Aneignung das entscheidende Charakteristikum mystischer Metaphorik zu sehen. Mit dieser Störung ist nicht die Irritation gemeint, die entsteht, wenn anstelle diskursiver Rede metaphorisch gesprochen wird und es zu einer ungewohnten Zuordnung von verschiedenen Wirklichkeitsbereichen kommt. Eine derartige Störung des Verstehens trägt, wie bereits mehrfach betont wurde, vorübergehenden Charakter und wird durch eine - vom Redefluß her begrenzte - Bemühung des Rezipienten um die Interaktion von Bildempfänger und Bildspender mehr oder weniger behoben.

Die Störung durch die Metaphorik in mystischen Texten besitzt eine ganz andere Qualität. Sie soll nicht behoben werden, damit das metaphorisch Gemeinte besser verstanden werden kann, sondern umgekehrt: erst wenn der Rezipient die durch die metaphorische Aussage provozierte Störung bewußt realisiert hat, versteht er die Intention, die der Autor mit seiner metaphorischen Rede verbindet. Diese besteht nicht in der Explikation verschiedener Ansichten der unio-Erfahrung und deren Auflösung in Eigenschaften und Bestimmbarkeiten durch den Rezipienten; vielmehr geht es um die Reduktion der vielfältigen Bilderwelt auf die unio. Um dies zu erreichen, erhält in mystischen Texten die unio und der zu ihr hinführende Prozeß zunächst klare Konturen, indem in Entsprechung zu ähnlichen Vorgängen und Dingen der Welt eine Anschauung vom Nicht-Anschaubaren vermit-

---
[1] Gerhard Kurz, Metapher, Allegorie, Symbol, aaO, S.23.

telt wird. Dabei kann es jedoch nicht bleiben, insofern für den Rezipienten die Einsicht in die Inadäquatheit des aktuellen Bildes unausweichlich ist: durch eine inkohärente und inkonsequente Bildlichkeit auf der syntagmatischen Ebene sowie durch die Inkompatibilität des aktuellen Bildes mit anderen Bildern des gleichen Autors, die dem Rezipienten in der Erinnerung präsent sind. Vor allem die Tatsache, daß die Autoren durch die Heterogenität ihrer Bilder die Herausbildung eines Systems fester Anschauungen des Göttlichen und der unio mit ihm verhindern, macht eine Einordnung und Überführung des Göttlichen in Bekanntes unmöglich und bewirkt stattdessen beim Rezipienten die Einsicht in die Unzulänglichkeit jeder Anschauung.

Für die Erfassung und Beschreibung der mystischen Metaphorik bedeutet dies, daß sowohl die syntagmatische als auch die paradigmatische Relation eines metaphorisch gebrauchten Wortes beachtet werden muß. Während die Interpretation der syntagmatischen Dimension einer metaphorischen Aussage den semantischen Schwerpunkt genauer bestimmt und auch noch bei einigen metaphorischen Aussagen die im Versagen der Interaktion begründete Problematisierung der Anschauung erfaßt, wird erst von der paradigmatischen Ebene der grundsätzliche Aspekt der syntagmatisch nur vereinzelt auftretenden und sich im Verlauf des betreffenden Textes nur partiell auswirkenden Störung des Verstehens durch Metaphern deutlich.

Besondere Aufmerksamkeit verdient in diesem Zusammenhang die Tatsache, daß trotz derartiger Störungen die metaphorische Rede nicht aufhört und die gleiche Bildlichkeit weiter verwendet wird. Dies heißt: Die Autoren sprechen ihr einen Sinn zu, der durch die Einsicht in die Differenz der unio-Erfahrung zu allem menschlichen Sprechen nicht aufgehoben wird. Insofern dadurch weder der Aspekt der Ähnlichkeit noch der Aspekt der Differenz ihre Bedeutung verlieren, muß dieser Sinn in einer Einheit gesucht werden, die Ähnlichkeit und Unähnlichkeit umfaßt. Die Kraft dieser Einheit zeigt sich - wie in Teil II, Kapitel 1-4 ausführlich dargestellt wurde - u.a. in der Spannung, die zwischen dem jeweiligen Bild und der unio besteht. Diese Spannung ist der Grund dafür, daß eine von Bild zu Bild weitergehende Differenzierung erfolgt, ohne daß jedoch eine zunehmende Ähnlichkeit der Bildlichkeit mit der intendierten unio erreicht werden könnte. Denn dadurch, daß die gebotenen Vorstellungen in keiner direkten Referenzbeziehung zu einer wahrnehmbaren und genau bestimmbaren Wirklichkeit stehen, kann ihre Angemessenheit auch nicht mehr von einer allgemein einsehbaren Wirklichkeit her beurteilt werden. Es bleibt den Autoren der untersuchten Texte nichts anderes übrig, als auf die nicht faßbare unio in der Weise zu reagieren, daß sie mit den unterschiedlichsten Bildern die gleiche Thematik zur Sprache bringen, ohne die Unstimmigkeiten zwischen den divergenten Einzelbildern tilgen zu können. Infolgedessen kommt es zu vielfältigen Spannungen, Brüchen und unüberbrückbaren Widersprüchen, die im Text selbst nicht aufgelöst werden können. Das auf diese Weise realisierte metaphorische Sprechen erhält, wie u.a. in den Ausführungen zum Geschehen der Transposition bei Mechthild (Teil II, Kapitel 2) dargelegt wurde, nur einen Sinn, wenn ein Einheitspunkt jenseits des Textes und letztlich jenseits allen menschlichen Sprechens angenommen wird, der die Aufhebung aller Unterschiede und damit den Zusammenbruch der kategorialen Ordnung des Endlichen verkraftet, weil es sich um eine Einheit handelt, die keinen bestimmbaren

Unterschied mehr kennt. Damit wird zugleich deutlich, daß durch den nicht enden wollenden Prozeß der Bildentfaltung mit der Aufhebung alles Bestimmten sich im Medium der Sprache die Logik des Ununterschiedenen ankündigt.

Dem Scheitern der Bildlichkeit kommt somit ein positiver Sinn zu: In der Destruktion aller vertrauten Relationen vollzieht der Mystiker die Neustrukturierung der Welt im Namen und aufgrund der Gewißheit einer Wirklichkeit, für die die kategoriale Logik nicht mehr zutreffen kann.

Für den Rezipienten bedeutet dies ein Zweifaches: einerseits erfährt er im Versagen aller Anschauung angesichts der immer größeren Unähnlichkeit der unio das Versagen seiner eigenen, auf die unio gerichteten Kategorisierungsbemühung. Denn, wie die in Teil II, Kapitel 1-4 gewonnenen Ergebnisse zeigen, bewirkt die Transformation eines Bildes durch ein anderes oft konträres Bild, daß nichts zur bleibenden Eigenschaft des Göttlichen wird, so daß der Aufbau eines Bildspender-Systems für das Göttliche letztlich nicht gelingen kann. Die Interaktion zwischen einem Bildspender-System und dem göttlichen Bildempfänger wird problematisch - sowohl wegen der inkohärenten Vorstellungen vom Göttlichen, die im Gedächtnis des Rezipienten parat liegen, als auch wegen der systemsprengenden Wirkung mancher metaphorischer Aussagen auf der Ebene des aktuellen Textes. Dies hat zur Folge, daß - bedingt durch derart massive Störungen - die Interaktion zu keinem Resultat kommt. Es wird permanent übertragen, die Interaktion wird durch folgende Bilder und das Bildgedächtnis immer wieder angestoßen - doch ein Ergebnis, eine gelungene Übertragung, ist nicht in Sicht.

Andererseits bleibt dadurch die Beziehung des Rezipienten zur göttlichen unio in dem Maße lebendig, wie er sich diesem, über die Metaphorik inszenierten Prozeß aussetzt; d.h. mit der Transformation eines Bildes durch ein anderes, letztlich mit dem durch die widersprüchliche Bildlichkeit bewirkten Zusammenbruch des kategorialen Denkens, vollzieht sich - auf dem Rücken der Differenzerfahrung sozusagen - die Verwandlung des Rezipienten vom bestimmenden Subjekt zu einem zunehmend von der göttlichen Ordnung, der unio, her bestimmten Leben[1].

---

[1] Vgl. dazu insbesondere die Ausführungen in Teil II, Kapitel 4.

LITERATURVERZEICHNIS

I. PRIMÄRTEXTE

(David von Augsburg) Deutsche Mystiker des vierzehnten Jahrhunderts, hg. von Franz Pfeiffer, Bd. 1. Leipzig 1845.

Margaretha Ebner und Heinrich von Nördlingen. Ein Beitrag zur Geschichte der deutschen Mystik, hg. von Philipp Strauch. Freiburg i.Br./ Tübingen 1882.

Meister Eckhart: Die deutschen und lateinischen Werke, hg. im Auftrage der Deutschen Forschungsgemeinschaft. Stuttgart 1936ff. Deutsche Werke: I 1958; II 1971; III 1976; V 1963, hg. von Josef Quint; Lateinische Werke: I 1964, II 1954ff; III 1936ff, IV 1956, V 1936ff, hg. von Josef Koch u.a..

Mechthild von Magdeburg: Das fließende Licht der Gottheit. Nach der Einsiedler Handschrift in kritischem Vergleich mit der gesamten Überlieferung herausgegeben von Hans Neumann, Band I: Text, besorgt von Gisela Vollmann-Profe, München 1990.

Heinrich Seuse: Deutsche Schriften, im Auftrag der Württembergischen Kommission für Landesgeschichte, hg. von Karl Bihlmeyer. Stuttgart 1907.

(Johannes Tauler) Die Predigten Taulers, hg. von Ferdinand Vetter. Berlin 1910.

II: NACHSCHLAGEWERKE

Ballmer, Thomas T./Brennenstuhl, Waltraud: Deutsche Verben. Eine sprachanalytische Untersuchung des Deutschen Verbwortschatzes. Tübingen 1986.

Dictionnaire de spiritualité ascétique et mystique: doctrine et histoire. Fondé par Marcel Viller. Paris 1937-1995.

Die Deutsche Literatur des Mittelalters. Verfasserlexikon. 2. Auflage. Hrsg. von Kurt Ruh u.a.. Berlin/New York 1978ff.

Grimm, Jacob u. Wilhelm: Deutsches Worterbuch. Leipzig 1854fff.

Lexer, Matthias: Mittelhochdeutsches Handwörterbuch. 3 Bde. Stuttgart 1979 (Reprografischer Nachdruck der Ausgabe Leipzig 1872).

Lexikon für Theologie und Kirche. 2. Auflage. Hrsg. von Josef Höfer/Karl Rahner. Freiburg i.Br. 1957ff.

Theologische Realenzyklopädie. Hrsg. von Gerhard Krause und Gerhard Müller. Berlin/ New York 1974ff.

III. SEKUNDÄRLITERATUR

Ancelet-Hustache, Jeanne: Le problème de l'authenticité de la vie de Suso, in: La mystique rhénane. Colloque de Strasbourg, 16-19 mai 1961. Paris 1963, S. 193-205.

Anderegg, Johannes: Sprache und Verwandlung. Zur literarischen Ästhetik. Göttingen 1985.

Baier, Michael: Die metaphorische Textkonstitution. Erlangen 1988.

Balthasar, Hans Urs von: Herrlichkeit. Eine theologische Ästhetik. Zweiter Band: Fächer der Stile. Einsiedeln 1962.

Baruzi, Jean: Introduction à des recherches su le langage mystique, in: Recherches philosophiques (1931/32), S. 66-82.

Beardsley, Monroe C.: Die metaphorische Verdrehung, in: Haverkamp, Anselm (Hg.): Theorie der Metapher. Darmstadt 1983, S. 120-141.

Beierwaltes, Werner: Andersheit. Zur neuplatonischen Struktur einer Problemgeschichte, in: Le Néoplatonisme. Colloques internationaux du Centre National de la Recherche scientifique. Scienes humaines. Royaumont, 9-13 juin 1969. Paris 1971, S. 447-474.

Ders.: Begriff und Metapher. Sprachform des Denkens bei Eriugena. Vorträge des VII. Internationalen Eriugena-Colloquiums, 26.-29.Juli 1989. Abhandlungen der Heidelberger Akademie der Wissenschaften, Philosophisch-historische Klasse, Jg. 1990, Abh.3. Heidelberg 1990.

Ders.: Denken des Einen: Studien zur neuplatonischen Philosophie und ihrer Wirkungsgeschichte. Frankfurt a.M. 1985.

Ders.: Duplex Theoria. Zu einer Denkform Eriugenas, in: Beierwaltes, Werner (Hg.): Begriff und Metapher. Heidelberg 1990, S. 39-64.

Ders.: Eriugena. Aspekte seiner Philosophie, in: Löwe, Heinz (Hg.): Die Iren und Europa im frühen Mittelalter. Teilband 1 und 2. Stuttgart 1982, hier: Teilband 2, S. 799-818.

Ders.(Hg.): Eriugena. Studien zu seinen Quellen. Vorträge des III. Internationalen Eriugena-Colloquiums, Freiburg i.Br., 27.-30.August 1979. Abhandlungen der Heidelberger Akademie der Wissenschaften. Philosophisch-historische Klasse, Jg. 1980, Abh.3. Heidelberg 1980.

Ders./Balthasar, Hans Urs von/ Haas, Alois M. (Hgg.): Grundfragen der Mystik. Einsiedeln 1974.

Ders.: Identität und Differenz. Frankfurt a.M. 1980.

Ders.(Hg.): Platonismus in der Philosophie des Mittelalters. Darmstadt 1969.

Ders.: Plotins Metaphysik des Lichtes, in: Zintzen, Clemens (Hg.): Die Philosophie des Neuplatonismus. Darmstadt 1977, S. 75-117.

Ders: Proklos. Grundzüge seiner Metaphysik. Philosophische Abhandlungen. Band XXIV. Frankfurt a.M. 1965.

Ders.: Regio Beatitudinis. Zu Augustins Begriff des glücklichen Lebens. Sitzungsberichte der Heidelberger Akademie der Wissenschaften. Philosophisch-historische Klasse, Jg. 1981, Abh.6. Heidelberg 1981.

Ders.: Sprache und Sache. Reflexionen zu Eriugenas Einschätzung von Leistung und Funktion der Sprache, in: Zeitschrift für philosophische Forschung 38 (1984), S. 523-543.

Ders.: Zu Augustins Metaphysik der Sprache, in: Augustinian Studies 2 (1971), S. 179-195.

Bindschedler, Maria: Seuses Begriff der Ritterschaft, in: Filthaut, Ephrem: Johannes Tauler. Ein deutscher Mystiker. Gedenkschrift zum 600. Todestag. Essen 1961, S. 233-239.

Black, Max: Metapher, in: Proceedings of the Aristotelian Society 55 (1954), S. 273-294. Aus dem Englischen übersetzt von Margit Smuda, in: Haverkamp, Anselm (Hg.): Theorie der Metapher. Darmstadt 1983, S. 55-79.

Ders.: More about Metaphor, in: Dialectica 31 (1977), S. 431-457. Aus dem Englischen übersetzt von Margit Smuda, in: Haverkamp, Anselm (Hg.): Theorie der Metapher. Darmstadt 1983, S.379-413.

Blank, Walter: Die Nonnenviten des 14. Jahrhunderts. Eine Studie zur hagiographischen Literatur des Mittelalters unter besonderer Berücksichtigung der Visionen und ihrer Lichtphänomene. Diss. Freiburg 1962.

Ders.: Umsetzung der Mystik in den Frauenklöstern, in: Mystik am Oberrhein, S. 25-36.

Blumenberg, Hans: Aspekte der Epochenschwelle: Cusaner und Nolaner. Frankfurt a.M. 1976.

Ders.: Ausblick auf eine Theorie der Unbegrifflichkeit, in: Haverkamp, Anselm (Hg.): Theorie der Metapher. Darmstadt 1983, S. 438-454.

Ders.: Neuplatonismen und Pseudoplatonismen in der Kosmologie und Mechanik der frühen Neuzeit, in: Le Néoplatonisme. Colloques internationaux du Centre National de la Recherche scientifique. Scienes humaines. Royaumont, 9-13 juin 1969. Paris 1971, S. 447-474.

Ders.: Paradigmen zu einer Metaphorologie, in: Archiv für Begriffsgeschichte 6 (1960), S. 7-142.

Blumrich, Rüdiger/Kaiser, Philipp (Hgg.): Heinrichs Seuses Philosophia spiritualis. Quellen, Konzepte, Formen und Rezeption. Tagung Eichstätt 2.-4. Oktober 1991. Wiesbaden 1994.

Blumrich, Rüdiger: Die Überlieferung der deutschen Schriften Seuses. Ein Forschungsbericht, in: Blumrich, Rüdiger/Kaiser, Philipp (Hgg.): Heinrichs Seuses Philosophia spiritualis. Quellen, Konzepte, Formen und Rezeption. Tagung Eichstätt 2.-4. Oktober 1991. Wiesbaden 1994, S.189-201.

Bochumer Diskussion 1968: Die Metapher, in: Poetica 2 (1968), S. 100-130.

Boehm, Gottfried: Bildsinn und Sinnesorgane, in: Neue Hefte für Philosophie, Heft 18/19 (1980), S. 118-132.

Ders.: Die Dialektik der ästhetischen Grenze. Überlegungen zur gegenwärtigen Ästhetik im Anschluß an Josef Albers, in: Neue Hefte für Philosophie, Heft 5 (1973), S. 118-139.

Ders.: Zu einer Hermeneutik des Bildes, in: Gadamer, Hans-Georg/Boehm, Gottfried (Hgg.): Seminar: Die Hermeneutik und die Wissenschaften. Frankfurt 1978, S. 444-471.

Böhnke, Michael: Konkrete Reflexion. Philosophische und theologische Hermeneutik. Ein Interpretationsversuch über Paul Ricoeur. Frankfurt a.M. 1983.

Boesch, Bruno: Zur Minneauffassung Seuses, in: Festschrift Josef Quint anläßlich seines 65. Geburtstages überreicht. Hg. von Moser, Hugo/Schützeichel, Rudolf/Stackmann, Karl. Bonn 1964, S. 61-68.

Bohnet-von der Thüsen, Adelheid: Der Begriff des Lichts bei Heinrich Seuse. Diss. München 1972.

Bühlmann, Joseph: Christuslehre und Christusmystik des Heinrich Seuse. Luzern 1942.

Coseriu, Eugenio: Einführung in die strukturelle Betrachtung des Wortschatzes. Tübingen 1973²

Ders.: Grundprobleme der strukturellen Semantik. Tübingen 1974

Ders.: Lexikalische Solidaritäten, in: Poetica 1 (1967), S.293-303.

Dalferth, Ingolf U.: Religiöse Rede von Gott. München 1981.

Ders. (Hg.): Sprachlogik des Glaubens. Textanalytische Religionsphilosophie und Theologie zur religiösen Sprache. München 1974.

Dehnhardt, Ernst: Die Metaphorik der Mystiker Meister Eckhart und Tauler in den Schriften des Rulman Merswin. Diss. Marburg 1942.

Denifle, Heinrich Suso: Die deutschen Mystiker des 14.Jahrhunderts. Beitrag zur Deutung ihrer Lehre. (Studia Friburgensia, N.F. Hg. v. Otwin Spiess). Freiburg/Schweiz 1951.

Denzinger-Schönmetzer: Enchiridion symbolorum definitionum et declarationum de rebus fidei et morum, ed.32. Freiburg i.Br.1963.

Derrida, Jacques: Grammatologie. Übers. von Hans-Jörg Rheinberger und Hanns Zischler. Frankfurt am Main 1992.

Ders.: Die Schrift und die Differenz. Übers. von Rodolphe Gasché. Frankfurt am Main 1992.

Diethelm, Anna Margaretha: Durch sin selbs unerstorben viehlichkeit hin zuo grosser loblichen heilikeit. Körperlichkeit in der Vita Heinrich Seuses. (Deutsche Literatur von den Anfängen bis 1700; Bd.1). Bern 1988.

Dollinger, Philippe: Strasbourg et Colmar. Foyers de la mystique rhénane (XIII-XIVᵉ siècle), in: La mystique rhénane. Colloque de Strasbourg 16-19 mai 1961. Paris 1963, S. 3-13.

Emonds, Heiner: Metaphernkommunikation. Zur Theorie des Verstehens von metaphorisch verwendeten Ausdrücken der Sprache. Göppingen 1986.

Enders, Markus: Das mystische Wissen bei Heinrich Seuse. Paderborn 1993.

Eschbach, Gérard: Jean Tauler. La naissance de Dieu en toi. Paris 1986.

Mc Fague, Sallie: Metaphorical Theology. Models of God in Religions Language. Philadelphia 1982.

Ferwerda, Rein: La signification des images et des métaphories dans la pensée de Plotin. Groningen 1965.

Filthaut, Ephrem M. (Hg.): Heinrich Seuse. Studien zum 600. Todestag (1366-1966). Köln 1966.

Ders. (Hg.): Johannes Tauler. Ein deutscher Mystiker. Gedenkschrift zum 600. Todestag. Essen 1961.

Fischer, Heribert: Meister Eckhart. Einführung in sein philosophisches Denken. Freiburg i.Br. 1974.

Flasch, Kurt: Augustin. Einführung in sein Denken. Stuttgart 1980.

Ders.: Meister Eckhart und die 'Deutsche Mystik'. Zur Kritik eines historiographischen Schemas, in: Pluta, Olaf (Hg.): Die Philosophie im 14. und 15. Jahrhundert. Amsterdam 1988, S. 439-463.

Ders.: Das philosophische Denken im Mittelalter. Stuttgart 1986.

Ders.: Procedere ut imago. Das Hervorgehen des Intellekts aus seinem göttlichen Grund bei Meister Dietrich, Meister Eckhart und Berthold von Moosburg, in: Ruh, Kurt (Hg.): Abendländische Mystik im Mittelalter. Symposion Kloster Engelberg 1984. Stuttgart 1986, S. 125-134.

Ders.: Zur Rehabilitierung der Relation. Die Theorie der Beziehung bei Johannes Eriugena, in: Niebel, Wilhelm Friedrich/ Leisegang, Dieter (Hgg.): Philosophie als Beziehungswissenschaft. FS für Julius Schaaf. Frankfurt a.M. 1971, S. 5-25.

Foucault, Michel: Archäologie des Wissens. Übers. von Ulrich Köppen. Frankfurt am Main 1992.

Ders.: Die Ordnung der Dinge: eine Archäologie der Humanwissenschaften. Übers. von Ulrich Köppen. Frankfurt am Main 1971.

Frank, Manfred: Die Aufhebung der Anschauung im Spiel der Metapher, in: Neue Hefte für Philosophie, Heft 18/19 (1980), S. 58-78.

Fues, Wolfram Malte: Mystik als Erkenntnis? Kritische Studien zur Meister-Eckhart-Forschung. (Studien zur Germanistik, Anglistik und Komparatistik, Bd. 102.) Bonn 1981.

Gadamer, Hans-Georg (Hg.): Das Problem der Sprache. Achter Deutscher Kongress für Philosophie - Heidelberg 1966. München 1967.

Ders.: Wahrheit und Methode. Tübingen ^{4}1975.

Geckeler, Hans: Strukturelle Semantik und Wortfeldtheorie. München 1971^2.

Mc Ginn, Bernard: St. Bernard an Meister Eckhart, in: Cîteaux Commentarii Cistercienses 31 (1980), S. 373-386.

Gnädinger, Louise: Das Altväterzitat im Predigtwerk Johannes Tauler, in: Unterwegs zur Einheit. Fs für Heinrich Stirnimann. Hg. v. Johannes Brantschen und Pietro Selvatico. Freiburg/Schweiz 1980, S. 253-267.

Dies.: Johannes Tauler von Straßburg, in: Greschat, Martin (Hg.): Mittelalter II. Gestalten der Kirchengeschichte. Bd.4. Stuttgart 1983.

Dies.: Johannes Tauler. Lebenswelt und mystische Lehre. München 1993.

Dies.: Der minnende Bernhardus. Seine Reflexe in den Predigten Johannes Taulers, in: Cîteaux Commentarii Cistercienses 31 (1980), S. 387-409.

Gombrich, Ernst H.: Bild und Auge. Neue Studien zur Psychologie der bildlichen Darstellung. Stuttgart 1984.

Goodman, Nelson: Sprachen der Kunst. Ein Ansatz zu einer Symboltheorie. Aus dem Englischen von Jürgen Schlaeger. Frankfurt a.M. 1973.

Grabmann, Martin: Mittelalterliches Geistesleben. Abhandlungen zur Geschichte der Scholastik und Mystik. 3 Bände, München 1926-1956.

Ders.: Wesen und Grundlagen der katholischen Mystik. München ²1923.

Grassi, Ernesto/ Schmale, Hugo (Hgg.): Das Gespräch als Ereignis. Ein semiotisches Problem. München 1982.

Grassi, Ernesto: Macht des Bildes: Ohnmacht der rationalen Sprache. Zur Rettung des Rhetorischen. Köln 1970.

Grubmüller, Klaus: Die Viten der Schwestern von Töß und Elsbeth Stagel, in: ZfdA 98 (1969), S. 171-204.

Ders.: Sprechen und Schreiben, in: Janota, Johannes u.a. (Hgg.): Festschrift Walter Haug und Burkhart Wachinger. Tübingen 1992, S. 335-348.

Grundmann, Herbert: Die Frauen und die Literatur im Mittelalter. Ein Beitrag zur Frage nach der Enstehung de Schrifttums in der Volkssprache, in: Archiv für Kulturgeschichte 26 (1936), S. 129-161.

Ders.: Die geschichtlichen Grundlagen der Deutschen Mystik, in: DVjs 12 (1934), S. 400-429.

Haas, Alois M.: Geistliches Mittelalter. Freiburg/Schweiz 1984

Ders.: Gottleiden - Gottlieben. Zur volkssprachlichen Mystik im Mittelalter. Frankfurt a.M. 1989.

Haas, Alois M.: Mechthilds von Magdeburg dichterische heimlichkeit, in: Schnell, Rüdiger (Hg.): Gotes und der werlde hulde. Literatur in Mittelalter und Neuzeit. Festschrift für Heinz Rupp zum 70. Geburtstag. Bern 1989, S. 206-223.

Ders.: Nim din selbes war. Studien zur Lehre von der Selbsterkenntnis bei Meister Eckhart, Johannes Tauler und Heinrich Seuse. Freiburg/Schweiz 1971.

Ders.: Sermo mysticus. Studien zu Theologie und Sprache der deutschen Mystik. Freiburg/ Schweiz 1979.

Ders.: Streiflichter auf die Struktur der Bekehrung im Geiste Augustins, in: Brantschen, Johannes/ Selvatico,Pietro (Hgg.): Unterwegs zur Einheit. Festschrift für Heinrich Stirnimann. Freiburg/Schweiz 1980, S. 225-240.

Ders.: Was ist Mystik, in: Ruh, Kurt (Hg.): Abendländische Mystik im Mittelalter. Symposion Kloster Engelberg 1984. Stuttgart 1986, S. 319-341.

Hasebrink, Burkhard: Formen inzitativer Rede bei Meister Eckhart. Untersuchungen zur literarischen Konzeption der deutschen Predigt. Tübingen 1992.

Haug, Walter: Das Gespräch mit dem unvergleichlichen Partner. Der mystische Dialog bei Mechthild von Magdeburg als Paradigma für eine personale Gesprächsstruktur, in: Stierle, Karlheinz/ Warning,Rainer (Hgg.): Das Gespräch. München 1984, S. 251-279.

Ders.: Grundformen religiöser Erfahrung als epochale Positionen: Vom frühmittelalterlichen Analogiemodell zum hoch- und spätmittelalterlichen Differenzmodell, in: Ders. /Mieth, Dietmar (Hgg.): Religiöse Erfahrung. Historische Modelle in christlicher Tradition. München 1992, S. 75-108.

Ders.: Literatur und Leben im Mittelalter. Eine neue Theorie zur Entstehung und Entwicklung des höfischen Romans, in: DU 41 (1989), S.12-26.

Ders.: Zur Grundlegung einer Theorie des mystischen Sprechens, in: Ruh, Kurt (Hg.): Abendländische Mystik im Mittelalter. Symposion Kloster Engelberg 1984. Stuttgart 1986, S. 494-508.

Ders.: Transzendenz und Utopie. Vorüberlegungen zu einer Literarästhetik des Mittelalters, in: Walter Haug: Strukturen als Schlüssel zur Welt. Kleine Schriften zur Erzählliteratur des Mittelalters. Tübingen 1989, S. 513-528.

Ders. (Hg.): Formen und Funktionen der Allegorie. Symposion Wolfenbüttel 1978. Stuttgart 1979.

Ders.: Überlegungen zur Revision meiner 'Grundlegung einer Theorie des mystischen Sprechens', in: Ders.: Brechungen auf dem Weg zur Individualität. Kleine Schriften zur Literatur des Mittelalters. Tübingen 1995, S.545-549.

Ders.: Von der Idealität des arthurischen Festes zur apokalyptischen Orgie in Wittenwilers Ring, in: Ders./Warning, Rainer (Hgg.): Das Fest. (Poetik und Hermeneutik XIV). München 1989, S.157-179.

Haverkamp, Anselm (Hg.): Theorie der Metapher. Darmstadt 1983.

Heimbach, Marianne: "Der ungelehrte Mund" als Autorität: mystische Erfahrung als Quelle kirchlich-prophetischer Rede im Werk Mechthilds von Magdeburg. Stuttgart-Bad Canstatt 1989.

Heller, Dagmar: Schriftauslegung und geistliche Erfahrung bei Bernhard von Clairvaux. Würzburg 1990.

Hofmann, Georg: Die Brüder und Schwestern des freien Geistes zur Zeit Heinrich Seuses, in: Filthaut, Ephrem: Heinrich Seuse. Studien zum 600. Todestag (1366-1966). Köln 1966, S. 9-32.

Holenstein-Hasler, Anno Marie: Studien zur Vita Heinrich Seuses, in: Zeitschrift für Schweizerische Kirchengeschichte 62 (1968), S. 185-352.

Hülzer, Heike: Die Metapher. Kommunikationstheoretische Überlegungen zu einer rhetorischen Kategorie. Münster 1987.

Hummel, Regine: Mystische Modelle im 12. Jahrhundert: 'St. Trudperter Hoheslied', Bernhard von Clairvaux, Wilhelm von St. Thierry. Göppingen 1989.

Imbach, Ruedi: Die deutsche Dominikanerschule: Drei Modelle einer Theologia mystica, in: Schmidt, Margot/ Bauer, Dieter R. (Hgg.): Grundfragen christlicher Mystik. Wissenschaftliche Studientagung Theologia mystica in Weingarten vom 7.-10. November 1985. Stuttgart-Bad Canstatt 1987, S.

Iser, Wolfgang: Das Fiktive und das Imaginäre. Perspektiven literarischer Anthropologie. Frankfurt a.M. 1991.

Jakobson, Roman: Der Doppelcharakter der Sprache und die Polarität zwischen Metaphorik und Metonymik, in: Haverkamp, Anselm (Hg.): Theorie der Metapher. Darmstadt 1983, S. 163-174.

Janota, Johannes u.a. (Hgg.): Festschrift Walter Haug und Burkhart Wachinger. 2 Bde. Tübingen 1992.

Joeressen, Uta: Die Terminologie der Innerlichkeit in den deutschen Werken Heinrich Seuses. Frankfurt a.M. 1983.

Keel, Othmar: Deine Blicke sind Tauben. Zur Metaphorik des Hohen Liedes. Stuttgarter Bibelstudien 114/115. Stuttgart 1984.

Keller-Bauer, Friedrich: Metaphorisches Verstehen. Eine linguistische Rekonstruktion metaphorischer Kommunikation. Tübingen 1984.

Kemper, Hans-Georg: Allegorische Allegorese. Zur Bildlichkeit und Struktur mystischer Literatur (Mechthild von Magdeburg und Angelus Silesius), in: Haug, Walter (Hg.): Formen und Funktionen der Allegorie. Symposion Wolfenbüttel 1978. Stuttgart 1979, S. 90-125.

Kersting, Martin: Text und Bild im Werk Heinrich Seuses. Untersuchungen zu den illustrierten Handschriften des Exemplars. 2 Bde. Diss. Mainz 1987.

Knotzinger, Kurt: Hoheslied und bräutliche Christusliebe bei Bernhard von Clairvaux, in: Jahrbuch für mystische Theologie 7 (1961), S. 9-88.

Koch, Josef: Augustinischer und Dionysischer Neuplatonismus und das Mittelalter, in: Beierwaltes, Werner (Hg.): Platonismus in der Philosophie des Mittelalters. Darmstadt 1969, S. 317-342.

Ders.: Meister Eckharts Weiterwirken im deutsch-niederländischen Raum im 14. und 15. Jahrhundert, in: La mystique rhénane. Colloque de Strasbourg 16-19 mai 1961. Paris 1963, S. 133-156.

Ders.: Zur Analogielehre Meister Eckharts, in: Ruh, Kurt (Hg.): Altdeutsche und altniederländische Mystik. Darmstadt 1964, S. 275-308.

Köbele, Susanne: Bilder der unbegriffenen Wahrheit. Zur Struktur mystischer Rede im Spannungsfeld von Latein und Volkssprache. Tübingen/Basel 1993.

Köller, Wilhelm: Semiotik und Metapher. Untersuchung zur grammatischen Struktur und kommunikativen Funktion von Metaphern. Stuttgart 1975.

Köpf, Ulrich: Hoheliedauslegung als Quelle einer Theologie der Mystik, in: Schmidt, Margot/ Bauer, Dieter R. (Hgg.): Grundfragen christlicher Mystik. Wissenschaftliche Studientagung Theologia mystica in Weingarten vom 7.-10. November 1985. Stuttgart-Bad Canstatt 1987, S. 50-72.

Ders.: Art. 'Hoheslied', in: Theologische Realenzyklopädie, Bd. XV. Berlin/New York 1986, S. 499-513.

Ders.: Mystik im Denken Bernhards von Clairvaux. Eine Hinführung zu ausgewählten Texten, in: Schmidt, Margot/ Bauer, Dieter R. (Hgg.): "Eine Höhe, über die nichts geht": Spezielle Glaubenserfahrung in der Frauenmystik? Stuttgart-Bad Cannstatt 1986, S. 19-69.

Ders.: Religiöse Erfahrung in der Theologie Bernhards von Clairvaux. Tübingen 1980.

Krewitt, Ulrich: Metapher und tropische Rede in der Auffassung des Mittelalters. Ratingen 1971.

Kubczak, Hartmut: Metaphern und Metonymien, in: ZfdPh 105 (1986), S.83-99.

Künzle, Pius: Heinrich Seuses Horologium Sapientiae. Erste kritische Ausgabe unter Benützung der Vorarbeiten von Dominikus Planzer. Freiburg/Schweiz 1977.

Kurz, Gerhard: Metapher, Allegorie, Symbol. Göttingen 1982.

Lakoff, George/ Johnson, Mark: Metaphors We Live By. Chicago/London 1980.

Langer, Otto: Meister Eckharts Lehre von der Gottesgeburt und vom Durchbruch in die Gottheit und seine Kritik mystischer Erfahrung, in: Schmidt, Margot/ Bauer, Dieter R. (Hgg.): "Eine Höhe, über die nichts geht": Spezielle Glaubenserfahrung in der Frauenmystik? Stuttgart-Bad Cannstatt 1986, S. 135-161.

Ders.: Meister Eckharts Lehre vom Seelengrund, in: Schmidt, Margot/ Bauer, Dieter R. (Hgg.): Grundfragen christlicher Mystik. Wissenschaftliche Studientagung Theologia mystica in Weingarten vom 7.-10. November 1985. Stuttgart-Bad Canstatt 1987, S. 173-191.

Ders.: Mystische Erfahrung und spirituelle Theologie. Zu Meister Eckharts Auseinandersetzung mit der Frauenfrömmigkeit seiner Zeit. München/Zürich 1987

Ders.: Rezension zu Burkhard Mojsisch: Meister Eckhart. Analogie, Univozität und Einheit. Hamburg 1983, in: AfdA 96 (1985), S. 70-80.

Langer, Susanne K.: Philosophie auf neuem Wege. Das Symbol im Denken, im Ritus und in der Kunst. Aus dem Amerikanischen von Ada Löwith.

Laubner, Horst: Studien zur geistlichen Bildsprache im Werke der Mechthild von Magdeburg. Göppingen 1975.

Libera, Alain de: Introduction à la mystique rhénane d'Albert le Grand à Maître Eckhart. Paris 1984.

Lüers, Grete: Die Sprache der deutschen Mystik des Mittelalters im Werke der Mechthild von Magdeburg. München 1926.

Meier, Christel: Malerei des Unsichtbaren. Über den Zusammenhang von Erkenntnistheorie und Bildstruktur im Mittelalter, in: Harms, Wolfgang (Hg.): Text und Bild, Bild und Text: DFG-Symposion 1988. Stuttgart 1990.

Meyer, Lothar: Studien zur geistlichen Bildsprache im Werk von Mechthild von Magdeburg. Diss. Göttingen 1951.

Michel, Paul: Alieniloquium. Elemente einer Grammatik der Bildrede. Bern 1987.

Ders.: Durch die bilde über die bilde. Zur Bildgestaltung bei Mechthild von Magdeburg, in: Ruh, Kurt (Hg.): Abendländische Mystik im Mittelalter. Stuttgart 1986, S. 509-526.

Ders.: Formosa deformitas. Bewältigungsformen des Häßlichen in mittelalterlicher Literatur. Bern 1976.

Mieth, Dietmar: Christus - das Soziale im Menschen. Texterschließungen zu Meister Eckhart. Düsseldorf 1972.

Ders.: Die Einheit von vita activa und vita contemplativa in den deutschen Predigten und Traktaten Meister Eckharts und bei Johannes Tauler. Untersuchungen zur Struktur des christlichen Lebens. Regensburg 1969.

Ders.: Kontemplation und Gottesgeburt - Die religiöse Erfahrung im Christentum und die christliche Erfahrung des Religiösen bei Meister Eckhart, in: Haug, Walter/ Mieth, Dietmar (Hgg.): Religiöse Erfahrung. Historische Modelle in christlicher Tradition. München 1992, S. 205-228.

Mohr, Wolfgang: Darbietungsformen der Mystik bei Mechthild von Magdeburg, in: Märchen, Mythos, Dichtung. Festschrift für Friedrich von der Leyen. München 1963, S. 375-399.

Molinelli-Stein, Barbara: Seuse als Schriftsteller. (Rhetorik und Rhythmus in seiner Prosa). Diss. Tübingen 1966.

Mojsisch, Burkhard: Meister Eckhart. Analogie, Univozität und Einheit. Hamburg 1983.

Nellmann, Eberhard: Dis buoch... bezeichent alleine mich. Zum Prolog von Mechthilds 'Fließendem Licht der Gottheit', in: Schnell, Rüdiger (Hg.): Gotes und der werlde hulde. Literatur in Mittelalter und Neuzeit. Festschrift für Heinz Rupp zum 70. Geburtstag. Bern 1989, S. 200-205.

Nicklas, Anna: Die Terminologie des Mystikers Heinrich Seuse unter besonderer Berücksichtigung der psychologischen, logischen, metaphysischen und mystischen Ausdrücke. Diss. Königsberg 1914.

Nieraad, Jürgen: "Bildgesegnet und bildverflucht." Forschungen zur sprachlichen Metaphorik. Darmstadt 1977.

Noppen, Jean-Pierre van (Hg.): Erinnerung, um Neues zu sagen. Die Bedeutung der Metapher für die religiöse Sprache. Frankfurt a.M. 1988.

Ohly, Friedrich: Hohelied-Studien. Grundzüge einer Geschichte der Hoheliedauslegung des Abendlandes bis um 1200. Wiesbaden 1958.

Ders.: Metaphern für die Sündenstufen und die Gegenwirkungen der Gnade. Opladen 1990.

Ders.: Schriften zur mittelalterlichen Bedeutungsforschung. Darmstadt 1983.

Ortmann, Christa: Das Buch der Minne, in: Hahn, Gerhard/ Ragotzky, Hedda (Hgg.): Grundlagen des Verstehens der mittelalterlichen Literatur. Stuttgart 1992.

Pannenberg, Wolfhart Ulrich: Analogie und Offenbarung. Eine kritische Untersuchung der Geschichte des Analogiebegriffs in der Gotteserkenntnis. Habil.- Schrift Heidelberg 1955.

Pater, Wim A. de: Reden von Gott. Bonn 1974.

Ders.: Theologische Sprachlogik. München 1971.

Pesch, Rudolf: Das Markusevangelium, 2. Teil. Freiburg 1977.

Peters, Ursula: Religiöse Erfahrung als literarisches Faktum. Zur Vorgeschichte und Genese frauenmystischer Texte des 13. und 14. Jahrhunderts. Tübingen 1988.

Piesch, Herma: Seuses 'Büchlein der Wahrheit' und Meister Eckhart, in: Filthaut, Ephrem M. (Hg.): Heinrich Seuse. Studien zum 600. Todestag (1366-1966). Köln 1966, S. 91-133.

Planzer, Dominikus: Das Horologium Sapientiae und die Echtheit der Vita des Seligen Heinrich Seuse O.P., in: Archivum Fratrum Praedicatorum 1 (1931), S. 181-221.

Pleuser, Christine: Tradition und Ursprünglichkeit in der Vita Seuses, in: Filthaut, Ephrem M. (Hg.): Heinrich Seuse. Studien zum 600. Todestag (1366-1966). Köln 1966, S. 135-160.

Prammer, Franz: Die philosophische Hermeneutik Paul Ricoeurs in ihrer Bedeutung für eine theologische Sprachtheorie. Innsbruck/Wien 1988.

Przywara, Erich: Analogia entis. Metaphysik. Ur-Struktur und All-Rhythmus. Einsiedeln 1962.

Puntel, Bruno L.: Analogie und Geschichtlichkeit. Band 1. Philosophiegeschichtlich-kritischer Versuch über das Grundproblem der Metaphysik. Freiburg i.Br. 1969.

Quint, Josef: Mystik und Sprache. Ihr Verhältnis zueinander, insbesondere in der spekulativen Mystik Meister Eckharts, in: DVjs 27 (1953), S. 48-76.

Rapp, Francis: L'Eglise et la vie religieuse en occident à la fin du moyen âge. Paris 1971.

Ders.: La prière dans les monastères de dominicaines observantes en Alsace au XVe siècle, in: La mystique rhénane. Colloque de Strasbourg 16-19 mai 1961. Paris 1963, S. 207-218.

Reynaert, Joris: De beeldspraak van Hadewijch (Studien en tekstuitgaven van OGE 21). Tielt 1981.

Richards, Ivor Armstrong: The Philosophy of Rhetoric. New York 1936, renewed 1964. Übersetzt (cap V und VI gekürzt) von Margit Smuda, in: Haverkamp, Anselm (Hg.): Theorie der Metapher. Darmstadt 1983, S. 31-52.

Richter, Wolfgang: Exegese als Literaturwissenschaft. Göttingen 1971.

Ricoeur, Paul: La métaphore et le problème central de l'hermeneutique, in: Revue philosophique de Louvain 70 (1972), S. 93-112; nach der Redaktion der englischen Übersetzung übersetzt von Ursula Christmann, in: Haverkamp, Anselm (Hg.): Theorie der Metapher. Darmstadt 1983, S. 356-375.

Ders.: La métaphore vive. Paris 1975. Dt.: Die lebendige Metapher. Aus dem Französischen von Rainer Rochlitz. München 1986.

Ders./ Jüngel, Eberhard: Metapher. Zur Hermeneutik religiöser Sprache. Mit einer Einführung von Pierre Gisel. München 1974.

Ders.: Zeit und Erzählung. Band I. Zeit und historische Erzählung. Aus dem Französischen von Rainer Rochlitz. München 1988.

Riehle, Wolfgang: Studien zur englischen Mystik des Mittelalters unter besonderer Berücksichtigung ihrer Metaphorik. Heidelberg 1977.

Ringler, Siegfried: Gnadenviten aus süddeutschen Frauenklöstern des 14. Jahrhunderts. Vitenschreibung als mystische Lehre, in: Schmidtke, Dietrich (Hg.): "Minnichlichiu gotes erkennusse": Studien zur frühen abendländischen Mystiktradition. Heidelberger Mystiksymposium vom 16. Januar 1989. Stuttgart-Bad Cannstatt 1990, S.

Ders.: Viten- und Offenbarungsliteratur in Frauenklöstern des Mittelalters: Quellen und Studien. Zürich/München 1980.

Rombach, Heinrich: Substanz, System, Struktur. Band 1: Die Ontologie des Funktionalismus und der philosophische Hintergrund der modernen Wissenschaft. Freiburg/München 1965.

Ruh, Kurt (Hg.): Abendländische Mystik im Mittelalter. Symposion Kloster Engelberg 1984. Stuttgart 1986.

Ders.: Altdeutsche und altniederländische Mystik. Darmstadt 1964.

Ders.: Amor deficiens und desiderii in der Hoheliedauslegung Wilhelms von St. Thierry, in: Ons Geestelijk Erf 63 (1989), S. 70-87.

Ders.: Geschichte der abendländischen Mystik. Band 1: Die Grundlegung durch die Kirchenväter und die Mönchstheologie des 12. Jahrhunderts. München 1990. Band 2: Frauenmystik und Franziskanische Mystik der Frühzeit. München 1993.

Ders.: Gottesliebe bei Hadewijch, Mechthild von Magdeburg und Marguerite Porete, in: Romanische Literaturbeziehungen im 19. und 20. Jahrhundert. Festschrift für Franz Rauhut zum 85. Geburtstag, hrsg. von Angel San Miguel. Tübingen 1985, S. 243-254.

Ders.: Kleine Schriften. Band 2: Scholastik und Mystik im Spätmittelalter. Berlin/New York 1984.

Ders.: Meister Eckhart. Theologe, Prediger, Mystiker. München 1985.

Ders.: Das mystische Schweigen und die mystische Rede, in: Peter K. Stein u.a. (Hgg.), in: Festschrift für Ingo Reiffenstein. Göppingen 1988, S. 463-472.

Ders.: Die trinitarische Spekulation in deutscher Mystik und Scholastik, in: ZfdPh 72 (1953), S. 24-53.

Ders.: Überlegungen und Beobachtungen zur Sprache der Mystik, in: Hildebrandt, Reiner/ Grubmüller, Klaus/ Knoop, Ulrich (Hgg.): Brüder-Grimm-Symposion zur Historischen Wortforschung. Beiträge zu der Marburger Tagung vom Juni 1985. Historische Wortforschung. Untersuchungen zur Sprach- und Kulturgeschichte des Deutschen in seinen europäischen Bezügen. Berlin/New York 1986, S. 24-39.

Sauer, Joseph: Mystik und Kunst unter besonderer Berücksichtigung des Oberrheins, in: Kunstwissenschaftliches Jahrbuch der Görresgesellschaft 1 (1928), S. 3-28.

Savigny, Eike von: Zum Begriff der Sprache. Konvention, Bedeutung, Zeichen. Stuttgart 1983.

Schmidt, Margot/ Bauer, Dieter R. (Hgg.): Grundfragen christlicher Mystik. Wissenschaftliche Studientagung Theologia mystica in Weingarten vom 7.-10. November 1985. Stuttgart-Bad Cannstatt 1987.

Diess.: "Eine Höhe, über die nichts geht": Spezielle Glaubenserfahrung in der Frauenmystik? Stuttgart-Bad Cannstatt 1986.

Schmidt, Margot: Das Ries als eines der Mystikzentren im Mittelalter, in: Rieser Kulturtage. Eine Landschaft stellt sich vor. Dokumentation. Band VI,1 (1986), S. 473-493.

Dies.: "die spilende minnevlut". Der Eros als Sein und Wirkkraft in der Trinität bei Mechthild von Magdeburg, in: Schmidt, Margot/ Bauer, Dieter R. (Hgg.): "Eine Höhe, über die nichts geht": Spezielle Glaubenserfahrung in der Frauenmystik? Stuttgart-Bad Cannstatt 1986, S. 71-133.

Dies.: Studien zum Leidproblem bei Mechthild von Magdeburg im "Fliessenden Licht der Gottheit". Diss. Freiburg i.Br. 1952.

Dies. (Hg.): Typus, Symbol, Allegorie bei den östlichen Vätern und ihren Parallelen im Mittelalter. Internationales Kolloquium, Eichstätt 1981. Regensburg 1982.

Dies.: Versinnlichte Transzendenz bei Mechthild von Magdeburg, in: Dietrich Schmidtke: 'Minnichlichiu gotes erkennusse': Studien zur frühen abendländischen Mystiktradition. Heidelberger Mystiksymposium vom 16. Januar 1989. Mystik in Geschichte und Gegenwart: Abt.1, Christliche Mystik; Bd.7. Stuttgart-Bad Cannstatt 1990, S. 221-234.

Dies.: Zwillingsformeln als plus ultra des mystischen Weges, in: Archiv für das Studium der neueren Sprachen und Literaturen 223 (1986), S. 245-268.

Schmidtke, Dietrich: 'Minnichlichiu gotes erkennusse': Studien zur frühen abendländischen Mystiktradition. Heidelberger Mystiksymposium vom 16. Januar 1989. Mystik in Geschichte und Gegenwart: Abt.1, Christliche Mystik; Bd.7. Stuttgart-Bad Cannstatt 1990.

Ders.: Studien zur dingallegorischen Erbauungsliteratur des Mittelalters. Tübingen 1982.

Schneider, Roswitha M.: Die selige Margaretha Ebner: Dominikanerin des Klosters Maria Medingen, Mystikerin des 14. Jahrhunderts. St. Ottilien 1985.

Schrupp, Charlotte: Das Werden des "gottformigen" Menschen bei Tauler. Studien zum sprachlichen Ausdruck für den seelischen Bewegungsvorgang in der Mystik. Diss. Mainz 1962.

Schütz, Alfred: Theorie der Lebensformen. Frankfurt a.M. 1981.

Schultz, Richard: Heinrich von Nördlingen: Seine Zeit, sein Leben und seine Stellung innerhalb der deutschen Mystik, in: Jahrbuch des Vereins für Augsburger Bistumsgeschichte 10 (1976), S. 114-164.

Schwab, Francis Mary: David of Augsburg's 'Paternoster' and the Authenticity of His German Works. München 1971.

Searle, John: Speech Acts. Cambridge 1969.

Ders.: Metaphor, in: Ortony, Andrew (Hg.): Metaphor and Thought. Cambridge/London 1979, S.92-123.

Snell, Bruno: Die Entdeckung des Geistes. Studien zur Entstehung des europäischen Denkens bei den Griechen. Göttingen 1975.

Spitz, Hans-Jörg: Die Metaphorik des geistigen Schriftsinns. Ein Beitrag zur allegorischen Bibelauslegung des ersten christlichen Jahrhunderts. München 1972.

Steer, Georg: Germanistische Scholastikforschung. Ein Bericht I-III, Theologie und Philosophie 45 (1970), S. 202-226; 46 (1971), S. 195-222; 48 (1973), S. 65-106.

Ders.: Textkritik und Textgeschichte. Editorische Präsentation von Textprozessen: Das 'Nibelungenlied'. Der 'Schwabenspiegel'. Die 'Predigten' Taulers, in: Rolf Bergmann/Kurt Gärtner. Unter Mitwirkung von Volker Mertens: Methoden und Probleme der Edition mittelalterlicher deutscher Texte: Bamberger Fachtagung, 26.-29. Juni 1991; Plenumsreferate. Tübingen 1993.

Stegmaier, Werner: Philosophie der Fluktuanz - Dilthey und Nietzsche. Göttingen 1992.

Stierle, Karlheinz: Text als Handlung. Perspektiven einer systematischen Literaturwissenschaft. München 1975.

Stoudt, Debra Lynn: The Vernacular Letters of Heinrich von Nördlingen an Heinrich Seuse. Diss. Chapel Hill 1986.

Stirnimann, Heinrich: Mystik und Metaphorik. Zu Seuses Dialog, in: Haas, Alois M./ Stirnimann, Heinrich (Hgg.): Das <einic Ein>. Studien zu Theorie und Sprache der deutschen Mystik. Freiburg/Schweiz 1980, S. 209-280.

Strub, Christian: Kalkulierte Absurditäten. Freiburg i.Br. 1991.

Sturlese, Loris/ Blumrich, Rüdiger (Hg.): Heinrich Seuse. Das Buch der Wahrheit. Daz buechli der warheit. Kritisch herausgegeben von Loris Sturlese und Rüdiger Blumrich. Mit einer Einleitung von Loris Sturlese. Übersetzt von Rüdiger Blumrich. Hamburg 1993.

Sturlese, Loris: Mystik und Philosophie in der Bildlehre Meister Eckharts, in: Janota, Johannes u.a. (Hgg.): Festschrift Walter Haug und Burkhard Wachinger. Tübingen 1992, S. 349-361.

Ders.: Tauler im Kontext. Die philosophischen Voraussetzung des 'Seelengrundes' in der Lehre des deutschen Neuplatonikers Berthold von Moosburg, in: Beiträge zur Geschichte der deutschen Sprache und Literatur 109 (1987), S. 390-426.

Suárez-Nani, Tiziana: Philosophie- und theologiehistorische Interpretation der in der Bulle von Avignon zensurierten Sätze, in: Stirnimann, Heinrich/ Imbach, Ruedi (Hgg.): Eckardus Theutonicus, homo doctus et sanctus. Nachweise und Berichte zum Prozeß gegen Meister Eckhart. Freiburg/Schweiz 1992, S. 31-96.

Sudbrack, Josef: Wege zur Gottesmystik. Einsiedeln 1980.

Sundén, Hjalmar: Gott erfahren. Das Rollenangebot der Religionen. Gütersloh 1975.

Ders.: Die Religion und die Rollen. Berlin 1966.

Timmermann, Waltraud: Studien zur allegorischen Bildlichkeit in den Parabolae Bernhards von Clairvaux. Mit der Erstedition einer mittelniederdeutschen Übersetzung der Parabolae "Vom geistlichen Streit" und "Vom Streit der vier Töchter Gottes". Frankfurt a.M. 1982.

Villwock, Jörg: Metapher und Bewegung. Frankfurt a.M. 1983.

Ders.: Mythos und Rhetorik, in: Philosophische Rundschau 32 (1985), S. 68-91.

Vogt-Terhorst, Antoinette: Der bildliche Ausdruck in den Predigten Johann Taulers. Breslau 1920.

Vonessen, Franz: Die ontologische Struktur der Metapher, in: Zeitschrift für philosophische Forschung 13 (1959), S. 397-418.

Waldschütz, Erwin: Denken und Erfahren des Grundes. Zur philosophischen Deutung Meister Eckharts. Wien 1989.

Walz, Angelus: Gottesfreunde um Margaretha Ebner, in: Historisches Jahrbuch der Görresgesellschaft 72 (1952), S. 253-265.

Weder, Hans (Hg.): Die Sprache der Bilder. Gleichnis und Metapher in Literatur und Theologie. Gütersloh 1989.

Weilner, Ignaz: Johannes Taulers Bekehrungsweg. Die Erfahrungsgrundlagen seiner Mystik. Regensburg 1961.

Weinrich, Harald: Semantik der Metapher, in: Folia Linguistica 1 (1967), S. 3-17.

Ders.: Semantik der kühnen Metapher. Wiederabgedruck in: Haverkamp, Anselm (Hg.): Theorie der Metapher. Darmstadt 1983, S. 316-339.

Weitlauff, Manfred: Heinrich von Nördlingen, in: Ruh, Kurt (Hg.): Die deutsche Literatur des Mittelalters: Verfasserlexikon. Band III, Sp. 845-852. Berlin 1981.

Ders.: Margaretha Ebner, in: Schwaiger, Georg (Hg.): Bavaria Sancta. Zeugen christlichen Glaubens in Bayern. Band III, S. 231-267. Regensburg 1973.

Wessel, Franziska: Probleme der Metaphorik und die Minnemetaphorik in Gottfrieds von Straßburg 'Tristan und Isolde'. München 1984.

Winklhofer, Alois: Die Logosmystik des Heinrich Seuse, in: Filthaut, Ephrem M. (Hg.): Heinrich Seuse. Studien zum 600. Todestag (1366-1966). Köln 1966, S. 213-232.

Wittgenstein, Ludwig: Tractatus logico-philosophicus. Frankfurt a.M. 1969[6].

Wrede, Gösta: Unio mystica. Probleme der Erfahrung bei Johannes Tauler. Uppsala 1974.

Zimmermann, Albert (Hg.): Der Begriff der repraesentatio im Mittelalter. Stellvertretung-Symbol-Zeichen-Bild. Berlin/New York 1971.

Zintzen, Clemens (Hg.): Die Philosophie des Neuplatonismus. Darmstadt 1977.

Ders.: Die Wertung von Mystik und Magie, in: Ders.: Die Philosophie des Neuplatonismus. Darmstadt 1977, S. 391-426.

PERSONENREGISTER

Albert, K. 75
Anderegg, J. 43

Balthasar, H.U.v. 1855
Beardsley, M. C. 226
Beierwaltes, W. 215
Bihlmeyer, K. 58, 60
Black, M. 24, 211, 218, 227
Blumenberg, H. 53, 215

Coseriu, E. 24

Dehnhardt, E. 18
Derrida, J. 177, 189

Einhorn, W.J. 122
Emonds, H. 28, 30
Enders, M. 93, 206f

Fischer, H. 78
Flasch, K. 127, 132

Gnädinger, L. 60, 88f, 111, 138, 191, 194
Grubmüller, K. 52f, 102, 119f, 174

Haas, A.M. 37, 49f, 53f, 60, 68, 71, 76, 80, 88, 91f, 100f, 103f, 106, 108, 110, 117, 119, 131, 138, 139f, 143f, 148, 170, 184f, 187-189, 193, 223
Hasebrink, B. 135f
Haug, W. 49, 50-54, 70, 101f, 104, 113, 119, 122, 152, 173, 176f, 201, 213f, 217f
Haverkamp, A. 24, 35f, 226
Henle, P. 226
Husserl, E. 107

Iser, W. 106

Jakobson, R. 225

Köbele, S. 52f, 95, 172f, 179f, 216f
Kobusch, Th. 104
Koch, J. 75f, 79, 84, 126, 129
Köller, W. 30, 32, 35, 54
Köpf, U. 30
Kubczak, H. 33
Küper, B. 49, 51f
Kurz, G. 34, 55, 226, 229

Lakoff, G. 32
Langer, O. 75, 85, 137

Laubner, H. 16
Lüers, G. 15f, 18

Mayer, J. 59
Meyer, L. 16f
Michel, P. 16f, 24, 28, 30, 32
Mieth, D. 75f, 78, 85
Mojsisch, B. 85, 129, 131, 136f, 187

Nygren, A. 99
Neumann, H. 58

Ohly, F. 29f
Ortmann, Ch. 57, 69, 119

Pfeiffer, F. 58
Plett, H. 26

Quint, J. 15, 37, 50, 52, 58, 60, 84

Richards, I.A. 24
Richter, W. 19
Ricoeur, P. 23, 27, 34-36
Rombach, H. 54
Ruh, K. 50f, 53-55, 58, 60, 68f, 71, 168

Schmidt, M. 95
Schütz, A. 137
Schwab, F.M. 60
Searle, J. 25, 35
Steer, G. 59
Stegmaier, W. 134
Stierle, K. 23
Stirnimann, H. 152, 201
Strauch, Ph. 58
Strub, Ch. 25f, 30, 34
Sturlese, L. 92, 132f, 149, 151, 199f, 203f
Suárez-Nani, T. 78f, 81, 84, 127, 131, 181, 183, 186f, 188

Ueda, Sh. 184

Vetter, F. 58f
Villwock, J. 135
Vries, J. de 81

Weder, H. 46
Weinrich, H. 23f
Weitlauf, M. 159f, 161
Wittgenstein, L. 24
Wessel, F. 23